BFL 총서 7

보험법의 현대적 과제

BFL 총서 7

보험법의 현대적 과제

한기정 편저

小花

머리말

서울대학교 금융법센터는 2003년 9월 이후 격월로 BFL 저널을 발간해 오고 있다. 여기에는 기업과 금융에 관한 최신의 법적 이슈를 다룬 논문들이 실린다. 학계 및 실무계에 포진한 주요 전문가의 식견이 고스란히 담긴 논문 등이 게재되어, 우리 기업·금융법 발전에 크게 기여하고 있다는 평가를 받고 있다.

BFL 저널은 보험법 분야에 대해서도 그간 세 차례 특집호를 낸 바 있다. 즉 BFL 저널은 지난 제29호, 제48호, 제56호에서 각각 보험계약법 및 보험규제법에 관한 주요 현안 과제를 중점적으로 다루었다. 보험법은 17~18세기 이후에 형성·발전된 법으로서 결코 짧지 않은 전통을 갖고 있지만 여전히 부단하게 변화·발전하고 있는 금융법 분야이다. 보험환경의 변화에 따라 새로운 법적 이슈가 부각되거나 또한 종래의 도그마틱에 대한 의문이 제기되고, 이를 어떻게 해결할 것인지에 대해 연구가 계속되고 있기 때문이다.

위 특집호들은 그러한 연구의 일환으로서 보험상품의 새로운 개념 등 종래의 법리로는 해결하기 어려운 쟁점들에 대해 깊이 있고 날카로운 분석과 대안을 제시하였다. 이는 우리 보험법학의 성장을 상징하는 것으로서, 학계 및 실무계에서 같이 공유할 만한 가치 있는 연구 성과라고 사료된다. 그리하여 기쁜 마음으로 이를 묶어서 책으로 출간하기로 한 것이다. 다행히 위 특집호들에 논문을 기고한 저자들께서 책의 출간을 흔쾌히 동의해 주셨다. 바쁘신 가운데 위 특집호들에 귀중한 옥고를 게재해 주신 점, 이 책의 출간을 위해 수정 · 보완의 노고를 아끼지 않으신 점에 대해 이 지면을 빌려 감사의 말씀을 전한다.

그동안 서울대학교 금융법센터에서는 『지주회사와 법』, 『새로운 금융법체제의 모색』, 『적대적 기업인수와 경영권 방어』, 『국제금융법의 현상과 과제』, 『자산유동화의 현상과 과제』, 『파생금융거래와 법』 총 6권의 BFL 총서를 발간하였다. 이 책은 일곱 번째 BFL 총서로서 발간되는 것이다. 이 책의 발간을 적극적으로 지원해 주신 서울대 법대의 김건식 교수님, 박 준 교수님을 비롯한 BFL 편집위원님들에게 깊이 감사드린다. BFL 발간을 비롯한 금융법센터의 실무를 담당하는 이경희 씨에게도 감사드린다. 아울러 이 책의 출간을 맡아 준 도서출판 소화의 관계자 분들에게도 깊은 감사의 말씀을 전하고 싶다.

2013년 4월

한기정

차례

01

개정 보험업법상 보험상품의 정의에 관련된 이슈 검토*

안재홍** · 양승현***

I. 머리말

기존에 국내의 금융상품에 대한 규제는 각 금융업권별로 전업주의 및 겸영금지의 원칙에 따라 개별 법률에서 본업을 우선적으로 열거하고 예외적으로 허용되는 부수업무를 제한적으로 열거하는 방식(positive system)을 취하여 왔다. 그러나 이러한 열거주의 규제체계하에서는 금융업의 발전에 따른 다양한 금융상품에 대한 수요를 적시에 반영하기 어렵고, 신종 금융상품에 대한 소비자 보호 및 규제의 공백을 초래할 수 있으며, 유사한 기능을 수행하는 금융상품에 대해 관련 규제법의

---

* 이 논문은 BFL 제48호(2011. 7)에 게재된 글을 수정 · 보완한 것이다.

** 김 · 장 법률사무소 변호사

*** 김 · 장 법률사무소 변호사

차이와 보호 정도에 따라 업권 간 규제차익이 발생한다는 등의 문제의식이 공감대를 얻어, 2007년 8월 기존에 개별 법령에 산재하던 금융투자상품 관련 규정[1]을 통합한 자본시장과 금융투자업에 관한 법률(이하 '자본시장법')이 금융투자상품의 정의에 관해 개념적 정의에 해당하는 모든 금융투자상품을 규제대상으로 보는 포괄주의를 채택하였다. 이어 보험업법에서도 보험의 기능적 요소를 기초로 하는 포괄적 정의규정을 마련하고, 신종금융상품에 대한 보험업 규제 적용의 판단준거를 마련하기 위하여 2011년 1월 24일 시행된 개정 보험업법(이하 '개정 보험업법')에서 '보험상품의 정의'와 '보험업의 정의'를 분리하고, 보험상품의 개념적 정의 및 보험회사의 업무범위를 구체화하기 위한 입법을 단행하였다.

이하에서는 먼저 개정 보험업법상 보험상품의 정의방식 및 구체적 내용을 살펴본 후, 기존에 보험상품으로서의 규제 여부 내지 범위에 관하여 논란이 있었던 주요 상품들〔채무면제 · 채무유예(debt cancellation and debt suspension, 이하 'DCDS') 상품〕, 날씨보험 및 날씨파생상품, 신용스왑(credit default swap, 이하 'CDS'), 보증기간 유료연장서비스(extended warranty or extended service contract)가 개정 보험업법하에서 어떻게 취급되어야 하는지에 대해 개별적으로 검토하기로 한다.

---

1) 증권거래법, 선물거래법, 간접투자자산운용업법, 신탁업법, 종합금융회사에 관한 법률, 한국증권선물거래소법 등.

II. 개정 보험업법상 보험상품의 정의

1. '보험상품의 정의' 및 '보험업의 정의'의 분리

개정 전 법률에서는 보험상품에 대한 별도의 정의 없이 직접 보험업과 생명보험업, 손해보험업 및 제3보험업을 규정하였던 데 반해, 개정 보험업법에서는 "위험보장을 목적으로 우연한 사건 발생에 관하여 금전 및 그 밖의 급여를 지급할 것을 약정하고 대가를 수수하는 계약"으로 먼저 보험상품에 대한 정의규정을 두고, 이를 인용하여 보험업이란 "보험상품의 취급과 관련하여 발생하는 보험의 인수(引受), 보험료 수수 및 보험금 지급 등을 영업으로 하는 것" 으로 정의[2)]하고 있다.

이와 같이 '상품의 정의'와 '업의 정의'를 별도로 규정한 것은 자본시장법체계와 일관성을 제고하기 위한 것으로, 금융회사의 상품개발에 대한 법률적 리스크를 줄이고, 동일한 유형의 상품에 대해서는 규제차익이 발생하지 않도록 금융체계의 일관성을 도모한 것으로 평가된다.

---

2) 개정 전후 보험업 및 보험상품 정의 대비표

개정 전 보험업법	개정 보험업법
'보험업'이라 함은 사람의 생사에 관하여 약정한 급여의 제공을 약속하거나 우연한 사고로 인하여 발생하는 손해의 보상을 약속하고 금전을 수수하는 것 등을 업으로 행하는 것으로 생명보험업 · 손해보험업 및 제3보험업을 말한다.	'보험상품'이란 위험보장을 목적으로 우연한 사건 발생에 관하여 금전 및 그 밖의 급여를 지급할 것을 약정하고 대가를 수수(授受)하는 계약(보험계약자의 보호 필요성 및 금융거래 관행 등을 고려하여 대통령령으로 정하는 것은 제외한다)으로서 다음 각 목의 것을 말한다. '보험업'이란 보험상품의 취급과 관련하여 발생하는 보험의 인수(引受), 보험료 수수 및 보험금 지급 등을 영업으로 하는 것으로서 생명보험업 · 손해보험업 및 제3보험업을 말한다.

2. 규정방식—3단계 정의방식

개정 보험업법은 보험상품을 ① 일반적 정의를 통해 포괄적으로 규정하고, ② 명시적 포함 및 ③ 명시적 제외를 통해 구체성을 확보하는 3단계 정의방식을 취하고 있다.[3] 이는 과거 우리나라 금융법제가 취하였던 바와 같이 금융상품을 형태에 따라 예금, 유가증권, 보험상품, 파생상품 등으로 구분하는 '열거주의'와, 경제적 기능에 따라 금융상품을 개념적으로 정의하여 구분하는 것으로서 경제적으로 동일기능을 수행하는 모든 금융상품을 하나의 법률로 규제하는 '포괄주의'를 절충한 것으로, 먼저 경제적 기능에 따라 보험상품을 포괄적으로 정의한 후, 그에 해당하는 보험상품을 예시적으로 열거하여 보험상품 분류의 예측 가능성을 제고하고, 보험상품에 속하나 다른 법률의 규율을 받거나, 보험업법으로 규제할 필요가 없는 상품은 명시적으로 제외하여 규제부담을 줄이기 위한 것이다.

(1) 일반적 정의

보험상품이란 ① 위험보장을 목적으로, ② 우연한 사건 발생에 관하여, ③ 금전 및 그 밖의 급여를 지급할 것을 약정하고 대가를 수수하는 계약이다(보험업법 제2조 제1호).

①에서 "위험보장을 목적"으로 규정한 것은 금융투자상품과 대비되는 요소로서 보험상품의 위험보장 기능 및 피보험이익을 제시한 것으로, 기대이익을 목적으로 하는 복권 등 사행적 성격의 상품을 제외

3) (구)재정경제부, "보험업법 개정 요강," (구)재정경제부 금융정책국, 2007, 38면.

한다는 것이며, ②의 "우연한 사건(fortuitous event)"은 사건 발생의 시기 및 상태에 우연성이 있을 것을 의미한다. 끝으로 ③ 보험금의 지급을 금전 및 "그 밖의 급여"로 가능하도록 명시하여, 서비스 급부를 지급하는 유형의 보험상품이 가능하도록 근거를 마련하였다.[4)]

(2) 명시적 포함

보험업법 제2조 제1호는 "보험상품이란, 위험보장을 목적으로 우연한 사건 발생에 관하여 금전 및 그 밖의 급여를 지급할 것을 약정하고 대가를 수수하는 계약으로서 **다음 각 목의 것을 말한다**"고 규정하고, 동호 가목 내지 다목에서는 생명보험상품, 손해보험상품 및 제3보험상품을 세부 정의하면서 구체적 상품유형은 동법 시행령 제1조의2 제2항 내지 제4항에 각 위임하여 각 생명보험상품(생명보험계약 및 연금보험계약), 손해보험상품(화재보험계약, 해상보험계약, 자동차보험계약, 비용보험계약 및 날씨보험계약 등), 제3보험상품(상해보험계약, 질병보험계약 및 간병보험계약)에 해당하는 보험상품을 예시[5)]하고 있다.

재정경제부 및 금융위원회는 당초 입법예고시에는 DCDS와 날씨보험을 명시적으로 포함시킬 보험상품으로 열거하였으나, 개정 보험업법 시행령에는 날씨보험만 포함되었다. 이 부분은 아래에서 보다

---

4) 금융위원회 보험과, "보험업법 일부개정법률안 입법예고," 금융위원회 공고(제2008-158호), 2008.

5) 보험업법 제2조 제1호의 본문 및 각 목의 문언은 '~으로서 다음 각 목의 것', '~대가를 수수하는 계약으로서 대통령령으로 정하는 계약'이라 되어 있어, 제한적 열거인지 예시적 열거인지 분명치 않으나, 입법취지상 이 부분은 예시적 열거로 새겨야 할 것이다. 앞의 금융위원회 공고(주 4)에서도 "전통적 보험상품으로서 보험업법의 규제 적용이 필요한 상품을 예시적으로 열거"한다고 명시하고 있다.

상세히 보도록 한다.

(3) 명시적 제외

보험업법 제2조 제1호 본문 괄호는 보험상품의 범위에서 "국민건강보험법에 따른 건강보험, 고용보험법에 따른 고용보험 등 보험계약자의 보호 필요성 및 금융거래 관행 등을 고려하여 대통령령으로 정하는 것"을 제외한다고 규정하고 있어, 일반적 정의상 보험상품에 해당하나 규제 필요성이 없어 명시적으로 제외되는 보험상품의 범위는 보험업법 시행령에 포괄적으로 위임되어 있다.

입법단계에서는 자동차 보증기간 연장서비스(extended warranty)와 CDS를 '위험보장적 기능을 수행하지만 보험상품으로 규제할 필요성이 없는 상품'으로 예시하고 있었으나, 개정 보험업법 시행령은 고용보험, 건강보험, 국민연금, 장기요양보험, 산업재해보상보험 등 사회보험과 할부거래에 관한 법률상 선불식 할부계약만을 명시적으로 제외[6] 하고 있다.

III. 보험상품의 정의 관련 주요 이슈 검토

1. 채무면제 및 채무유예(DCDS)

DCDS란 채무면제계약(debt cancellation contract) 및 채무유예계약(debt

---

6) 보험업법 시행령 제1조의2 제1항.

suspension agreement)을 통칭하는 것으로서, 금융회사로부터 대출받은 차입자에게 보호대상으로 명시된 일정한 사건(protected event)이 발생하면 채무상환을 면제하거나 유예해 주기로 차입자와 대출을 취급한 금융회사 간에 약정을 체결하고, 차입자는 이러한 서비스를 이용하는 대가로 수수료를 대출 금융회사에 납부하는 계약이다.[7)]

DCDS에 대한 국내 논의는 2005년경 일부 할부금융회사와 신용카드회사가 동 상품을 취급하면서 촉발되었는데, 금융감독 당국에서는 문제된 할부금융회사의 DCDS 서비스가 무허가 보험업에 해당하여 보험업법에 위반된다고 경고하고, 각 금융회사에도 이에 대한 유의사항을 통보함과 동시에 유사 서비스에 대해서는 2005년 10월 31일까지 개선조치하도록 요구한 바 있다.[8)] 보험회사가 아닌 할부금융회사 등이 DCDS를 취급하는 것이 보험업법 위반이라고 보는 것은 곧 DCDS를 보험상품에 해당하는 것으로 본 것이다. 위 조치 이후로 현재 금융감독 당국은 전업계 카드사에 한하여 자사 회원에 대한 신용판매액에 대한 DCDS 서비스를 허용하고 있으나, 그 구체적인 근거는 명시적으로 규정된 바 없어 DCDS의 보험상품 해당 여부에 대한 논란은 계속되고 있는 형편이다.

DCDS가 보험상품에 해당한다고 보는 견해는, 무엇보다 보험업 내지는 보험상품의 정의에서 그 이유를 찾는다. DCDS는 금융회사가 차입자의 상해나 사망 등 우연적 사건의 발생에 관하여 금전적 가치 있는 급부의 지급을 약속하고, 그 대가로 수수료를 제공받는 것으로서

7) 이상제, "채무면제 · 채무유예 금융 서비스와 정책 과제," 한국금융연구원 정책연구보고서(2006. 2), 2-3면.

8) 이상제, 앞의 논문(주 7), 5면 : 유지호 / 최원, "금융상품의 정의 및 분류에 관한 연구 — 보험상품을 중심으로 —," 보험연구원 정책연구자료, 2008, 91면.

〈표 1〉 전업계 카드사의 DCDS 제공 현황[9]

(단위 : 명, 천 원)

구분	가입회원수	보상 회원수		보상 금액		비고
		채무면제	채무유예	채무면제	채무유예	
A사	285,678	62	-	112,000	-	2008년 5월 서비스 출시
B사	122,380	37	-	97,980	-	2008년 3월 서비스 출시
C사	55,001	10	-	19,822	-	2008년 12월 서비스 출시
D사	1,349,766	2,049	1,088	5,760,312	40,395	2005년 2월 서비스 출시

* 2009년 6월 기준

보험상품과 성격이 다르다고 볼 수 없다는 것이다. 나아가 보험상품의 성격을 갖는 DCDS를 다른 금융회사가 영위함으로써 ① 상품 및 가격에 대한 보호장치가 없어 수수료 등에 있어 차입자의 피해가 우려되고, ② 보험업법상 설명의무 및 배상책임 등 불완전판매에 대한 통제가 불가능하며, ③ 금융회사의 재무건전성에 대한 우려가 있다는 점을 정책적 논거로 한다.

이에 반해 DCDS가 보험상품에 해당하지 않는다고 보는 견해는 ① 보험사가 일반적으로 취급하는 신용보험의 경우는 채권자, 채무자 및 보험사 삼자 간의 계약인 반면, DCDS는 차입자와 금융회사 양자 간의 계약이며, ② 위험의 인수, 대수의 법칙에 입각한 보험료 산정, 손실보상을 위한 공동재산 구축 등 보험의 주요 속성 측면에서 볼 때 DCDS가 보험상품에 해당한다 보기 어렵고, ③ 채무자의 사망 등으로

9) 박종희 의원 대표발의, 여신전문금융업법 일부개정법률안(2009. 9. 9) 제안이유 중 인용.

인한 지급불능 위험은 은행 대출업무에 내재하는 위험과 본질적으로 동일한 것으로 보험에서와 같은 독자적인 위험의 이전이 없으므로, DCDS는 금융회사들이 신용공여와 관련된 예상손실에 대하여 적절한 유보수단을 확보함으로써 스스로를 보호하려는 자가보험적 성격의 상품이며, 보험업법의 규제를 받는 보험상품이 아니라고 주장한다.[10)]

이와 관련하여 DCDS가 특히 발달한 미국의 경우, DCDS에 대한 감독관할권에 관하여 감독기관 간에 1960년대부터 최근까지 오랜 논쟁의 역사를 가지고 있다. 미국에서 DCDS에 대한 감독권은 여러 기관에 분산되어 있는데, 그중 국법 은행(national banks)을 감독하는 통화감독청(Office of the Comptroller of the Currency, 이하 'OCC')[11)]이 DCDS를 은행서비스로 규정하고 이에 대한 규제체계를 확립하는 데 주도적 역할을 수행하였다. OCC, OTS, NCUA 등은 DCDS가 주(州)보험감독당국의 감독대상이 아닌 은행상품이라고 유권해석을 내렸다. 이러한 유권해석은 DCDS가 보험계약이므로 주보험감독당국의 감독을 받아야 한다는 보험감독당국의 반발로 법적 분쟁이 지속되다가 1990년 연방항소법원이 은행업무라고 판시함으로써 일단락되었다.[12)] 이후 2002년에

10) 박종희, "보험업법 개정안의 문제점 및 개선방안과 보험업 발전방향," 박종희 의원실 정책자료집(2009), 35-36면.

11) 그 밖에 국법 저축대부조합(national savings and loans association)의 DCDS 제공은 저축금융기관감독청(office of thrift supervision, 이하 'OTS')이, 국법 신협(national credit union)의 경우는 신협감독청(national credit union administration, 이하 'NCUA') 등이 감독한다. 주법 은행(state banks), 주법 신협 및 주법 저축대부조합이 DCDS를 제공하는 경우는 주정부의 감독기관이 감독한다.

12) "Because we agree with the district court that the debt cancellation contracts are directly connected to FNB's lending activities, we deem the Comptroller's authorization of this activity as reasonable and within the incidental powers granted by the National Bank Act. Having found that the National Bank Act authorizes national banks to offer debt cancellation contracts as "incidental" to the business of banking, we find in favor of

OCC가 국법 은행의 DCDS 취급에 관하여 주보험감독당국에 감독권이 없음을 명시한 DCDS 서비스 제공에 관한 규정[13)]을 공표하면서 다시 한 번 감독권 논쟁이 촉발되었고, 일부 주보험감독청에서는 DCDS가 보험상품이라는 주장을 견지[14)]하고 있으나, OCC 규정은 연방법규로서 국법 은행에 대해 주법보다 우선하여, 법원의 판결에 의해 부인 또는 변경되기 전까지 OCC 규정이 연방 법규로서 효력을 가지므로 여전히 국법 은행의 DCDS 취급에 대해서는 보험감독당국이 감독권을 행사하지 못하고 있다. 한편, 주법 은행의 DCDS 취급에 대해서는 주정부 감독기관이 감독권을 가지나, OCC 규정 제정 이후 자기 주 소재 은행의 불이익을 우려하여 감독완화를 용인하였고, 소비자 단체들은 이것이 업계를 위한 규제완화의 전형이라고 지적하며 소비자 보호 기능의 악화를 우려하고 있다고 한다.[15)]

우리 보험감독당국은 DCDS에 대한 논란을 해소하고 규제범위를 확정하기 위해, 2008년 12월 18일 보험업법 일부 개정법률안을 국회에 제출하면서, DCDS를 보험상품으로 보는 현재의 해석을 보험업법

FNB under the principle of federal preemption. Because national banks are considered federal instrumentalities, e.g., Franklin Nat'l Bank v. New York, 347 U.S. 373, 375, 74 S.Ct. 550, 552, 98 L.Ed. 767(1954), states may neither prohibit nor unduly restrict their activities. See id. at 378-79, 74 S.Ct. at 553-54; Anderson Nat'l Bank v. Luckett, 321 U.S. 233, 248, 64, S.Ct. 599, 608, 88 L.Ed. 692(1944). Thus, the National Bank Act preempts the Commissioner's authority to prohibit FNB from offering debt cancellation contracts." First Nat'l Bank v. Taylor, 907 F.2d 775, 778 (8th Cir. Ark. 1990). 동 판례는 1990년 11월 13일에 미연방대법원이 검토를 거절(denial of certiori)함으로써 확정되었다.

13) Code of Federal Regulation Part 7 and 37.

14) 한편, 뉴욕주 보험감독청은 DCDS 서비스는 보험업에 해당하지만, 은행고객 여신과 관련되어 판매될 경우 규제하지 않는다는 입장이다.

15) 이상제, 앞의 논문(주 7), 8-9면.

상에 반영하여 보험감독당국의 감독하에 두되, 보험업 허가를 받지 아니한 금융기관의 경우에도 보험업법이 정하는 방법과 절차에 따라 DCDS를 취급할 수 있도록 예외규정을 둠으로써, DCDS에 대한 보험감독 및 타 금융기관의 DCDS 서비스 취급 현실을 조화시키고자 하였다. 당시 개정안은 보험상품의 정의에서 DCDS를 보증보험의 일종으로 명시적으로 포함시키되, 보험업 허가원칙에 대한 예외로 보험업법 제4조 제5항에 "제1항[16]에도 불구하고 대통령령으로 정하는 금융기관은 금융위원회가 정하는 방법과 절차에 따라 보증보험에 해당하는 보험종목을 취급할 수 있다"라고 규정하는 것이었다. 이러한 보험감독당국의 개정안에 따라, 여신전문금융업권에서도 추후 보험업법상 절차에 따라 DCDS를 겸영하기 위해 업무범위에 DCDS를 추가하고, DCDS 판매시 소비자 보호를 위한 준수사항 등을 제정하고자 하는 등의 움직임이 있었으나, 결국 개정 보험업법에는 위 제4조 제5항이 반영되지 않았고, 보험업법 시행령에서도 DCDS를 보험상품으로 명시하지 않았다.

개정 보험업법이 보험상품의 정의규정을 신설하면서도 입법단계에서의 계획과 달리 DCDS에 대한 규정이 포함되지 않게 됨에 따라, DCDS에 대한 법적 근거 마련을 통해 규제권한 및 범위를 명확히 하고자 했던 시도는 원점으로 돌아갔다고 볼 수 있다. DCDS를 보험상품의 정의에 명시적으로 포함시키는 것은 향후 시행령 개정을 통해 가능한 일이나, 별다른 법적 근거 없이 전업계 신용카드사에 한하여 DCDS를 허용하고, 은행계 신용카드사를 포함한 타 금융기관에 대해

16) 제4조 (보험업의 허가) ① 보험업을 경영하려는 자는 다음 각호에서 정하는 보험종목별로 금융위원회의 허가를 받아야 한다. 〈이하 생략〉

서는 이를 허용하지 않고 있는 규제 현실에 대한 법적 근거 마련은 현재로서는 또 다른 보험업법 개정 없이는 어려워 보인다.

생각건대 DCDS는 은행이나 신용카드사 등 금융기관의 대출업무/신용판매업무에 부수하여 발생하는 위험에 대해 금융기관 스스로 자가 보험적인 보호수단을 마련하는 것이라는 점 및 현재의 규제현실도 DCDS를 반드시 보험회사에 한정하여 허용할 필연성이 있는 것은 아니라는 점을 반증하는 것이라고 볼 때, 타 금융기관의 DCDS업무를 허용하면서 소비자 보호를 위한 보험업법상 규제를 적용할 수 있도록 입법적 근거를 조속히 마련하는 것이 세계적인 금융겸영화 추세에도 부합하면서 규제의 사각지대에 놓인 소비자 보호를 실효적으로 담보할 수 있는 방안이 될 것으로 생각한다.

2. 날씨보험 및 날씨파생상품

날씨보험은 기상재해, 기후변동 등 날씨로 인하여 발생하는 손해를 보상하는 보험[17)]으로, 크게 ① 기상 대재해로 인한 직접적 재산손실 위험을 담보하는 자연재해보험과 ② 일상적인 기후변동으로 인한 간접적인 재무적 피해를 담보하는 일상적 날씨위험 담보보험으로 나뉘며, 후자는 다시 (i) 실손해보상방식의 전통적 날씨보험 및 (ii) 비, 눈,

17) 뉴욕주 보험법, 규칙 86의 16.12(e)상의 보험상품코드 2-01001 '날씨보험(weather insurance)'에 의하면, "날씨보험이란 재정적 손실 또는 휴업손실을 초래하는 비우호적인(adverse) 날씨에 기인한 재정적 손실 또는 휴업손실에 대한 재물보험(Property coverage for a pecuniary loss or loss of use as a result of any adverse weather event causing the pecuniary loss or loss of use)"이라 정의된다. (구)재정경제부의 '보험업법 개정 요강'은 이와 유사하게 날씨보험을 "비우호적인(adverse) 날씨에 기인한 금전적 손실 또는 휴업손실을 보상하는 보험"으로 정의했으나, 이러한 내용은 개정 보험업법 및 그에 따라 개정된 하위법령에는 반영되지 않았다.

기온 등의 기상자료를 지수(index)화하고 지수에 따라 보험계약자와 보험회사 간에 미리 협정한 보험금을 지급하는 신종날씨보험(날씨연계보험)으로 구분된다.[18)]

한편 날씨파생상품(weather derivatives)은 파생금융상품기법인 선물, 옵션과 스왑을 이용하여 기온, 강우량, 강설량 등의 기상변동에 의하여 기업이 입게 되는 손실을 헤지하는 금융투자상품의 일종이다.[19)]

날씨보험과 날씨파생상품은 ① 위험의 정도 측면에서, 날씨보험의 경우 낮은 위험(low-risk)과 큰 금융손실(high-financial loss)이 발생하는 사건에 대비해서 가입하고, 실제 금융손실이 발생할 경우만 보험금을 지급받을 수 있지만, 날씨파생상품의 경우 더 낮은 위험(lower-risk)과 더 높은 발생 가능성(higher-probability)이 있는 사건에 대비하여 현금흐름을 보호하기 위해 주로 사용되며, 실제 손실발생을 증명할 필요가 없고, ② 위험전가시장 측면에서 날씨보험은 전통적 보험시장 내에서 이루어지는 보험거래인 반면, 날씨파생상품은 파생금융기법을 이용해 리스크를 자본시장으로 이전하는 금융거래의 일종이고, ③ 피해 존재 유무 측면에서 날씨보험이 성립되기 위해서는 날씨위험으로 인한 피해의 존재 및 피해액 산출 가능성(실손보상)이 있어야 하나, 날씨파생보험은 피해 존재 유무와 상관없이 정해진 지수의 변동에 따라 약정된 금액(정액보상)을 보상한다는 점에서 각 차이가 있다.

그러나 위험의 정도 및 위험전가시장 측면의 차이점은 날씨보험과 날씨파생상품을 본질적으로 구분 짓는 기준이라기보다 양 상품의 특징을 상대적으로 서술한 것에 불과하며, 피해의 존재 유무 또한 전통

18) 김수환, "날씨보험과 날씨파생상품의 법적 고찰," 경희대학교 법학석사 학위논문, 2009, 30-32면.

19) 김수환, 앞의 논문(주 18), 37면.

적인 날씨보험은 몰라도 협정가액방식의 신종날씨보험과 날씨파생보험의 구별기준은 될 수 없다는 점에서 볼 때, 날씨보험과 날씨파생상품은 본질적 기능이 유사한 것으로서, 이를 도식적으로 구분하여 별개 영역으로 규제하는 것은 적절치 않다는 지적이 있다.[20]

날씨파생상품의 보험상품적 성격에 대하여 뉴욕주 보험청은 날씨파생상품은 사고의 우연성을 지급기준으로 하는 것은 보험상품과 동일하나, 구입자의 손해발생 여부와 상관없이 발행자의 지급책임이 발생하므로 언제나 보험상품인 것은 아니지만, 날씨위험으로 피해가 우려되는 사람이 날씨파생상품을 구매하여 날씨위험으로 실제 손해도 발생하고 그런 손해를 보상할 정도의 지급을 받는 경우에는 기능적으로 보험과 차이가 없어 보험상품의 조건을 충족할 수 있다고 하였다. 또한 전미보험감독관협회(NAIC)는 날씨파생상품이 상품구조적 측면에서 보험상품은 아니지만 본질적인 구매목적이 보험상품과 동일하게 담보위험으로부터 발생하는 재정손실의 위험을 분산하는 것임에도 보험규제의 회피를 위해 비보험금융상품으로 포장하고 있으므로 적정 준비금의 적립 및 지급여력(solvency) 규제 등을 통해 일반 소비자 보호가 가능하도록 보험상품으로 규제되어야 한다는 입장을 취하였다.[21]

우리나라에서도 날씨보험과 날씨파생상품은 피보험이익 유무로만 구분할 수 있는데, 피보험이익을 갖는 자가 계약의 상대방이 되는 경우 피보험이익을 갖는 날씨파생상품의 구매자는 결국 '보험상품'을 구매한 것이지 '파생상품'을 구매한 것으로 볼 수 없으므로, 피보험이익을 갖는 계약자가 날씨파생상품의 소비자인 경우는 보험업 허가를 받

20) 김수환, 앞의 논문(주 18), 53-55면.
21) 유지호 / 최원, 앞의 논문(주 8), 89면.

은 자만이 이를 판매할 수 있고, 자본시장법과 보험업법이 중첩 적용되어야 한다는 견해가 있다.[22]

이처럼 날씨보험과 날씨파생상품의 구분이 불명확한 가운데, 자본시장법이 파생상품의 기초자산에 날씨위험을 포함[23]함으로써 금융투자상품으로서 날씨파생상품의 법적 근거를 마련하면서 위험(원본상실 가능성)이라는 개념적 특징을 통해 금융투자상품을 포괄적으로 정의함으로 인하여 보험상품과 파생상품의 구분이 모호해질 수 있는 가능성이 발생하였다.[24] 이에 따라 보험감독당국은 개정 보험업법 입안 당시, 날씨보험과 날씨파생상품을 명시적으로 언급하면서 날씨보험은 보험상품에 포함되는 것으로 명시적으로 열거하고, 날씨파생상품에 대해서는 보험상품이 아니라는 전제에서 보험회사의 겸영업무로 허용하는 방안을 추진하였다.[25]

이러한 개정방안에 따르면 보험감독당국은 날씨파생상품은 보험상품이 아니라는 전제하에 감독권을 행사하지 않되, 보험회사가 사실상 날씨보험과 본질적 기능이 유사한 날씨파생상품을 함께 취급할 수 있도록 허용하려는 취지였던 것으로 해석된다.

22) 김수환, 앞의 논문(주 18), 90면.

23) 자본시장법 제4조 제10항 제5호.

24) "날씨파생상품의 경우 사실상 날씨보험과 동일해 영역구분상의 혼동이 불가피한데도 불구 최근 자본시장통합법에서 금융투자업의 취급영역으로 추진되고 있어 혼란이 예상된다." 한국금융신문 2006. 5. 25.자 기사 "'보험-파생상품' 규제차익 둬 공정경쟁 유도해야".

25) (구)재정경제부는 '보험업법 개정 요강' 43면에서, '날씨파생과의 혼란 방지'를 이유로 들어 날씨보험을 명시적 포함이 필요한 보험상품의 하나로 열거하고, 40면에서 "보험상품에서 제외되는 장외파생상품 중 보험상품과 직접 관련이 있는 상품에 한해 보험사 겸영업무로 허용"한다고 하면서, "신용파생, 날씨파생 등 보험사가 취급 가능한 파생상품의 기초자산을 엄격하게 positive 방식으로 열거하여 필요 최소한으로 규정"하겠다고 밝혔다.

그러나 개정 보험업법에 따라 시행령이 개정되면서, 보험상품의 정의 부분에서는 날씨보험이 명시적으로 열거(보험업법 시행령 제1조의2, 제3조 제14호)되었으나, 보험회사의 겸영 허용업무에 날씨파생상품을 포함한 장외파생상품의 취급업무를 규정하지 않아 날씨보험과 날씨파생상품을 명시적으로 구분하려던 애초의 의도는 분명하게 드러나지 않게 되었다.

그러나 날씨파생상품을 보험회사의 겸영업무로 포함하는 문제는, 보험상품의 정의와 관련된 것이라기보다 더욱 직접적으로는 날씨변수의 지수화(index) 등 날씨파생상품의 기초가 되는 날씨자료의 축적과 옵션, 스왑 등 파생금융기법에 대한 이해 등 보험회사가 파생상품을 취급할 수 있는 여건이 성숙되었느냐 하는 문제와 관련된 것으로, 향후 여건이 성숙되면 보험업법 개정 없이 보험업법 시행령 개정을 통해 가능한 부분이다.[26)]

최근 수년간 자연재해 및 이상기온으로 인한 피해가 세계적으로 증가하는 추세에 있어, 향후 전통적인 자연재해보험은 물론 지수형 날씨보험(신종날씨보험) 등도 활성화해야 한다는 논의들이 있다. 날씨파생상품과 경계가 불분명한 신종날씨보험의 활성화[27)]는 날씨파생상품과의 경계에 대한 논란으로 이어질 가능성이 있는바, 향후 다양한 신

26) 이와 관련하여 보험개발원은 2011. 3. 29. 기자간담회를 개최하고 2011 회계연도 주요 사업계획에 대해 설명하였는바, 그중 다양한 날씨위험전가 금융상품 도입을 위해 날씨파생상품(장외) 등을 보험회사가 활용하도록 하는 방안을 단계적으로 검토하겠다고 밝힌 바 있다.

27) 지수형 날씨보험은 2006. 처음 개발되었으나, 산업별 수요에 적합한 다양한 지수 개발 미진 등으로 판매실적이 거의 없는 실정이다. 최근 2011. 4. 19.자 아주경제 기사에 의하면, 삼성화재가 5월 초 국내 날씨예보 민간기업과 손잡고 협정가액을 사용하는 '인덱스형 날씨연계보험'을 출시, 방송과 온라인을 통해 판매할 계획이라고 하는바, 답보상태에 있던 신종날씨보험 활성화의 계기가 될지 지켜볼 일이다.

종날씨보험 내지 날씨파생상품의 출시를 위해서는 주 17의 뉴욕주 보험법의 규정이나 (구)재정경제부 '보험업법 개정 요강'과 같이 입법적으로 보다 명확한 구분기준이 마련되는 것이 바람직하다고 본다.

3. 신용스왑(credit default swap)

일정 기간 동안 신용보장매수자(protection buyer)가 신용보장매도자(protection seller)에게 고정수수료를 지급하고, 약정한 기간 내에 기초자산에서 신용 사건(credit event)이 발생할 경우 신용보장매도자로부터 기초자산의 액면금액에 해당하는 금액을 받고 기초자산을 양도하기로 약정한 스왑을 말한다.[28] CDS는 신용파생상품의 일종으로, 위험전가와 우연성을 지닌다는 측면에서 보험상품과 공통점을 갖는다. 특히 보증보험회사가 취급하는 신용보험의 경우는 구조가 CDS와 유사하다(〈표 2〉 참고).

이처럼 보험과 경계가 모호한 CDS에 대하여 보험업법상 보험상품의 정의를 포괄적으로 규정할 경우, 자본시장법과 규제범위의 중첩 문제가 발생할 가능성이 있어, 보험감독당국은 개정 보험업법 입안 당시 CDS가 보험상품의 일반적 정의에는 부합하나, 금융거래상품 관행 및 규제실익을 고려하여 보험업법 시행령상 보험상품의 범위에서 명시적으로 제외함으로써 불명확성을 해소하고자 하였다.[29] CDS를 명시적으로 보험상품에서 제외하지 않는다고 하여, 자본시장법의 규제를 받는 금융투자상품인 CDS를 보험상품으로 규제하여야 한다는

28) 여기에서 신용 사건이란 도산, 합병에 따른 신용 사건, 교차채무불이행, 신용등급 하락, 지급불능, 지급거절, 채무재조정 등을 말한다.

29) (구)재정경제부, 앞의 요강(주 3), 39면.

〈표 2〉 CDS와 보증보험의 구분

구분	사고성격	계약 당사자	수익자	계약성격
CDS	채무불이행, 파산, 신용등급하락 등 신용 사건의 발생	신용보장매수자(채권자)와 신용보장매도자	채권자	자기를 위한 계약
보증보험	채무불이행	채무자와 보험회사	제3의 채권자	타인을 위한 계약

주장이 실제로 제기될 가능성은 금융거래현실상 있을 법하지 않아 보이긴 하나, 포괄적 정의방식을 취하여 보험의 성질을 가진 금융상품을 규제의 공백 없이 포섭하면서도 중첩적 규제 가능성이 있는 부분에 대해서는 보험상품에서 명시적으로 제외하여 보험상품의 분류에 구체적 타당성을 기하고자 하였다는 점에서 의미를 찾아야 할 것인데, 개정 보험업법에 따라 보험업법 시행령을 마련하면서 이러한 부분이 반영되지 않은 점은 아쉽다고 할 수 있다.

CDS의 보험상품성과 관련하여 보다 실천적 논의는 보험회사의 CDS 발행 허용 여부이다. 보험상품의 일반적 정의에 CDS가 포함될 뿐 아니라, CDS의 구조가 실질적으로 보험상품과 매우 유사함에도 불구하고, 보험회사의 경우 파생상품의 취급이 허용되지 않을 뿐 아니라, 제3자를 위한 보증금지조항(보험업법 제113조)에 저촉되어 이를 취급하지 못한다고 하는 것은 지나친 규제 및 금지 위주의 접근방식으로 이를 완화하여 줄 필요가 있다는 것이다.[30)·31)]

30) 김홍기, "파생상품과 보험규제," 법학연구 제17권 제2호(2007), 연세대학교 법학연구소, 204면 이하.

31) 특히 상품의 본질적 성격은 CDS와 동일함에도 증권화된 형태의 신용연계채권(CLN, credit linked note), 합성담보부증권(SCDO, synthetic collateralized debt obligation)의 취급은 이미 허용되고 있어 규제 일관성도 떨어진다.

보험감독당국은 2007년 및 2008년 보도자료를 통해 파생상품 투자 유형을 열거하는 현행 positive 방식을 폐지하고 negative 방식으로 전환하여 보험회사 자산운용 자율성을 제고하고, '제3자 보증금지'의 예외범위에 CDS 등 보증성격을 가지는 신용파생상품을 포함하여 보험사의 CDS 거래를 허용하겠다는 입장을 밝혔으나, 이 부분은 개정 보험업법령에 반영되지 않았다.

상품의 본질적 성격은 CDS와 동일함에도 증권화된 형태의 신용연계채권(CLN, credit linked note), 합성담보부증권(SCDO, synthetic collateralized debt obligation)의 취급은 보험업법 시행령 제57조의2(타인을 위한 채무보증 금지의 예외)에서 이미 허용하고 있는 점을 고려할 때 보험회사의 CDS 취급만 허용하지 않을 이유가 없고, 규제 일관성도 떨어지는바, 이 부분은 향후 보험업법 시행령 개정을 통해 해결되어야 할 것으로 본다.

4. 보증기간 유료연장계약(extended warranty or extended service contract)

보증기간 유료연장계약이란 공급자가 대가를 받고 장래의 수리 또는 유지비용을 부담하기로 하는 계약으로, 통상 가전제품 및 소비재와 함께 판매되는 서비스이다.[32)]

이러한 보증기간 유료연장계약도 보험상품의 일반적 정의, 즉 위험보장성, 피보험이익, 우연성의 요소를 갖추고 있어 보험상품 여부가

32) "ESCs are agreements where providers assume future costs of repairs or maintenance for a fee, and are commonly sold with home appliances and consumer products", U.S. Gov't Accountability Office, GAO-06-424R, Definitions of Insurance 23(2006).

문제되는데 ① 일반적으로는 보험상품의 개념적 요소를 갖추고 있어 보험상품에 해당하나, 서비스 제공자가 보증대상 제품의 제조자나 판매자인 경우에는 자신이 제조하거나 판매한 제품에 대해 일정 기간 품질을 보장하는 것일 뿐, 서비스 제공자의 입장에서 부지(不知)의 위험을 인수하는 것이 아니어서 보험상품에 해당하지 않는다는 견해[33)] 와 ② 보험은 우연한 사고로 인한 손해를 보장하는 것이므로, 보증기간 유료연장계약과 같이 물건 자체의 하자 및 일상적인 소모와 마모(wear and tear)를 보장하는 것은 제공자가 누구인지 여부와 무관하게 보험으로 볼 수 없다는 견해가 있으며, 한편 ③ 보험상품에 해당한다 하더라도, 보증기간 유료연장계약의 경우는 정책적으로 보험상품으로 규제할 필요가 없다는 견해도 존재한다.

33) "Thus, it appears that "insurance" can be characterized as involving: (1) a contract or agreement between an insurer and an insured which exists for a specific period of time; (2) an insurable interest (usually property) possessed by the insured; (3) consideration in the form of a premium paid by the insured to the insurer; and (4) the assumption of risk by the insurer whereby the insurer agrees to indemnify the insured for potential pecuniary loss to the insured's property resulting from certain specified perils. In the present case, Griffin's plan contains each of the four elements set forth above... Nonetheless, the distinguishing feature which sets them apart from an insurance policy is the fact that the respective companies manufacture or sell the products which they agreed to repair or replace. No third parties are involved, nor is there a risk accepted which the company, because of its expertise, is unaware of. Through a warranty or service contract, a company simply guarantees that its own product will perform adequately for a period of time. Insurance policies, on the other hand, are generally issued by third parties and are based on a theory of distributing a particular risk among many customers.", Griffin Sys., Inc. v. Washburn, 505 N.E.2d 1121, 1123-25, 153 Ill. App. 3d 113, 115-19, 106 Ill. Dec. 330 (Ill. App. Ct. 1st Dist. 1987). 일리노이주는 위 판결 이후인 1998년경 주법으로 보험가입 및 재무적 요건 충족, 보험당국에의 신고 등 일정한 요건준수를 조건으로 보험회사 외의 자가 보증기간 연장서비스를 제공할 수 있도록 명시적으로 허용하여 위 판례의 결론은 더 이상 유효하지 않게 되었다.

미국의 경우를 보면 일리노이주, 텍사스주, 애리조나주 등의 주법원[34]에서는 보험회사가 아닌 제3자는 이러한 서비스를 제공할 수 없다고 하여 ①과 같은 견해를 취하였다.

그러나 제조자나 판매자가 이러한 서비스를 제공하는 경우에는 부지의 위험을 인수하는 것이 아니어서 보험상품에 해당하지 않는다는 논거는, 제3자가 동일한 서비스를 제공하는 경우에도 동일하게 적용될 수 있는 것이 아닌가 생각된다. 즉 일반적인 보험상품의 경우에는 불확정의 위험에 대해 대수의 법칙에 근거해 보험회사가 인수하게 될 위험을 산정하지만, 보증기간 연장서비스의 경우는 보증대상 제품 자체의 평균적 내구도 등 품질에 따라 대상기간 중 서비스 제공자가 부담하게 될 위험이 산정된다. 따라서 주 33의 판례의 논지와 달리 서비스 제공자가 제조자나 판매자가 아니라도 보증대상 제품에 대해 부지의 위험을 인수하는 것이라고 볼 것은 아니고, 사실상 제조자나 판매자와 그 밖의 제3자를 구별할 근거는 뚜렷하지 않다고 본다.

이와 관련하여 일리노이주에서는 주 33의 판결 이후인 1998년경 주법으로 보험가입 및 재무적 요건 충족, 보험당국에의 신고 등 일정한 요건준수를 조건으로 보험회사 외의 자가 보증기간 연장서비스를 제공할 수 있도록 명시적으로 허용[35]하였다. 또한 뉴욕주 보험법에서도 보험회사가 서비스를 제공하는 경우에만 이를 보험상품으로 보고 제3자가 이러한 서비스를 제공하는 것을 허용[36]하는 등 법규로서 제3자의 보증기간 연장서비스 제공을 허용하고 있는바, 이는 비록 제3자에 의한 보증기간 연장서비스가 개념적으로 보험상품과 유사한 면이 있더

34) U.S. Gov't Accountability Office, 앞의 보고서(주 32), 23면.

35) 215 ILCS §152/5. Definitions.

36) NY CLS Ins §7902.

라도 규제적 측면에서 보험회사에 대하여만 이러한 서비스 제공을 허용하는 것은 적절치 않다는 정책적 판단에 의한 것으로 해석된다.

우리 보험감독당국은 2007년 '보험업법 개정 요강'을 통해 '일반기업의 품질보장 차원에서 실시하는 우연한 사고에 의한 수리서비스 제공계약'은 보험상품의 정의에는 해당하지만, 규제실익이 적은 소규모 사업이므로 보험업법 시행령에서 명시적으로 보험상품범위에서 제외할 것이라고 밝혔다. 이는 일견 ①과 같은 입장으로 보이나, '우연한 사고'라는 표현이 제품 자체의 하자 및 일상적 소모 및 마모를 제외하고자 하는 취지였는지 그리고 그와 같이 규정함으로써 제3자에 의한 연장기간 보증서비스를 보험상품에 포함하여 규제하고자 한 것인지 여부는 명확하지 않다. 구체적 내용은 보험업법 시행령에 반영되어야 할 것이었으나, 위 사항은 보험업법 시행령상 '명시적 제외' 규정에 포함되지 않았다.

생각건대 (i) 앞서 본 바와 같이 동 서비스상 보증대상은 보험상품과 같이 우연한 사고가 아니라 보증대상 제품의 성상과 성질에 따라 판단할 수 있는 제품의 결함 및 일상적인 소모 및 마모에 의한 고장으로, 보험상품과 달리 불확정의 위험이 개입된 것이 아니며, (ii) 제조자나 판매자가 충분한 품질보증서비스를 제공하지 않는 경우도 있어 제3자의 서비스제공이 소비자 선택권 측면에서도 바람직한 점을 고려할 때, 향후 보험업법 시행령에 보증기간 연장서비스는 보험상품의 범위에서 제외하되, 보험가입이나 판매 관련 준수사항 등 소비자 보호를 위한 규정을 필요에 따라 도입하는 것이 바람직하다고 본다.

IV. 맺음말

이상에서 살펴본 바와 같이 개정 보험업법의 시행으로 보험상품의 정의가 도입되면서, 일반적 정의, 명시적 포함 및 명시적 제외라는 3단계 정의방식에 따라 보험상품 여부의 판단기준을 제시한 것은 긍정적이라고 본다. 그러나 개정 보험업법은 명시적 포함 사항과 명시적 제외 사항을 포괄적으로 시행령에 위임하고 있는데, 막상 시행령상에는 그동안 보험상품 여부 및 규제범위가 논란이 되어 왔던 부분들에 대한 구체적인 지침을 제시할 수 있을 정도의 내용이 포함되지 않은 것은 아쉬운 부분이 아닐 수 없다.

현대인은 사회생활상 일상적으로 다양한 위험과 직면하게 된다. 보험업계를 포함하여 금융업계는 이러한 현대인의 현실에 맞춰 전통적 방식에서 탈피한 보다 새롭고 발전된 형태의 위험보장상품을 제공할 필요성이 나날이 제고되고 있는바, 사업자에게는 예측 가능성 부여를 통한 신상품 개발 활성화를, 소비자에게는 금융상품의 성격에 부합하는 보호를 제공할 수 있도록 보험상품의 정의 및 규제범위 관련 규정의 계속적 보완이 필요하다고 본다.

02

보험계약의 해석과 작성자불이익원칙*

-최근 대법원 판례들을 중심으로-

최준규**

I. 들어가며

보험계약의 해석은 재판실무에서 종종 문제되는 쟁점이지만—일반적 계약해석 문제가 그러하듯—사안특수적인 성격이 강하고 선험적 논리보다 경험과 지혜의 축적을 통해 해결되는 경우가 많기 때문에, 이론적 논의가 그다지 많지 않은 부분이다. 보험계약은 약관의 형태를 띠므로, 보험계약의 해석시 작성자불이익원칙이 고려되는 경우가 많다. 그런데 작성자불이익원칙을 적용하기 위해서는 통상의 해석방법으로는 계약 내용의 불명확성이 해소되지 않는다는 점이 확정되

* 이 논문은 BFL 제48호(2011. 7)에 게재된 글을 수정 · 보완한 것이다.

** 한양대학교 법학전문대학원 조교수

어야 하는데 이를 판단하는 것이 쉽지만은 않다.[1] 약관의 경우 객관적 · 통일적 해석이 강조되고 있다. 고객에 불리한 해석이라 할지라도 그것이 약관의 객관적 해석을 통해 도출되는 자연스러운 결과라면, 작성자불이익원칙은 적용될 여지가 없을 것이다. 해석자로서는 보험계약상 고객의 보호 필요성에 주목한 나머지 무분별하게 작성자불이익원칙에 의존해서는 안 된다.

아래에서는 약관의 객관적 · 통일적 해석원칙이 갖는 의미와 이와 관련된 최근 대법원 판결들을 살펴보고(II), 작성자불이익원칙 일반에 관한 논의를 살펴본 뒤(III. 1, 2), 비록 약관해석에 있어 작성자불이익원칙이 갖는 중요성을 간과할 수 없지만 그 원칙이 남용되어서는 안 됨을 강조한다(III. 3, 4). 이어서 보험계약의 합리적 해석이 가능하다면 작성자불이익원칙은 적용될 여지가 없음을 밝히면서 원심 판결을 파기한 최근 대법원 판례들을 소개한다(IV).

II. 약관의 객관적 · 통일적 해석의 원칙

1. 약관의 규제에 관한 법률(이하 '약관규제법') 제5조 제1항은 "약관은 신의성실의 원칙에 따라 공정하게 해석되어야 하며 고객에 따라

1) John Birds, Birds' Modern Insurance Law, Sweet & Maxwell(2007), pp.229-230은 그러한 어려움의 예로 Alder v Moore 〔1961〕 2 Q.B. 57을 들고 있다〔선수조합에 소속된 프로축구선수가 부상을 입은 후 어떤 형태의 프로축구에도 'playing member'로 참가하지 않는 것에 동의하고 보험금을 지급받은 경우, 'playing member'가 단지 운동선수를 뜻하는 것인지, 아니면 '선수조합에 소속된 선수'를 뜻할 수도 있으므로 위 조항은 모호하다고 보아야 하는지 문제된 사안이다. 영국 항소법원(Court of Appeals)은 2 : 1로 전자의 견해를 취하였다〕.

다르게 해석되어서는 아니 된다"고 규정하고 있다. 판례[2]도 "보험약관은 신의성실의 원칙에 따라 해당 약관의 목적과 취지를 고려하여 공정하고 합리적으로 해석하되, 개개의 계약당사자가 기도한 목적이나 의사를 참작함이 없이 평균적 고객의 이해 가능성을 기준으로 보험단체 전체의 이해관계를 고려하여 객관적 · 획일적으로 해석하여야 한다"고 하여, 약관의 객관적 · 통일적 해석원칙을 천명하고 있다.[3] 약관에 사용된 용어는 원칙적으로 일반적 언어관용에 따라 해석되어야 하는데, 그 판단의 기준시점은 약관 설계시가 아니라 약관의 계약 내용 편입시이다.[4] 이러한 약관의 해석원칙을 통상의 계약해석원칙과 어떻게 관계 맺을 것인가, 즉 약관해석의 독자성을 강조할 것인가, 양자를 통일적으로 바라볼 것인가에 관하여 여러 견해가 있을 수 있다.[5] 다분히 이론적 문제이긴 하나, 사견으로는 약관도 기본적으로 계약이므로[6] 약관해석이 계약해석과 본질적으로 다른 문제라 할 수는 없다

---

2) 대법원 2009. 5. 28. 선고 2008다81633 판결 등 참조.

3) 독일의 판례도, 약관은 우연적인 개별 사정이나 당사자들의 개인적 생각을 참작함이 없이, 그 경제적 목적과 선택된 표현방법을 고려하여 객관적 기준에 따라 해석해야 함을 밝히고 있다. MünchKommBGB / Basedow §305c Rn. 22 참조.

4) MünchKommBGB / Basedow §305c Rn. 25.

5) 독일의 논의에 대해서는 Bamberger/ Roth/ H. Schimidt §305c Rn. 38-40, 일본의 논의에 대해서는 潮見佳男, 新版 注釋民法(13, 補訂版), 有斐閣, 190-194면 참조.

6) 대법원 2010. 1. 14. 선고 2008다89514, 89521 판결은 "보험계약이 일단 그 계약 당시의 보통보험약관에 의하여 유효하게 체결된 이상 <u>그 보험계약관계에는 계약 당시의 약관이 적용되는 것이고</u>, 그 후 보험자가 그 보통보험약관을 개정하여 그 약관의 내용이 상대방에게 불리하게 변경된 경우는 물론 유리하게 변경된 경우라고 하더라도, <u>당사자가 그 개정 약관에 의하여 보험계약의 내용을 변경하기로 하는 취지로 합의하거나 보험자가 구 약관에 의한 권리를 주장할 이익을 포기하는 취지의 의사를 표시하는 등의 특별한 사정이 없는 한 개정 약관의 효력이 개정 전에 체결된 보험계약에 미친다고 할 수 없다</u>"고 판시하였는데, 이는 약관의 본질이 계약이라는 점에서 지극히 타당하다. 원심은 약관이 구속력을 갖는 근거를 계약에서 찾으면서도, 보험약관이 보험계약자에게 유리하게 변경되고 그후 보험계약자가 변경된

고 생각한다.[7] 계약해석의 1차적 목표는 당사자들의 진의탐구이다. 계약 내용에 대해 일방당사자는 x라고 생각하고 타방당사자는 y라고 생각하며 합리적 제3자는 z라고 생각하는 경우, 계약 내용은 x와 y 중 정당하다고 판단되는 것이 되어야지 결코 z가 될 수는 없다.[8] 그러나 현실적으로 해석자가 x, y를 파악하는 데에는 한계가 있을뿐더러 계약당사자들이 계약조항의 의미에 대해 별다른 생각을 갖고 있지 않았던 경우도 많다. 따라서 해석자는 계약문언 등 객관적 자료를 토대로 당사자들의 의사를 탐구할 수밖에 없다. 즉 x, y는 z가 무엇인가를 탐색하는 과정에서 밝혀질 수 있는 것으로서 양자의 판단기준과 방법이 다를 수 없고, 실제로 z는 x, y 중 어느 하나와 동일한 경우가 대부분일 것이다.[9] 또한 x와 y가 다를 경우 어떠한 내용으로 계약을 구성할 것인가는 결국 규범적 판단의 문제이다. 약관의 해석에 있어서도 이러한 판단구조는 그대로 적용된다. 우선 약관 이외에 별도의 합의가 존

약관에 기초하여 보험금 지급을 청구한 경우, 그가 묵시적으로 개정된 약관의 적용에 동의한 것으로 볼 수 있다고 판시하였다. 그러나 사안에서 보험회사가 종전 고객에 대해서도 변경약관을 적용할 의사를 가지고 있었다고 단정할 수는 없다. 약관의 종류 및 특성을 고려할 때 약관사용자에게 그와 같은 의사를 인정할 수 있다 하더라도, 고객의 묵시적 동의를 어떠한 조건하에 인정할 것인지는 간단한 문제가 아니다. 관련하여 대법원 1989. 4. 25. 선고 87다카2792 판결(한전의 전기공급규정 개정이 전기사업법 소정의 절차를 거쳐 인가를 받고 공표의무를 마쳤다면, 그 개정에 따른 새 요금 요율을 내용으로 하는 계약의 변경이 있었다고 할 것이고, 개별 수요자와 변경된 공급규정을 내용으로 하는 새로운 계약을 일일이 체결하거나 승낙을 받아야 비로소 구속력이 생기는 것은 아니다) 및 加藤雅信 / 加藤新太郎, 現代民法學と實務(中), 判例タイムズ社, 2008, 242-254면(約款變更と拘束力) 참조.

7) 같은 취지로 손지열, 민법주해 XII, 박영사, 328면 참조.

8) 엄동섭, "법률행위의 해석에 관한 연구," 서울대학교 법학박사 학위논문, 1992, 143-150면 참조.

9) 윤진수, "계약 해석의 방법에 관한 국제적 동향과 한국법," 민법논고 I, 박영사, 263면 참조.

재하거나 약관조항을 해석함에 있어 통상의 이해와는 다른 내용으로 해석하는 데 의사의 합치가 있다면, 당연히 그 합의 내용이 우선한다.[10] 나아가 평균적 고객의 이해 가능성과 다른 개별 고객의 의사가 존재하고 그러한 의사를 약관작성자에게 귀속시킬 수 있는 정당한 사유가 존재한다면, 그에 따라 당사자들의 권리 · 의무관계가 정해질 것이다. 다만 고객과 직접 대면하는 직원에게 계약체결대리권이 없는 경우가 많은 점, 약관사용자가 고객의 개별 사정을 일일이 확인하기 곤란한 점, 대량거래의 합리화를 도모해야 하는 약관사용자의 입장 등을 고려할 때, 정당한 사유가 인정되기는 쉽지 않을 것이다. 이러한 개별 사정이 존재하지 않거나 고객의 개별적 의사가 확인되지 않는다면, 약관 내용은 평균적 고객의 이해 가능성을 기준으로 해석할 수밖에 없다.[11]

2. 객관적 해석원칙의 적용사례로 우선 대법원 2009. 5. 28. 선고 2009다9294, 9300 판결을 본다. 피고가 원고와 사다리차량(이하 '이 사건 차량'이라 한다)에 관한 운전자상해보험계약을 체결하였는데, 이 계약에 의하면 '<u>피고가 자동차를 운전하던 중에 발생한 사고</u>' 만이 보험사고에 해당한다. 피고는 이 사건 차량을 주차시킨 후, 그 상부에 설치된 고가사다리를 고정시킨 상태에서 리모컨으로 고가사다리에 부착된

10) Larenz / Wolf, Allgemeiner Teil des Bürgerlichen Rechts, 9.Aufl., §43 Rn. 30-39 참조. 약관규제법 제4조는 "약관에서 정하고 있는 사항에 관하여 사업자와 고객이 약관의 내용과 다르게 합의한 사항이 있을 때에는 해당 합의사항은 약관에 우선한다"고 규정하고 있는바, 본문과 같은 입장에서 위 조항은 당연한 내용을 규정한 것이라 할 수 있다.

11) 동일하지는 않지만 유사한 취지의 주장으로는 Wolf/ Horn/ Lindacher, AGB-Gesetz Kommertar, 3. Aufl., §5 Rn. 5-16 ; StaudingerBGB/ Schlosser §305c Rn. 130 ; 上田誠一郎, 契約解釋の限界と不明確條項解釋準則, 2003, 271-281면 참조.

적재함을 조종하여 이삿짐을 싣고 내리는 작업을 하던 중, 소외 A가 고가사다리에서 추락하여 사망하였다. 위 사고를 '운전 중 사고'로 볼 수 있는지 여부와 관련하여 제1심과 원심은, 이 사건 차량은 필연적으로 도로교통법상의 도로가 아닌 다른 장소에서도 이용될 것으로 예상되는바, 보험계약을 체결한 당사자의 의사가 보험사고대상이 되는 차량의 사용범위를 도로에서의 사용을 뜻하는 도로교통법상의 운전으로 국한시켰을 것이라고 보는 것은 상식에 반하는 점 등을 근거로 위 보험계약에서 말하는 '자동차의 운전'은 자동차를 해당 장치의 용법에 따라 사용하는 것으로서, '자동차의 운행'[12]과 같은 개념이라고 해석함이 상당하고, 따라서 위 사고는 보험사고에 해당한다고 보았다. 그러나 대법원은, 약관은 작성자불이익원칙이 적용되는 경우 이외에는 개개 계약체결자의 의사나 구체적인 사정을 고려함이 없이 평균적 고객의 이해 가능성을 기준으로 객관적 · 획일적으로 해석해야 함을 강조하면서, 이 사건 운전자상해보험계약상 '운전'을 '도로교통법상 운전'이 아닌 '자동차손해배상 보장법상 운행'[13]과 동일한 개념으로 볼 아무런 합리적 이유가 없음을 이유로 원심을 파기하였다.

원심이 든 개별적 사정은 통상의 계약해석시에는 당연히 고려해야겠지만, 약관의 해석에 있어서는 약관문언과 배치되는 내용에 관하여 개별 약정이 성립하였다고 인정되는 경우가 아닌 한(보험모집인의 법

12) 자동차손해보상 보장법 제2조 제2호가 운행을 위와 같이 규정하고 있다.

13) 도로교통법 제2조 제24호는 운전을 도로교통법상의 도로 등에서 차마를 그 본래의 사용방법에 따라 사용하는 것이라 규정하고 있는바, 그중 '자동차운전'은 자동차의 원동기를 사용하는 고의의 운전행위로서, 엔진의 시동뿐만 아니라 발진조작의 완료까지 요하므로, 이는 주행상태가 아닌 주행의 전후 단계로서 주 · 정차상태에서 각종 부수적인 장치를 사용하는 것도 포함하는 자동차손해배상 보장법상 '운행'보다 좁은 개념으로 해석되고 있다.

적 지위 및 권한에 비추어 그러한 약정의 성립 가능성은 매우 제한될 것이다) 고려할 내용이 아니다. 원심의 논리에 따르면 보험에 가입된 차량 종류에 따라 보험약관에 규정된 '운전'의 의미가 달라지는데, 이는 수긍하기 어려운 결과이다.

3. 관련하여 자동차종합보험의 가족운전자 한정운전 특별약관에 정한 '기명피보험자의 모(母)'의 해석에 관한 대법원 2009. 1. 30. 선고 2008다68944 판결[14)]도 살펴볼 필요가 있다. 원심은 ① 위 특별약관의 취지는 일반의 자동차종합보험 보통약관과 달리 보험금 지급대상이 되는 보험사고를 피보험자동차의 이용관계에 있어 동질적이라고 할 수 있는 피보험자의 가족구성원이 자동차를 운전 중에 일으킨 사고로 제한하는 대신 보험료를 낮추어 주려는 데 그 취지가 있는 점, ② 사안에서 피보험자동차를 운전한 소외 A는 기명피보험자인 원고의 법률상의 모는 아니지만, 원고의 법률상 부와 10년간의 법률상 혼인기간을 포함하여 이 사건 사고 당시까지 13년간을 실질적으로 가족의 구성원으로 가족공동체를 이루어 생계를 같이하고 사실상 원고의 어머니 역할을 하면서 피보험자동차를 이용하고 있었던 점, ③ A는 다시 B와 혼인신고를 함으로써 그러한 가족관계는 앞으로도 지속될 것으로 보이는 점, ④ 가족운전자 한정 특별약관의 용어풀이에서 가족의 개념을 상당히 넓히고 있는 점 등을 근거로, 여기에서 가족의 범위는 반드시 법률상의 가족관계에 한정할 것은 아니고, 실질적인 가족공동체를 이루면서 가족윤리나 사회윤리의 지배를 받는 사실상의 가족관계의 구

14) 판례에 의문을 표하는 견해로는 김상중, "2000년대 민사판례의 경향과 흐름: 민법총칙," 민사판례연구 33-하권(2011. 2), 민사판례연구회, 24면 ; 장덕조 / 한창희, 보험법 판례연구집, 법영사, 2010, 181-188면 참조.

성원이 모두 포함된다고 보아, A가 위 특별약관상의 모에 포함된다고 판시하였다.

그러나 대법원은 보험약관의 객관적 · 통일적 해석원칙을 강조하여, 위 가족운전자 한정운전 특별약관 소정의 기명피보험자의 모에 기명피보험자의 법률상의 모가 아닌 기명피보험자의 부(父)의 사실상의 배우자는 포함되지 않는다고 보아 원심을 파기하였다. 대법원은 이미 2004. 1. 15. 선고 2003다53404 판결에서 법률상의 부가 아닌 기명피보험자의 모의 사실상의 배우자는 가족운전자 한정운전 특별약관상 '기명피보험자의 부'에 포함되지 않는다고 판시한 바 있다. 판례 중에는 위 특별약관 소정의 '모'에 부의 배우자로 실질적으로 가족의 구성원으로 가족공동체를 이루어 생계를 같이하고 피보험자의 어머니의 역할을 하면서 피보험자동차를 이용한 '계모'가 포함된다고 해석한 것이 있지만,[15] 1990년 민법이 개정되기 전 계모는 법률상 모에 포함되었던 점, 부부 중 일방이 볼 때 법률혼관계에 있는 배우자와 사실혼관계에 있는 배우자는 모두 가족공동체의 일원으로서 '배우자'라고 관념하는 데 큰 무리가 없지만,[16] 자식의 입장에서 부의 '사실상' 배우자까지 '어머니'라고 관념하는 것은 통상적 언어관용에 비추어도 지나쳐 보이는 점 등을 고려할 때, 위와 같은 논리가 이 사건 판례에

15) 대법원 1997. 2. 28. 선고 96다53857 판결. 가족윤리의 관점에서 이 판결에 찬성하는 평석으로는 양승규, "가족운전자 한정운전약관의 뜻과 계모의 지위," 보험판례연구, 삼지원, 2000, 373-375면 참조.

16) 따라서 약관에 단순히 '기명피보험자의 배우자'라고 기재되어 있는 경우, 사실혼관계에 있는 배우자도 포함된다고 해석함이 타당할 수 있다(대법원 1994. 10. 25. 선고 93다39942 판결 참조. 현재 가족운전자 한정운전 특별약관은 명시적으로 사실혼관계에 있는 배우자도 가족의 범위에 포함시키고 있다). 다만 판례는 부첩관계의 일방에서 본 타방은 가족운전자 한정운전 특별약관상의 배우자에 포함될 수 없다고 보고 있다(대법원 1995. 5. 26. 선고 94다36704 판결 참조).

까지 확대될 수는 없다고 생각한다.[17)]

4. 상해보험약관상 "피해일로부터 180일 한도로 입원일에 대하여 보험증권에 기재된 임시생활비 일당액을 지급한다"고 규정된 경우, 피해일을 어떻게 해석할 것인지와 관련한 판례를 본다.[18)] 원심은 ① 이 사건 각 보험계약의 약관에서 피해일과 사고일을 구별하여 사용하고 있는 점, ② 위 약관상의 피해일을 사고일로 해석하게 되면 피보험자가 보험사고로 상해를 입고 사고일로부터 180일이 지나 입원하는 경우에는 임시생활비 보험금을 전혀 받지 못하게 되어 불합리하고, ③ 매 수술 또는 추가장해 진단시마다 새로운 피해일이라고 해석하면 임시생활비 보험금을 지급하는 입원기간을 180일 한도로 제한한 위 특별약관의 규정이 아무런 의미가 없게 되는 점 등에 비추어, 위 약관에서 규정한 '피해일로부터 180일 한도'는 입원기간을 180일 한도로 하여 보험금을 지급한다는 의미라고 해석하였다. 그러나 대법원은 약관의 객관적 · 획일적 해석원칙을 강조하면서 위 약관의 '피해일'은 '피보험자가 보험사고로 상해를 입은 날', 즉 '사고발생일'을 의미하는 것으로 해석함이 상당하다고 하여 원심을 파기하였다.

원심과 같은 해석은 약관문언을 사실상 개정한 것으로서 내용통제의 실질을 갖는다. 그러나 원심이 든 불합리한 사유들만으로 그와 같

---

17) 참고로 판례는 부부운전자 한정운전 특별약관부 자동차 보험계약상의 '사실혼관계에 있는 배우자'에 '법률혼인 전 혼인이 사실상 이혼상태에 있다는 등의 특별한 사정이 있어 법률혼에 준하는 보호 필요성이 있는, 중혼적 사실혼관계상 배우자'가 포함되며, 이러한 특별한 사정은 보험계약자에게 증명책임이 있다고 보고 있다(대법원 2009. 12. 24. 선고 2009다64161 판결 ; 대법원 2010. 1. 14. 선고 2009다79156 판결 ; 대법원 2010. 3. 25. 선고 2009다84141 판결 참조).

18) 대법원 2009. 11. 26. 선고 2008다44689, 44696 판결.

은 법원의 적극적 개입이 정당화되기는 어렵다고 생각한다.

III. 작성자불이익원칙 일반론

1. 의의 및 관련 판례

(1) 약관규제법 제5조 제2항은 "약관의 뜻이 명백하지 아니한 경우에는 고객에게 유리하게 해석되어야 한다"고 규정하고 있다. 작성자불이익원칙은 비교법적으로 널리 인정되는 해석원칙으로서 주로 약관에서 문제되긴 하지만, 반드시 약관에 국한되는 원칙은 아니다.[19] 작성자불이익원칙은 통상의 계약해석방법들에 의해서도 계약 내용이 불분명할 경우 보충적으로 적용되는 원칙이다.[20] 약관규제법에 명시되

19) 독일 민법 제305조의c 제2항, 유럽계약법원칙(PECL) 제5 : 103조는 작성자불이익원칙 약관에 대하여 규정하고 있고, UNIDROIT 국제상사계약원칙(PICC) 제4.6조, 미국 계약법 리스테이트먼트 제208조는 위 원칙의 적용을 약관에 국한시키지 않고 있다. 한편 프랑스 민법 제1162조는 "합의에 관하여 의심이 있는 경우 채무를 부담시키는 자에게 불리하게, 채무를 부담하는 자에게 유리하게 해석해야 한다", 제1602조 제2항은 "불명료하거나 애매한 약정은 모두 매도인에게 불리하게 해석한다"고 규정하고 있다. 물론 이러한 규정방법의 차이가 해석원칙의 실제 적용범위에 큰 차이를 가져온다고 보기는 어렵다.

20) 남효순, "법률행위의 해석의 쟁점 : 법률행위해석의 본질 및 방법에 관하여," 서울대학교 법학 제41권 제1호(2000. 6), 서울대학교 법학연구소, 166면은 다른 기능적 해석원칙인 합리해석, 통일해석, 효용해석, 신의성실해석의 원칙이 작성자불이익원칙보다 우선해서 적용되어야 한다고 표현하고 있다. 참고로 미국법의 경우 주마다 차이는 있지만 명백성원칙(plain meaning rule), 구두증거배제법칙(parol evidence rule)의 영향으로, 약관이 놓인 맥락이나 계약서 이외의 외부증거들을 충분히 고려하지 않은 채 작성자불이익원칙을 적용하는 경우도 있는 것으로 보인다. Michael B. Rappaport, "The Ambiguity Rule and Insurance Law: Why Insurance Contracts Should

어 있지 않지만, 고객에게 불리한 조항(면책조항 등)은 약관 문언에서 명백하게 규정한 사유 외에는 확장해서는 안 된다는 축소해석 내지 제한해석원칙도 작성자불이익원칙의 파생이라고 통상 설명된다.[21)]

다만 약관조항의 내용이 지나치게 모호하여 그 의미를 확정할 수 없는 경우에는 계약 내용 불특정을 이유로 계약이 무효가 되거나, 계약이 불성립할 수 있음을 유의할 필요가 있다.[22)] 약관조항의 의미에 대하여 보험계약자는 A라고 주장하고, 보험자는 B라고 주장하나, 사실관계가 달라질 경우 오히려 B가 보험계약자에게 더 유리한 해석일 수 있는 경우에는 해당 사안에서 작성자불이익원칙을 적용하여 A라는 해석결과를 정당화할 수는 없다.[23)] 이 경우 약관조항의 모호함은 내용통제를 통해 해결해야 할 것이다. 작성자불이익원칙은 합리적인 복수의 해석 가능성이 존재할 경우 작성자에게 불이익한 해석방법을 선택하는 원칙이지, 해당 사안에서 보험계약자가 주장하는 해석방법을 선택하는 원칙은 아니다.[24)]

---

not Be Construed against the Drafter," 30 Ga. L. Rev. 171, 181-183(1995) 참조.

21) 손지열, 앞의 책(주 7), 334-335면 ; 이은영, 주석민법(채권각칙 1), 편집대표 박준서, 한국사법행정학회, 120면 참조.

22) 손지열, 앞의 책(주 7), 334면 참조. 비행기 관련 손해를 부보한 보험자의 책임이 'Typenflug' 이후에 개시된다고 보험계약에 규정되어 있는데, Typenflug의 의미에 대하여 보험계약자와 보험자 사이에 견해대립이 있고, 관련 전문가들의 견해도 엇갈린다는 이유로 계약불성립을 인정한 판례로는 RGZ 116, 274 참조. 다만 이처럼 계약이 불성립하거나 무효가 된 경우, 보험계약자로서는 보험회사에 불법행위를 원인으로 한 손해배상청구가 가능할 여지가 있다.

23) Olaf Meyer, "Contra Proferentem? – Klares und weniger Klares zur Unklarheitenregel," ZHR 174(2010), S.130-133 참조.

24) RGZ 116, 274 ; 박철, "보통보험약관의 구속력," 보험법의 쟁점, 2000, 54면 참조.

(2) 작성자불이익원칙을 적용한 최근 대법원 판례들을 본다. 판례[25]는 암보험약관에서 암과 상피내암 여부에 따라 암치료자금과 수술자금을 달리 지급하고 있고, 제3차 한국표준질병사인분류의 기본분류상 악성 신생물로 분류되는 질병을 '암'으로, 상피내의 신생물로 분류되는 질병을 '상피내암'으로 규정한 사안에서, 비록 국내 의료계의 다수가 피보험자의 질병인 '구불결장의 점막고유층에 국한된 관상선종'을 상피내 암종으로 분류할 수 있다는 견해를 취하고 있지만, ① 위 약관에서 보험사고 내지 보험금 지급액의 범위를 정하는 기준으로 규정한 한국표준질병사인분류의 분류기준과 그 용어에 충실하게 피보험자의 질병과 같은 점막내 암종을 상피내암이 아니라 암으로 보는 해석이 가능한 점, ② 대한병리학회 소화기병리연구회의 논문도 같은 취지에서 상피내 암종과 점막내 암종이라는 용어를 계속 구분하여 사용하여야 한다는 입장을 밝히고 있고, 1988년 대한대장항문학회와 대한외과학회의 주관하에 작성된 한국인 대장암 취급지침서 역시 점막내 암종을 제1기 대장암으로 분류하여 악성 종양임을 인정하였으며 이것이 과거 오랫동안 국내 임상의사의 진단기준이 되어 왔던 점 등에 비추어 위와 같은 해석에도 그 객관성과 합리성도 인정되는 점을 고려할 때, 위 약관이 규정하는 '상피내암'은 객관적으로 다의적으로 해석되어 약관조항의 뜻이 명백하지 아니한 경우에 해당한다고 보아, 작성자불이익의 원칙을 적용하여 위 약관이 규정하는 상피내암은 점막내 암종을 제외한 상피내 암종만이 해당한다고 제한 해석하였다.

---

25) 대법원 2010. 12. 9. 선고 2009다60305 판결. 최근 이와 동일한 취지의 대법원 판결이 수차례 선고되었다. 대법원 2011. 4. 28. 선고 2011다1118 판결 ; 대법원 2011. 4. 28. 선고 2011다1149 판결 ; 대법원 2011. 2. 10. 선고 2010다93011 판결 ; 대법원 2010. 12. 9. 선고 2010다71158 판결 참조.

또한 판례[26]는 암보험약관에서 말하는 암수술급여금의 지급대상인 '수술'에 폐색전술이 해당하는지 여부가 문제된 사안에서, 보험약관 제5조에서 암 보험급여의 대상이 되는 수술을 "국내의 병원 또는 이와 동등하다고 회사가 인정하는 국외의 의료기관에서 의사의 관리하에 특정암 또는 일반암의 치료를 직접적인 목적으로 수술을 받는 행위"라고만 규정하고 있을 뿐 의료계에서 표준적으로 인정되는 수술이라고 제한하고 있지 않고, 위 약관에서 수술의 의미를 구체적으로 명확하게 제한하고 있지도 않으므로, 가는 관을 대동맥에 삽입하여 이를 통해 약물 등을 주입하는 색전술도 넓은 의미의 수술에 포함될 여지가 충분히 있고, 이 사건 보험상품을 개발하여 판매한 보험회사는 병원에 직접 피보험자의 치료 내용을 확인한 후 3년 3개월 동안 19회에 걸쳐 합계 1억 1,400만 원의 암수술급여금을 지급해 왔으므로, 피보험자가 받은 폐색전술은 보험약관상의 수술에 해당한다고 봄이 상당하고, 이러한 해석론이 약관 해석에 있어서의 작성자불이익의 원칙에도 부합한다고 판시하였다.

2. 작성자불이익원칙의 정당화 근거

작성자불이익원칙에 의해 도출된 해석결과는 약관작성자의 사실적 의사에 부합하지 않는 경우가 대부분이다. 하지만 약관작성자에게는 약관 내용을 명확히 할 의무를 지울 수 있다는 점에서, 이를 게을리 한

---

26) 대법원 2010. 7. 22. 선고 2010다28208, 28215 판결 : 원심은, 색전술은 암세포가 혈액에 의존하는 점을 이용하여 영양분을 공급하는 혈관을 화학물질을 이용 차단하여 암세포만을 선택적으로 괴사시키는 방법으로서 전이된 폐암의 치료에 있어 표준화된 치료가 아니라 소수의 병원에서 실험적으로 시행되는 것이고, 암치료를 직접적인 목적으로 하는 수술이라 볼 수 없다고 판단하였다.

데 대하여 불이익을 부과하는 것이 정당화될 수 있다.[27)] 또한 작성자불이익원칙의 정당화 근거는 위 원칙이 갖는 사회적 기능과 이에 대한 규범적 평가에서 찾는 경우가 많다.[28)] 즉 작성자불이익원칙은 불명확한 조항을 작성한 자에게 일종의 제재를 부과함으로써 작성자로 하여금 좀 더 명확한 계약조항을 사용하게 하고, 이를 통해 계약 내용에 관한 정보를 상대방에게 명확하게 전달되도록 유도한다는 점에서 정당화될 수 있다.[29)·30)] 내용통제에 비해 충분치 못한 면은 있지만, 이 원칙이 소비자와 같이 상대적으로 열위에 놓인 일방당사자를 보호하는 기능을 하는 점도 부인할 수 없다.[31)]

---

27) 潮見佳男, 앞의 책(주 5), 194-195면 참조. 그러나 Meyer, 앞의 논문(주 23), S.118-121은 실제 계약 내용으로 편입되기 훨씬 전인 약관 작성시점을 기준으로, 사업자에게 예견하기 어려운 미래의 상황에 대비해 약관을 명확히 만들 '주의의무'를 부과할 근거가 없다고 주장한다.

28) 반면 합리적 해석 가능성이 복수로 존재함에도 계약의 불성립을 인정하거나 계약상 공백의 존재를 인정하여 이를 보충하는 방법을 취하지 않고, 그중 하나를 계약내용으로 확정하는 것은 당사자 간에 형성된 계약규범을 가능한 존중하겠다는 취지이므로, 작성자불이익원칙의 근본적 근거는 사적자치원칙에서 찾을 수 있다는 견해로는 上田誠一郎, 앞의 책(주 11), 184면 참조.

29) 윤진수, 앞의 논문(주 9), 241면 ; Meyer, 앞의 논문(주 23), S.126-127 참조. 이처럼 일방당사자에게 불리한 결과를 부과하여 사전적으로 당사자들의 행동에 영향을 미치는 방식을 'penalty default rule' 또는 'information-forcing default rule'이라 한다. Ian Ayres / Robert Gertner, "Filling Gaps in Incomplete Contracts: An Economic Theory of Default Rules," 99 Yale. L. J. 87(1989) ; Hannes Unberath / Johannes Cziupka, "Dispositives Recht welchen Inhalts? – Antworten der ökonomischen Anlayse des Rechts," AcP Bd.209(2009) ; Benjamin E. Hermalin / Avery W. Katz / Richard Craswell, Handbook of Law and Economics, vol. 1. pp.87-88 참조.

30) Meyer, 앞의 논문(주 23), S.129-130은 약관 내용의 명확화 유도를 작성자불이익원칙의 유일한 정당화 근거로 보면서, 약관설계시를 기준으로 작성자가 더 명확한 규정을 두는 것을 기대하기 어려운 경우에는 위 원칙이 적용되어서는 안 된다고 주장한다. 그러나 역으로 기대 가능성이 있다고 해서 언제나 위 원칙이 우선적용되어야 하는 것은 아닐 것이다.

31) 그러나 Meyer, 앞의 논문(주 23), S.122-123은 '약자보호'는 독일 민법 제307조 이

3. 작성자불이익원칙에 대한 회의론

그러나 작성자불이익원칙이 갖는 사회적 기능을 얼마나 적극적으로 평가할 수 있는지에 대해서는 생각할 여지가 있다.

우선 작성자불이익원칙이 언제나 보험자로 하여금 약관 내용을 명확히 하도록 유도할 수 있는지 의문이 없지 않다. 보험자 입장에서는 법원의 해석결과가 예측 가능하다면 굳이 불명확한 조항을 고치려 하기보다, 자신에게 불리하게 해석된 결과에 맞춰 보험료를 인상하는 데에 관심을 기울일 수 있기 때문이다.[32] 불명확한 조항을 존속시킬 경우, 숙련되고 치밀하지 못해 소송을 제기하지 않는 보험계약자는 인상된 보험료를 납부하면서도 작성자불이익원칙에 따른 혜택을 받지 못할 수 있다. 따라서 약관설계시 보험자는 작성자불이익원칙으로 인해 자신이 예상했던 것과 다른 방향으로 보험계약이 해석될 위험을 그다지 중요하게 고려하지 않을 수 있다. 보험자 입장에서 사전에 예상하기 힘든 상황까지 고려해 약관 내용을 설계하려면 매우 많은 비용이 들 수 있으므로, 작성자불이익원칙을 강하게 적용한다고 하여 보험자가 법원이 요구하는 정도의 명확성을 갖춘 약관을 설계한다는 보장도 없다. 합리적 보험자라면 분쟁발생 확률, 분쟁대상의 가치, 법원의 오판 가능성 등을 종합적으로 고려해 약관설계비용을 지출할 것이기 때문이다.

하의 약관의 내용통제에 관한 규정을 통해 달성하면 되는 것인바, 이를 위해 작성자불이익원칙이라는 '해석준칙'을 추가로 인정할 근거가 충분치 않다고 비판한다.

32) Michelle E. Boardman, "Contra Proferentem: The Allure of Ambiguous Boilerplate," 104 Mich. L. Rev. 1105, 1114-15(2006) ; Omri Ben-Shahar, "A Bargaining Power Theory of Default Rules," 109 Colum. L. Rev. 396, 419(2009) 참조.

또한 고객이 약관을 제대로 읽어 보지 않고 보험계약을 체결하는 경우가 많은 현실에서 작성자불이익원칙을 통해 고객에게 보다 많은 정보를 제공하도록 유도한다는 것도 제한적 의미를 가질 수밖에 없다.[33] 약자보호 내지 배분적 정의의 달성도 해당 사안에서는 이루어질지 모르나, 보험자가 보험료를 인상함으로써 장기적으로는 약자들에게 더 불리한 결과가 초래될 수 있다.[34] 나아가 작성자불이익원칙의 무분별한 적용은 보험약관을 표준화, 명확화하고 혁신하려는 보험자의 노력에 장해요소로 작용할 수 있다.[35] 합리적이고 통상적인 거래관행에서 벗어난 해석결과가 집적될수록, 보험자들은 자신들이 새로이 설계하고자 하는 보험약관이 어떻게 해석될 것인지에 관하여 불확실한 상황에 놓이기 때문이다..

보험계약에서 작성자불이익원칙을 적극적으로 활용함으로써, 법관은 자신의 해석이 '통상적이고 합리적 해석'이라는 거짓 합치성 편향(false consensus bias)[36]에 빠질 위험을 줄일 수 있다는 주장이 있다.[37] 법률가의 해석이 일반인들의 통념과 괴리에 빠졌음에도 이를 인식하지 못하고 문제된 계약조항의 의미가 일의적이라고 판단하는 것은 분명 문제이고, 그 점에서 위 주장은 일면의 타당성을 갖고 있다. 그러나 이

33) 작성자불이익원칙이 보험자로 하여금 보험약관을 불필요하게 복잡하게 만들도록 유도하여, 오히려 보험약관의 가독성을 떨어뜨릴 것이라는 지적으로는 Rappaport, 앞의 논문(주 20), pp.207-210 참조.

34) David Horton, "Flipping the Script: Contra Proferentem and Standard Form Contracts," 80 U. Colo. L. Rev. 431, 471-472(2009) 참조.

35) Boardman, 앞의 논문(주 32), p.1127 ; Rappaport, 앞의 논문(주 20), p.211 ; David Charny, "Hypothetical Bargains: The Normative Structure of Contract Interpretation," 89 Mich. L. Rev. 1815, 1855(1991) 참조.

36) 자신이 갖고 있는 생각이나 특성이 일반적이라고 생각하는 경향을 뜻한다.

37) Lawrence Solan / Terri Rosenblatt / Daniel Osherson, "False Consensus Bias in Contract Interpretation," 108 Colum. L. R. 1268, 1294-1298(2008) 참조.

러한 편향은 계약문언에 얽매인 해석을 경계하고 문언이 놓인 맥락을 종합적으로 고려하는 해석을 통해 극복하는 것이 옳다. 계약문언에 관하여 일반인의 입장에서 불명확한 부분이 존재하고, 보험계약자와 보험자 사이에 견해대립이 존재한다는 것 자체에 주목한 나머지 작성자불이익원칙을 손쉽게 적용하는 것은, 오히려 보험계약 해석시 보험계약자의 보호 필요성에 경도된 법관이 빠질 수 있는 또 다른 편향일 수 있다.

보험계약 내용을 결정함에 있어서 그것이 해석의 차원이든 내용통제의 차원이든, 법원의 규범적 판단이 개입될 여지가 많고, 이러한 판단은 관련된 다양한 형량요소들을 공개적으로 고려하는 과정에서 이루어지는 것이 바람직하다. 그런데 작성자불이익원칙은 법원이 그러한 과정을 생략하거나 공개하지 않은 채 이미 내려진 결론을 정당화하는 구실로 사용될 위험이 있다. 법원 입장에서는 약관조항이 모호하다고 선언하는 것이, 별다른 수고를 들이지 않고 자신이 원하는 방향으로 계약 내용을 결정할 수 있는 한 방법이기 때문이다.[38] 관점을 달리하여 이러한 생각을 좀 더 밀고 나간다면, 보험계약조항의 모호성이 통상의 계약해석방법을 통해서 해결되었는지 여부를 판단하는 데 불필요한 자원을 낭비하는 것보다, 보험계약이 보험계약자들의 합리적 기대나 신뢰에 반하는지, 그러한 신뢰는 어느 정도까지 보호될 수 있는지, 보험계약자의 숙련도에 따라 보호 필요성을 달리 볼 수 있는지,[39]

38) 참고로 미국 애리조나 주법원의 경우 위와 같은 이유로 작성자불이익원칙을 채택하지 않고, 문제된 조항의 목적, 관련된 공서, 거래 전체를 고려하여 보험계약 내용을 해석하고 있다. Transamerica Insurance Group v. Meere, 143 Ariz. 351, 694 P.2d 181 참조.

39) 회사와 같이 숙련된 당사자가 보험계약자인 경우, 작성자불이익원칙이 적용되는 것은 부적절하다는 지적으로는 David S. Miller, "Insurance as Contract: The

보호한다면 어떠한 방법으로 보호할 것인지[40]를 논의하는 것이 보험계약의 해석과 관련된 문제를 접근함에 있어 보다 효율적이고 솔직한 방법일 수 있다.[41]

4. 소결

작성자불이익원칙의 보충성을 인정하더라도 이를 얼마나 적극적으로 적용할 것인지에 대해서는 관점의 차이가 있을 수 있다. 즉 주장된 해석방법들이 서로 대등한 정도의 정당성을 갖고 있을 경우에 최종적으로 적용하자(일종의 tie-breaker)는 견해가 있을 수 있고, A라는 해석방법이 보다 타당한 것으로 보이더라도 B라고 '오해할 소지'가 있다면 작성자불이익원칙을 적용하자는 견해가 있을 수 있다. 후자의 견해를 극단화한다면 보충성요건을 사실상 폐기하는 결과가 될 것이다. 또한 작성자불이익원칙의 본래 기능이 전자에 가깝다 하더라도, 보험계약의 경우에는 그 특수성에 비추어 작성자불이익원칙을 좀 더 적극적으

Argument for Abandoning the Ambiguity Doctrine," 88 Colum. L. Rev. 1849, 1857-1860(1988) 참조.

40) 가령 계약책임으로 구성할 것인지, 불법행위책임으로 구성할 것인지가 문제될 수 있다.

41) 그러나 Kenneth S. Abraham, "A Theory of Insurance Policy Interpretation," 95 Mich. L. Rev. 531(1996)은 작성자불이익원칙을 제한적으로 적용하고 법원이 보험계약 내용에 개입할 다른 정당화 근거들(가령 합리적 기대원칙)을 적극적으로 모색할수록 ① 해석과 내용통제의 경계가 불분명해지고, ② 내용통제는 법원이 잘할 수 있는 분야가 아니며, ③ 그러한 판단과정에 많은 거래비용이 들 수 있음을 이유로, 작성자불이익원칙의 소극적 활용에 반대한다. 사견으로는 ① 작성자불이익원칙 자체가 본래적 의미의 해석이라 볼 수 없는 이상, 해석과 내용통제의 준별에 집착할 필요는 없고, ② 해석시 고려해야 할 요소가 많아지고 복잡해지더라도 그로 인해 오류비용이 감소할 여지가 있다고 생각한다.

로 적용하자는 생각도 가능하다.[42)]

그런데 '소극적 적용'과 '적극적 적용'의 구별보다 실제로 중요한 의미를 갖는 것은 '정당한 적용'과 '남용'의 구별이다. 문제된 계약이 보험계약이라는 점에 주목하여 다른 이익형량 요소들을 충분히 고려하지 않은 채 작성자불이익원칙을 적극적으로 적용할 경우, 즉 보험자가 현재 문제된 조항보다 명확한 조항을 만들 수 있는 위치에 있다는 점에만 주목할 경우, 위 원칙이 남용될 위험이 있다. 물론 실제 사례에서 남용과 정당한 사용 사이의 경계를 설정하는 것은 쉽지 않다. 보험계약의 해석에 있어 작성자불이익원칙의 적용이 배척된 사례들을 살펴보는 것은, 이러한 경계를 모색하는 차원에서 나름의 의미를 갖는다.

IV. 판례의 소개

아래 4개의 대법원 판결은 원심이 약관에 사용된 단어, 문장, 문장들 사이의 관계 등이 불명료함을 이유로 보험자에 불리한 방향으로 보험약관을 해석한 데 대하여, 평균적 고객의 이해 가능성을 고려한 합리적 해석이 가능한 이상 불명료함이 존재한다고 볼 수 없고, 원심의 결론은 그러한 합리적 해석결과와 배치된다는 이유로 원심을 파기한 사례들이다.[43)]

42) 작성자불이익원칙의 보충성을 인정하는 영국에서도, 판례상 보험계약의 경우 이를 완화하려는 경향이 있고, 다만 작성자불이익원칙이 피보험자를 보호하기 위한 불합리한 해석을 정당화할 수는 없다고 한다. Malcolm A. Clarke, The Law of Insurance Contracts, 5th ed., Informa(2006), pp.432-433(15-5C) 참조.

43) 다만 4.에서 소개한 판례의 경우 해당 사안에서 작성자불이익원칙이 적용되지 않음을 명시적으로 언급하고 있지는 않다.

1. 대법원 2009. 8. 20. 선고 2007다64877 판결

대리운전보험계약상 ① 대물배상은 피보험자가 '타인자동차'를 운전하는 동안 생긴 사고로 인하여 '남의 재물'을 멸실, 파손 또는 오손하는 경우 법률상 손해배상책임을 짐으로써 입은 손해를 보상하는 것으로, ② 타인자동차손해는 피보험자가 '타인자동차'를 운전 중 타 차량(타인자동차 이외의 자동차로서 그 자동차와 소유자가 확인된 경우)과의 충돌사고로 인하여 타인자동차에 직접적인 손해가 발생하여 타인자동차의 소유자에게 법률상 손해배상책임을 짐으로 입은 손해를 보상하는 것으로 되어 있는 경우, 피보험자가 대리기사로서 다른 차량을 운전하다 중앙분리대에 충격하여 사고가 발생하였다면, 그로 인해 위 차량에 발생한 물적 손해가 위 대물배상의 부보대상인지가 문제된 사안이다.

원심은 ① 위 차량은 '타인자동차'이기도 하고 '남의 재물'이기도 한 점, ② 타인자동차 손해는 타 차량과의 충돌사고의 경우에만 적용되고 그 이외의 사유로 타인자동차에 손해가 발생한 경우를 대비하고 있지 않은 점, ③ 작성자불이익원칙을 근거로 대물배상으로 부보된다고 판단하였다.

그러나 대법원은 ① 위 약관이 '타인자동차'와 '남의 재물'을 명백히 구분하여 규정하고 있는 점, ② 일반적으로 자동차보험 약관에서 대물배상 항목은 피보험자동차가 아닌 남의 재물에 관한 손해를 보상하는 것으로 되어 있고 자기차량손해 항목은 피보험자동차에 직접적으로 생긴 손해를 보상하도록 규정되어 있어 남의 재물을 운행에 제공된 피보험자동차와 구별하고 있는 점 등을 이유로, 사안에서 '남의 재물'에는 대리운전대상 차량이 제외된다고 봄이 명백하고 따라서 작성자불이익원칙이 적용될 여지가 없다는 이유로 원심을 파기하였다.

원심과 같이 해석한다면 대리운전대상 차량 관련 물적 손해가 더 두텁게 보호됨은 명백하다. 그러나 약관의 내용이 명백하다면, 내용통제를 통해 법원이 합리적이라고 생각하는 방향으로 약관을 구성하는 것은 별론으로 하고(물론 그러한 내용통제를 하기 위해서는 이를 정당화할 규범적 근거가 있어야 한다), 작성자불이익원칙이 적용될 여지는 없다. 대물배상과 타인자동차 손해가 병렬적으로 규정된 점, 대물배상의 통상적 의미 등에 비추어 대법원의 해석결과가 평균적 고객의 이해에도 부합할 것이다.

2. 대법원 2010. 9. 30. 선고 2009다51318 판결

A는 피고와 사이에 피보험자 A, 사망시 수익자를 원고로 한 보험계약(이하 '제1보험계약'이라 한다)을, 원고는 피고와 사이에 피보험자 A, 사망시 수익자를 원고로 하는 보험계약(이하 '제2보험계약'이라 한다)을 각 체결하였다. 제1보험계약은 평일교통재해사망보험금으로 5,000만 원을 지급하고, 재해 이외의 원인에 의한 사망의 경우 기납입 보험료를 반환하도록 규정하고 있고, 제2보험계약은 교통재해사망보험금으로 6,000만 원, 재해 이외의 원인에 의한 사망시 일반사망보험금 2,000만 원을 각 지급하도록 규정하고 있다.

A는 승용차를 운전하던 중 예기치 못한 심장마비로 사망하였고, 이에 피고는 재해 이외의 원인에 의한 사망으로 보아 그에 따른 보험금을 지급하였다. 그러자 원고는 위 사고가 교통재해에 해당한다고 주장하며 그에 따른 보험금 중 미지급액을 청구하였다.

원심은 ① 제1, 2보험계약상 '교통재해' 유형 중 하나로 "운행 중인 교통기관에 탑승하고 있는 동안 피보험자가 입은 불의의 사고"를 정의하고 있는바, 위 규정상 교통기관의 운행으로 인해 발생한 교통사고와 불의의 사고 사이에 인과관계를 요하는 것은 아닌 점,[44] ② 제1, 2보험계약은 재해분류표상 재해를 우발적인 외래의 사고라고 정의하고 있지만 위 재해분류표는 약관 문언상 일반재해사망보험금의 보험사고에 대한 규정의 일부에 불과할 뿐, 교통재해사망보험금에도 당연히 그 적용이 있는 것은 아니며 교통재해사망보험금은 별도로 자족적으로 보험사고를 규정하고 있는 점, ③ 제1, 2보험계약은 교통재해의 개념을 먼저 규정한 뒤 이와 별도로 위 교통재해를 제외한 일반재해를 재해분류표에서 규정하는 방식을 취하고 있는 점, ④ 작성자불이익원칙 등을 근거로 원고의 청구를 인용하였다.

그러나 대법원은 원심의 위 ① 판단은 수긍하면서도, 일반재해는 교통재해를 포함한 재해 일반을 지칭하는 기본적 · 포괄적 개념이고, 우발적인 외래의 사고에 해당하지 않는 부분은 교통재해에 포함되지 않는다고 보는 것이 평균적 고객의 이해에 부합하는 점,[45] 약관에 교통재해사망보험금을 먼저 규정하고 일반재해사망보험금을 뒤에 규정한 것은 보험금의 액수에 따른 것에 불과할 뿐 특별한 의미는 없다고 보이는 점, 이 사건 각 보험약관에 첨부된 예정위험률은 그 용어의 선택, 예측의 편의나 가능성 등을 고려할 때, 교통재해도 재해의 일부로 보는 자연스러운 해석방법을 토대로 산출된 것으로 보이는 점 등을 이

44) 대법원 2006. 10. 13. 선고 2006다35896 판결 참조(따라서 개인영업용택시 운전자가 운전 중에 승객으로부터 칼에 찔려 사망한 경우, 이는 피보험자가 운행 중인 교통기관에 탑승하고 있는 동안에 입은 불의의 사고를 직접적 원인으로 사망한 경우에 해당한다). 이 판결에 대한 평석으로는 김시철, "보험약관에 규정된 교통재해의 의미," 대법원 판례해설 제63호(2007. 7), 법원도서관, 666면 이하 참조.

45) 김시철, 앞의 논문(주 44), 676면도 같은 취지이다.

유로 원심을 파기하였다.

교통재해를 일반재해와 별도로 정의하고 있으므로 재해가 아닌 것도 교통재해가 될 수 있다고 해석할 여지가 있다는 이유로, 약관작성자에게 이러한 의문 내지 오해를 대비한 규정까지 명확히 갖추도록 요구하는 것은 지나치다. 그러한 의문의 제기는 사회공동체의 일반적 언어관용을 벗어난 것으로서, 작성자불이익원칙이 괴짜 소비자의 불합리한 문제 제기까지 정당화하는 해석원칙은 아니기 때문이다.

3. 대법원 2009. 5. 28. 선고 2008다81633 판결[46)]

원고 1은 피고와 사이에 계약자를 원고 1, 주피보험자를 원고 1의 남편인 소외 A, 피보험자 사망시 보험수익자는 법정상속인으로 정한 종신보험계약을 체결하였고, 위 보험계약에는 재해사망특약과 재해보장특약이 부가되어 있다(주된 보험계약의 보험료와는 별도로 추가 보험료를 납입하고 특약을 체결한 것이다). 주계약인 종신보험약관은 "보험기간 중 피보험자가 사망하거나 장해등급분류표 중 제1급의 장해상태가 된 경우에는 사망보험금을 지급한다"고 규정하는 한편, "피보험자가 고의로 자신을 해쳐 보험금 지급사유가 발생한 때에는 보험금을 지급하지 않음과 동시에 이 계약을 해지할 수 있다. 다만 피보험자가 정신질환상태에서 자신을 해친 경우와 계약의 책임개시일부터 2년이 경과된 후에 자살하거나 자신을 해침으로써 제1급의 장해상태가 되었을 경우에는 그러하지 아니하다"고 규정(이하 '이 사건 면책 관련 조항'이라 한다)하고 있다. 또한 각 특약에 따르면, 교통사고 이외의 재해

46) 같은 취지의 판결로는 대법원 2009. 9. 24. 선고 2009다45351 판결 참조.

나 재해분류표에서 정한 재해가 발생하고 그 재해를 직접적 원인으로 사망하거나 제1급의 장해상태가 되었을 경우 보험수익자에게 보험금을 지급하며, "이 특약에서 정하지 아니한 사항에 대하여는 주계약 약관을 준용한다"는 규정(이하 '이 사건 준용조항'이라 한다)이 있다.

소외 A는 보험기간 중(보험계약의 책임개시일부터 4년이 경과된 시점이다) 자택에서 스스로 지면에 뛰어내려 사망하였고, 이에 상속인인 원고들이 이 사건 준용조항을 근거로 피고에게 재해사망특약 및 재해보장특약에 따른 보험금 지급을 청구하였다.

제1심과 원심은 ① 이 사건 준용조항을 통해 각 특약에 적용되는 이 사건 면책 관련 조항은, 고의에 의한 자살 또는 자해행위는 원칙적으로 우발성이 결여되어 이 사건 주계약 또는 재해사망특약, 재해보장특약이 정한 보험사고에 해당하지 아니하지만, 예외적으로 피보험자가 정신질환상태에서 자신을 해치거나 계약의 책임일로부터 2년이 경과한 후에 자살하거나 자신을 해침으로써 사망 또는 고도의 장해상태가 되었을 경우에 해당하면 특별히 보험사고에 포함시켜 보험금 지급사유로 본다는 취지로 이해할 여지가 있는 점, ② 약관해석에 있어 작성자불이익원칙, ③ 책임개시일로부터 2년이 경과하기 이전의 자살, 자해행위 경우에 계약을 해지하기 위해서도 이 사건 면책 관련 조항이 준용될 필요성이 있는 점 등을 이유로, 원고들의 청구를 인용하였다.

그러나 대법원은 ① 이 사건 주계약은 사망사고에 한정하여 보면 보험금 지급사유를 사망의 원인이나 성격을 묻지 않고 '피보험자의 사망'으로 폭넓게 규정하면서, 다만 피보험자가 고의로 자살한 경우에는 보험금 지급책임을 면하도록 하되, 계약의 책임개시일부터 2년이 경과된 후에는 다시 그 면책을 허용하지 않도록 규정하고 있는 반면, 이 사건 각 특약은 '재해'를 직접적 원인으로 하여 사망하였을 경우를 보험사고로 정하고 있는 점, ② 주계약과 특약의 이러한 차이점은 평균적 고객의 입장에서도 쉽고 명확하게 이해될 수 있는 점, ③ 즉 평균적 고객으로서는 자살 등을 포함하여 피보험자의 사망을 폭넓게 보험사고로 보는 이 사건 주된 보험계약만으로는 소정의 사망보험금밖에 지급받을 수 없으나, 이와 달리 '재해를 직접적인 원인으로 한 사망'을 보험사고로 보는 이 사건 각 특약에 가입할 경우에는 별도의 재해사망보험금 등이 추가로 지급된다는 점을 알고 별도의 추가 보험료를 납입하면서 이 사건 각 특약을 체결한 것인 점, ④ 이 사건 준용조항은 '특약에서 정하지 아니한 사항'을 준용한다는 것인바, 자살이 보험사고에 포함되지 않는 이 사건 각 특약의 경우 이 사건 면책 관련 조항이 애초부터 준용될 여지가 없다고 보는 것이 합리적인 점, ⑤ 보험자가 이 사건 각 특약이 준용하는 조항을 일일이 적시하지 않았다는 이유로, 이 사건 각 특약의 보험사고의 범위를 재해가 아닌 자살에까지 확장하는 것은 보험계약자 등에게 당초 이 사건 각 특약의 체결시 기대하지 않은 이익을 주는 한편, 보험단체 전체의 이익을 해하고 보험자에게 예상하지 못한 무리한 부담을 지우게 되는 점 등을 근거로 원심을 파기하였다.

제1심과 원심이 위와 같은 판단을 하게 된 데에는 아마도 대법원 2007. 9. 6. 선고 2006다55005 판결(이하 '비교대상 판결'이라 한다)이 주된 영향을 미쳤을 것으로 추측된다. 비교대상 판결은 주계약이 보험기간 중 교통재해를 원인으로 사망 · 입원 · 장해상태에 이르렀을 때 보험금을 지급하는 취지이고, 재해보장특약이 별도로 존재하는 경우, 주계약상 존재하는 이 사건 면책 관련 조항과 동일한 내용의 규정은 재해보장특약상 준용조항을 통해 특약에도 적용되며, 따라서 정신질환상태에서 피보험자가 스스로 철로로 뛰어들어 장해를 입었거나 계약의 책임개시일로부터 2년이 지나 위와 같은 사고가 발생하였다면, 재해보장특약상 보험금 지급사유에 해당된다고 판시하고 있다. 위 대법원 판결이 이러한 결론을 도출한 근거는 ① 자살 또는 자해행위 면책조항을 '보험금 지급사유가 발생한 경우'에 한정하여 적용되는 조항으로 해석하면 주계약과 특약 모두 '재해'를 보험사고로 삼고 있으므로 결과적으로 위 면책조항은 무의미한 조항이 되는 점, ② 원래 고의에 의한 자살 또는 자해행위에 대하여는 상법 조항에 의하여 보험자가 면책되게 되어 있어서 보험계약 당사자 간의 별도의 합의로서 의미가 있는 부분은 면책사유를 규정한 본문부분이 아니라 부책사유를 정한 단서부분인 점, ③ 약관해석에 있어 작성자불이익원칙 등이다.

비교대상 판결의 사실관계에서, 특약이 보장하고 있는 '재해'의 독자적 의미를 강조함으로써 준용조항을 통한 보험사고의 확장을 배척하는 해석이 불가능하다고 보이지는 않는다.[47] 그러나 주계약과 특약이 재해라는 동일한 성격의 사고를 보장대상으로 삼고 있음에도 불구하고 면책조항과 면책제한조항을 선택적으로 적용하여 주계약에 대해서만 보험사고의 확장을 인정하는 것은 아무래도 합리적인 해석이라 보기 어렵고, 그러한 약관해석이 정당성을 얻기 위해서는 별도의 명시적 규정이 존재해야 할 것이다.

그런데 이 사건 판결의 경우, 주계약과 특약이 보장하는 보험사고의 성격이 다르므로 주계약에서 이 사건 면책 관련 조항이 갖는 의미와 특약에서의 그것이 다르고, 따라서 비교대상 판결의 논리가 그대로 적용되기 어려운 측면이 있다. 제1심과 원심은 책임개시일로부터 2년

47) 비교대상 판결의 원심이 그와 같은 입장을 취하고 있다.

이 경과하기 전 자살 또는 자해행위의 경우 특약을 해지하기 위해서도 이 사건 면책 관련 조항이 준용될 필요가 있다고 하나, 위 경우 주계약만 해지 가능하고 특약은 해지할 수 없다고 하여 그것이 반드시 불합리하다고 보기 어렵고, 경우에 따라서는 상법 제653조가 적용될 여지도 있으므로, 위 논거가 타당한지 의문이다.

4. 대법원 2010. 11. 25. 선고 2010다45777 판결[48)]

원고는 피고와 사이에 계약자 및 주피공제자를 원고, 종피공제자를 원고의 처인 소외 A로 한 공제계약을 체결하였다. 위 공제계약은 "공제기간 중 피공제자가 ① 교통사고로 인한 재해(이하 '교통재해'라 한다) 또는 교통재해 외의 재해(이하 '일반재해'라 한다)로 1급 및 2급의 신체장해가 되었을 때에는 장해연금을, ② 사망하거나 재해 외의 원인으로 1급의 신체장해가 되었을 때에는 유족위로금을 각 공제금으로 지급한다"고 규정하는 한편, "피공제자가 고의로 자신을 해침으로써 공제금 지급사유가 발생한 때에는 공제금을 지급하지 아니하거나 공제료 납입을 면제하지 아니함과 동시에 이 계약을 해지할 수 있지만(이하 '이 사건 면책조항'이라 한다), 다만 피공제자가 정신질환상태에서 자신을 해친 경우와 계약의 책임개시일부터 1년이 경과된 후에 자살하거나 자신을 해침으로써 제1급의 신체장해상태가 되었을 경우에는 그러하지 아니하다"(이하 '이 사건 면책제한조항'이라 한다)고 규정하고 있다.

소외 A는 공제기간 중(공제계약 체결일로부터 5년이 경과된 시점이다)

48) 이 판례에 대한 찬성취지 평석으로는 양승규, "재해공제(보험)계약과 자살면책제한조항의 의미," 손해보험 제506호(2011. 1), 대한손해보험협회, 52-55면 참조.

자살을 시도하다, 그로 인한 후유증으로 1급의 신체장해상태가 되었다. 이에 피고가 재해 외의 원인으로 1급의 신체장해가 되었음을 이유로 유족위로금 500만 원을 지급하자 원고는 이 사건 면책제한조항을 근거로 1급 장해연금(1,000만 원씩 10회)을 청구하였다.

제1심과 원심은 ① 이 사건 면책제한조항은 우발성이 결여된 고의에 의한 자살 또는 자해의 경우에는 원칙적으로 장해연금 지급사유인 공제사고에 해당하지 않지만, 예외적으로 정신질환상태에서 자해한 경우나 계약의 책임개시일로부터 1년이 경과한 후에 자살 또는 자해한 경우라면 이를 특별히 공제사고에 포함시켜 공제금 지급사유로 본다는 취지인 점, ② 자살 그 자체가 범죄가 아닌 이상 보험사기를 방지할 정도의 기간이 경과한 후의 자살이라면 보험금을 지급하기로 당사자가 합의한다고 해서 선량한 풍속 기타 사회질서에 위반되지 아니할 뿐만 아니라 오히려 유족의 생활보장을 위해서 필요한 경우가 있는 점, ③ 이 사건 공제계약의 주된 보장 내용은 재해로 인한 장해연금인 점에 비추어, 자살의 경우도 유족위로금을 지급한다는 규정이 존재하지 아니하는 이상, 공제계약자로 하여금 이 사건 사고와 같은 경우에 지급받는 공제금을 재해로 인한 장해연금으로 믿게 할 여지가 있는 점을 근거로, 원고의 청구를 인용하였다.

그러나 대법원은 ① 이 사건 공제약관은 재해로 인한 사망 또는 1급장해뿐만 아니라 재해 외의 원인으로 인한 사망 또는 1급장해도 공제금 지급사유인 공제사고에 포함시켜 전자의 경우에는 유족위로금(사망) 또는 장해연금(1급장해)을, 후자의 경우에는 유족위로금을 공제금으로 지급하도록 분명히 규정하고 있는 점, ② 이 사건 공제약관의 재해분류표 규정상 고의에 의한 자살이나 자해는 재해에 해당하지 않는 점, ③ 자살 또는 자해에 의한 공제사고가 면책기간(계약의 책임개시일로부터 1년)이 지난 후에 발생하였다고 하여 공제금의 종류가 유족위로금이 아닌 장해연금으로 달라진다고 해석하게 되면, 그 각 공제금의 지급액수에 비추어 볼 때 공제계약자에게는 당초 기대하지 않은 이익을 주게 되는 반면 공제사업자에게는 예상하지 못한 부담을 지우게 되는 점, ④ 원심과 같은 해석에 따르면, 면책기간이 경과한 후 피공제자가 고의로 자살을 시도하다가 실패하여 1급장해가 된 경우에는 일반재해의 장해연금으로 1억 원을 지급받게 되는 반면, 피공제자가 그와 같은 자살로 인하여 바로 사망한 경우에는 단지 500만 원에 기납입공제료를 더한 유족위로금밖에 지급받을 수 없게 되는데, 이러한 결과는 현저히 형평에 반하는 점을 근거로, 이 사건 면책제한조항은 이 사건 면책조항에 의하여 줄어든 '재해 외의 원인으로 인한 공제사고의 객관적 범위'를 다시 일부 확장시키는 규정일 뿐, '재해로 인한 공제사고의 객관적 범위'까지 다시 확장시키는 규정이라 볼 수 없다고 판시하였다.

자살 또는 자해행위가 원칙적으로 재해에 포함될 수 없음은 이 사건 재해분류표 정의상 명백하다. 문제는 이 사건 면책제한조항을 통해 예외적으로 보장의 대상이 되는 사고의 범위를 어디까지로 볼 것인지 여부이다. 이 사건 공제약관이 이에 관해 명시적 규정을 두고 있지는 않다. 작성자불이익원칙을 강조하는 입장에서는 이러한 점을 강조하여 원심과 같은 해석결과를 정당화할 수 있을지 모른다. 또한 약관 문언상 원심과 같은 해석이 '불가능하다'고 단정하기는 어려워 보인다. 그러나 약관이 어떠한 문제에 대하여 직접 언급을 하고 있지 않다고 하여 당연히 약관 내용이 불명료하다고 볼 수는 없다. 위와 같이 쉽사리 작성자불이익원칙에 의존할수록, 문언이 놓인 맥락을 충실히 고려함으로써 합리적 해석결과를 도출해야 하는 법원의 주요한 임무를 방기할 위험이 있다. 만약 이 사건 공제계약이 재해로 인한 사망 내지 상해만을 보장의 대상으로 삼고 있다면, 이 사건 면책제한조항을 통해 재해로 인한 공제사고의 객관적 범위가 확장된다고 해석함이 타당할 수 있다.[49] 그러나 이 사건 공제계약은 이미 재해 외의 사망 내지 장해의 경우도 일부 보장의 대상으로 삼고 있으므로 사정이 다르다. 이런 상황에서는 이 사건 면책제한조항을 대법원의 판시와 같이 해석하는 것이 통상적 · 합리적이고, 이러한 해석결과는 약관 문언이 놓인 맥락을 통해 충분히 도출할 수 있으므로 해당 약관 내용이 불명료하다고 볼 수 없다. 다만 대법원이 든 논거 중 ④ 부분이 반드시 적절한지는 의문이다. 이러한 불균형은, 재해로 인한 사망의 경우 유족위로금만 지급하고 재해로 인한 장해의 경우 유족위로금보다 더 큰 금액의 장해연금을 지급하는 이 사건 공제계약의 기본구조에서 도출되는 불가피한 결과이기 때문이다.

V. 결론에 갈음하여

보험계약의 해석시 작성자불이익원칙의 적용에 신중을 기할 필요가 있다고 해서, 약관문언에 얽매인 해석에 머무르자는 취지는 물론 아니다. 보험계약은 다른 일반적 상사계약보다 법원의 규범적 · 적극적 개입이 정당화될 여지가 많고,[50] 보험약관의 객관적 · 획일적 해석

49) 앞서 소개한 대법원 2007. 9. 6. 선고 2006다55005 판결 참조.

50) 이를 지적하는 문헌으로는 우선 Robert E. Keeton, "Insurance Law Rights at Variance with Policy Provisions," 83 Harv. L. Rev. 961(1970) 및 Robert E. Keeton, "Insurance Law Rights at Variance with Policy Provisions: Part Two," 83 Harv. L. Rev. 1281(1970) 참조.

원칙을 강조한다고 해서 이러한 규범적 개입의 필요성을 부정할 수는 없다.[51] 문제는 그러한 개입이 정당화될 수 있는 근거와 한계이다.[52]

보험계약의 해석에 관해서는 향후 이러한 쟁점들에 대한 심도 깊은 논의가 이루어질 필요가 있다고 생각한다.

51) 자동차종합보험상 무면허운전면책조항을 수정해석한 판례(대법원 1991. 12. 24. 선고 90다카23899 전원합의체 판결)는 그 대표적 예이다. 외국의 사례이긴 하지만, 건물 소유자가 자신을 피보험자로 체결한 화재보험계약과 관련하여, 독일은 보충적 해석법리를 통해, 미국의 몇몇 주들은 임차인을 묵시적 공동피보험자로 보아 보험자의 구상권 행사를 부정하고 있는바, 이 또한 일반적 상사계약에서는 쉽사리 상상하기 어려운 수준의 개입이라 할 수 있다. 다만 이러한 법리가 우리 법에도 적용될 수 있는지에 대해서는 의문이 없지 않다. 최준규, “화재보험자의 임차인에 대한 구상권 행사와 계약의 보충적 해석 : 독일, 미국 판례의 소개와 우리법에의 시사점,” 사법논집 제51집(2010. 12), 법원도서관, 503-578면 참조.

52) 미국에서 논의되는 합리적 기대원칙(보험약관조항이 외관상 명백하더라도 소비자의 객관적 합리적 기대에 반하는 경우, 약관조항보다 소비자의 기대를 존중해야 한다)은 위와 같은 관점에서 비교법적으로 살펴볼 가치가 있는 부분이다. 보험약관의 명시설명의무와 관련하여, 합리적 기대원칙을 긍정적으로 평가하는 우리 문헌으로는 장덕조, “합리적 기대원칙과 보험약관의 본질론,” 기업법연구 제20권 제4호(2006. 12), 한국기업법학회, 235면 이하 참조.

03

보험계약상 위험변경증가에 대한 입법론적 고찰*

한기정**

I. 들어가며

상법은 계약체결시의 위험측정을 규율하는 고지의무 규정(제651조)을 두고 있을 뿐만 아니라, 계약체결 이후의 위험증가로 인해 당초 위험과 달라지는 경우를 규율하는 규정(제652조와 제653조)을 두고 있다. 당초 위험과 증가위험의 차이로 인해 생길 수 있는 부담을 보험자와 보험계약자 사이에 적절하게 배분하는 것은 보험법학의 과제이다. 이미 위험증가에 관한 선행연구가 적지 않다.[1] 하지만 대부분의 논문이

* 이 논문은 BFL 제48호(2011. 7)에 게재된 글을 수정 · 보완한 것이다.

** 서울대학교 법과대학 · 법학전문대학원 교수

1) 양승규, "손해보험계약에서의 위험의 변경 · 증가," 보험학회지 제8집(1971. 10), 한국보험학회 ; 노일석, "보험계약에 있어서 위험의 변경 · 증가," 상사법연구 제5집(1987), 한국상사법학회 ; 심상무, "위험의 변경 · 증가에 관한 연구," 기업환경의 변

우리 법에 심대한 영향을 미치는 독일법과 일본법이 개정되기 이전에 작성된 것이다. 독일과 일본은 보험계약자 보호 등을 이유로 보험계약법규를 2007년 및 2008년에 각각 개정하였다. 본 논문은 그 개정 내용을 소개하고, 현행 우리 법 중 개정이 필요한 부분이 있는지를 검토해 보고자 한다. 이하 II.에서는 우리 상법의 입장을, III.에서는 주요국의 개정 동향을 소개하고, 그리고 IV.에서는 우리 법에 대한 시사점을 검토하기로 한다.

II. 우리 상법의 입장

1. 내용

우리 상법 제652조는 위험이 현저히 변경 또는 증가(이하 '위험증가'라고 한다)된 경우 보험계약자[2)]의 통지의무를 규정하고, 상법 제653조는 보험계약자의 고의 또는 중과실로 인한 위험증가에 대해서 규정하며, 상법 제655조는 위험증가로 인해 계약이 해지된 경우 해지의 효과에 대해 규정하고 있다.

화와 상사법, 1993 ; 최준선, "보험법상 위험의 변경 · 증가통지의무에 관한 일고," 기업과 법, 1997 ; 한창희, "보험기간 중 위험의 증가," 상법학의 전망, 2003. 그리고 프랑스법을 중심으로 위험증가를 다룬 논문으로는 김성태, "프랑스보험계약법상의 고지 · 통지의무," 경희법학 제21권 제1호(1986. 11, 경희법학연구소)가 있고, 최근 독일법의 개정 내용을 다룬 것으로는 김은경, "독일보험계약법상 위험증가금지의 문제," 비교사법 제16권 제3호(2009. 9, 한국비교사법학회)가 있다.

2) 상법 제652조는 보험계약자 또는 피보험자, 상법 제653조는 보험계약자, 피보험자 또는 보험수익자를 의무의 주체로 규정하고 있는데, 의무의 주체는 이 글의 연구대상에서 벗어나므로 편의상 보험계약자로 줄여 쓰기로 한다.

상법 제652조에 의하면 보험기간 중에 보험계약자가 위험이 증가된 사실을 안 때에는 지체 없이 보험자에게 통지하여야 한다. 보험계약자가 통지의무를 해태한 경우는 보험자가 위험증가를 안 날로부터 1월 내에 한하여 계약을 해지할 수 있으며(제1항), 보험자가 통지를 받은 경우에는 1월 내에 보험료증액청구권 또는 해지권을 행사할 수 있다(제2항).[3] 상법 제652조에 의하면 보험계약자가 위험증가를 알지 못한 경우에는 보험자가 아무런 조치를 취할 수 없게 된다.[4]

상법 제653조를 보면 보험기간 중에 보험계약자의 고의 또는 중과실로 인해 위험이 증가된 때에는 보험자가 위험증가를 안 날부터 1월 내에 보험료증액청구권 또는 해지권을 행사할 수 있다. 이 규정에 의하면 보험계약자는 고의 또는 중과실로 위험증가를 시켜서는 안 될 의무를 부담하고 있고, 이를 위험유지의무라고 부르는 것이 보통이다.[5]

이상에서 보면 상법 제652조의 위험증가는 보험계약자가 위험증가

---

3) 상법 제652조의 취지는 고지의무처럼 보험제도의 기술적 성질에서 요구된다거나〔최기원, 보험법, 박영사, 2002, 255면 ; 최준선, 앞의 논문(주 1), 492면〕, 일반계약법의 원리인 사정변경의 원칙이 적용된 것이라고 보는 견해가 일반적이다〔김성태, 보험법강론, 법문사, 2001, 301면 ; 양승규, 보험법, 삼지원, 2002, 165면 ; 정찬형, 상법강의(하), 박영사, 2009, 581면 ; 최기원, 앞의 책, 255면, 최준선, 앞의 논문(주 1), 492-493면〕.

4) 김성태, 앞의 책(주 3), 315면 ; 최기원, 앞의 책(주 3), 265면. 어떠한 상태의 발생을 알았다고 하더라도 그 성질상 위험증가인 것으로 판단하지 못한 경우에는 통지의무가 없다고 보아야 한다는 견해가 있다〔노일석, 앞의 논문(주 1), 26면 ; 최기원, 앞의 책(주 3), 261면〕.

5) 양승규, 앞의 책(주 3), 166면 ; 정찬형, 앞의 책(주 3), 583면 ; 최기원, 앞의 책(주 3), 267면. 위험변경증가금지의무라고도 한다. 최준선, 앞의 논문(주 1), 500면. 상법 제653조의 취지는 보험계약은 우연한 사고를 보장하는 사행계약이라는 성격을 띠고 있어서 보험계약자가 임의로 위험을 증가시키지 말아야 한다는 데 있다는 견해가 일반적이다〔김성태, 앞의 책(주 3), 312면 ; 양승규, 앞의 책(주 3), 166면 ; 정찬형, 앞의 책(주 3), 583면〕.

를 안 경우 통지해야 하고, 통지하지 않으면 보험자에게 해지권이 생기고(제652조 제1항), 통지하면 보험자에게 보험료증액청구권 또는 해지권이 생긴다(제652조 제2항). 한편 상법 제653조의 위험증가는 보험자에게 보험료증액청구권 또는 해지권이 생긴다. 상법 제652조 제2항 및 제653조에 의한 보험료증액청구권 또는 해지권은 법문상 보험자가 임의로 선택하여 행사하는 것이 가능하다고 해석된다.

상법 제655조는 제652조 또는 제653조에 따라 계약이 해지된 경우 보험자의 책임 문제를 규정한다. 이에 따르면 보험자는 해지 이전에 발생한 보험사고에 대해 면책되는 것이 원칙이지만, 위험증가가 보험사고의 발생에 영향을 미치지 않았음이 증명된 때에는 보험자가 책임을 진다.

III. 주요국의 입법 동향

1. 독일

(1) 개관

독일의 보험계약법(Gesetz über den Versicherungsvertrag, VVG)은 1908년 이후부터 시행되어 오다가 2007년 전면 개정되었다. 위험증가에 관한 부분에도 적지 않은 변화가 있었다. 개정된 다른 부분과 마찬가지로 위험증가와 관련하여서도, 예전의 보험계약법이 보험계약자에게 과도한 부담을 지우는 부분이 있어서 보험소비자 보호에 취약하다는 점이 개정의 동인이 되었다. 특히 구법이 경과실의 경우에도 보험자가 면책되도록 한 점이 그러하였다. 또한 예전보다 요건과 효과를 명확하게 규정함으로써 투명성을 높이고자 하였다고 한다.[6)]

위험증가에 관해서는 보험계약법 제23조에서 제27조가 규정하고 있는바, 제23조에서는 위험증가가 문제되는 여러 상황을 정의하고, 제24조에서 제26조에서는 각 상황에 대하여 서로 다른 효과를 규정한다(해지권, 계약변경권, 면책). 이하에서는 조문 순서대로 차례로 살펴보겠다.

(2) 위험증가의 개념과 보험계약자의 의무

위험증가의 개념에 대해서는 규정을 두고 있지 않다. 다만 위험의 경미한(unerheblich) 증가가 있거나 또는 사정에 따라서 위험증가가 함께 담보된(mitversichert) 것으로 합의되었다고 보아야 할 경우에는 위험증가에 관한 보험계약법 제23조에서 제26조를 적용하지 않는다고 규정하고 있다(보험계약법 제27조).

위험증가는 보험계약자의 의사(Willen)에 기한 것인지 여부에 따라 보험계약자의 의사에 기한 주관적 위험증가와 그렇지 않은 객관적 위험증가로 구분된다.

1) 주관적 위험증가

보험계약자는 자신의 의사에 기해서 위험을 증가시키지 않을 의무를 부담한다. 즉 보험계약자는 계약의 의사를 표시한 후 보험자의 동의 없이 위험을 증가시키거나 또는 제3자를 통한 위험증가를 허용할 수

6) Wandt, Versicherungsrecht, 4.Aufl, 2009, Rn. 823, 824.

없다(보험계약법 제23조 제1항). 이러한 의무를 위험유지의무라고 한다.

보험자의 동의 없이 위험을 증가시키거나 위험증가를 허용한 보험계약자는 그 사실을 사후에 안 경우에는 안 때로부터 지체 없이 보험자에게 통지하여야 한다(보험계약법 제23조 제2항). 이러한 통지의무는 보험계약자의 의사에 따라 위험이 증가되었으나 보험계약자가 당시에는 이 점을 알지 못하고 사후에 알게 된 경우에만 적용된다. 위험이 증가된 당시에 알았다면 이는 제1항의 문제일 뿐이다. 따라서 제2항의 통지의무의 적용범위는 매우 제한적이고 실제 의미는 크지 않다.[7] 이 경우 통지의무 위반의 효과는 아래에서 보는 객관적 위험증가시의 통지의무 위반의 효과와 동일하게 규율된다.

2) 객관적 위험증가

객관적 위험증가의 경우 보험계약자는 통지의무를 부담한다. 즉 보험계약자는 계약의 의사를 표시한 후 자신의 의사와 무관하게 위험이 증가된 경우에 그 사실을 안 후 지체 없이 보험자에게 통지하여야 한다(보험계약법 제23조 제3항). 그러므로 보험계약자의 의사와 무관하게 위험이 증가한 경우에는, 보험계약자가 알지 못하는 동안에는 통지의무를 부담하지 않고, 보험계약자는 보험보호를 계속 향유할 수 있다. 이와 같이 주관적 위험증가와 객관적 위험증가를 명확히 구별하여 달리 규율하고자 하는 것이 입법자의 의사이다. 다만 양자의 구별이 명확하지 않은 경우가 실무상 종종 생긴다고 한다.[8]

7) Wrabetz / Reusch, Münchener Kommentar zum VVG, 1. Auflage 2010, VVG §23 Gefahrerhöhung Rn. 87.

8) Ibid, VVG §23 Gefahrerhöhung Rn. 97.

(3) 해지권

위험이 증가한 경우 보험자는 계약을 해지할 수 있는바, 즉시 해지할 수 있는 경우와 1개월의 해지기간을 두고 해지할 수 있는 경우로 나뉜다. 후자의 경우 1개월의 기간을 두는 것은 보험계약자에게 다른 보험보호를 구할 수 있는 기간을 보장해 주기 위한 것이다.[9)]

1) 보험계약법 제24조 제1항에 따른 해지권

고의 또는 중과실로 인한 주관적 위험증가시 보험자는 즉시 계약을 해지할(kündigen) 수 있다(보험계약법 제24조 제1항 제1문). 과실로 인한 주관적 위험증가시 보험자는 1개월의 해지기간을 두고 계약을 해지할 수 있다(보험계약법 제24조 제1항 제2문). 구법하에서는 경과실의 경우에도 즉시 해지할 수 있었으나 신법은 경과실의 경우에는 보험계약자에게 1개월의 기간을 보장하였다. 보험계약자가 자신이 무과실이고 아래 제24조 제2항의 요건에도 해당하지 않는다는 점을 입증하면 해지권은 발생하지 않는다.[10)]

2) 보험계약법 제24조 제2항에 따른 해지권

또한 보험계약법 제24조 제2항에 따르면 "제23조 제2항 및 제3항에 따른 위험증가의 경우에는 보험자는 1개월의 해지기간을 두고 계약을 해지할 수 있다."[11)] 구법과 비교하면 객관적 위험증가(제23조 제3항

9) Prölss/Martin, Versicherungsvertragsgesetz, 28. Auflage 2010, VVG §24 Kündigung wegen Gefahrerhöhung Rn. 7.

10) BT-Drucks. 16/3945, S. 67.

11) VVG §24 ② In den Fällen einer Gefahrerhöhung nach §23 Abs. 2 und 3 kann der Versicherer den Vertrag unter Einhaltung einer Frist von einem Monat kündigen.

의 경우)의 효과는 그대로이고, 주관적 위험증가 중 사후에 그 사실을 안 경우(제23조 제2항의 경우)에 대한 효과만 새로이 규정된 것이다.

위 규정의 해석과 관련해서는 논란이 있다. 앞서 본 바와 같이 제23조 제2항은 주관적 위험증가 중 사후에 그 사실을 안 경우이고, 제3항은 객관적 위험증가의 경우로서, 제23조에서는 각각 이에 대해 통지의무를 부과하고 있다. 그런데 위 제24조 제2항에서는 위험증가의 경우라고만 표현하고 통지의무를 위반한 때라고 하고 있지 않다. 그리하여 위 조항의 해석과 관련하여 해당하는 위험증가가 있는 것만으로 해지권이 발생하는지, 아니면 통지의무를 위반하여야만 해지권이 발생하는지 논란이 있다.

하나의 견해는 통지의무 위반이 없어도 위험증가가 있으면 해지권이 발생한다는 것이다. 즉, 보험계약자가 적시에 위험증가 사실을 통지했더라도 보험자는 해지를 할 수 있다고 한다. 통지의무는 보험자가 해지권을 행사할 수 있도록 하기 위해 부여된 것이라는 것이다.[12] 다른 하나의 견해는 통지의무 위반이 있어야만 해지권이 발생한다고 한다. 이 견해는 해지권에 관한 제24조를 해석함에 있어 제1항은 위험유지의무 위반의 효과를, 제2항은 통지의무 위반의 효과를 규정한 것이라고 한다.[13]

12) Prölss / Martin, op cit, VVG §24 Kündigung wegen Gefahrerhöhung Rn. 7.

13) Wrabetz / Reusch, op cit, VVG §24 Kündigung wegen Gefahrerhöhung Rn. 2. 그리고 법문상으로는 귀책사유에 관해 언급이 없지만 제23조 제2항, 제3항에 따라 통지의무가 발생하기 위해서는 보험계약자가 위험증가사실을 알아야 하므로 이 경우에는 통지의무 위반에 대한 귀책사유가 있는 것으로 다루어져야 한다고 한다.

3) 해지권의 소멸

다음의 경우는 해지권이 소멸된다. 즉 보험자가 위험증가의 사실을 안 후 1개월 이내에 해지권을 행사하지 않았거나 또는 위험증가 이전의 상황으로 회복된 경우에는 해지권이 소멸된다(보험계약법 제24조 제3항).

(4) 계약변경권

보험자는 해지권을 행사하는 대신에 위험증가시부터 자신의 업무수행기준(Geschäftsgrundsätzen)에 따른 위험증가에 부합하는 보험료를 청구하거나 증가된 위험에 대한 담보를 배제할 수 있다(보험계약법 제25조 제1항). 이를 보험자의 계약변경권(Vertragsanpassungsrecht)이라고 한다. 계약변경권은 신법에서 새로이 도입된 것으로서 보험자에게 선택권을 주기 위한 것이다.[14] 구법에서는 해지권만을 규정하였으나 여러 표준약관에서 계약변경권을 부여하고 있었는바 이를 입법에 반영한 것이다.[15]

보험자가 계약변경권을 행사한 경우 보험계약자에게 보다 유리한 다른 보험에 가입하거나 보험을 포기할 기회를 주기 위해 보험계약자에게 해지권이 인정된다.[16] 즉 위험증가의 결과로 보험료가 10% 이상 증가하거나 증가된 위험에 대한 담보가 배제된 경우에는 보험계약자는 보험자로부터 통지를 받은 때로부터 1개월 내에 보험계약을 해지할 수 있다(보험계약법 제25조 제2항).

14) BT-Drucks. 16/3945, S. 68.

15) Prölss/Martin, op cit, VVG §25 Prämienerhöhung wegen Gefahrerhöhung Rn. 1.

16) BT-Drucks. 16/3945, S. 68.

해지권과 계약변경권 사이의 관계는 선택적이다. 보험자가 계약변경권을 우선적으로 행사해야 하는 제한은 없다. 그러므로 증가된 위험이 계약조건변경사유에 해당하는 것일지라도 보험자는 계약변경권만 행사할 수 있는 것은 아니고 자신의 선택에 따라 해지권을 행사할 수도 있다.[17] 선택적이라는 점은 입법이유에도 명시되어 있다.[18]

계약변경권 행사의 효과에 대해서는 명문의 규정으로 위험이 증가된 시점부터 소급하여 계약변경의 효과가 발생한다고 규정하고 있다.[19] 장래효만 있는 해지권과 이 점에서 구별된다.[20]

(5) 보험자의 면책

신법에서 보험자의 면책에 관한 규정은 다음과 같은 두 가지 원칙에 기초해 만들어졌다. 첫째, 보험계약자에게 단지 경과실만 있는 경우에는 보험자가 계속해서 급부의무를 진다. 둘째, 보험계약자에게 중과실이 있는 경우에는 전부 아니면 전무 원칙 대신에 비례보상을 하도록 한다.[21] 이 두 가지 점에서 구법과 다르다.

---

17) Prölss / Martin, op cit, VVG §25 Prämienerhöhung wegen Gefahrerhöhung Rn. 4 ; Wrabetz / Reusch, op cit, VVG §25 Prämienerhöhung wegen Gefahrerhöhung Rn. 5-6.

18) BT-Drucks. 16/3945, S. 68.

19) Prölss / Martin, op cit, VVG §25 Prämienerhöhung wegen Gefahrerhöhung Rn. 2 ; Wrabetz / Reusch, op cit, VVG §25 Prämienerhöhung wegen Gefahrerhöhung Rn. 7.

20) 다만 보험사고가 발생한 이후에 담보배제권을 행사하고 이에 대해 소급효가 인정되면 보험자가 급부의무를 면하게 된다. 이 경우 면책에 관한 보험계약법 제26조의 요건을 충족시키지 않더라도 면책되는 경우가 생기게 되어 위 조항을 잠탈하게 되므로, 보험사고가 발생한 이후에는 담보배제권을 행사할 수 없다는 견해도 주장된다(Loacker VersR 2008, 1285, 1289 ff 참조).

21) BT-Drucks. 16/3945, S. 68.

주관적 위험증가의 경우의 면책에 대해서는 보험계약법 제26조 제1항에서 주관적 위험증가 중 사후에 알게 된 경우와 객관적 위험증가의 경우의 면책에 대해서는 같은 조 제2항에서 각각 정하는바, 전자의 경우에는 위험유지의무의 위반이, 후자의 경우에는 통지의무의 위반이 문제가 되고, 앞서 본 원칙에 의거하여 귀책사유에 따라 면책 여부 및 범위를 달리 정하고 있다. 구체적으로 보면 다음과 같다.

고의에 의한 주관적 위험증가가 있고 보험사고가 발생한 경우 보험자는 보험급부의무를 면한다(보험계약법 제26조 제1항 제1문). 중과실에 의한 주관적 위험증가가 있고 보험사고가 발생한 경우에는 보험계약자의 책임의 정도에 따라 보험급부의무를 감축할 수 있고, 다만 중과실의 부존재에 대한 입증책임은 보험계약자가 부담한다(보험계약법 제26조 제1항 제2문).

보험계약자가 고의로 통지의무를 위반하고, 통지가 도달했어야 할 시점보다 1개월 후에 보험사고가 발생한 경우, 보험자는 보험급부의무를 면한다(보험계약법 제26조 제2항 제1문). 중과실로 통지의무를 위반한 경우에는 통지가 도달했어야 할 시점보다 1개월 후에 보험사고가 발생한 경우, 보험계약자의 책임의 정도에 따라 보험급부의무를 감축할 수 있고, 다만 중과실의 부존재에 대한 입증책임은 보험계약자가 부담한다(보험계약법 제26조 제2항 제2문).

다음의 경우는 면책되지 않는다. 즉 위험증가가 보험사고의 발생이나 급부의무의 범위에 인과관계가 없거나 또는 보험사고의 발생시점 이전에 보험자의 해지권 행사기간이 경과하여 해지되지 않은 경우에는 보험자가 급부의무를 부담한다(보험계약법 제26조 제3항). 이 부분은 구법과 실질적으로 동일하다. 구법에서부터 인과관계의 의미에 대하여 판례는 증가된 위험이 여러 원인 중 하나일 가능성만 있어도 충분하다고 판단하여 왔다.[22] 인과관계의 부존재에 대한 입증책임은 보험계약자에게 있다.

(6) 구 보험계약법과의 비교

앞서 살펴본 개정 보험계약법의 규율은 구법과 비교할 때 크게 다음과 같은 세 가지 점에서 차이가 있다. 첫째, 보험자의 해지권 행사가 제한된다. 보험계약자가 무과실로 위험유지의무를 위반한 경우에는 보험자가 해지권을 행사할 수 없고, 과실로 인한 의무 위반에 대해서도 1개월이 경과해야 해지권을 행사할 수 있도록 하고 있다. 둘째, 계약변경권을 새로이 도입하여, 보험자가 해지권과 선택적으로 행사할 수 있도록 하였다. 셋째, 보험자의 면책과 관련하여 보험계약자의 경과실이 있는 경우에는 보험자가 면책되지 않도록 하였고, 중과실이 있는 경우에도 비례적으로만 감액되도록 하였다.

2. 일본

일본은 2008년 상법 보험편을 폐지하고 보험에 대하여 별도로 보험법을 새로이 제정하였다(이하에서는 보험법 제정 전 상법 보험편의 규정을 인용할 때 '구 상법'이라 부르기로 한다). 이 과정에서 내용상으로도 적지 않은 변화가 있었는데, 위험증가에 대해서도 마찬가지이다. 이하에서는 새로운 보험법의 규정을 소개하고, 구 상법과 비교할 때 어떠한

22) BGH VersR 1965, 452 ; VersR 1966, 131 ; VersR 1967, 1069 ; VersR 1968, 590, 785 ; VersR 1969, 247 ; VersR 1987, 37 ; VersR 1986, 962.

점이 달라졌고, 그러한 변화의 이유는 무엇인지 살펴보도록 하겠다.

(1) 보험법의 내용

일본에서는 위험변경증가를 입법정책의 문제라고 보면서 이에 대해 규율이 필요한 이유를 다음과 같이 설명하고 있다. 장래의 위험증가 가능성을 보험료에 반영하면 보험료가 높아지는 문제점이 있으므로, 위험의 증가가 있는 경우에 그 시점부터 보험료 증액 등의 조정을 한다는 것을 전제로 해서 보험계약이 체결된다는 것으로 수용한 규율이다.[23)]

위험증가에 대해서는 해제권만이 규정되어 있다. 뒤에서 보게 될 바와 같이 보험료증액청구권은 법률에는 규정이 없고 약정이 있는 경우에만 발생한다. 손해보험, 생명보험, 상해질병정액보험에 대해 각각 위험증가가 규율되어 있는데, 이하에서는 손해보험계약에서의 위험증가 위주로 살펴본다. 내용상 거의 차이가 없기 때문이다.[24)]

손해보험계약에서의 위험증가에 대해서는 보험법 제29조는 해제의 요건을, 제31조는 해제의 효과를 각각 규정한다. 그리고 보험법 제33조 제1항은 제29조 제1항 및 제31조 제1항이 편면적 강행규정임을 규정한다.

---

23) 法務省民事局參事官室, "保險法の見直しに關する中間試案の補足說明," 萩本修 編著, 保險法立案關係資料, 商事法務, 2008, 101면.

24) 생명보험계약과 상해질병정액보험계약에서 위험증가로 인한 해제의 요건은 보험법 제56조, 제85조가 각각 규정하고, 해제의 효과에 대해서는 보험법 제59조 제1항 및 제2항 제2호, 제88조 제1항 및 제2항 제2호가 각각 규정하며, 위와 같은 조항들이 편면적 강행규정임을 보험법 제65조 제2호, 제94조 제2호가 각각 규정한다.

1) 해제의 요건

위험증가로 인한 해제의 요건을 규정한 보험법 제29조를 본다. 위 조항에서는 위험증가의 개념을 "고지사항에 있어서의 위험이 증가하여 손해보험계약에서 정해진 보험료가 해당 위험을 계산의 기초로 하여 산출된 보험료에 부족한 상태가 되는 것"이라고 정의한다. 개념정의 조항을 둔 것은 구 상법과 차이점이다. 다만 구 상법에서 위험증가의 개념이 정의되지 않았지만, 위험증가의 개념을 둘러싸고 크게 다투어진 것은 아니었다.

나아가 위 조항은 위험증가를 이유로 해제할 수 있는 요건을 규정한다. "손해보험계약의 체결 후에 위험증가… 가 생기는 경우 보험료를 해당 위험증가에 대응한 금액으로 변경한다면 해당 손해보험계약을 존속하는 것이 가능한 경우에 있어서도 보험자는 다음의 두 가지 요건 모두가 충족되면 해당 손해 보험계약을 해제할 수 있다"(보험법 제29조 제1항). 첫째, 해당 위험증가에 관한 고지사항에 있어서 그 내용에 변경이 생긴 때에는 보험계약자 또는 피보험자가 보험자에게 지체없이 통지를 해야 한다는 뜻이 해당 손해보험계약에 정해져 있을 것, 둘째, 보험계약자 또는 피보험자(이하 '보험계약자 등')가 고의 또는 중과실로 인해 지체 없이 통지를 하지 않았을 것이다.

보험법 제29조 제1항은 위와 같이 보험료 증액으로 해당 보험계약의 존속이 가능한 경우에는 해제권을 제한적으로만 인정하여 보험계약자 등의 보호를 도모하고 있다. 즉 보험료 증액으로 해당 보험계약의 존속이 가능한 경우에는, 위험증가에 대한 통지의무가 보험자와 보험계약자 사이에 약정되어 있고, 보험계약자 등이 통지의무를 고의 또는 중과실로 위반한 경우에만 해제권이 인정된다.

2) 해제의 효과

이상의 해제권은 보험자가 해제의 원인이 있음을 알았을 때부터 1개월간 행사하지 않았던 경우, 또는 손해보험계약의 체결시부터 5년이 경과한 경우 소멸된다(보험법 제29조 제2항).

해제권을 행사한 경우 해제는 장래에 대해서만 그 효력이 있다(제31조 제1항). 또한 보험자는 해제에 관련된 위험증가가 발생한 때부터 해제가 된 때까지 발생한 보험사고로 인한 손해에 대해서 면책되고, 다만 해당 위험증가를 야기한 사유에 기인하지 않고 발생한 보험사고로 인한 손해에 대해서는 그러하지 않다(제31조 제2항 제2호). 즉 해제에 장래효만을 인정하되, 해제 전이라도 위험증가 이후 발생한 보험사고에 대해서는 보험자가 면책되는 것으로 하고, 다만 인과관계가 없는 경우에만 보험금을 지급하도록 하고 있다.

그리고 위 제29조 제1항 및 제31조를 편면적 강행규정으로 규정하여 위 조항에 반하는 특약으로서 보험계약자 등에게 불리한 것은 무효로(제33조 제1항) 하였다.

3) 법률에서 정하지 않고 있는 경우

그럼 위의 요건에 해당하지 않는 경우에는 어떠한가? 다음의 두 경우가 있을 것이다. ① 보험료 증액으로 해당 보험계약의 존속이 가능한 경우로서 보험법 제29조 제1항의 두 가지 요건을 충족하지 못하는 경우와 ② 보험료를 증액하더라도 해당 보험계약의 존속이 불가능한 경우이다.

먼저 보험료 증액으로 해당 보험계약의 존속이 가능한 경우로서 보험법 제29조 제1항의 요건을 충족하지 못하는 경우, 즉 보험계약자 등이 통지의무를 이행하였거나 고의 또는 중과실 이외의 사유로 통지의무를 위반한 경우에 대해서는 명문의 법규정이 없다. 보험법 제정시 이 부분을 규정하지 않은 이유는 보험자가 보험료증액청구권을 약관에 규정할 수 있고, 또한 실제로도 그러한 규정이 있는 것이 보통이기 때문이라고 설명된다.[25] 따라서 이 경우에는 약관 기타 계약에서 정한 바에 따라 보험료증액청구권이 발생할 것이다.

다음으로 보험료를 증액해도 해당 보험계약이 존속할 수 없는 위험증가에 대해서도 명문의 법규정을 두고 있지 않다. 이에 대해서는 견해가 갈린다. 보험자가 제한 없이 해당 보험계약을 해제할 수 있다는 견해[26]와 굳이 법률상 해제사유로 정하지 않고 개별 계약에서 해제권을 약정할 수 있도록 한 것이라는 견해[27]가 있다. 전자는 보험료 증액을 하면 보험계약이 존속할 수 있더라도 (일정한 경우) 법률에서 해제권을 부여하는데, 하물며 보험료 증액을 하더라도 존속할 수 없는 경우에는 당연히 해제권이 인정된다는, 일종의 물론해석(勿論解釋)에 기초한 것으로 보인다. 반면 후자는 법률에서 굳이 해제권을 규정하지 않은 것은 법률상 해제권을 부여하지 않겠다는 의도라고 해석해야 한

〈표 1〉 일본 보험법상 위험증가

요건		효과
보험료 증액으로 보험계약의 존속이 가능한 경우	① 계약상 통지의무 ② 고의 또는 중과실로 통지의무 위반	해제권
	- 계약으로 정한 경우	보험료증액청구권
보험료 증액을 해도 보험계약이 존속할 수 없는 경우	〈견해대립 있음〉 ① 언제나 ② 계약으로 정한 경우	해제권

25) 大串淳子 / 日本生命保險硏究會 編, 解説保險法, 2008, 110면.

26) 福田弥夫 / 古笛惠子, 逐條改正保險法, ぎょうせい, 2008, 94면.

27) 大串淳子 / 日本生命保險硏究會 編, 앞의 책(주 25), 106면.

다는, 일종의 반대해석(反對解釋)에 기초한 것으로 보인다.

이상의 내용을 표로 정리하면 〈표 1〉과 같다.

(2) 주요 특징

1) 법적 효과의 완화 – 구 상법과의 비교

이상과 같은 법적 효과는 구 상법에 비해 현저히 완화된 것이다. 구 상법은 위험증가에 대해 손해보험에서 자세히 규정(제656조 및 제657조)하고, 이를 생명보험에 준용하였다(제683조). 구 상법은 위험증가에 대하여 보험계약자 등의 귀책사유가 있는지에 따라, 귀책사유가 있는 주관적 위험증가와 귀책사유가 없는 객관적 위험증가로 구분하고,[28] 그 효과를 각각 매우 엄격하게 규정하였다.

① 주관적 위험증가

먼저 주관적 위험증가에 대해 살펴본다. 보험기간 중에 위험이 보험계약자 또는 피보험자의 귀책사유로 인하여 현저하게 변경 또는 증가된 경우에는 해당 보험계약은 그 효력을 잃는다(구 상법 제656조). 즉 주관적 위험증가의 경우 보험계약은 위험증가시부터 당연히 효력을 잃는다(보험계약의 자동적 중도 소멸). 이러한 강력한 효과를 부여하였던 이유는 보험계약자 등의 귀책사유가 있으므로 이에 대한 제재가 필요하다는 점이었다. 그러나 당연 실효를 통하여 보험계약의 존속 가능성이 전면적으로 배제되는 것은 과도하게 경직적인 처리로서 입

28) 山下友信, 保険法, 有斐閣, 2005, 573, 575면. 여기서 귀책사유는 보험계약자 측의 고의 또는 과실에 의한 작위 · 부작위라고 해석된다(山下友信, 앞의 책, 573면).

법론적 합리성이 없다는 데 의견이 일치하였다.[29)]

② 객관적 위험증가

다음으로 객관적 위험증가에 대해 살펴본다. 보험기간 중에 위험이 보험계약자 또는 피보험자에게 책임이 없는 사유로 인하여 현저하게 변경 또는 증가된 경우에는 보험자는 해당 보험계약을 해제할 수 있고, 다만 그 해제는 장래를 향하여 효력이 있다(구 상법 제657조 제1항). 보험계약자 또는 피보험자가 이러한 객관적 위험변경증가가 있었다는 것을 알았을 때에는 지체 없이 보험자에게 통지해야 하고, 만약 통지를 게을리 한 경우에는 보험자는 위험변경증가시부터 보험계약이 실효된 것으로 간주할 수 있다(구 상법 제657조 제2항).[30)] 객관적 위험증가에 대한 위와 같은 규율은 아래와 같은 세 가지 문제점이 있는 것으로 평가되었다.

첫째, 위 구 상법 제657조 제2항의 해석론은 위험증가를 야기한 사실과 보험사고의 발생 사이에 인과관계가 없는 경우에도 보험자는 통지의무 위반을 이유로 해서 실효 간주를 주장할 수 있다는 것이었다.[31)] 고지의무와 비교하면, 보험법 제31조 2항 단서(구 상법 제645조 제2항 단서)는 고지의무 위반과 보험사고의 발생 사이에 인과관계가 있는 경우에만 보험자가 면책된다고 규정한다. 따라서 위험증가의 경우가 고지의무 위반보다 보험계약자 등에 불리한 효과가 규정되었다.[32)]

29) 山下友信, 앞의 책(주 28), 573면.

30) 여기서 '게을리 한 경우'란 '고의 또는 과실로 인한 것'으로 해석된다〔山下友信, 앞의 책(주 28), 576면〕.

31) 山下友信, 앞의 책(주 28), 576면.

32) 山下友信, 앞의 책(주 28), 576면.

둘째, 위험증가의 효과로 해제와 실효 간주만이 규정되어 있으므로, 보험자가 보험료 증액을 통해서 보험계약을 유지시키고자 하는 경우 이에 대한 선택지가 마련되어 있지 않은 것은 보험자 또는 보험계약자 모두에게 불편한 것이라는 문제가 있었다.[33)]

셋째, 전체적으로 통지의무 위반의 효과가 지나치게 강력하여 요건과 효과가 보험계약자 등의 이익을 충분히 반영하지 못한 것이라는 문제도 지적되었다.[34)]

요컨대 구 상법은 ① 주관적 위험증가의 경우 당연 실효가 된다는 점, ② 객관적 위험증가의 경우 보험자가 언제나 해제권을 행사할 수 있다는 점, ③ 또한 객관적 위험증가의 경우 보험계약자 등이 고의 또는 과실로 통지의무를 위반하면 인과관계와 상관없이 실효 간주를 주장할 수 있는 점 등으로 인하여 보험계약자 등에 지나치게 가혹하다는 일본 학계의 비판이 있었다. 이러한 비판이 보험법 제정시 반영되어 위험증가의 법적 효과가 대폭 완화된 것이다.

2) 고지의무와의 정합성 추구

보험법 제정시 위험증가에 관한 사항을 규정함에 있어서는 고지의무에 관한 규정과의 정합성도 많이 고려되었다. 고지의무는 보험계약의 체결 당시에 위험과 계약의 부합을 위한 제도이고, 위험증가는 보험계약의 체결 이후에 위험과 계약의 부합을 위한 제도이다. 시점 면에서는 차이가 있지만, 위험과 계약의 부합을 위한 제도라는 점에서는 공통적인 측면이 있다. 이러한 공통점에 주목하여 위험증가와 고

---

33) 山下友信, 앞의 책(주 28), 577면.
34) 山下友信, 앞의 책(주 28).

지의무에 관한 규정의 정합성을 도모한 것으로 볼 수 있을 것이다.

보험법상 위험증가와 고지의무가 어떤 면에서 정합하게 되었는지를 살피기로 한다. 고지의무를 보면 보험자는 보험계약자 또는 피보험자가 중요사항에 대해 고의 또는 중과실에 의해 불고지 또는 부실고지를 하면 계약을 해제할 수 있고(보험법 제28조 제1항), 계약의 해제는 장래를 향해서만 그 효력이 생기며(보험법 제31조 제1항), 다만 해제된 시점까지 발생한 보험사고에 대해 보험급부의무를 부담하지 않고, 다만 고지의무가 위반된 사실에 기인하지 않고 발생한 보험사고에 대해서는 그러하지 않다(보험법 제31조 제2항 1호).

고지의무와 위험증가를 비교해 보면, 보험법 제29조 제1항은 보험료 증액으로 해당 보험계약의 존속이 가능한 경우에는 해제권을 인정하고 있는데, 그 요건 및 효과가 고지의무와 유사하다.[35] 다만 보험료 증액으로 해당 보험계약의 존속이 가능하지 않은 경우는 개별 약정을 통해서 해제권을 인정할 수 있으며, 그 요건 및 효과에 대해서 법규정이 관여하지 않으므로, 고지의무와 위험증가는 일정한 차이가 있게 된다.

고지의무에 관한 보험법 규정은 구 상법과 내용 면에서 차이가 없다. 하지만 위험증가에 관한 구 상법 규정은 현재의 보험법 규정과는 상당한 차이가 있으며, 구 상법하에서 고지의무와 위험증가의 차이는 보험법과 비교할 때 상당한 것이었다. 보험법은 위험증가와 고지의무 사이에 정합성이 확보되어야 한다고 보았으며, 그 결과 양자 사이의 차이를 크게 줄였다.

35) 法務省民事局參事官室, 앞의 자료(주 23), 101면.

3. 유럽보험계약법원칙(PEICL)

"유럽보험계약법원칙[36](Principles of European Insurance Contract Law, PEICL)"은 DCFR의 보험계약법분야 초안에 해당하는 것으로서, 유럽공동체 각 나라에서 온 20여 명의 학자의 공동작업에 의해 탄생하였다.[37] PEICL은 유럽 각국 법제의 비교법적 연구를 기초로 하여 통일적인 유럽보험계약법의 모델을 만들고자 하는 시도라고 할 수 있다. 따라서 PEICL의 내용과 그에 대한 주석은 우리나라의 입법과정에서도 적지 않은 시사점을 줄 수 있을 것이다.

(1) PEICL의 내용

PEICL은 위험증가(aggravation of risk)에 대해 규율할 필요성을 다음과 같이 보고 있다. 즉 보험자는 계약체결 당시의 위험에 기초하여 계약을 체결하므로 보험기간 중 위험이 현저히 증가하지 않기를 원하는 반면, 보험계약자는 위험증가의 부담 때문에 보험기간 중에 자신의

---

36) Edited by the Drafting Committee: Jürgen Basedow, John Birds, Malcolm Clarke, Herman Cousy, Helmut Heiss in co-operation with Leander D. Loacker, Principles of European Insurance Contract Law(PEICL), Sellier, 2009.

37) 2009년 "유럽보험계약법의 재구성(Restatement of European Insurance Contract Law)"을 위한 프로젝트 그룹은 "유럽보험계약법원칙(Principles of European Insurance Contract Law, PEICL)"을 출간하였다. 위 프로젝트 그룹은 유럽공동체 집행위원회(EC Commission)에 의해 설립된 "유럽사법 연합네트워크(Joined Network on European Private Law)"의 일부분이다. 위 네트워크는 유럽공동체 집행위원회의 "보다 정합적인 유럽계약법을 위한 실행계획(More Coherent European Contract Law, COM〔2003〕 68 final)"에서 언급하고 있는 Common Frame of Reference of European Contract Law의 초안(DCFR)을 마련하는 작업을 담당하고 있다.

활동이 부당하게 제약받지 않기를 원하므로, 보험계약법은 이들 사이의 이익 상충을 조정할 필요가 있다는 것이다.[38)]

다만 보험기간이 1년 이하가 보통인 국가에서는 보험계약자의 이익을 우선하는 경향이 있어서, 위험증가에 대한 별도의 규율을 하지 않는 경향이 있다고 한다.[39)] 하지만 유럽의 대부분 국가는 보험기간이 1년을 초과하는 것이 보통이어서 위험증가에 관한 규정을 두고 있다고 한다.[40)]

PEICL은 다음과 같은 이유에서 위험증가에 대한 규정을 두기로 하였다. 즉 PEICL은 건강보험 또는 생명보험을 제외하고는 보험기간을 1년으로 하되 위험의 성질에 따라 필요한 경우 보험기간을 달리 정할 수 있는 것으로 하고 있고(Article 2 : 601), 당사자가 달리 통지하지 않는 한 보험기간이 갱신될 수 있는 것으로 하고 있을 뿐만 아니라(Article 2 : 602), 위험증가에 대한 규율 내용이 국가별로 상이하여 조정할 필요가 있기 때문이다.[41)] 다만 PEICL은 위험증가에 대한 종합적인 규정을 두기보다 보험계약에 흔히 포함되는 위험증가에 관한 조항과 관련하여 보험계약자를 보호하기 위한 최소한의 안전장치(safeguard)를 두기로 하였다.[42)]

보험계약상 위험증가조항이 있는 경우 위험증가가 현저한(material)

---

38) PEICL, 앞의 글(주 36), 181면.

39) PEICL, 앞의 글(주 36), 181면. 보험계약자가 의도적인 또는 무모한(reckless) 행위로 보험사고를 야기하는 경우를 제외하고는, 보험자가 위험증가로 인한 부담을 지게 된다. 이러한 국가에서는 보험자가 보험약관에 약속적 워런티(promissory warranty) 또는 통지조항(notification clause)을 우회로(escape route)로서 만들면 법원이 엄격하게 해석한다고 한다.

40) PEICL, 앞의 글(주 36), 181면.

41) PEICL, 앞의 글(주 36), 182면.

42) PEICL, 앞의 글(주 36), 182면.

것이고 보험계약에 특정된 종류의 것이 아니라면, 그 조항은 효력이 없다(Article 4 : 201). 보험자는 위험증가에 따른 통지의무 또는 해지권, 보험사고 발생시 보험자의 책임 문제 등을 보험계약에서 정할 수 있다. 이러한 계약조항을 규율하기 위해 PEICL은 다음의 규정을 두고 있다.

1) 통지의무 및 위반시 보험자 책임

보험계약상 통지의무가 정해진 경우 보험보호의 존재 및 위험증가를 알거나 알 수 있었던 보험계약자는 통지해야 하며, 다만 통지 시한이 계약에 명시되어야 하고 그 기간은 합리적이어야 한다〔Article 4 : 202(1)(2)〕.

통지의무가 위반된 경우 그 이전에 보험사고가 발생하였다면 보험자는 위험증가로 인한 보험사고에 대해서만 면책된다〔Article 4 : 202(3)〕. 위험증가로 인해서 보험사고가 발생한 경우, 보험자가 위험증가를 알았더라면 계약을 체결하지 않았을 경우라면, 보험자는 면책된다〔Article 4 : 203(3)〕. 만약 보험자가 더 높은 보험료 또는 다른 조건으로 계약을 체결하였을 것이라면, 보험금은 비례적으로 또는 해당 조건에 따라 지급될 수 있다〔Article 4 : 203(3)〕. Article 4 : 203(3)은 고지의무 위반시 보험자 책임을 규정한 Article 2 : 102(5)와 내용 면에서 동일하다.

2) 해지권 및 해지시 보험자 책임

위험증가로 인한 해지권이 보험계약에 정해진 경우 보험자는 위험증가가 보험자에게 알려지거나 또는 명백한(apparent) 시점으로부터 1개월 이내에 보험계약자에 대한 서면통지로써 해지권을 행사할 수 있다〔Article 4 : 203(1)〕. 해지에 따라 보험보호가 종료되는 시점은 두 가지이다. 보험계약에서 위험증가에 대한 통지의무를 보험계약자에게 부과한 경우〔Article 4 : 202(1)(2)〕, 보험계약자가 이를 고의로 위반하면 보험보호는 해지 즉시 종료된다〔Article 4 : 203 (2)〕. 이러한 경우가 아니면 보험보호는 해지 후 1개월이 경과한 후 종료된다〔Article 4 : 203(2)〕.

보험계약이 해지되기 이전에 보험사고가 발생한 경우 해지 후 보험자의 책임은 전술한 통지되지 않은 경우 보험자의 책임과 동일하다. 즉 해지되기 이전에 위험증가로 인해서 보험사고가 발생한 경우 보험자가 위험증가를 알았더라면 계약을 체결하지 않았을 것이라면 보험자는 면책된다〔Article 4 : 203(3)〕. 만약 보험자가 더 높은 보험료 또는 다른 조건으로 계약을 체결하였을 것이라면 보험금은 비례적으로 또는 해당 조건에 따라 지급될 수 있다〔Article 4 : 203 (3)〕.

IV. 우리 상법에 대한 시사점

우리 상법은 위험증가에 관하여 보험계약자의 고의 · 중과실로 인해 증가한 경우(제653조)와 그와 상관없이 증가한 경우(제652조)로 나누어서 규율하고 있다. 그런데 전자의 경우에는 위험증가 자체에 보험계약자의 중대한 귀책사유가 있으므로 보험자에게 해지권 및 면책의 이익을 부여하는 데 별다른 문제가 없다고 할 것이나, 보험계약자의 귀책사유와 무관한 후자의 경우에는 보험계약자와 보험자의 이익을 세밀하게 조정할 필요가 있다. 이러한 관점에서 볼 때 상법 제652조 및 이와 연결된 제655조(보험자의 면책)의 규정은 앞서 살펴본 다른 나라의 입법례와 비교하면 다소 보험자의 이익 쪽으로 기울어져 있는 것으로 보인다. 구체적으로 보면 다음과 같다.

1. 통지의무 해태의 효과

상법 제652조 제1항에서는 통지의무 해태시의 효과로 해지권을 부여하고 있고, 이에 따라 해지된 경우 제655조에 따라 증가된 위험과 인과관계 있는 사고에 대해서는 보험자는 면책된다. 그런데 이에 관해서는 다음의 두 가지 점을 생각해 볼 필요가 있다. 첫째, 통지의무 해태로 해지한 경우에 통지의무 해태에 관한 귀책사유의 유무 또는 정도를 불문하고 보험자를 면책시키는 것이 정당한가의 문제이다. 둘째, 현재의 규정상 어느 시점 이후에 발생한 사고부터 면책의 대상이 될 수 있는지 불명확하고, 그 결과 자칫 보험계약자에게 불리하게 해석되는 문제가 있지 않은가 하는 점이다.

(1) 면책요건 제한의 필요성

위험증가의 통지의무가 이행되지 않아 보험계약이 해지된 경우(제652조 제1항 제2문), 보험자의 면책은 보험계약자가 고의 또는 중과실로 통지의무를 해태한 경우에만 한정하여 인정되도록 제655조를 개정할 필요가 있다. 현재의 상법 제655조에 의하면 통지의무 해태로 보험자가 상법 제652조 제1항 제2문에 따라 보험계약을 해지한 경우에는 통지의무 위반에 대해 보험계약자의 귀책사유가 있건 없건 상관없이 위험증가와 인과관계가 있으면 보험자는 면책된다. 하지만 보험계약자 보호라는 관점에서 보면 귀책사유가 없거나 가벼운 보험계약자에 대해서 보험보호를 박탈하는 것은 바람직하지 않은 것으로 보인다. 특히 계약 체결 전의 고지의무 위반과 비교해 보면, 고지의무 위반의 경우도 보험계약자의 고의 또는 중과실이 주관적 요건(상법 제651조)

이어서, 해지시 보험자의 면책은 보험계약자의 고의 또는 중과실로 한정된다는 점과의 균형을 고려할 필요가 있다. PEICL의 경우 고지의무와 위험증가에서 보험자의 책임 부분이 동일하게 규정되어 있음을 참조할 필요가 있다.

다만 필자는 해지권 발생에 관하여도 귀책사유를 고의 · 중과실로 제한해야 한다고 주장하는 것은 아니다. 현행법의 해석론으로 상법 제652조 제1항 제1문의 "위험이 현저하게 변경 또는 증가된 사실을 안 때"란 어떠한 상태의 발생을 안 것만으로는 부족하고, 통지의무를 발생시키는 위험증가라는 점까지 알아야 한다고 보는 견해가 있다.[43] 이에 따르면 통지의무 위반은 거의 항상 고의로 위반한 것이 될 것이다. 하지만 다음과 같은 이유에서 찬성하기 어렵다. 법률에서 어떠한 사실을 아는 것을 요건으로 하는 경우에는 법률적 평가 이전의 사실 그 자체를 아는 것을 의미하지 그 사실의 법적 의미에 대한 정확한 평가까지 알 것을 요구하지 않는 것이 일반적이다. 또한 통지의무 위반이 고의로 제한된다면 고의 이외의 경우는 해지권이 생기지 않는데, 제652조 제2항은 통지의무를 이행한 경우에도 보험료증액청구권 또는 해지권이 생긴다고 한 것과 균형이 맞지 않게 된다.

그러므로 필자는 보험자 면책과 관련하여서는 통지의무 위반의 주관적 요건을 한정할 필요가 있다고 생각하나, 해지권의 부여와 관련하여서는 장래를 향한 위험과 계약의 일치는 필요하다는 점과, 이를 위하여 심지어 통지의무 이행시에도 해지권이 부여된다는 점을 고려하면 해지권의 발생요건은 지금 이대로가 좋다고 생각한다. 독일의 경우에도 해지권의 발생의 주관적 요건과 면책의 주관적 요건은 상이

43) 노일석, 앞의 논문(주 1), 26면 ; 최기원, 앞의 책(주 3), 261면.

하고, 후자가 보다 좁게 설정되어 있다는 점에 주의할 필요가 있다.

(2) 면책시기 조정의 필요성

상법 제655조가 제652조 제1항 제2문에 적용됨에 있어서 면책의 시기를 뒤로 미루어야 한다. 현재 상법 제652조 제1항 제2문 및 제655조를 보면 해지시 어느 시점에서 발생한 보험사고부터 보험자가 면책될 수 있는지에 대해 불명확한 점이 있다. 보험계약자에게 불리하게 해석한다면 객관적으로 위험증가가 있는 바로 그 시점 이후에 발생한 보험사고에 대해서는 보험사고 발생과 인과관계만 있으면 보험자가 면책된다고 해석될 여지마저 있다. 독일의 경우 객관적 위험증가에서 이와 같은 때에는 통지를 할 수 있었을 때부터 1개월 이후에 발생한 보험사고에 대해서만 보험자의 면책 가능성을 인정한다. 물론 현재 우리 상법 제655조를 보험계약자가 위험증가 사실을 알고 통지를 할 수 있었던 때 이후의 발생한 사고에만 한정하여 면책 가능성을 인정하는 것으로, 보험계약자에게 유리하게 해석을 하는 방법으로도 해결할 수 있는 것이다. 그러나 근본적으로는 법률 개정시 이 점을 명확히 하는 것이 바람직할 것이다. 그러므로 독일과 같이 객관적 위험증가에서 통지의무 위반시에 보험자의 면책시기를 뒤로 미루도록 상법 제655조를 개정할 필요가 있다.[44]

44) 노일석, 앞의 논문(주 1), 29면.

2. 통지했을 때의 효과

또한 현행 상법 제652조 제2항은 위험증가 통지시의 효과로 해지권 또는 보험료증액청구권 및 보험자의 면책을 인정하고 있는바, 위험증가 자체에 대해서도 귀책사유가 없고, 통지의무도 이행한 보험계약자에 대해서 이는 너무 가혹한 것이 아닌지 의문을 제기해 볼 수 있다.

(1) 해지권 제한 필요성 — 보험료증액청구권의 우선 행사 등

상법 제652조 제2항은 보험계약자가 통지의무를 이행한 경우에도 보험자가 보험료증액청구권 또는 해지권을 행사할 수 있도록 하고 있다. 법문상 보험자는 보험료증액청구권과 해지권 중에서 임의적으로 선택하여 행사할 수 있는 것으로 해석된다. 그런데 위험증가가 인수거절사유인 경우에는 해지권을 행사하더라도 문제가 없지만, 위험증가가 계약변경사유에 해당하는 경우에는 보험계약자가 통지의무를 이행하였다는 점을 고려하면 가혹한 것이 아닌가라는 의문이 제기될 수 있다. 일본의 보험법에서 계약의 해지는 위험증가가 인수거절사유인 경우로 원칙적으로 한정하고, 보험계약자가 통지의무를 이행하지 않은 경우에만 위험증가가 계약변경사유이더라도 해지를 허용하고 있음을 참조할 필요가 있다. 따라서 입법론으로는 위험증가가 계약변경사유라면 보험자는 계약변경권을 우선적으로 행사하도록 하고, 보험계약자가 이를 거부하면 그때서야 비로소 해지권을 행사할 수 있는 것으로 상법 제652조 제2항을 개정할 필요가 있다. 또한 해지권을 행사하는 경우에도 다른 보험보호를 찾을 수 있는 기간을 주기 위해서 통지 후 일정 기간, 예를 들면 1개월이 경과한 후 하도록 하는 것이 필요하다고 본다.[45] 또한 이렇게 하는 것이 통지의무를 해태한 때와 비교할 때 통지의무를 이행하도록 하는 인센티브를 제공하는 것이라고 할 수 있다.

(2) 면책사유 배제 필요성

나아가 상법 제655조가 제652조 제2항에는 적용되지 않도록 개정할 필요가 있다. 상법 제655조는 상법 제652조 제2항에 따라 계약이 해지되는 경우 그 이전에 발생한 보험사고에 대해 보험자가 면책되는 것을 원칙으로 하고 있다. 그런데 제652조 제2항은 보험계약자가 통지의무를 이행한 경우이어서 아무런 귀책이 없음에도 불구하고 보험자가 면책된다는 것은 보험계약자에게 가혹하다고 볼 수 있다. 상법 제652조 제2항에 따라 계약을 해지하는 것은 장래적으로 위험과 계약을 일치시킨다는 점에서 허용될 수도 있지만, 보험자를 소급적으로 면책시킬 것까지는 없다고 볼 수 있다. 독일의 경우도 위험증가로 인한 해지와 책임을 구분하여, 책임 면제 또는 감경은 보험계약자가 고의 또는 중과실로 통지의무를 위반한 경우에만 인정하고 있음을 참조할 필요가 있다.

3. 비례보상의 도입 문제

이상에서 필자는 상법 제652조의 위험증가로 인한 보험자의 면책은 보험계약자의 고의 또는 중과실이 있는 경우로 제한하자고 제안하

45) 노일석, 앞의 논문(주 1), 28면.

였다. 이렇게 개정하고 상법 제653조가 규정하는 위험유지의무 위반의 주관적 요건인 고의 또는 중과실을 그대로 유지한다면 위험증가로 인한 보험자 면책은 주관적 요건이 고의 또는 중과실로 통일될 수 있을 것이다.

여기에서 비례보상제도의 도입 여부를 검토해 볼 필요가 있다. 앞서 본 바와 같이 독일과 PEICL은 일정한 경우 보험자를 완전히 면책시키지 않고 비례적으로 보험금을 감액한다. 보험계약자 보호를 위해서라면 우리나라도 이와 같은 제도를 도입할 필요가 있다고 생각할 수도 있을 것이다. 그러나 아래와 같은 이유에서 우리나라에 도입할 필요성이나 실익은 적다고 본다. 고의에 대해서 비례보상을 하는 것은 의무 위반을 예방하기 어렵다는 차원에서 찬성하기 어렵다. 그렇다면 중과실에 대해서만 논의가 가능할 것인데, 아래와 같은 점에서 중과실에 대해 도입할 실익은 크지 않은 것으로 보인다. ① 고의와 중과실의 경계가 명확하지 아니하다. 특히 실무상 중과실요건은 독자적인 기능이 있는 것이라기보다는 고의 입증의 어려움을 완화해 주는 측면이 큰 것으로 보인다. ② 고의가 아니라 오로지 중과실로 판단되는 사안이 실제로 많지 않을 것으로 보인다. 만약 보험계약자의 귀책사유를 경과실로 확장할 경우에는 비례보상주의 도입 여부를 검토해 볼 수 있을 것이다.

04

보험범죄의 특성과 보험사기의 구성요건*

이상원**

I. 서론

지혜를 갖춘 인간은 자연으로부터 신의 섭리를 배우고 신을 닮은 인간은 이렇게 획득한 지식으로 문명을 일구었으며 신을 경외하는 인간은 도덕을 알아 인간사회를 이상으로 향하게 한다. 그러나 동시에 욕망과 일탈을 꿈꾸는 인간은 이익의 추구를 위하여 도덕을 버릴 줄도 안다. 어느 사회든 범죄는 존재하게 마련이지만, 만일 어떤 범죄가 사회구성원이 가지는 도덕정서를 이완시키고 해체시킨다면 이는 단순히 해당 범죄에 국한되는 문제를 넘어서 인간사회 자체를 저급한

---

* 이 논문은 BFL 제56호(2012. 11)에 게재된 글을 수정 · 보완한 것이다.

** 서울대학교 법과대학 · 법학전문대학원 교수

수준으로 떨어뜨리고, 종당에는 그 존립에 위해를 가하는 근본적인 문제를 던져 주는 상황이 된다. 보험범죄는 바로 이러한 범죄에 해당한다. 보험범죄는 사회 전반의 도덕적 해이를 가져오고 이는 다시 보험범죄의 양산으로 이어지면서 우리 사회를 지탱하고 발전시켜 온 축을 무너뜨리기 때문이다.

이 글은 우선 보험범죄의 어떠한 특징이 있기에 위와 같은 도덕적 해이를 가져오는지 살펴본 다음, 기본적인 보험범죄인 보험사기[1)]에 관하여 그 구성요건을 이해함에 있어 우리 판례를 통하여 법리상 문제가 된 쟁점을 중심으로 살펴보기로 한다.

II. 보험범죄의 특징

1. 범죄의 유혹

(1) 보험의 사행성

우리 상법은 보험계약을 "보험계약은 당사자 일방이 약정한 보험료를 지급하고 상대방이 재산 또는 생명이나 신체에 관하여 불확정한 사고가 생길 경우에 일정한 보험금액 기타의 급여를 지급할 것을 약정함으로써 효력이 생긴다"라고 정의하고 있고,[2)] 보험업법은 보험상

---

1) 보험범죄와 보험사기의 개념 구분에 관하여는 이상원, "보험범죄에 대한 입법방향 — 제18대 국회의 입법안을 중심으로," 형사정책 제24권 제2호(2012. 8), 한국형사정책학회, 220-221면 참조.

2) 상법 제638조 참조.

품이란 "위험보장을 목적으로 우연한 사건 발생에 관하여 금전 및 그 밖의 급여를 지급할 것을 약정하고 대가를 수수하는 계약…" 이라고 규정하고 있으며,[3] 학계에서는 일반적으로 보험이란 동일한 위험에 처한 다수의 사람이 우연한 사고의 발생과 그로 인한 경제적 수요에 대비하고자 추상적인 위험단체(보험단체)를 구성하고, 그 단체 내에서 통계적 기초와 대수의 법칙에 따라 산출된 일정한 금액(보험료)을 미리 갹출하여 기금(공동기금)을 만든 후 약정된 사고(보험사고)가 우연히 발생한 구성원에게 그 기금으로부터 일정한 재산적 급여(보험금)를 지급함으로써 경제적 어려움과 불안을 극복하는 데 도움을 주고 위험을 분산하고자 만든 제도라고 정의되고 있다.[4]

위와 같은 개념들을 보면 보험은 보험급여의 지급이라는 법률효과를 보험사고의 발생이라는 법률요건에 의존시키는데, 여기에서 보험사고의 발생은 우연성을 요소로 하는 불확정한 사건이라는 점을 공통적인 요소로 하고 있다. 이에 따라 보험급여라는 법률효과는 본질적으로 우연하고 불확정한 사건의 발생을 조건으로 하는 속성을 가지고 있다. 이러한 속성은 사행성을 보험의 본질적 특성 중 하나로 만든다.[5] 사행성은 기망의 유혹을 싹트게 하는 자양분이 되기 때문에 보험에는 기망의 유혹이 그림자처럼 존재한다.[6] 즉 사행성은 보험사고의 발생

---

3) 보험업법 제2조 제1호 참조.

4) 박세민, 보험법, 박영사, 2011, 1-2면.

5) 우리 판례도 보험은 사행성을 그 특질로 한다고 이해하고 있다. 대법원 1987. 9. 8. 선고 87도565 판결〔"우연한 사고(보험사고)라 함은 계약성립 당시 특정의 사고가 그 발생 여부, 발생시기가 불확정하다는 것을 의미하고 그 불확정성은 객관적임을 요하지 아니하고 주관적으로 계약당사자에게 불확정하면 되므로 보험은 사행성을 그 특질로 한다" 라고 판시〕.

6) 조해균/양왕승, "범국가적 차원의 보험사기 대처방안에 대한 연구," 보험개발연구 제12권 제2호(통권 제33호, 2001. 9), 보험연구원, 171면도 보험은 사고발생의 여부,

이 고의에 의한 조작인지 여부를 확인하기 어렵게 함으로써 범죄의 실행을 용이하게 하고 동시에 그 발각을 어렵게 하기 때문에 강한 범죄의 유혹을 수반하는 것이다.

(2) 유혹의 강화

위와 같이 보험은 태생적으로 범죄의 유혹을 안고 있는 제도이다. 그런데 자본주의가 심화된 현대에 이르러 이 유혹은 점점 강해져 배금주의라는 부작용을 낳았고 이는 자신의 이익을 추구하여 타인을 해하는 일이 사회에 퍼져 가게 하였다.

특히 보험사고 발생의 불확정성은 이익을 추구하는 범죄의 유혹을 실현할 수 있는 좋은 기회를 제공하기 때문에 보험산업은 자본주의의 부작용으로 나타나는 범죄의 유혹이 집중되는 분야이다. 보험범죄가 점점 흉포화하고 지능화하며 조직화되는 현상[7]은 위와 같은 범죄유혹의 강화에도 그 원인이 있다.

2. 미약한 범죄의식

(1) 은닉된 실질피해자

보험급여를 편취하는 보험사기는 사기죄의 일종이다. 사기죄는 재산권을 보호법익으로 하므로 재산권자가 피해자가 된다. 보험사기는

시기, 손해 정도가 모두 불확실하기 때문에 이에 관한 기망을 할 유인을 제공한다고 한다.

7) 이상원, 앞의 논문(주 1), 223면.

기망으로 보험급여를 하는 사람, 즉 보험자가 피해자가 된다.

그런데 위와 같이 보험자가 피해자가 된다고 하더라도 그는 직접적 · 일차적 피해자일 뿐 그 실질피해자는 따로 존재한다. 보험제도는 보험료와 보험금 사이에 수지균형을 전제로 하기 때문에 이 균형을 유지하기 위하여 대수의 법칙을 응용한 확률계산의 방법[8]으로 보험료가 책정된다. 그런데 보험사기는 이러한 균형 위에서 설계된 보험제도 내의 자금의 흐름을 외부로 누출시킴으로써 정당한 보험금의 지급을 전제로 산정한 보험료 총액이 실제로 지급된 보험금에 비하여 부족하게 되는 결과를 가져오고 보험자는 이를 보충하기 위하여 보험료를 인상하게 된다.[9] 결국 보험사기는 보험료를 부담하는 선량한 일반 보험계약자의 손해로 돌아가게 된다.[10]

이처럼 보험사기는 직접적으로는 보험금을 지급하는 보험자가 피해자가 되지만 결국 다수의 일반 보험계약자가 그 피해를 떠안게 되어 이들이 실질적 피해자가 된다.[11] 이 과정에서 피해가 가시적인 직접 피해자인 보험자로부터 불가시적인 간접 피해자인 사회 일반으로 광범위하게 분산된다. 바로 이 때문에 보험사기는 피해자가 없는 범죄로 오인될 여지가 있지만, 결코 피해자가 없는 것은 아니며 단지 피

8) 대법원 1989. 1. 31. 선고 87도2172 판결 참조.

9) Ernst / Young, Fraud in Insurance on Rise : Survey 2010-11, p.11은 보험회사들이 보험사기로 인한 손실을 보전하기 위하여 보험료를 인상할 수밖에 없기 때문에 보험사고의 위험과 보험기간뿐만 아니라 보험사기 사건수도 보험료 산정의 고려 요소가 된다고 한다.

10) 신의기, "교통사고환자의 장기입원과 사기행위," 형사정책연구 제20권 제1호(통권 제77호, 2009. 3), 한국형사정책연구원, 528면.

11) 신의기, "보험범죄의 위험성과 대책," 형사정책연구 제18권 제3호(통권 제71호, 2007. 8), 한국형사정책연구원, 1370면은 보험범죄는 다수의 보험계약자에게 실질적으로 피해를 입히고 경제질서를 어지럽힌다고 한다.

해자가 사회 일반에 은닉되어 있을 뿐이다.[12)]

실질적 피해자가 은닉되어 가시적으로는 피해자가 없는 것처럼 보이는 현상은 보험사기를 범하는 사람으로 하여금 누군가에게 피해를 준다는 의식을 약화시켜[13)] 위법성 인식을 무력화시키고, 이러한 현상이 사회에 일반화되면 사회 전반이 보험범죄에 대한 위법성을 인식하지 못하는 결과로 이어질 수 있다.

(2) 위법성 인식의 미약

위와 같이 실질피해자가 은닉되어 있다는 점은 보험범죄의 위법성 인식을 약화시키는데 여기서 위법성 인식은 범죄로 인한 피해라는 결과불법에 대한 인식과 관련된다.

한편 보험의 사행성은 앞서 본 바와 같이 범죄의 유혹을 제공하는 것이지만, 위법성 인식의 약화와도 관련이 된다. 보험사고 발생이 불확실하다는 것은 보험사고가 발생할 가능성이 존재한다는 것이고 이

---

12) 보험사기로 인한 피해가 사회적으로 분산되는 현상 때문에 보험사기는 피해자가 없다는 인식이 있을 수 있는데, Papa, Frankie Sue Del, "Insurance Fraud Is not a Victimless Crime," 8-Mar Nevada Lawyer 18(2000)은 이러한 인식이 잘못되었으며 보험사기는 피해자 없는 범죄가 아니라는 점을 지적하고 있다. 신의기, "보험범죄의 조직범죄화와 대처방안," 형사정책연구소식 제93호(2006. 1), 한국형사정책연구원, 27면도 보험범죄는 흔히 피해자 없는 범죄로 생각하기 쉽다고 한다.

13) 전현욱, "자동차 보험사기에 대한 형법적 대응—연성사기를 중심으로," 안암법학 제36호(2011. 9), 안암법학회, 252면도 전체 보험가입자에게 손해가 전가됨으로써 사기죄에서의 손해와 이익의 자료동질성(stoffgleichheit)이 희석되고 시간적으로도 피해의 전가가 일어나 피해자가 분명하지 않기 때문에 피해를 준다는 생각을 갖지 못할 가능성이 크다고 한다. 또 신의기, 앞의 논문(주 12), 27면도 보험회사의 돈을 사취하는 것은 다른 사람에게 피해를 주지 않는다고 생각하며 큰 죄의식 없이 이루어질 수 있다고 한다.

에 따라 보험사고를 조작하는 것은 있을 수 있는 일을 실제화하는 것이라는 관념에 이를 수 있어 보험사고의 조작과 이를 통한 보험범죄가 위법하다는 인식을 약화시킬 수 있다. 여기서의 위법성 인식은 범죄행위에 대한 불법, 즉 행위불법과 관련된다.

보험범죄에 대한 위법성 인식이 약하다는 점은 실증연구를 통하여 밝혀진 바 있다. 한 실증조사에 의하면[14] 〈표 1〉과 같이 사기행위의 내용에 따라 응답자의 24.3%부터 35.8%가 보험사기를 용인할 수 있다는 답변을 하였다.[15]

〈표 1〉 보험사기에 대한 용인도

(단위 : %)

구분	용인할 수 없다			용인할 수 있다			
	절대	거의	부정합계	가끔	대부분	항상	긍정합계
고의사고 유발	29.3	46.4	75.7	14.5	9.0	0.8	24.3
보험사고 내용조작	26.5	48.3	74.8	15.9	8.1	1.1	25.2
운전자 바꿔치기	27.4	48.7	76.1	15.4	7.6	0.9	23.9
손실과장	20.2	44.1	64.2	27.8	6.9	1.1	35.8
편승치료	20.2	45.1	65.2	24.8	8.9	1.1	34.8
고지의무 위반	20.0	47.7	67.7	23.2	8.8	0.4	32.3
내부직원 개입	20.7	50.7	71.3	20.8	7.6	0.3	28.7
손해사정사 개입	21.8	48.4	70.2	23.2	6.1	0.5	29.8

출처 : 송윤아, 보험사기 영향요인과 방지방안, 보험연구원, 2010, 82면.

14) 2009년 10월 12~23일 성인 남녀 803명을 대상으로 하여 면접조사를 실시한 것으로서, 보험사기 행태별로 구체적 사안을 제시(예컨대 '회사경영이 어려워지자 보험금을 수령하기 위하여 사업장에 화재를 발생시키는 행위'를 제시하여 고의사고 유발에 대한 용인도를 측정)하고, '절대 용인할 수 없다'로부터 '항상 용인할 수 있다'에 이르는 사이에 설정된 5단계의 답변 중 하나를 선택하게 하는 방식으로 조사하였다. 송윤아, 보험사기 영향요인과 방지방안, 보험연구원, 2010, 3면 참조.

15) 송윤아, 앞의 책(주 14), 81-83면.

이러한 조사결과는 우리 국민들이 보험사기에 대하여 상당히 관대하며[16] 보험사기의 범죄성에 둔감하다는 것을 나타낸다.[17] 이는 곧 보험범죄에 대한 위법성 인식이 약하다는 것을 의미한다.

보험범죄에 대한 위법성 인식이 박약하다는 데 대하여는 앞서 본 이유 외에도 여러 가지 이유들이 들어지고 있다. 보험을 일종의 생계형 범죄로 보면서 보험회사와 보험소비자의 관계를 강자와 약자의 관계로 생각하여 약자가 강자에게 다소의 기망으로 보험금을 청구하는 것이 별반 문제될 것이 없다는 의식이 존재한다는 점,[18] 보험업계에 긍정적인 시각을 가진 사람들이 그렇지 않은 사람들보다 보험사기를 용인하지 않는 비율이 높은데,[19] 보험산업은 보험료에 대한 대가가 직접 인식되는 것이 아니어서 긍정적인 인상을 주기 어렵기 때문에 보험회사에 대한 부정적 시각이 많고 이에 따라 보험회사로부터 다소 과다한 보험금을 지급받더라도 지금까지 납부한 보험료에 대한 포괄적인 대가로 생각하고 심리적으로 정당화하는 경우가 많다는 점,[20] 보험료는 그 성질상 소멸성을 가지고 있기 때문에 이에 대한 보상심리

---

16) 송윤아 / 정인영, 사기성클레임에 대한 최적조사방안, 보험연구원, 2011, 25면 ; 안경옥, "한국의 보험범죄의 실태 및 대책," 형사정책연구 제14권 제2호(2003. 6), 한국형사정책연구원, 75면도 보험범죄에 대하여 사회가 관용적인 태도를 가지고 있다고 한다.

17) 이승준, 보험범죄의 경향과 형사법적 대응방안, 형사법의 신동향 제34호(2012. 3), 대검찰청, 214면.

18) 정찬형, 보험범죄(보험사기) 감소를 위한 제언, 손해보험 제499호(2010. 6), 손해보험협회, 5-6면.

19) 미국의 한 연구가 설문조사를 하여 분석한 결론이다. Tennyson, Sharon, "Insurance Experience and Consumers' Attitudes toward Insurance Fraud," 21-2 Journal of Insurance Regulation 35, 52-53(2002).

20) 전현욱, 앞의 논문(주 13), 252면.

가 존재하고 이러한 보상심리는 죄의식을 약화시킨다는 점,[21] 보험종사자들과 의료기관의 직업윤리의식이 부족하다는 점,[22] 보험회사 스스로도 회사의 이미지를 유지하고 보험사기를 색출하기 위한 노력과 비용을 절약하기 위하여 적당한 타협을 통하여 보험금을 지급하려고 한다는 점[23] 등이 제시되고 있다.

⑶ 적법과 불법의 모호한 경계

현대에 이르러 사회가 복잡화되고 전문화되면서 특히 전문영역에서의 행위와 관련하여 그 불법 여부를 판단하기가 점점 어려워지고 있다.[24] 예컨대 자동차 수리 내용이나 진료 내용은 해당 사고를 직접 처리한 전문가가 아니고서는 그것이 적법하게 이루어진 것인지 파악하기가 쉽지 않다. 적법과 불법의 경계가 모호하면 불법을 저지를 유혹을 강하게 느끼는 한편 불법을 저지르고도 그 위법성에 대한 인식은 약해진다. 최근 하지정맥류 수술환자에 대한 입원확인서를 둘러싼 논쟁[25]도 적법과 불법의 모호한 경계와 관련되어 있다.

예컨대 낮병동이라는 개념이 들어오면서 통원치료인지 입원치료인지의 구분이 모호해지자 보건복지부는 '요양급여의 적용기준 및 방

---

21) 이병희, 보험사기범죄의 실태와 방지방안, 형사정책연구원, 2002, 66면 ; 고명규, "상법(보험편)의 개정안에 대한 검토의견 : 보험사기를 중심으로," 기업법연구 제25권 제1호(통권 제44호, 2011. 3), 한국기업법학회, 303면.

22) 이승준, 앞의 논문(주 17), 215-216면.

23) 전현욱, 앞의 논문(주 13), 255면.

24) 이승준, 앞의 논문(주 17), 212-213면도 보험범죄에서 기망행위 여부 판단이 어렵다고 하고 있다.

25) 이에 관하여 염동신, "현행 보험사기 대응방식의 적정성(하지정맥류수사를 중심으로)," 보험범죄 방지대책 세미나 자료집(2012. 7. 10) 참조.

법에 관한 세부사항'이라는 고시를 통하여 환자가 입원실에 머무른 시간이 6시간 이상인 경우를 의미하는 것으로 규정하였다. 이처럼 모호한 개념에 대하여 행정입법 등에서 일의적인 기준을 정하면 명확성을 제공할 수 있다. 그러나 범죄의 성부를 결정함에 있어 행정부의 고시가 결정적인 기준이 되지는 않는다. 판례는 입원실 체류시간만을 기준으로 입원 여부를 판단할 수는 없고, 환자의 증상, 진단 및 치료 내용과 경위, 환자들의 행동 등을 종합하여 판단하여야 한다고 하였다.[26] 그리하여 행정입법이 있는 경우라도 형법상 적법과 불법의 경계는 여전히 모호할 수밖에 없다.

3. 소결

위와 같이 보험은 태생적으로 범죄의 유혹을 안고 있고 그 유혹은 점점 강해져 가는 한편 본래 보험범죄에 대한 미약한 위법성 인식이 현대로 오면서 더욱 약화되어 간다. 이러한 특징은 보험범죄가 양적으로 증가하고 질적으로 강화되면서도 죄의식은 오히려 약화되는 결과에 이른다. 이에 따라 사회에 만연하는 보험범죄는 개인적 차원을 넘어 사회구성원에게 전반적인 도덕적 해이를 초래하여[27] 선량한 사회구성원들까지 보험범죄의 유혹에 직면하게 함으로써 사회질서의 도덕기반을 전반적으로 무너뜨리는 것이다.

---

26) 대법원 2006. 1. 12. 선고 2004도6557 판결.

27) 박세민, "보험사기에 대한 현행 대응방안 분석과 그 개선책에 대한 연구," 저스티스 제111호(2009. 6), 한국법학원, 142-143면 참조.

III. 보험사기의 구성요건

1. 서언

보험범죄의 핵심에는 보험사기가 있다. 우리 현행법상 보험사기는 사기죄의 구성요건(가중구성요건 포함)으로 규율되고 있다. 현행 형법 제347조는 사람을 기망하여 재물의 교부를 받거나 재산상의 이익을 취득하는 행위를 사기죄의 구성요건으로 규정하고 있다. 그리하여 사기죄는 타인을 기망하여 착오에 빠뜨리고 그 처분행위를 유발하여 재물을 교부받거나 재산상 이익을 얻음으로써 성립하는 것으로서 기망, 착오, 재산적 처분행위 사이에 인과관계가 있어야 한다.[28] 즉 사기죄는 (i) 기망행위－(ii) 피기망자의 착오－(iii) 착오에 기한 처분행위－(iv) 재물 또는 재산상 이익의 취득을 구성요건요소로 한다. 이에 더하여 (v) 재산상 손해의 발생이 필요한가에 관하여 학설의 대립이 있는데, 판례는 필요하지 않다는 입장을 취하고 있다.[29]

보험사기를 사기죄로 규율한다는 것은 위와 같은 사기죄의 일반이론이 보험사기에도 그대로 적용됨을 의미한다. 이 항에서는 보험사기를 사기죄의 구성요건으로 포섭함에 있어 문제될 수 있는 쟁점을 우리 판례의 법리를 중심으로 살펴보기로 한다.

---

28) 대법원 2011. 2. 24. 선고 2010도17512 판결 ; 대법원 2003. 10. 10. 선고 2003도3516 판결 ; 대법원 1994. 5. 24. 선고 93도1839 판결 등.

29) 대법원 2005. 4. 29. 선고 2002도7262 판결 ; 대법원 2004. 4. 9. 선고 2003도7828 판결 ; 대법원 2002. 2. 5. 선고 2001도5789 판결 ; 대법원 1998. 11. 10. 선고 98도2526 판결 ; 대법원 1985. 11. 26. 선고 85도490 판결 등.

2. 보험의 범위

수많은 사기 중에서 보험사기라는 개념으로 일군의 사기를 유형화한다면 그 개념의 핵심 표지는 보험과 관련한 사기라는 점에 있으며, 여기서의 관련성은 보험가입, 보험료 책정, 보험금의 지급과의 관련으로 이와 관련된 정보의 왜곡이 그 핵심표지라고 할 수 있다.[30)]

보험업법은 '보험업'이란 보험상품의 취급과 관련하여 발생하는 보험의 인수, 보험료 수수 및 보험금 지급 등을 영업으로 하는 것으로서 생명보험업 · 손해보험업 및 제3보험업을 말한다고 규정하고 있다.[31)] 우리 판례는 보험사업이라 함은 같은 위험에 놓여 있는 다수의 보험가입자로부터 위험을 인수하여 그 대가로서 위험률에 따른 보험료를 받아 이를 관리 · 운영하고 그 가입자에게 불확정한 사고가 생길 때에는 일정한 보험금액 기타의 급여를 지급하는 것을 내용으로 하는 사업이라고 하면서,[32)] 보험사업의 범위는 그 사업의 명칭이나 법률적 구성 형식에 구애됨이 없이 그의 실체 내지 경제적 성질을 실질적으로 고찰하여 판단하여야 할 것이어서,[33)] 고유의 의미의 보험에 국한하지 아니하고 실질적으로 보험사업에 해당하는 유사보험업도 여기에 포함된다고 한다.[34)] 이러한 기준에서 (i) 입회비를 내고 상조회에 가입한 회원이 가입 후 일정 기간(100일)이 경과한 후 사망하는 경우 다른 회

30) 이상원, 앞의 논문(주 1), 221면 참조.

31) 보험업법 제2조 제2호.

32) 대법원 2001. 12. 24. 선고 2001도205 판결.

33) 대법원 1989. 1. 31. 선고 87도2172 판결 ; 대법원 1989. 5. 9. 선고 88도1288 판결 ; 대법원 2001. 12. 24. 선고 2001도205 판결.

34) 대법원 2001. 12. 24. 선고 2001도205 판결(허가 없이 '라이센스보장'이라는 이름 아래 도로교통법 위반행위로 범칙금을 통보받은 경우 이를 대신 납부하는 내용의 사업을 한 경우 무허가 보험사업에 해당한다고 판시).

원들이 상조회비를 납부하고 이로써 상조부의금을 지급하며 상조회비를 일정 횟수 이상 납부하거나 가입 후 일정 기간(7년)이 경과된 회원에게는 정액을 지급하기로 하는 상조사업은 일종의 생사보험적 성질을 지닌 것으로서 보험사업에 해당한다고 하고,[35] (ii) 가입금을 내고 상조회원이 되어 월회비를 납부한 가입회원이 사망하거나 출산, 결혼, 회갑 등의 사유가 있을 경우 상조금을 지급하는 복지공제회는 상조기간의 정함이 없더라도 보험사업에 해당한다고 한다.[36]

이에 비하여 가입자가 매월 3,000원씩 60개월간 회비를 적립하면 결혼 및 장의행사 제공을 하기로 한 경우에 관하여는, 보험사업은 동종의 우연한 사고를 당할 위험이 있는 다수인이 경제생활의 불안을 제거 또는 경감시킬 목적으로 미리 일정 비율의 금액(보험료)을 출연하여 공통준비 재산을 형성하고 현실적으로 사고를 당한 사람에게 일정한 재산적 급여(보험금)를 지급하거나 매매, 고용, 도급 기타의 계약에 의한 채무 또는 법령에 의한 의무의 이행에 관하여 발생한 채권자 기타 권리자의 손해를 보상할 것을 채무자 기타 의무자에게 약정하고 채무자 기타 의무자로부터 그 보수를 수수하는 것을 내용으로 하는 사업을 말하고, 여기에서 우연한 사고(보험사고)라 함은 계약성립 당시 특정의 사고가 그 발생 여부, 발생시기가 불확정하다는 것을 의미하고 그 불확정성은 객관적임을 요하지 아니하고 주관적으로 계약당사자에게 불확정하면 되므로 보험은 사행성을 그 특질로 한다 할 것이

---

35) 대법원 1989. 1. 31. 선고 87도2172 판결 ; 대법원 1989. 9. 26. 선고 88도2111 판결 ; 대법원 1989. 10. 10. 선고 89감도117 판결도 유사한 사안(100일 이내의 사망에도 일정한 금액을 지급하고 800회 회비를 납입한 회원에게 사망 여부를 불문하고 장수축의금을 지급하는 점에서 약간의 차이가 있다)에서 같은 취지로 판시하였다.

36) 대법원 1989. 5. 9. 선고 88도1288 판결(이 사안의 공제회는 14년 이상은 월회비를 납부하지 않았다).

고, 보험사고는 일정한 기간(보험기간) 내에 생긴 것이어야 한다고 하면서, 우연한 사고가 아니라는 취지로 보험사업이 아니라고 하였다.[37)]

보험에 해당하는지를 실질적으로 파악하여 널리 유사보험까지 포함시키는 판례의 입장에 대하여는 학설도 대체로 이를 인정하는 경향이지만, 이에 대하여 너무 확대하여 해석한 것이라는 비판도 있다.[38)]

생각건대 보험사기를 다른 사기와 구분하여 고찰하는 이유는 그것이 보험을 둘러싼 사기로서 공통된 특질이 있고 이 때문에 그 대책에도 공통된 고려가 필요하다는 데에 있다. 이 점에서 본다면 보험사기를 논함에 있어 전제할 보험의 개념은 이를 좁게 볼 것은 아니며 보험으로서의 특징을 공유하는 한 공보험이든 사보험이든 또 그 명칭이나 형식에 구애받지 않고 광의의 개념으로 이해하는 것이 타당하다.

3. 기망행위

(1) 기망의 의미

사기죄의 요건으로서의 기망은 널리 재산상의 거래관계에 있어서 서로 지켜야 할 신의와 성실의 의무를 저버리는 모든 적극적 또는 소극적 행위[39)]로서 사람으로 하여금 착오를 일으키게 하는 것을 말한

37) 대법원 1987. 9. 8. 선고 87도565 판결. 상조기간의 정함이 없더라도 보험사업에 해당한다고 한 위 대법원 1989. 5. 9. 선고 88도1288 판결과는 이 점에서 차이가 있으나 우연한 사고를 요건으로 한다는 점에 판시의 핵심이 있다.

38) 고평석, "보험사업의 정의 및 범위규정에 관한 입법론적 검토," 보험학회지 제43집(1994), 한국보험학회, 203면.

39) 대법원 2006. 5. 11. 선고 2006도1715 판결 ; 대법원 2005. 10. 28. 선고 2005도5774 판결.

다.[40] 판례는 기망행위의 태양에 특별한 제한을 두고 있지 아니하다. 나아가 반드시 법률행위의 중요 부분에 관한 것임을 요하지 않으며 상대방을 착오에 빠지게 하여 행위자가 희망하는 재산적 처분행위를 하도록 하기 위한 판단의 기초사실에 관한 것이면 충분하다고 한다.[41)]

보험사기에 있어서도 보험계약의 체결, 보험료의 책정, 보험금의 지급 등과 관련하여 판단의 기초사실로 되는 사실에 관하여 착오에 빠지게 하는 행위가 있으면 기망행위에 해당한다고 할 수 있다.

(2) 기망성의 판단기준

1) 거래관행과 신의칙

거래실제에 있어 서로 관련 정보를 하나도 빠짐없이 모두 정확하게 교환하고 거래관계를 맺는 것은 불가능하다. 따라서 어느 정도의 허위는 허용될 수밖에 없고 이들은 기망행위에서 제외된다. 여기서 허용되는 허위와 허용되지 않는 허위를 구별하는 기준이 필요하게 된다. 판례는 다소의 과장, 허위가 있더라도 거래의 관행과 신의칙에 비추어 시인될 수 있는 한 기망성이 결여된다는 기준을 제시하고 있다.[42]

40) 대법원 2002. 2. 5. 선고 2001도5789 판결.

41) 대법원 2011. 11. 24. 선고 2010도15454 판결.

42) 대법원 2002. 2. 5. 선고 2001도5789 판결("일반적으로 상품의 선전, 광고에 있어 다소의 과장, 허위가 수반되는 것은 그것이 일반 상거래의 관행과 신의칙에 비추어 시인될 수 있는 한 기망성이 결여된다 할 것이나 거래에 있어서 중요한 사항에 관하여 구체적 사실을 거래상의 신의성실의 의무에 비추어 비난받을 정도의 방법으로 허위로 고지한 경우에는 과장, 허위 광고의 한계를 넘어 사기죄의 기망행위에 해당한다고 할 것"이라고 판시). 대법원 1992. 9. 14. 선고 91도2994 판결 ; 대법원 2004. 1. 15. 선고 2001도1429 판결 ; 대법원 2007. 1. 25. 선고 2004도45 판결 ; 대법원 2008. 10. 23. 선고 2008도6549 판결 ; 대법원 2010. 9. 9. 선고 2010도7289 판결도 과장, 허위광고에 관하여 같은 취지의 판시를 하였다.

보험사기에 있어서도 허위나 과장된 정보의 제공이 기망행위에 해당하는지 여부는 보험거래의 관행과 신의칙에 비추어 판단하게 된다.

2) 권리행사와 사회통념기준

판례는 기망행위를 수단으로 한 권리행사의 경우 그 권리행사에 속하는 행위와 그 수단에 속하는 기망행위를 전체적으로 관찰하여 그와 같은 기망행위가 사회통념상 권리행사의 수단으로서 용인할 수 없는 정도라면 그 권리행사에 속하는 행위는 사기죄를 구성한다는 기준을 제시하고 있다.[43)]

보험사기에 관하여도 같은 기준에 의하고 있다.[44)] 그리하여 보험급여를 지급받을 수 있는 지위에 있었더라도 허위 내용의 목격자진술서

---

43) 대법원 2011. 11. 24. 선고 2010도15454 판결(영농조합이 새송이버섯재배사 신축사업 보조금을 교부받기 위하여 허위의 임금지급 증빙서류를 작성한 다음 이를 다른 비용의 지출을 증빙하는 서류들과 함께 담당공무원에게 제출하여 보조금을 보조받은 사안에서, 전체적으로 보아 사회통념상 권리행사의 수단으로서 용인할 수 있는 범위를 벗어난 것으로서 기망행위에 해당한다고 판시) ; 대법원 2011. 3. 10. 선고 2010도14856 판결("상고 이유의 주장대로 피고인이 피해자에 대하여 동시이행조건 없이 이 사건 부동산에 관한 소유권이전등기절차의 이행을 명하는 승소확정 판결을 받아 단독으로 이전등기를 경료할 수 있었다 하더라도, 피고인이 그 판결에 기해 이전등기를 경료하지 않고 위 판결 확정 후 피해자에게 매매잔금을 공탁해 줄 것처럼 거짓말을 하여 '이 사건 부동산에 관한 이전등기를 경료받은 후 피해자에게 매매잔금을 공탁해 주는 조건으로 이 사건 부동산의 소유권을 임의로 이전받기로' 피해자와 합의하고 그에 기해 이 사건 부동산의 소유권을 이전받은 이상, 이와 같은 피고인의 행위는 사회통념상 권리행사의 수단으로서 용인할 수 있는 범위를 벗어난 것으로 사기죄에 있어서의 기망행위에 해당한다고 할 것"이라고 판시).

44) 대법원 2003. 6. 13. 선고 2002도6410 판결(산업재해보상 보험급여를 수령한 행위가 문제된 사안에서 "기망행위를 수단으로 한 권리행사의 경우 그 권리행사에 속하는 행위와 그 수단에 속하는 기망행위를 전체적으로 관찰하여 그와 같은 기망행위가 사회통념상 권리행사의 수단으로서 용인할 수 없는 정도라면 그 권리행사에 속하는 행위는 사기죄를 구성한다"라고 판시).

를 작성하여 보험급여를 받은 경우는 그 자체로 사회통념상 권리행사의 수단으로서 용인할 수 없다고 한다.[45]

나아가 보험금을 지급받을 사유가 있더라도 정당한 범위를 초과하여 과다한 보험금을 지급받은 경우에는 지급받은 전체에 대하여 사기죄가 성립한다고 한다.[46] 판례의 이러한 결론은 권리를 행사하는 면이 있더라도 그 행위가 사회통념상 권리행사의 수단으로서 용인할 수 없는 것이기 때문에 전체에 대하여 사기가 성립한다는 논리[47]에 기초하고 있다.

---

45) 대법원 2003. 6. 13. 선고 2002도6410 판결(원심이 공사현장에서 작업을 하는 도중 사고로 해당 부상을 입은 사실이 있고 이에 따라 산업재해보상 보험급여를 지급받을 수 있는 지위에 있었다면, 그 실제 사고 발생 일시 · 장소나 사고 내용과 달리 산업재해보상보험 요양신청서나 목격자진술서 등을 허위로 작성 · 제출하여 산업재해보상 보험급여를 지급받아도 사기죄가 성립되지 아니한다는 취지로 판단한 데 대하여, "피고인이 산업재해보상 보험급여를 지급받을 수 있는 지위에 있었다고 상정하더라도 그와 같이 1997. 9. 12. 15 : 00경 그 건설공사 현장에서 그와 같은 내용의 사고가 발생한 사실이 전혀 없음에도 불구하고, 허위 내용의 목격자진술서를 작성하여 첨부하는 등의 부정한 방법으로 요양신청을 하여 산업재해보상 보험급여를 지급받았다면, 이는 다른 특별한 사정이 없는 한 그 자체로 이미 사회통념상 권리행사의 수단으로서 용인할 수 없는 정도라고 볼 여지가 충분히 있다"고 판시).

46) 대법원 2009. 5. 28. 선고 2008도4665 판결("보험금을 지급받을 수 있는 사유가 있다 하더라도 이를 기화로 실제 지급받을 수 있는 보험금보다 다액의 보험금을 편취할 의사로 장기간의 입원 등을 통하여 과다한 보험금을 지급받는 경우에는 지급받은 보험금 전체에 대하여 사기죄가 성립한다"고 판시) ; 대법원 2007. 5. 11. 선고 2007도2134 판결("피고인이 보험사고에 해당할 수 있는 사고로 인하여 경미한 상해를 입었다고 하더라도 이를 기화로 보험금을 편취할 의사로 그 상해를 과장하여 병원에 장기간 입원하고 이를 이유로 실제 피해에 비하여 과다한 보험금을 지급받는 경우에는 그 보험금 전체에 대해 사기죄가 성립한다"고 판시) ; 대법원 2005. 9. 9. 선고 2005도3518 판결("상대방의 과실에 의하여 야기된 교통사고로 일부 경미한 상해를 입은 것이 사실이라고 하더라도 피고인들이 이를 기화로 그 상해를 과장하여 병원에 장기간 입원하고, 이를 이유로 다액의 보험금을 받는 경우 그 보험금 전체에 대해 사기죄가 성립한다"고 판시).

47) 대법원 2009. 5. 28. 선고 2008도4665 판결("피고인이 환자들의 건강상태에 맞게

3) 구성요건인가 위법성인가

위 2)에서 본 권리행사와 사기의 문제가 구성요건의 문제인가 위법성의 문제인가는 분명하지 않다. 기망행위가 사회상당성의 범위 내에서 권리행사라고 보여지는 한 위법성이 조각된다고 하면서 상거래에서 신의칙에 반하지 않을 정도의 경미한 기망행위 또는 경미한 법익침해에 해당하는 경우는 구성요건 해당성이 조각된다고 하는 설명도 있다.[48]

대법원은 권리행사를 위한 기망행위가 사회통념에 비추어 용인될 수 있는 범위를 벗어난 경우에는 기망행위에 해당한다고 판시한 바 있고,[49] 또 이러한 경우 편취의 범위 및 불법영득의 의사도 인정된다는 원심의 판단을 긍정한 예도 있다.[50] 이를 보면 사회통념에 비추어 용인되는 경우에는 기망행위 자체에 해당하지 않는다고 보는 것이 판례의 입장이고 이는 권리행사와 사기의 문제를 구성요건 해당성의 문제로 보는 것이라고 이해할 수 있다. 그러나 판례가 언제나 이러한 취지를 판시하고 있는 것은 아니어서 단정할 수만은 없다.

생각건대, 만일 권리행사의 경우에는 기망행위가 있어도 일률적으로 사기죄가 성립하지 않는다고 하는 입장에 선다면 권리행사가 위법성을 조각하는 사유라고 할 수 있을 것이다. 그러나 권리행사라도 사회

적정한 진료행위를 하지 않은 채 입원의 필요성이 적은 환자들에게까지 입원을 권유하고 퇴원을 만류하는 등으로 장기간의 입원을 유도하여 국민건강보험공단에 과도한 요양급여비를 청구한 행위는 사회통념상 권리행사의 수단으로서 용인할 수 없다고 할 것이므로, 비록 그중 일부 기간에 관하여 실제 입원치료가 필요하였다고 하더라도 그 부분을 포함한 해당 입원기간의 요양급여비 전체에 대하여 사기죄가 성립한다고 할 것" 이라고 판시).

48) 김일수 / 서보학, 새로 쓴 형법각론(제7판), 박영사, 2007, 445쪽.

49) 대법원 2011. 11. 24. 선고 2010도1544 판결 ; 대법원 2011. 3. 10. 선고 2010도14856 판결.

50) 대법원 2011. 11. 24. 선고 2010도1544 판결.

통념상 허용되지 않는 기망행위를 수단으로 하는 경우에는 사기죄가 성립한다는 입장에 서게 되면, 사회통념상 허용되는 기망행위를 수단으로 하는 경우에만 범죄성립을 조각하게 되는데, 이러한 경우 구성요건에 해당하는 기망행위에 해당하지 않는다고 보아야 할 것이므로 위법성의 문제라기보다는 구성요건의 문제로 보는 것이 보다 타당하다.

4) 소결

이렇게 본다면, 판례는 사기죄의 요소로서의 기망행위에 해당하는가를 판단하는 기준으로 거래관행, 신의칙, 사회통념의 3가지를 들고 있다고 할 수 있다. 사회의 거래관계에서 허용되지 않는 기망행위인지 여부를 판단하는 것이기 때문에 위와 같은 기준은 받아들여질 수 있다. 다만, 자칫 구체적 기준을 제시하지 못하는 일반 개념으로의 도피가 된다면 무의미한 기준이 될 수 있으므로 위 기준의 구체적 내용을 밝혀 나가는 실천적 작업이 필요하다.

(3) 기망행위 판단의 예

1) 기본 판단

판례가 보험사기의 기망행위에 해당하는지 여부를 판단한 사례들을 살펴본다.

보험금을 편취할 의사로 고의적으로 사고를 유발한 경우 보험금에 관한 사기죄가 성립한다.[51] 또한 발생한 보험사고의 내용을 과장하는

51) 대법원 2007. 5. 11. 선고 2007도2134 판결. 물론 사고 유발 자체로 사기죄가 성립한다는 의미는 아니며 다른 요건의 충족을 전제로 기망행위의 성부를 살펴보는 것이다. 이하 이 항에서 같다.

경우에도 보험금에 관한 사기죄가 성립한다.[52)]

2) 사실과 다른 청구

그리하여 입원치료의 필요성이 없거나 단기간의 입원만이 필요한데도 장기간의 입원을 하여 과도한 요양급여비를 지급받은 경우 지급받은 요양급여비 전체에 대하여 사기죄가 성립하고, 한편 의사가 환자들의 위 보험금청구를 돕기 위하여 허위 입원확인서를 작성 · 교부해 준 경우 사기방조죄가 성립한다.[53)] 마찬가지로 입원치료의 경우 다액의 보험금이 지급되는 특약 때문에 치료의 실질이 입원치료가 아닌 통원치료임에도 입원치료로 보험금을 청구하거나 필요 이상의 장기입원을 한 후 보험회사에 이를 알리지 않은 채 보험금을 청구하는 행위는 사기죄의 기망행위에 해당하고, 입원치료를 받을 필요가 없는 환자들이 보험금 수령을 위하여 입원치료를 받으려고 하는 사실을 알면서도 입원을 허가하여 형식상으로 입원치료를 받도록 한 후 입원확인서를 발급하여 준 의사의 행위는 사기방조죄가 된다.[54)]

반면, 사실은 타인으로부터 상해를 입은 것임에도 넘어져서 상해를 입었다고 거짓말을 하여 국민건강보험법상의 보험급여를 받은 경우, 사실대로 이야기하였어도 보험급여 제한사유가 아니어서 어차피 보험급여의 대상이 되기 때문에 사기죄가 성립하지 않는다고 한다.[55)]

---

52) Ⅲ. 3. (2) 2) 참조.

53) 대법원 2009. 5. 28. 선고 2008도4665 판결 ; 대법원 2006. 1. 12. 선고 2004도6557 판결.

54) 대법원 2007. 5. 10. 선고 2007도1780 판결.

55) 대법원 2010. 6. 10. 선고 2010도1777 판결("국민건강보험법 제48조 제1항 제1호에서는 고의 또는 중대한 과실로 인한 범죄행위에 기인하거나 고의로 보험사고를 발생시킨 경우 이에 대한 보험급여를 제한하도록 규정하고 있는데, 같은 법 제1조에 명시하고 있는 바와 같이 국민의 질병 · 부상에 대한 예방 · 진단 · 치료 · 재활

3) 진료기록과 다른 청구

진료기록부에 의한 진료기록과 다르게 자동차보험 진료수가를 청구한 의료기관에 대하여는 자동차손해배상보장법에 따라 5,000만 원 이하의 벌금에 처한다(위 법 제46조 제3항, 제12조 제3항).[56] 이 경우 위와 같은 청구가 허위의 청구라면 사기죄의 기망행위가 될 것이다.

4) 삭감을 예상한 청구

의료기관이 청구한 자동차보험 진료수가를 보험회사가 삭감할 것을 미리 예상하고 그만큼 허위로 과다하게 진료수가를 청구한 경우, 과다하게 청구한 부분에 대한 사기죄가 성립하며 이 부분에 대한 편취의사 및 불법영득의사가 있었다고 보아야 하고, 위법성이 없다거나 기대 가능성이 없다고 할 수 없다고 한다.[57]

과 출산 · 사망 및 건강증진에 대하여 보험급여를 실시함으로써 국민보건을 향상시키고 사회보장을 증진함을 목적으로 하고 있음에 비추어 볼 때 위 법조 소정의 급여제한 사유로 되는 요건은 되도록 엄격하게 해석하여야 할 것이므로…, 법 제48조 제1항 제1호에 규정된 '고의 또는 중대한 과실로 인한 범죄행위에 기인한 경우'는 '고의 또는 중대한 과실로 인한 자기의 범죄행위에 전적으로 기인하여 보험사고가 발생하였거나 고의 또는 중대한 과실로 인한 자신의 범죄행위가 주된 원인이 되어 보험사고가 발생한 경우'를 말하는 것으로 해석함이 상당하다. 원심판결 및 원심이 유지한 제1심 판결의 이유를 앞서 본 법리 및 기록에 비추어 살펴보면, 원심이 그 판시와 같은 사실 및 사정에 기초하여, 피고인이 공소외인의 폭행으로 입은 이 사건 상해가 전적으로 또는 주로 피고인의 범죄행위에 기인하여 입은 상해라고 할 수 없다고 보아, 피고인에 대한 이 부분 공소사실에 대하여 무죄를 선고한 제1심 판결을 그대로 유지한 것은 정당하고, 거기에 상고이유에서 주장하는 바와 같은 국민건강보험법 제48조 제1항 제1호의 해석에 관한 법리를 오해한 잘못이 없다" 라고 판시).

56) 대법원 2007. 6. 29. 선고 2006도2960 판결 ; 대법원 2006. 9. 8. 선고 2006도413 판결 ; 대법원 2006. 7. 13. 선고 2006도2959 판결 참조.

57) 대법원 2008. 2. 29. 선고 2006도5945 판결〔"자동차보험의 진료수가는 관련 법령이 정한 절차에 따라 결정 · 지급되는 것으로서, 보험회사가 임의로 의료기관의 지급

이 판시는 앞서 보험금을 지급받을 사유가 있더라도 정당한 범위를 초과하여 과다한 보험금을 지급받은 경우에는 지급받은 전체에 대하여 사기죄가 성립한다고 한 판례[58]와 다소 배치되는 듯이 보인다. 다만 삭감을 예상하고 금액을 부풀려 청구한 경우는 정상청구부분에 관하여는 특별한 기망행위가 없고 과다청구부분에 관하여만 기망행위가 있어 양자를 구분할 수 있고 따라서 후자만이 불법한 청구라고 이해한다면 판례의 입장이 서로 모순되지는 아니하는 것이라 할 수 있다.

(4) 고지의무 위반과 기망

1) 기망이 되는 기준

보험계약의 당사자가 보험과 관련된 사항을 고지하지 않거나 불성실하게 고지하는 경우 사기죄의 기망에 해당한다고 할 것인가.

우리 판례는 일반적으로 사기죄의 요건으로서의 기망에는 적극적 행위뿐만 아니라 소극적 행위도 포함된다고 하고 그중 소극적 행위로

청구내역이나 금액을 삭감할 수 없고, 보험회사의 부당한 감액조치에 대하여는 의료기관이 진료수가분쟁심의회에 심사를 청구할 수 있는 것인바, 그럼에도 불구하고 의료기관이 청구한 진료수가 내역을 보험회사가 삭감할 것을 미리 예상하고 그만큼 허위로 과다하게 진료수가를 청구하였다면, 허위로 과다하게 청구한 부분에 대한 편취의사 및 불법영득의사가 있었다고 보아야 할 것이다(대법원 2005. 9. 28. 선고 2005도1876 판결 참조). 그리고 의료기관이 청구한 진료수가를 보험회사가 10~15%가량 삭감하는 관행이나 묵계가 성립되어 있다고는 인정되지 아니하므로 의료기관의 위와 같은 진료수가의 허위 · 과다청구를 가리켜 적법행위에 대한 기대 가능성이 없다거나 위법성이 없다고는 할 수 없고, 허위 · 과다청구를 통하여 실제로 지급받은 금액이 다액이 아니라는 등의 사정만으로는 보험회사에게 손해가 없다고 할 수도 없다" 라고 판시].

58) Ⅲ. 3. (2) 2) 참조.

서의 부작위에 의한 기망은 법률상 고지의무 있는 사람이 일정한 사실에 관하여 상대방이 착오에 빠져 있음을 알면서도 그 사실을 고지하지 아니하는 것을 말한다고 하여 법률상 고지의무 있는 사항의 불고지가 기망이 된다고 하고 있다.[59] 이때 일반거래의 경험칙상 상대방이 그 사실을 알았더라면 해당 법률행위를 하지 않았을 것이 명백한 경우에는 신의칙에 비추어 그 사실을 고지할 법률상 의무가 인정된다고 한다.[60] 이는 결국 앞서 본 기망성의 판단기준[61]을 고지의무 위반의 상황에 적용한 것이라 할 수 있다. 고지의무 위반이 언제나 사기죄의 기망행위가 되는 것은 아니고 사회상규상 용납될 수 없는 경우만 사기죄가 성립한다는 견해[62]도 이러한 판례의 태도와 크게 다르지 않다.

판례는 보험계약의 체결에 있어 고지의무 위반이 부작위에 의한 기망으로서 사기죄가 되는지 여부를 판단함에도 위 법리를 적용하고 있다. 그리하여 특정 질병을 앓고 있는 사람이 보험회사가 정한 약관에 그 질병에 대한 고지의무를 규정하고 있음을 알면서도 이를 고지하지 아니한 채 그 사실을 모르는 보험회사와 그 질병을 담보하는 보험계약을 체결한 다음 바로 그 질병의 발병을 사유로 하여 보험금을 청구하였다면 특별한 사정이 없는 한 사기죄에 있어서의 기망행위 내지 편취의 범의를 인정할 수 있다고 한다.[63]

59) 대법원 2006. 2. 23. 선고 2005도8645 판결 ; 대법원 2004. 5. 27. 선고 2003도4531 판결 ; 대법원 1998. 12. 8. 선고 98도3263 판결.

60) 대법원 2006. 2. 23. 선고 2005도8645 판결 ; 대법원 2004. 5. 27. 선고 2003도4531 판결 ; 대법원 1998. 12. 8. 선고 98도3263 판결 등.

61) Ⅲ. 3. (2) 참조.

62) 허일태, "보험계약상 고지의무와 보험금 사기의 고의," 동아법학 제52호(2011. 8), 동아대학교 법학연구소, 434-435면 ; 이근우, "보험계약상 고지의무 위반의 형법적 의미," 동아법학 제54호(2012), 동아대학교 법학연구소, 337면.

63) 대법원 2007. 4. 12. 선고 2007도967 판결. 위 판례는 이때 보험회사가 그 사실을 알

2) 고의에 한정

상법상의 고지의무 위반은 고의에 의한 경우뿐만 아니라 중대한 과실로 인한 경우도 포함한다.[64] 그러나 사기죄의 구성요건으로서의 고지의무 위반은 고의(편취의 범의)가 있는 경우에 한한다. 과실사기는 구성요건해당성이 없기 때문이다.

3) 묵시적 기망행위 문제

고지의무 위반이 부작위에 의한 기망이라기보다 묵시적 기망행위에 해당한다는 취지의 견해[65]가 있다. 이 견해는 행위자가 비록 명시적으로 기망하지 않았다 할지라도 설명가치 있는 행위에 의하여 피해자를 기망한 때에는 작위에 의한 기망행위라고 할 수 있으므로 이러한 경우는 묵시적 기망행위에 속한다고 하면서, 행위자와 관계없이 상대방이 스스로 착오에 빠져 있어야 하고 행위자는 상대방의 착오를 제거해야 할 보증인적 지위에 있어야 한다고 한다.[66]

묵시적 기망행위의 존재가 인정되려면 언어에 의한 직접적인 기망은 아니더라도 거짓말로 해석될 수 있는 행태가 존재하여야 한다. 예컨대 보험계약 당시 보험사에 제출하는 질문표 중 병력란에 "없음"이라고 기재한 경우에는 작위에 의한 명시적 기망이 될 것이고, 아무 것도 기재하지 않고 공란으로 둔 경우에는 이를 묵시적인 기망이라고 평가할 수 있을 것이다. 그러나 이를 넘어 단순히 고지의무를 위반하

지 못한 데에 과실이 있다거나 고지의무 위반을 이유로 보험계약을 해제할 수 있다고 하여 사기죄의 성립에 영향이 생기는 것은 아니라고 한다.

64) 상법 제651조. 이 경우 보험자에게 계약해지권이 발생한다.

65) 이병희, 앞의 논문(주 21), 27면.

66) 이병희, 앞의 논문(주 21), 27면.

였다는 사유만으로 작위에 의한 기망이라고 보기는 무리가 있다고 생각한다. 고지의무 위반은 원칙적으로 부작위에 의한 기망이 된다.

4) 명시적 의무에 한정할 것인가

판례가 고지의무의 인정기준을 신의칙에서 찾고 있지만, 신의칙에 의한 고지의무를 막연히 확대하는 것은 사기죄 가벌성의 부당한 확대로 이어질 위험이 있다. 이에 법률이나 계약에 명시적으로 작위의무를 규정한 내용에 한하여 고지의무를 인정하여야 한다는 견해가 있다.[67] 이 견해는 사적자치의 원칙상 계약을 할 것인지 여부 및 계약을 할 경우 사전에 필요한 조사를 하는 것은 오히려 계약당사자의 주의의무에 해당하는 것이기 때문에 적극적으로 보험회사를 기망하지 않는 이상 보험회사가 확인해야 할 일반적인 사항은 고지의무에 포함되지 않는다고 한다.[68]

고지의무의 태양을 미리 법률이나 계약에 모두 예상하여 규정하도록 요구하는 것은 거래현실에서 비현실적인 면이 있다. 따라서 판례의 신의칙기준은 받아들일 수밖에 없고 명시적 의무에만 한정할 수는 없다. 그렇지만 위 견해가 제시하는 문제점은 충분히 의미 있는 것으로서 신의칙을 이유로 고지의무의 범위를 부당하게 확대하는 것은 정당하지 않다.

67) 안경옥, "보험사기의 범죄적 특성과 형사처벌," 형사정책 제15권 제2호(2003. 12), 한국형사정책학회, 247면.

68) 안경옥, 앞의 논문(주 67), 247면.

(5) 기망의 상대방

1) 보험자

보험사기의 대부분을 차지하는 보험금 편취사기의 경우 허위 정보를 보험자에게 제공함으로써 기망이 이루어진다. 이때 기망의 상대방은 보험자가 된다. 현실적으로는 보험자의 담당 직원에게 허위 정보를 제출할 것이지만, 이 경우 보험자를 기망하는 것으로 평가될 수 있다.

2) 보험모집인

보험모집인은 특정 보험자를 위하여 보험계약의 체결을 중개하는 자일 뿐 보험자를 대리하여 보험계약을 체결할 권한이 없고 보험계약자 또는 피보험자가 보험자에 대하여 하는 고지나 통지를 수령할 권한도 없다.[69] 따라서 보험가입청약서에 기왕병력을 기재하지 아니하고 보험모집인에게 말한 것만으로는 기왕병력을 보험회사에 고지하였다고 할 수 없고,[70] 보험모집인이 통지의무의 대상인 '보험사고발생의 위험이 현저하게 변경 또는 증가된 사실'을 알았다고 하더라도 이로써 곧 보험자가 위와 같은 사실을 알았다고 볼 수는 없다.

그렇다고 하여 보험모집인에게 기왕병력을 이야기한 것이 아무런 의미가 없다고 할 수는 없다. 보험모집인에게만 고지하고 보험회사에는 고지하지 않은 경우에라도 보험모집인을 통하여 그러한 내용이 보험회사에 전달될 것으로 믿고 있었다면 기망의 범의가 없고 나아가

69) 대법원 2006. 6. 30. 선고 2006다19672, 19689 판결.
70) 대법원 1979. 10. 30. 선고 79다1234 판결.

기망행위도 없다고 하여야 할 것이다.[71] 거래현실에서는 오히려 이런 경우가 통상일 것이므로 결국 보험모집인에 대한 고지가 있는 경우 사기죄가 성립하지 않는 경우가 많을 것이다.

이와 달리 보험계약자가 보험모집인에게 기왕병력을 고지하였으나 보험모집인과 공모하여 보험회사에는 고지하지 아니하고 보험계약을 체결한 경우에는 보험자를 기망한 것으로 평가할 수 있다. 또한 보험모집인을 기망하고 이를 통하여 보험자를 기망한 경우에도 결국 보험자를 기망한 것으로서 사기죄가 성립한다.

3) 보험의

보험의는 계약체결의 대리권은 없지만 그 직무의 성질상 보험자를 위하여 고지를 수령할 수 있는 지위에 있다.[72] 따라서 보험의에게 고지한 경우에는 고지의무 위반이 되지 않는다.[73]

4. 인과관계

앞서 본 바와 같이 사기죄가 성립하려면 기망, 착오, 재산적 처분행위 사이에 인과관계가 있어야 한다.[74] 그런데 고지의무를 위반하여 보험계약을 체결하였는데 고지의무와 무관한 사항에 관한 보험사고가 발생하여 보험금을 지급받은 경우 인과관계가 없어 사기죄가 성립하지 않는 것은 아닌지 하는 문제가 있다. 예컨대 기왕병력이나 계

71) 이병희, 앞의 논문(주 21), 33면도 같은 취지이다.
72) 대법원 2001. 1. 5. 선고 2000다40353 판결.
73) 이병희, 앞의 논문(주 21), 34면도 같은 취지이다.
74) III. 1. 참조.

약 당시 존재하는 병을 고지하지 않고 보험계약을 체결하였는데 그 질병과는 무관한 보험사고로 사망하여 보험금을 지급받은 경우를 생각할 수 있다.

보험계약 당시에 보험계약자 또는 피보험자가 고의 또는 중대한 과실로 인하여 중요한 사항을 고지하지 아니하거나 부실의 고지를 한 때에는 보험자는 그 사실을 안 날로부터 1개월 내에, 계약을 체결한 날로부터 3년 내에 한하여 계약을 해지할 수 있고(상법 제651조),[75] 보험자는 보험금액을 지급할 책임이 없다(상법 제655조 본문). 다만 고지의무에 위반한 사실 또는 위험의 현저한 변경이나 증가된 사실이 보험사고의 발생에 영향을 미치지 아니하였음이 증명된 때에는 그러하지 아니하다(상법 제655조 단서). 이에 관하여 판례는 보험계약을 체결함에 있어 고지의무 위반사실이 보험사고의 발생에 영향을 미치지 아니하였다는 점, 즉 보험사고의 발생이 보험계약자가 불고지하였거나 불실고지한 사실에 의한 것이 아니라는 것이 증명된 때에는 그 불고지나 부실고지를 이유로 보험계약을 해지할 수 없다고 한다.[76] 이에 의하면 기왕병력 등 질병상황을 고지하지 않았지만 다른 사유로 사망한 경우 사기죄가 성립하지 않는다고 볼 여지가 있다.

그러나 판례는 고지의무 위반사실과 보험사고 발생의 인과관계의 존재를 조금이라도 엿볼 수 있는 여지가 있으면 상법 제655조 단서는 적용되지 않는다고 한다.[77] 그리하여 주운전자가 A임에도 B라고 허

75) 다만 보험자가 계약 당시에 그 사실을 알았거나 중대한 과실로 인하여 알지 못한 때에는 그러하지 아니하다.

76) 대법원 1994. 2. 25. 선고 93다52082 판결 ; 대법원 1992. 10. 23. 선고 92다28259 판결 ; 대법원 2001. 1. 5. 선고 2000다40353 판결.

77) 대법원 1994. 2. 25. 선고 93다52082 판결 ; 대법원 1992. 10. 23. 선고 92다28259 판결.

위 고지하였는데 B가 운전하다가 사고를 낸 경우, B가 보조운전자로서 부보의 대상이 된다고 하더라도 사고 자체가 운전과 무관하게 생긴 것이 아닌 한 해지사유가 된다고 하고,[78] 유흥업소 접대부임에도 직업을 가사(주부)라고 허위로 고지하였는데 유흥업소가 밀접한 지역에서 심야에 차도를 보행하다가 교통사고로 사망한 경우 인과관계가 존재하지 않는다고 단정할 수 없다고 한다.[79] 전자의 경우 B가 주운전자인지 여부나 후자의 경우 심야에 차도를 보행하는 경우가 많은지 여부는 보험사고의 발생확률에 차이를 가져오는 것으로서 보험사고와 무관하다고 할 수 없어 이 점에서 인과관계가 인정된다고 볼 수 있다.

판례는 나아가 이미 암 진단이 확정된 상태에서 일반재해 및 교통재해로 인한 사망 및 장애와 암 진단의 확정 및 이로 인한 사망 등을 보장대상으로 하는 보험계약을 체결하였는데 피보험자가 일반 재해로 사망한 사안에서, 보험계약 체결 이전에 암 진단의 확정이 있은 경우 보험계약을 무효로 한다는 약관조항은 보험계약 당시 보험사고가 이미 발생한 때에는 보험계약을 무효로 한다는 상법 제644조의 취지에 따른 것으로서 위와 같은 사유가 있는 경우에는 보험계약 전체를 무효로 한다는 취지라고 보아야 할 것이지 보험사고가 암과 관련하여 발생한 경우에 한하여 보험계약을 무효로 한다는 취지는 아니라는 이유로 보험금을 지급할 의무가 없다고 한다.[80] 이 판례는 고지의무 위반에 관한 규정(상법 제651조, 제655조)이 아니라 보험사고의 객관적 확정에 관한 규정(상법 제654조)을 적용한 것으로서 인과관계의 문제와 직접 관련이 없다고 할 수 있다.

78) 대법원 1994. 2. 25. 선고 93다52082 판결.

79) 대법원 1992. 10. 23. 선고 92다28259 판결.

80) 대법원 1998. 8. 21. 선고 97다50091 판결.

다만 계약해지권의 요건에 관한 상법 제655조가 고지의무 위반과 보험사고 사이의 인과관계를 요구하는 데 비하여 형법상 사기죄는 고지의무 위반–착오–처분행위 사이의 인과관계를 요구한다는 점에서 차이가 있는데, 보험자가 계약체결시에 암 진단이 확정된 사실을 고지받았더라면 보험계약을 체결하지 않았을 것이어서 형법상의 인과관계가 인정된다고 볼 여지가 있다. 이에 비추어 보면 상법상 해지권의 발생 유무와 사기죄의 성부는 별도로 보아야 하며 상법상의 해지권이 발생하지 않는 경우에도 사기죄가 성립할 수도 있다.[81)]

5. 다른 구성요건과의 관계

(1) 업무상배임

업무상 보험자(보험회사)의 사무를 처리하는 사람이 그 임무에 위배하는 행위로써 재산상의 이익을 취득하거나 제3자로 하여금 취득하게 하여 보험자에게 손해를 가한 때에는 형법상 업무상배임죄로서 10년 이하의 징역 또는 3,000만 원 이하의 벌금에 처한다.[82)] 보험업법에는 사무처리자가 보험계리사, 손해사정사, 이사, 감사 등인 경우에 10년 이하의 징역 또는 5,000만 원 이하의 벌금에 처하는 규정을 두고 있는데[83)] 이 규정은 형법규정에 대한 특별규정으로서 양 죄는 법조경합관계에 있다.

---

81) 이병희, 앞의 논문(주 21), 37면 ; 山崎基宏, "保険犯罪をめぐる法律適用上の問題點," 法律のひろば 第38巻 第4號(1985. 4), ぎょうせい, 23면.

82) 형법 제356조, 제355조 제2항.

83) 보험업법 제197조.

그런데 예컨대 보험회사 담당직원이 보험계약자와 공모하여 보험회사를 기망하고 보험금을 편취한 경우, 판례는 사기죄와 업무상배임 또는 위 보험업법 위반죄가 상상적 경합관계로 파악할 것으로 생각된다. 이 경우는 배임행위에 사기행위가 수반된 경우인데, 이에 관하여 판례는 배임죄와 사기죄는 구성요건을 달리하는 별개의 범죄로서 법조경합이 아니라 상상적 경합이라고 하기 때문이다.[84)]

(2) 기망의 수단인 보험사고

보험사기를 위한 기망의 수단으로써 보험사고를 조작하는 경우 보험사고의 조작이 독립된 구성요건에 해당하는 행위인 경우에는 이 수단범죄와 보험사기가 실체적 경합관계에 있게 된다.

예컨대 교통사고를 가장하여 피보험자인 자녀들을 살해하고 보험금을 편취하려 한 경우 살인죄와 사기미수죄가 실체적 경합범이 되고,[85)]

---

84) 대법원 2002. 7. 18. 선고 2002도669 전원합의체 판결("업무상배임행위에 사기행위가 수반된 때의 죄수관계에 관하여 보면, 사기죄는 사람을 기망하여 재물의 교부를 받거나 재산상의 이익을 취득하는 것을 구성요건으로 하는 범죄로서 임무위배를 그 구성요소로 하지 아니하고 사기죄의 관념에 임무위배행위가 당연히 포함된다고 할 수도 없으며, 업무상배임죄는 업무상 타인의 사무를 처리하는 자가 그 업무상의 임무에 위배하는 행위로써 재산상의 이익을 취득하거나 제3자로 하여금 이를 취득하게 하여 본인에게 손해를 가하는 것을 구성요건으로 하는 범죄로서 기망적 요소를 구성요건의 일부로 하는 것이 아니어서 양 죄는 그 구성요건을 달리하는 별개의 범죄이고 형법상으로도 각각 별개의 장에 규정되어 있어, 1개의 행위에 관하여 사기죄와 업무상배임죄의 각 구성요건이 모두 구비된 때에는 양 죄를 법조경합관계로 볼 것이 아니라 상상적 경합관계로 봄이 상당하다 할 것이고, 나아가 업무상배임죄가 아닌 단순배임죄라고 하여 양 죄의 관계를 달리 보아야 할 이유도 없다"라고 판시). 이는 종래 사기죄만 성립하고 배임죄는 성립하지 않는다는 견해(대법원 1983. 7. 12. 선고 82도1910 판결)를 변경한 것이다.

85) 대법원 2001. 11. 27. 선고 2001도4392 판결.

과실로 교통사고를 발생시켰다는 점에 대하여 교통사고처리특례법 위반죄로 확정 판결을 받았는데 그후 고의로 교통사고를 낸 뒤 보험금을 청구하여 수령하거나 미수에 그쳤다는 사실로 사기 및 사기미수죄로 기소된 경우 위 교통사고처리특례법 위반죄와 위 사기 및 사기미수죄는 그 기본적인 사실관계가 동일하지 않으므로 전자에 관한 확정 판결의 기판력이 후자에 미치지 않는다고 한 사례[86]는 양자가 실체적 경합관계에 있다고 본 것이라 할 수 있다.

또 하급심 판결 중에는 교통사고가 발생한 경우 교통사고가 발생할 경우 가해차량의 운전자에게 형사합의지원금, 면허정지위로금 등의 보험금이 지급되는 '운전자보험'에 가입한 다음 시골 노인들을 상대로 고의로 교통사고를 낸 후 보험사에 마치 우연히 교통사고가 발생한 것처럼 허위로 교통사고 신고를 하여 보험금을 수령한 사안에서, 차량으로 들이받아 살해하려 하였으나 상해에 그친 살인미수와 보험사기의 경합범이 성립하는 것으로 판단한 사례[87]가 있다.

기망의 수단으로 보험사고를 조작하더라도 별도의 처벌규정이 없다면 사기죄만 성립한다. 이 점에서 수단행위에 대한 형사입법적 고려의 필요성이 제기된다.[88]

(3) 진료기록

앞서 본 바와 같이 진료기록부에 의한 진료기록과 다르게 자동차보험 진료수가를 청구한 경우에는 자동차손해배상보장법 위반죄가 성

86) 대법원 2010. 2. 25. 선고 2009도14263 판결.
87) 서울서부지방법원 2009. 9. 30. 선고 2009고합128 판결.
88) 이에 관한 상세는 이상원, 앞의 논문(주 1), 236-242면 참조.

립한다.[89] 진료기록부의 진료기록과 다르게 교통사고환자가 실제 입원한 일수보다 장기간 입원한 것처럼 자동차보험진료비를 청구하여 지급받은 경우 자동차손해배상보장법 위반죄[90]와 이를 통하여 보험회사로부터 돈을 편취한 사기죄가 실체적 경합관계에 있다.[91]

IV. 결론

보험은 그 사행성으로 인하여 태생적인 범죄의 유혹을 안고 있고 배금주의의 유혹은 점점 강해지는데 이에 대한 사회의 범죄의식은 오히려 미약하여 한편으로는 일반인까지 범죄에 가담하는 범죄의 일상화가 나타나고 다른 한편으로는 수적으로나 질적으로 범죄가 심각해지는 범죄의 강화현상이 나타나고 있다.

보험범죄는 보험사기를 핵심으로 하여 일어나는데, 현행법상 보험사기는 사기죄의 하나로 규율되고 있고 보험사기가 사기죄로서 해석상 문제되는 몇 가지 쟁점들을 판례를 중심으로 살펴보면서 검토하였다. 그리하여 보험사기로 유형화되는 보험의 범위를 넓게 보아야 하고, 기망행위의 판단기준을 판례와 같이 일반 기준에 따를 수밖에는 없지만 이 일반 기준의 구체화가 필요하며, 보험사기에 독자적인 인과관계가 있다는 것을 보았다. 아울러 보험사기와 다른 구성요건의 관계를 살펴보면서 수단범죄의 문제를 간략히 보았다.

---

89) Ⅲ. 3. (3) 3) 참조.

90) 자동차손해배상보장법 제46조 제3항.

91) 대법원 2007. 6. 29. 선고 2006도2960 판결의 원심판결인 대구지방법원 2006. 4. 20. 선고 2004노4057 판결(다른 사유로 파기환송).

이 글은 보험사기의 문제를 전반적으로 살피거나 그에 대한 대책을 제시한 글은 아니다. 다만 현행법의 해석상 문제되는 쟁점들을 판례의 법리를 중심으로 살펴봄으로써 이후의 논의에 다소의 도움이 되었으면 하는 바람이다.

05

사기에 의한 보험금청구에 관한 연구*

한기정**

I. 서론

사기에 의한 보험금청구(이하 '사기 청구')는 한국 사회의 심각한 사회 문제로 부각되어 있다. 사기 청구를 통하여 보험금을 부당하게 타내는 일이 우리 주위에 비일비재하다. 보험사기 때문에 무고하게 사람이 죽거나 다치고 재물이 손괴되기도 한다.

문제는 한국의 현행 상법 보험편에는 사기 청구를 억제할 수 있는 적절한 대응규정이 마련되어 있지 않다는 점이다. 영국, 호주, 독일, 일

* 이 논문은 BFL 제56호(2012. 11)에 게재된 글을 수정 · 보완한 것이다. 본고는 2012년 10월 20일 일본보험학회에 참가하여 일본어로 발표한 것을 우리말로 번역한 것이다. 일본어로 발표한 원고는 2013년 일본보험학회 정기학술지에 게재될 예정이다.

** 서울대학교 법과대학 · 법학전문대학원 교수

본 등 주요 국가의 입법례가 이에 관한 규정을 두고 있는 것과 대비된다. 다행히 한국 정부는 2008년 사기 청구에 관한 상법 보험편의 개정 법률안(이하 '구 개정안')을 마련해서 제17대 및 제18대 국회에 상정한 바 있다. 하지만 구 개정안은 통과되지 못했고 정부는 다시 개정법률안(이하 '신개정안')을 마련하여 제19대 국회에 상정할 예정인데, 사기 청구에 관한 법조문을 구 개정안의 내용 그대로 할 것인지 아니면 수정을 가하여 새로운 내용으로 할 것인지를 둘러싸고 논쟁이 뜨거운 상황이다.

본 논문은 신개정안에서 사기 청구에 대한 계약법적 대응을 어떻게 규정할 것인지를 연구하고자 한다. 구 개정안의 사기 청구에 대한 조항은 그 내용 면에서 모호하거나 미흡한 부분이 있다고 판단된다. 사기 청구를 억제할 필요성과 과도한 제재가 되지 않도록 할 필요성이 적절하게 균형 잡힌 신개정안을 모색할 필요가 있다.

이를 위해서 이하에서는 한국에서 사기 청구의 심각성, 사기 청구에 관한 약관조항의 내용과 관련 판례 및 문제점, 사기 청구에 관한 주요 국가의 입법례, 구 개정안의 경과와 내용 및 문제점 등을 검토한 후 신개정안에 포함시킬 적절하고 합리적인 계약법적 대응이 무엇인지를 제시하기로 한다.

II. 사기 청구의 유형, 현황 및 문제점

1. 사기 청구의 유형

본 논문은 사기 청구의 유형을 크게 두 가지로 구분하고자 한다. 첫째 유형(이하 '전부허위 청구'라 한다)은 보험자에게 보험금 지급책임이 전혀 인정될 수 없음에도 불구하고 보험계약자[1]가 보험금을 청구하는 것이다. 여기에는 보험사고가 발생하지 않았지만 발생한 것처럼 꾸며 보험금을 청구한 경우, 그리고 보험사고가 발생한 것은 사실이지만 보험자의 면책사유가 존재함에도 불구하고 이를 감추고 보험금을 청구하는 경우 등이 있다. 둘째 유형(이하 '과다 청구'라 한다)은 보험사고가 발생했고 면책사유가 존재하지 않아 보험자에게 보험금 지급책임이 있는 것은 맞지만, 보험금을 과다하게 청구하는 것이다.

전부허위 청구시 보험자에게 보험금 지급책임이 없는 것은 당연하나, 과다 청구시 보험자가 지급책임을 졌어야 할 부분까지 면책되어야 하는지를 둘러싸고 논란이 있기 때문에, 양자를 나누어 논의할 필요가 있다.

2. 사기 청구의 현황

한국에서 사기 청구로 적발된 금액이나 인원은 심각한 수준이다. 금융감독원의 통계자료에 의하면 2011년에 사기 청구로 적발된 금액

〈표 1〉 보험사기 적발 금액 및 인원

(단위 : 백만 원, 명, %)

구분	2009년	2010년(a)	2011년(b)	증감률(b/a)
금액	336,720	374,650	423,654	13.1
인원	63,360	69,213	72,333	4.5

1) 사기 청구의 주체로는 보험계약자, 피보험자, 보험수익자 또는 보험금청구권을 갖는 제3자 등이 있을 수 있다. 이하에서는 특별한 사정이 없는 한 편의상 '보험계약자'로 통칭하기로 한다.

〈표 2〉 보험사기유형별 적발금액 및 인원

(단위 : 백만 원, 명)

구분	2009년		2010년		2011년	
	적발액	인원	적발액	인원	적발액	인원
고의 사고	82,487	17,998	82,529	13,395	84,144	9,980
허위 사고 · 허위 과장	229,503	41,724	276,316	53,299	319,312	59,739
허위(과다) 입원	9,804	1,463	22,613	4,664	32,256	7,821
허위(과다) 진단	826	60	3,203	421	4,204	998
사고 내용 조작	59,327	7,885	81,322	10,578	86,642	10,336
음주 · 무면허	24,928	7,404	36,324	10,889	47,373	13,571
병원 과장 청구	8,636	1,673	7,525	1,842	7,697	1,286
정비공장 과장 청구	3,316	917	2,000	703	4,067	1,021
기타	24,731	3,638	15,805	2,519	20,198	2,614
합계	336,721	63,360	374,650	69,213	423,654	72,333

은 무려 4,237억 원이고 인원도 7만 2,333명에 이른다. 적발된 금액이나 인원이 해마다 큰 폭으로 증가하는 추세에 있다. 이에 대한 구체적인 통계는 〈표 1〉과 같다.[2] 지능적 방법이 이용되기 때문에 사기 청구의 적발이 쉽지 않다는 현실을 감안하면 사기 청구의 실제 금액과 인원은 훨씬 많을 것으로 추정된다.

유형별로 사기 청구의 금액 및 인원을 살펴보면 〈표 2〉와 같다.[3]

3. 사기 청구의 문제점

사기 청구의 피해자는 일차적으로 보험자이다. 보험회사는 사기 청구로 인해 당초 예측했던 것보다 보험금 지급부담이 커진다. 사기 청구를 방지하거나 적발하기 위해 소요되는 비용도 보험자에게는 적지 않은 부담이다. 문제는 사기 청구의 피해가 보험자에게 미치는 것으로 끝나지 않는다는 점이다. 2011년 기준으로 한국의 가구당 민영보험가입률은 96.1%이다. 이들이 맡긴 보험료가 사기 청구로 인해 새어 나가면서 보험료 인상으로 이어져 보험계약자의 부담이 늘어나게 된다.[4] 결국 사기 청구의 종국적 피해자는 다수의 선량한 보험계약자이다. 또한 사기 청구는 보험산업의 가격경쟁력을 약화시키는 원인이 되기도 한다. 더 나아가 사기 청구로 인해 사회의 윤리와 도덕이 붕괴되는 부작용이 심각하다. 사기 청구의 유혹 때문에 인륜 파괴를 서슴지 않는다. 최근 한국에서는 보험금을 노리고 부인 · 처남 · 친동생을 살해하

2) 금융감독원, 보험사기 적발 통계(http://www.fss.or.kr/fss/insucop/bbs/list.jsp?bbsid=1328754889858&url=/fss/insucop/1328754889858), 2012년 7월 20일 검색.

3) 위 금융감독원 통계자료를 정리하였다.

4) Greg Pynt, Australian Insurance Law, LexisNexis Butter-worths(2008), p.170.

고 내연녀의 남편까지 살해하려 한 사건, 노숙인을 유인해서 살해하고 자신이 사망한 것처럼 꾸며 보험금을 받으려 한 사건 등이 일어나 사람들을 경악하게 하였다. 집단적 도덕 불감증을 보여 주는 사기 청구도 있다. 강원도 태백시에서 병원, 보험설계사, 지역주민 등이 공모하여 거짓 환자 400여 명의 입 · 퇴원 확인서가 허위로 발급되도록 하여 병원은 건강보험공단으로부터 요양비 명목으로 약 17억 원을, 거짓 환자들은 보험회사로부터 약 140억 원을 지급받은 사건이 있었다. 직업윤리가 실종되기도 한다. 의사가 진료한 것처럼 허위로 가장하여 사기 청구를 하거나 환자에게 허위진단서를 발급해 주어 사기 청구를 방조하기도 하고, 정비업체가 사고 차량의 수리 내용을 속여 사기 청구를 하기도 한다.

III. 사기 청구에 대한 민사적 대응 현황

1. 관련 법

전부허위 청구에 대해서는 당연히 보험금지급의무가 처음부터 발생하지 않거나 보험자가 면책된다. 하지만 과다 청구의 경우 보험자가 면책될 수 있는지에 대해서는 아무런 규정이 없다. 또한 사기 청구가 있으면 보험자가 보험계약을 해지할 수 있는지에 대해서도 아무런 규정이 없다. 민법 제2조가 규정하는 신의성실의 원칙에 근거하여 과다 청구시 보험자의 면책이 인정된다는 견해가 없는 것은 아니나,[5] 일

5) 배현모, "화재보험에서 사기적 보험금청구의 규율방향에 관한 고찰," 저스티스 통권 제125호(2011. 8), 한국법학원, 41-42면.

반 조항인 위 조항으로부터 그러한 해석을 도출해 내기는 무리이다.

2. 보험약관

(1) 현황 및 내용

종래의 주요 보험표준약관(이하 '구 표준약관')은 보험금청구 서류 등에 허위가 있는 경우 보험자의 면책을 규정하고 있었다. 가령 화재보험표준약관 제22조 제1호에 의하면, 보험계약자 또는 피보험자가 "손해의 통지 또는 보험금청구에 관한 서류에 고의로 사실과 다른 것을 기재하였거나 그 서류 또는 증거를 위조 또는 변조한 경우"는 손해에 대한 보험금청구권을 상실하는 것으로 되어 있었다. 나아가 배상책임보험표준약관 제20조 제4항, 장기손해보험표준약관 제23조, 특종보험표준약관 제22조, 해외여행보험보통약관 제22조 등에도 위와 동일한 또는 유사한 내용이 담겨 있었다.[6)]

그런데 2010년 이후 보험표준약관이 새로이 제정되거나 개정되는 과정[7)]에서 위 약관조항(이하 '구 약관조항')은 수정을 거쳤다. 즉 보험금청구 서류 등에 허위가 있는 경우 해당 청구에 대해 보험자가 면책된다는 내용은 삭제되었다. 대신 보험계약에 대한 해지권을 보험자에게 부여하였는데 해지한 경우 장래효만 인정하였다.

즉 화재보험표준약관 제26조 제2호는 보험계약자 또는 피보험자가

6) 반면 생명보험표준약관에는 그러한 조항이 없었다.

7) 장기손해보험표준약관과 특종보험표준약관 중 인(人)보험적 요소를 추출하여 질병상해표준약관과 실손의료보험표준약관을 새로이 제정하는 등 대대적인 변화가 있었다.

"보험금청구에 관한 서류에 고의로 사실과 다른 것을 기재하였거나 그 서류 또는 증거를 위조 또는 변조한 경우"에 보험자는 "그 사실을 안 날부터 1개월 이내에 계약을 해지할 수 있"고, 다만 "이미 보험금 지급사유가 발생한 경우에는 보험금 지급에 영향을 미치지 않"는다고 규정한다. 배상책임보험표준약관 제17조 제1항 제2호, 질병상해보험표준약관 제25조 제1항 제2호, 실손의료보험표준약관 제25조 제1항 제2호, 해외실손의료보험표준약관 제22조 제1항 제2호 등도 마찬가지로 규정하고 있다. 생명보험표준약관에도 같은 내용의 약관조항이 신설되었다(제23조 제1항 제2호). 자동차보험표준약관은 해지권 행사요건을 보다 포괄적으로 규정하여 보험금청구에 사기행위가 있으면 보험자가 해지권을 행사할 수 있도록 하였다. 즉 동 약관〔1(4)⑤〕은 "보험금의 청구에 관하여 보험계약자, 피보험자, 보험금을 수령하는 자 또는 이들의 법정대리인의 사기행위가 있는 경우"에 보험회사가 해지권을 행사할 수 있다고 규정한다.

위와 같은 내용으로 보험표준약관(이하 '신표준약관')이 제정 또는 개정된 이유는 "〔구 표준약관의(필자 추가)〕 동 조항의 효력에 대한 판례의 태도가 다소 유동적인 것으로 보이는 점을 감안해 볼 때, 이러한 반(反)신의행위에 대하여는 보험회사에 중대사유에 의한 해지권을 부여하여 보험계약자 측에게 제재를 가하되, 다만 그 효과에 대하여는 장래효를 부여하는 정도가 적절하다고 보아 이를 명확히 정하였다"라고 한다.[8] 하지만 아래에서 보는 바와 같이 판례의 태도가 유동적이었는지는 의문이다.

---

8) 이현열, "개정 표준약관 개관," 보험법연구 제4권 제1호(2010. 6), 한국보험법학회, 160면.

(2) 약관조항에 대한 판례의 입장

구 표준약관상 보험금청구 서류 등에 허위가 있는 경우 보험자가 면책된다는 구 약관조항의 효력이나 해석에 관하여 보험자와 보험계약자 사이에 다툼이 적지 않았다. 이에 대해 대법원은 구 약관조항의 효력을 원칙적으로 인정하되 그 적용범위를 명확하게 한정하고, 나아가 보험자 면책이 남용되지 않도록 내용을 제한적으로 해석해 왔다. 아래에서 구체적으로 살피기로 한다.

1) 구 약관조항의 효력

대법원은 구 약관조항의 효력을 일관되게 인정해 왔다. 대법원은 구 약관조항이 무효가 되려면 불공정한 것이어야 하는데 구 약관조항의 취지를 고려할 때 불공정하지 않다고 보았다.

대법원은 구 약관조항의 취지가 보험계약자가 서류를 위조하거나 증거를 조작하는 등 신의성실의 원칙에 반하는 사기적인 방법으로 과다한 보험금을 청구하는 경우 이에 대한 제재로서 보험금청구권을 상실하도록 하려는 데 있다고 한다.[9] 이를 보다 자세히 설시한 대법원 판결에 의하면 "보험자가 보험계약상 보상책임 유무의 판정, 보상액의 확정 등을 위하여 보험사고의 원인, 상황, 손해의 정도 등을 알 필요가 있으나 이에 관한 자료들은 계약자 또는 피보험자(이하 '피보험자')의 지배 · 관리영역 안에 있는 것이 대부분이므로 피보험자로 하여금 이에 관한 정확한 정보를 제공하도록 할 필요성이 크고, 이와 같은 요청에 따라 피보험자가 이에 반하여 서류를 위조하거나 증거를

9) 대법원 2006. 11. 23. 선고 2004다20227, 20234 판결. 이후 대법원 2007. 2. 22. 선고 2006다72093 판결이 이에 따른다.

조작하는 등 신의성실의 원칙에 반하는 사기적인 방법으로 과다한 보험금을 청구하는 경우에는 그에 대한 제재로서 보험금청구권을 상실하도록 하려는 데 있는 것으로 보아야 할 것이다."[10]

보험계약의 윤리성이나 선의성이라는 특성상 허위의 청구 등 신의성실의 원칙에 반하는 행위를 한 보험금청구를 허용할 수 없다는 점에 구 약관조항의 취지가 있다고 하여 윤리성 또는 선의성이라는 보험계약의 특수성을 부각시킨 대법원 판결도 있다.[11]

그리고 대법원은 구 약관조항이 가계보험에 관한 불이익변경금지 원칙을 위반하지 않는다고 보았다. 상법 제663조 본문에 따르면 가계보험의 당사자는 특약으로 상법 보험편의 내용을 보험계약자에게 불이익하게 변경하지 못한다. 만약 이에 위반하면 해당 특약은 무효로 해석된다.[12] 대법원은 "상법에서 이 사건 약관조항과 같은 면책사유를 규정하고 있지 않고, 이 사건 약관조항이 피보험자에게 상법에서 규정하지 않은 손해에 관한 증빙서류의 제출을 요구하고 있다고 하더라도, 그와 같은 사유만으로 이 사건 약관조항이 불이익변경금지에 관한 상법 제663조에 위반되는 것으로 볼 수 없"다고 판결하였다.[13]

2) 적용범위

첫째, 대법원은 구 약관조항은 보험계약자에게 기망의 고의가 있는 경우에만 적용된다고 보았다. 즉 '고의로' 허위의 청구를 하는 것이

10) 대법원 2006. 11. 23. 선고 2004다20227, 20234 판결. 이후 대법원 2007. 12. 27. 선고 2006다29105 판결, 대법원 2009. 12. 10. 선고 2009다56603, 56610 판결이 이에 따른다.

11) 대법원 2006. 11. 23. 선고 2006다29853 판결.

12) 대법원 1984. 1. 17. 선고 83다카1940 판결.

13) 대법원 2006. 11. 23. 선고 2004다20227, 20234 판결.

적용요건이라고 본 것이다.[14] 보험목적의 가치에 대한 견해 차이 등으로 보험계약자가 보험목적의 가치를 다소 높게 신고한 경우에 대해서는 대법원은 구 약관조항이 적용되지 않는다고 판결하였다.[15] 이 경우 기망의 고의를 인정하기 어렵기 때문이다.

둘째, 실제로 보험사고는 발생하였지만 그 입증을 허위로 한 경우에 구 약관조항이 적용되는지가 문제된다. 이러한 경우는 기망이 대상 측면이 아니라 수단 측면에만 나타나는데(이하 '수단 사기'라 한다), 대법원은 구 약관조항이 수단 사기에는 적용되지 않는 것으로 보았다. 보험계약자가 화재로 인해 9억 원 상당의 수의와 삼베가 소실되었다고 주장하면서 상당량의 허위 증거서류를 제출한 사건에서 "피보험자가 보험금을 청구함에 있어서 증빙서류 구비의 어려움 때문에 구체적인 내용이 일부 사실과 다른 거래명세서나 세금계산서를 제출한 경우까지 이 사건 약관조항이 적용되는 것으로 볼 수 없다"라고 판결하였다.[16] 보험계약자가 상당량의 허위 증거서류를 제출함으로써 구 약관조항의 면책사유에 해당하는 행위를 하였지만 실제로 보험계약자가 주장하는 9억 원 상당의 수의와 삼베가 존재하였다면 보험자가 면책되지 않는 것으로 보아야 하고, 다만 수의와 삼베의 존재는 보험계약자가 입증해야 한다는 원심 판결을 정당한 것으로서 수긍할 수 있다고 판결하였다.[17]

셋째, 보험금청구권자가 수 인(數人)인 보험계약에서 그중 일부의 보험금청구권자가 사기 청구를 한 경우에 사기 청구를 하지 않은 다

14) 대법원 2009. 12. 10. 선고 2009다56603, 56610 판결.

15) 대법원 2007. 12. 27. 선고 2006다29105 판결.

16) 대법원 2006. 11. 23. 선고 2004다20227, 20234 판결.

17) 이 사건에서 보험계약자는 9억 원 상당의 수의와 삼베의 존재를 입증하지 못하여 결국 패소하였다.

른 보험금청구권자에 대해서도 구 약관조항에 따라 보험자가 면책되는지가 문제된다. 대법원은 독립한 물건인 건물과 기계 등이 보험목적이고, 건물과 기계의 보험금청구권자가 다른 화재보험계약에서 기계에 대한 보험금청구권자가 사기 청구를 하였다면, 건물에 대한 보험금청구권자에 대해서는 보험자가 면책되지 않는다고 판결하였다. 이 판결의 적용범위에 대해서는 약간의 분석이 필요하다. 이 판결은 보험목적이 수 개(數個)이고, 그에 따라 보험금청구권자가 다른 경우를 다루었다. 이 판결이 동일한 보험목적에 수 인의 보험금청구권자가 있는데 그중 일부 보험금청구권자가 사기 청구를 한 경우 다른 보험금청구권자에게 미치는 영향까지 다룬 것이라고 할 것은 아니다. 다만 대법원이 피보험자가 복수로 존재하는 자동차보험에서 면책사유는 피보험자별로 각각 적용한다는 원칙을 확립했다는 점을 고려하면,[18] 동일한 보험목적에 수 인의 보험금청구권자가 있는 경우를 보험목적이 수 개이고 보험금청구권자가 수 인인 경우와 동일하게 취급할 것으로 추측된다.

18) 대법원 1998. 4. 23. 선고 97다19403 전원합의체 판결. "자동차보험에 있어서 동일 자동차사고로 인하여 피해자에 대하여 배상책임을 지는 피보험자가 복수로 존재하는 경우에는 그 피보험이익도 피보험자마다 개별로 독립하여 존재하는 것이니 만큼 각각의 피보험자마다 손해배상책임의 발생요건이나 면책조항의 적용 여부 등을 개별적으로 가려서 보상책임의 유무를 결정하는 것이 원칙이므로, 자동차보험약관에 정한 보험자 면책조항의 적용 여부를 판단함에 있어서는 특별한 사정이 없는 한 그 약관에 피보험자 개별 적용조항을 별도로 규정하고 있지 않더라도 각 피보험자별로 보험자 면책조항의 적용 여부를 가려 그 면책 여부를 결정하여야 할 것이고, 그 약관의 규정 형식만으로 복수의 피보험자 중 어느 한 사람이 면책조항에 해당한다고 하여 보험자가 모든 피보험자에 대한 보상책임을 면하는 것으로 해석할 것은 아니라 할 것이다."

3) 합리적 제한해석

대법원은 구 약관조항이 원칙적으로 유효하다고 하면서도 그 적용범위를 제한하여 해석한다. 문리대로 엄격하게 해석하면 보험계약자에게 부당하게 불리할 수 있다고 보기 때문이다. 즉 "위와 같은 약관조항을 문자 그대로 엄격하게 해석하여 조금이라도 약관에 위배하기만 하면 보험자가 면책되는 것으로 보는 것은 본래 피해자 다중을 보호하고자 하는 보험의 사회적 효용과 경제적 기능에 배치될 뿐만 아니라 고객에 대하여 부당하게 불리한 조항이 된다는 점에서 이를 합리적으로 제한하여 해석할 필요가 있으므로, 위 약관조항에 의한 보험금청구권의 상실 여부는 그 취지를 감안하여 보험금청구권자의 청구와 관련한 부당행위의 정도 등과 보험의 사회적 효용 내지 경제적 기능을 종합적으로 비교 · 교량하여 결정하여야 할 것"이라고 판결하였다.[19] 합리적 제한해석을 한 구체적 사례를 살펴보면 다음과 같다.

① 금액

대법원은 청구금액 중 사기 부분이 적은 경우 보험자가 면책되는 것은 불공정한 것으로 보았다. 보험계약자가 제출한 판매사실확인서 등에 기재된 기계들의 대금은 1억 6,500만 원인데 실제 감정가는 1억 5,300만 원으로 그 차이가 크지 않은 사건에서 보험자는 면책되지 않았다.[20] 과장된 부분이 일부에 불과한지를 판단하는 기준은 분명하지 않다. 다만 보험계약자가 손해액이 3억 6,800만 원이라고 주장하였으

19) 대법원 2009. 12. 10. 선고 2009다56603, 56610 판결 ; 대법원 2007. 12. 27. 선고 2006다29105 판결.

20) 대법원 2007. 12. 27. 선고 2006다29105 판결.

나 실제 손해는 1억 6,181만 8,159원인 사건,[21] 실제 손해액의 1.7배에 이르는 금액을 보험금으로 청구한 사건[22]에서는 보험자에게 면책이 인정되었다는 점으로부터 일단의 기준을 추측해 볼 수 있을 뿐이다.

②수 개의 보험목적

수 개의 독립한 물건이 보험목적인 보험계약에서 그중 일부의 보험목적에 대해 과다 청구를 한 경우에 다른 보험목적에 대해서도 구 약관조항에 따라 보험자가 면책되는지가 문제되었다. 만약 다른 보험목적에 대해서도 면책된다고 하면 사기 청구에 대한 제재로서의 상당한 정도를 넘어서는 것으로 보아야 하는지가 쟁점이다. 대법원 판결을 구체적으로 살펴보기로 한다.

화재보험계약상 담보사항이 건물 · 시설 · 동산 등 세 항목으로 나뉘어 있고 보험금이 그 항목별로 정해져 있으며 보험계약자가 동산에 대해 손해를 허위로 과장한 사건에서, 대법원은 동산에 관한 보험금에 한하여 보험자가 면책될 뿐 건물이나 시설에 관한 손해에 대해서는 면책되지 않는다고 하였다.[23] 판결 내용을 구체적으로 보면 "이 사건과 같이 독립한 여러 물건을 보험목적물로 하여 체결된 화재보험계약에서 피보험자가 그중 일부의 보험목적물에 관하여 실제 손해보다 과다하게 허위의 청구를 한 경우에 허위의 청구를 한 해당 보험목적물에 관하여 위 약관조항에 따라 보험금청구권을 상실하게 되는 것은 당연하다 할 것이나, 만일 위 약관조항을 피보험자가 허위의 청구를 하지 않은 다른 보험목적물에 관한 보험금청구권까지 한꺼번에 상실

21) 대법원 2003. 5. 30. 선고 2003다15556 판결.

22) 대법원 2007. 2. 22. 선고 2006다72093 판결.

23) 대법원 2007. 2. 22. 선고 2006다72093 판결.

하게 된다는 취지로 해석한다면, 이는 허위 청구에 대한 제재로서의 상당한 정도를 초과하는 것으로 고객에게 부당하게 불리한 결과를 초래하여 신의성실의 원칙에 반하는 해석이 된다고 하지 않을 수 없다" 라고 하였다.

또한 대법원은 화재보험계약상 담보사항이 건물담보 · 집기비품 · 내부시설 등 세 항목으로 나뉘어 있고 보험금이 그 항목별로 정해져 있으며 보험계약자가 내부시설에 관련된 조명시설에 대해 손해를 허위로 과장한 사건에서도, 내부시설에 관한 보험금에 한하여 보험자가 면책될 뿐 건물담보나 집기비품에 관한 손해에 대해서는 면책되지 않는 것으로 판결하였다.[24)]

IV. 주요 국가의 입법례

1. 영국[25)]

영국의 법에는 오래전부터 사기 청구(fraudulent claims)를 억제하기 위하여 계약법적 수단이 활용되어 왔다. 판례법에 의하면 사기 청구 시 보험자는 취소권을 행사하는 것이 가능하고 면책도 가능하다. 그 내용을 요건 및 효과로 나누어 살펴보기로 한다. 영국의 법위원회(Law Commission)는 사기 청구의 법리 중 시대에 뒤떨어진 부분을 개정할 필요가 있다고 보고 이를 연구하여 2010년 『보험법개정이슈보고서

24) 대법원 2009. 12. 10. 선고 2009다56603, 56610 판결.

25) 이하의 영국법에 기술한 내용은 한기정, "영국법상 사기적 보험금 청구," 기업법 · 지식재산법의 새로운 지평, 법문사, 2011, 347-369면을 요약 · 정리한 것이다.

7 : 보험계약자의 계약체결 후 선의의무』(이하 '법위원회 이슈보고서')[26] 를 발간한 바 있는데, 필요한 부분에서 이를 인용하기로 한다.

(1) 요건

1) 고의

사기 청구에는 고의(willfulness)가 요구된다. 고의란 "사실이 아니라는 점을 알면서, 또는 사실이라는 점에 믿음이 없이, 또는 사실인지 여부에 관심 없이" 기망행위를 하는 심리적 상태를 말한다.[27]

단순한 과장에는 고의가 인정되지 않을 수 있다. 보험목적인 물건이 멸실되자 그 현재가액이 아니라 신품가액에 해당하는 보험금을 청구했던 사건에서, 법원은 보험계약자가 주장하는 손실 금액이 "터무니없이 지나친(preposterously extravagant)" 과장이었더라도 보험계약자가 보험금에 대한 협상용으로 제안한 것이어서 고의가 인정될 수 없다고 판결하였다.[28]

2) 상당성

과다 청구된 부분이 전체 청구금액 중 상당한(substantial) 정도에 이르러야 청구 전체가 사기로 된다. 사소한 금액의 사기에 대해서까지 보험자가 청구금액 전부에 대해 면책되도록 하는 것은 지나친 제재라

---

26) Law Commission, Reforming Insurance Contract Law Issues Paper 7 : The Insured Post-Contract Duty of Good Faith, Scottish Law Commission, 2010.

27) Derry v. Peek 〔1889〕 14 App Cas 337, 374. "made (1) knowingly, or (2) without belief in its truth, or (3) recklessly, careless whether it is true or false."

28) Ewer v. National Employers' Mutual General Insurance Association 〔1937〕 2 All ER 193.

는 것이다.[29] 상당성 여부는 비율적 방식이 아니라 절대적 방식으로 판단한다. 즉 전체 청구금액 중 사기 부분이 차지하는 비율로 판단하는 비율적 방식이 아니라, 사기 부분을 분리하여 독자의 청구금액인 것으로 하여 절대적으로 판단하는 방식이 적용되어야 한다는 것이다. 청구 금액 약 1만 6,000파운드 중에서 과장된 부분이 2,000파운드인 사건에서, 법원은 비율적 방식은 사기 부분이 상당해도 전체 청구금액이 훨씬 더 크면 과다 청구로 되지 않아 불합리하다고 보고 절대적 방식에 의거하여 위 청구를 사기 청구라고 판시하였다.[30]

3) 수단 사기

수단 사기(fraudulent means or devices)의 경우에도 보험자가 면책된다고 보는 것이 판례법이다.[31] 이 판례가 다룬 사건에서는 1996년 2월 19일 보험목적인 선박이 그리스의 항구에서 고열작업 중에 화재로 멸실되었고 고열작업이 1996년 2월 12일이 지나서야 비로소 개시되었다고 보험계약자가 주장하였으나 실제로는 1996년 2월 1일부터 고열작업이 개시되었다는 점이 밝혀졌고, 보험자가 사기 청구를 이유로 보험금 지급을 거부하였다. 법원은 고열작업이 1996년 2월 1일부터 개시되었다고 해도 보험자가 지급책임을 져야 했던 사안이므로 이 경우는 수단 사기에 해당한다고 하면서,[32] 수단 사기의 경우에도 보험자가 면

29) 이러한 취지로는 D. Rhidian Thomas, "Fraudulent Insurance Claims: Definition, Consequences and Limitations," LMCLQ 485, 495(2006).

30) Galloway v. GRE 〔1999〕 Lloyd's Rep IR 209, 214.

31) The Agapitos v. Agnew 〔2003〕 QB 556.

32) 이 사건에서 법원은 보험계약자가 자신이 청구한 만큼의 실제 손실을 입었다고 믿지만 청구를 수월하게 하기 위해(promote a claim) 청구 관련 사실을 기망하는 것이 수단 사기라고 정의했다.

책된다고 판결한 것이다. 이러한 판례의 입장에 대해서 수단 사기는 보험자에게 손해를 끼치는 것이 아닌데도 보험자 면책을 인정하는 것은 의문이 있다는 비판이 있다.[33)]

4) 공동보험과 복수보험의 문제

하나의 보험계약에서 보험금청구권자가 여럿일 때(co-insureds)[34)] 특정한 보험금청구권자가 사기 청구를 한 경우 다른 보험금청구권자에 대해서도 사기 청구의 효과가 미치는지가 문제된다. 보험금청구권자가 수 인이면서 형식적으로 하나의 보험계약이 체결된 경우, 실질적으로도 하나의 보험계약으로 볼 수 있는 경우와 실질적으로는 수 개의 보험계약으로 볼 수 있는 경우를 구분하여 양자의 법적 취급을 달리하는 것이 판례의 전통적 입장이다.[35)] 전통적 판례는 전자를 공동보험(joint insurance), 후자를 복수보험(composite insurance)으로 구분하고, 복수보험의 경우는 특정한 보험금청구권자의 사기 청구가 있더라도 다른 보험금청구권자에게 영향을 미치지 않지만, 공동보험의 경우는 영향을 미치는 것으로 보았다. 다만 공동보험과 관련하여 최근 판례와 학설은 새로운 동향을 보이고 있다.

복수보험의 경우 특정한 보험금청구권자의 사기 청구는 다른 보험금청구권자에게 영향을 미치지 않는다는 점이 판례로 확립되어 있다.[36)] 예를 들면 A와 B를 보험금청구권자로 하는 복수보험에서 보험

33) Malcolm A. Clarke, The Law of Insurance Contracts, 6th edition, Informa Law(2009), paras.27-2B4.

34) co-insureds라는 표현은 Law Commission, 앞의 보고서(주 26), para.5.1 참조.

35) Malcolm A. Clarke, 앞의 책(주 33), paras.27-2C6.

36) Malcolm A. Clarke, 앞의 책(주 33), paras.27-2C6. 판례의 예로는, General Accident Fire and Life Assurance Corporation v. Midland Bank Ltd 〔1940〕 2 KB 388. 복수보

사고가 발생한 이후 A가 사기 청구를 한 경우 B가 이와 무관하다면, 보험자는 A의 사기 청구를 근거로 B의 보험금청구에 대해 면책을 주장할 수 없게 되는 것이다.

공동보험의 경우는 어떤 보험금청구권자의 사기 청구가 다른 보험금청구권자에게 영향을 미치는지에 대해 이를 긍정하는 전통적 판례가 있다. 즉 P. Samuel & Co Ltd v. Dumas[37] 사건에서 법원은 "두 사람이 공동으로 보험에 가입한(jointly insured) 경우에는… 그중 한 사람의 위법행위(misconduct)가 보험계약 전체를 오염시키기에 충분하다"라고 판시하였다. 이에 따르면 A와 B를 보험금청구권자로 하는 공동보험에서 A가 사기 청구를 한 경우 B가 이와 무관하더라도 보험자는 A의 사기 청구를 근거로 B의 보험금청구에 대해 면책을 주장할 수 있게 되는 것이다. 한편 Direct Line Insurance Plc v. Khan 사건[38]에서 법원은 방론(傍論)으로 "공동보험에서 보험금청구권자 중 1인의 사기 청구가 있어도 다른 보험금청구권자에게 영향을 미치지 않는 방향으로 법이 전개될 수도 있다"라고 판시하여, 앞의 전통적 판례의 지속 가능성에 의문을 표시한 바 있다. 전통적 판례에 대한 비판적 학설도 제시된다. 즉 공동보험에서의 위와 같은 '연대' 책임은 낡은 접근방법에 불과하며, 계약의 해석상 합리적 당사자로서의 기대, 즉 개별 책임(individual responsibilities)을 원칙적으로 우선 고려하여 판단해야 한다는 것이다.[39] 법위원회 이슈보고서도 '연대' 책임을 비판하면서 법의 개정을 제안

험의 경우, 계약 전 최대선의의무로서 고지의무를 특정한 보험금청구권자가 위반한 경우에 그 위반의 효과가 다른 보험금청구권자에게 미치지 않는다(Woolcott v. Sun Alliance & London Ins Co Ltd 〔1978〕 1 Lloyd's Rep 629).

37) 〔1924〕 AC 431.

38) 〔2002〕 Lloyd's Rep IR 364.

39) Malcolm A. Clarke, 앞의 책(주 33), paras.27-2C6.

하였다. 즉 공동보험에서 보험금청구권자 1인이 저지른 사기는 여타 보험금청구권자를 대표하여(on behalf of) 저지른 것으로 추정하고, 여타 보험금청구권자가 입증을 통하여 이 추정을 번복하는 경우, 여타 보험금청구권자의 보험금청구는 유효한 것으로 하자는 것이다.[40] 전통적 판례에 대한 비판적 학설이나 법위원회 이슈 보고서의 제안은 사기 청구 법리의 지나친 확장을 경계한다는 점에서 공통적이다.

(2) 효과

사기 청구의 효과에 대해 명시적 계약조항이 있으면 그에 따르는 것이 원칙이다.[41] 명시적 계약조항이 없는 경우에는 1906년 해상보험법(Marine Insurance Act 1906) 제17조 및 보통법상 원칙(common law principle)에 의해 사기 청구의 효과가 발생한다는 것이 판례의 입장인 것으로 보인다. 보험자는 이들 중에서 선택하거나 또는 함께 주장할 수 있다.

먼저 1906년 해상보험법 제17조에 의하면 "해상보험계약은 최대선의(utmost good faith)에 기초한 계약이고, 어느 당사자라도 최대선의를 준수하지 않으면 다른 당사자가 계약을 취소할(avoid) 수 있다." 1906년 해상보험법 제17조의 최대선의의무는 사기 청구를 하지 않을 의무를 포함하며, 따라서 사기 청구를 하면 최대선의의무 위반이 된다는 것이 판례이다.[42] 최대선의의무 위반의 효과는 소급효를 갖는 취소권이

40) Law Commission, 앞의 보고서(주 26), para.5.49.

41) D. Rhidian Thomas, 앞의 논문(주 29), 499면 ; Britton v. Royal Insurance Co 〔1866〕 4 F & F 905.

42) Black King Shipping Corporation v. Massie 〔1985〕 1 Lloyd's Rep 437 ; The Agapitos v. Agnew 〔2003〕 QB 556.

인정되는 것이다.[43)] 사기 청구를 이유로 최대선의의무 위반에 근거하여 보험자가 보험계약을 취소하게 되면, 보험자는 해당 사기 청구에 대해 면책될 뿐만 아니라 이와 무관하게 과거에 지급한 보험금까지 반환받을 수 있고 향후에도 면책된다.[44)] 하지만 이 판결에서는 사기 청구에 대해 취소권까지 허용하는 것은 지나친 것이라는 방론이 있었다. 법위원회 이슈보고서도 사기 청구시 해당 청구에 대한 보험자의 면책과 함께 보험계약의 비소급적 해지권을 인정하는 것으로 충분하다고 하면서 법 개정을 제안하였다.[45)]

다음으로 보통법상 원칙에 의하면 사기 청구시 보험자는 면책을 주장할 수 있다.[46)] 보통법상 원칙에 따를 경우 보험자가 보험계약을 비소급적으로 해지하는 것이 가능한지에 대해 판례의 입장은 분명치 않으나 판례는 부정하고 있다고 이해하기도 한다.[47)] 1906년 해상보험법 제17조와 별개로 보통법상 원칙에 따라 면책이 인정되어 온 이유는, 1906년 해상보험법 제17조에 의해 인정되는 효과는 보험계약에 대한 취소권이고 보험자가 이를 행사하면 보험계약이 처음부터 효력을 상실하게 되는데, 보험자가 해당 사기 청구에 대한 면책만을 원하고 보험계약의 효력을 유지하기를 원하는 경우에는 부적합하기 때문이다.

보통법상 원칙에 의하면 과다 청구의 경우 보험자는 실제로 발생한 손실에 대해서도 면책된다.[48)] 이렇게 제재적 효과를 인정하는 이유는

43) Banque Keyse Ullmann SA v. Skandia(UK) Insurance Ltd 〔1991〕 2 AC 249.

44) Manifest Shipping Co Ltd v. Uni-Polaris Insurance Co Ltd and Others 〔2003〕 1 AC 469.

45) Law Commission, 앞의 보고서(주 26), paras.7.28-7.36.

46) Axa General Insurance Ltd v. Gottlieb 〔2005〕 Lloyd's Rep IR 369.

47) D. Rhidian Thomas, 앞의 논문(주 29), 504면은 Axa General Insurance Ltd v. Gottlieb 〔2005〕 Lloyd's Rep IR 369가 그러한 판례라고 지적한다.

48) Axa General Insurance Ltd v. Gottlieb 〔2005〕 Lloyd's Rep IR 369 ; Black King

사기 청구의 예방을 위한 정책적 목적(public policy)에 있다고 한다. 만약 사기 부분에 대해서만 보험자가 면책된다면 과다 청구를 하더라도 손해 볼 것 없다고 생각할 수 있으므로, 보험자가 실제로 발생한 보험사고에 대해서도 면책되어야 사기의 억제가 가능할 수 있다는 것이다.[49)]

보통법상 원칙에 따를 때 사기 청구가 있으면 그 이후 모든 보험금 청구에 대해서도 보험자는 면책되는가? 이에 대한 명시적 판결[50)]은 없지만 일부 판결에 비추어 보면 사기 청구가 있다고 해서 그 이후 모든 보험금청구에 대해 보험자가 자동적으로 면책되는 것은 아니라는 점은 분명하다고 한다.[51)]

한편 묵시적 계약조항(implied term)이 사기 청구 법리의 근거가 될 수 있다는 판결[52)]도 있는데, 이에 따르면 사기 청구는 보험계약자와 보험자 사이에 기초가 되는 신뢰를 훼손하는 것이고, 따라서 보험자가 해당 사기 청구에 대해 면책되는 것은 물론이고 보험계약에 대한 비소급적 해지권을 갖는다고 한다. 하지만 법위원회 이슈 보고서는 이 판결을 사기 청구에 관한 선례로서 부정한 이후의 판결[53)]을 들면서 1906년 해상보험법 제17조 이외에는 보통법상 원칙만이 사기 청구의 근거 법리가 될 수 있다고 보았다.[54)]

Shipping Corporation v. Massie 〔1985〕 1 Lloyd's Rep 437 ; The Agapitos v. Agnew 〔2003〕 QB 556.

49) Manifest Shipping Co Ltd v. Uni-Polaris Insurance Co Ltd and Others 〔2003〕 1 AC 469 ; Orakpo v. Barclays Bank Insurance Services 〔1995〕 LRLR 443.

50) Axa General Insurance Ltd v. Gottlieb 〔2005〕 Lloyd's Rep IR 369 ; Manifest Shipping Co Ltd v. Uni-Polaris Insurance Co Ltd and Others 〔2003〕 1 AC 469.

51) Law Commission, 앞의 보고서(주 26), para.4.59.

52) Orakpo v. Barclays Bank Insurance Services 〔1995〕 LRLR 443.

53) Manifest Shipping Co Ltd v. Uni-Polaris Insurance Co Ltd and Others 〔2003〕 1 AC 469.

54) 이에 대해서는 Law Commission, 앞의 보고서(주 26), para.4.22. John Birds, Birds' Modern Insurance Law, Sweet & Maxwell(2010), para.14.12도 동일한 입장이다.

2. 호주

(1) 1984년 보험계약법의 제정 배경

영연방국가로서 영국법을 계수한 호주는 보험계약과 관련하여 영국법을 적용해 오다 1984년 성문법인 보험계약법(Insurance Contracts Act 1984)을 독자적으로 제정하였다. 동법을 제정하는 데 기초가 된 호주 법개혁위원회(Australian Law Reform Commission)의 보고서는, 사기 청구가 억제될 필요성은 인정되지만 영국 보험계약법처럼 사기 청구에 대한 불이익이 지나치게 엄격하면 불공정할 수 있다고 비판하였다.[55] 먼저 보험자 면책을 일정한 경우 제한할 필요가 있다고 한다. 예를 들면 3,000달러 상당의 가방만 분실하였음에도 불구하고 200달러 상당의 카메라도 가방과 함께 분실한 것으로 과다 청구한 경우, 보험자가 가방 분실에 대해 완전 면책되는 것은 의문이 있다는 것이다. 이 경우처럼 보험계약자의 실제 손실과 사기 청구가 초래할 피해 사이에 비례관계가 유지되는 것이 현저히 어렵다고 볼 수 있는 경우에는 법원이 해당 상황하에서 정당하고 공정한 금액의 지급을 명할 수 있도록 하자는 것이다. 다음으로 보험계약의 최대선의성을 강조하여 사기 청구 시 보험자가 보험계약을 취소할 수 있도록 하는 것은 지나치다고 보았다. 취소에 따라 보험계약이 소급적으로 효력을 상실하게 되면 사기 청구 이전에 그와 무관한 청구에 대해서도 보험자가 면책되는 결과가 발생할 수 있는데 이것은 허용할 수 없다는 것이다.

55) 이하에 기술된 법개혁위원회 보고서의 내용은, Australian Law Reform Commission, Report on Insurance Contracts, Report No.20, Australian Govt. Pub. Service(1982), para.243을 요약 · 정리한 것이다.

이상의 법개혁위원회 보고서 내용을 반영한 1984년 보험계약법의 사기 청구 관련 규정을 살펴보면 다음과 같다.

(2) 1984년 보험계약법의 내용

사기 청구시 보험자는 면책을 주장할 수 있다(제56조 제1항). 사기 청구에 대한 정의는 규정되어 있지 않기 때문에 영국 보통법에 따라야 하고, 사기 청구는 기망하려는 의사가 있어야만 인정된다.[56)]

보험금청구 중 사소하거나 중요하지 않은 부분(minimal or insignificant part)만이 사기에 해당하고 나머지 부분에 대한 부지급이 가혹하고 불공정한 경우, 법원은 해당 상황하에서 정당하고 공정한 금액의 지급을 보험자에게 명할 수 있다(제56조 제2항). 법원의 명령권은 재량 여지가 매우 넓은 것으로 평가된다.[57)] 제56조 제2항은 보험목적이 독립적으로 구분될 수 있고 그중 일부분에 대해 사기 청구가 있는 경우에만 적용된다.[58)] 이에 따르면 단일한 보험목적에 대해 과다 청구를 한 경우에는 제56조 제2항이 적용되지 않는다. 사기 부분이 사소하거나 중요하지 않고 나머지 부분에 대한 부지급이 가혹하고 불공정하다는 것에 대한 입증책임이 보험계약자에게 있다.[59)] 그리고 사기를 억제할 필요성이 있지만 사기를 입증하는 것이 용이하지 않다는 점을 고려할 때 '사소하거나 중요하지 않은 부분'을 제한적으로 해석해야 한다.[60)]

---

56) A. A.Tarr et al., Australian Insurance Law 2nd ed, Law Book Co(1991), p.225.

57) K. C. T. Sutton, Insurance Law in Australia 3rd ed, LBC Information Service(1999), p.1127.

58) K. C. T. Sutton, 앞의 책(주 57), 1127면.

59) K. C. T. Sutton, 앞의 책(주 57), 1127면.

60) A. A.Tarr et al., 앞의 책(주 56), 229면.

법원이 제56조 제2항에 따른 권한을 행사함에 있어서는 기망행위를 억제할 필요성을 고려해야 하지만 다른 관련 사항도 함께 고려해야 한다(제56조 제3항). 나아가 사기 청구시 보험계약을 소급적으로 취소하는(avoid) 것은 허용되지 않지만, 보험계약을 비소급적으로 해지하는(cancel) 것은 가능하다〔제56조 제1항, 제60조 제1항(e), 제59조 제2항〕.

3. 일본

2008년 제정된 일본의 보험법은 중대사유에 의한 보험계약의 해제에 대한 규정을 신설하면서 중대사유에 사기 청구 등을 포함시켰다.

이에 의하면 보험계약자 또는 피보험자가 보험자에 의해서 보험급부를 지급하게 할 목적으로 손해를 생기게 했거나 생기게 할 경우 또는 피보험자가 사기 청구를 했거나 하려고 할 경우 그리고 이외에도 보험자의 보험계약자 또는 피보험자에 대한 신뢰를 깨뜨려서 보험계약의 존속을 곤란하게 하는 중대한 사유가 있는 경우 보험계약을 해제할 수 있다(제30조). 이 해제는 장래효만 있으며 해제를 한 경우 위와 같은 사유가 생긴 때부터 해제가 된 때까지 발생한 보험사고에 의한 손해에 대해 보험자는 손해를 전보할 책임을 지지 않는다(제31조 제1항 및 제2항 제3호).

제30조와 제31조는 손해보험에 관한 규정이며 생명보험과 손해질병정액보험에도 이와 유사한 규정이 있다(제57조, 제59조 제1항 및 제2항 제3호, 제86조, 제88조 제1항 및 제2항 제3호).

보험법은 인위적 보험사고나 사기 청구를 보험계약관계의 신뢰를 깨뜨리는 중대사유로 파악하고 이러한 사유가 발생하면 보험자가 장래를 향하여 보험계약의 효력을 상실시킬 수 있도록 하고 있으며, 해제를 하면 해당 사유의 발생시점부터 보험자가 면책되는 것으로 규정하고 있는 것이다. 이에 따르면 과다 청구가 있는 경우 보험자는 이에 기해서 해당 보험계약을 해제하고 그 과다 청구 이후에 발생한 보험사고에 대해 면책되지만, 해당 과다 청구에서 실제 발생한 보험사고에 대해서는 면책되지 않는다.

4. 독일

독일 보험계약법에는 사기 청구에 대한 직접적인 제재규정은 없으나, 약관상 면책조항을 둘 수 있음을 전제로 그 효과를 규율하고 있다. 독일 보험계약법 제28조 제2항 이하에서는 간접의무 위반에 대해 계약상 면책조항을 둔 경우의 효과를 규정하고 있고, 보험계약자가 보험사고 발생 후 보험금지급의무의 발생 및 범위에 관한 정보를 제공할 의무(제31조 제1항)는 위 제28조 제2항에서 말하는 간접의무에 해당하기 때문이다. 상세히 살펴보면 다음과 같다.

보험자는 보험계약자에 대하여 보험계약법 제31조 또는 이에 상응하는 내용이 담긴 약관조항에 근거하여 해당 정보가 보험금지급의무의 발생 및 범위에 영향을 미치는 이상, 보험자가 필요하다고 생각하는 모든 정보를 제공해 줄 것을 요구할 수 있다. 이 경우 단순히 질문에 답하는 데 그쳐서는 안 되고 모든 사실관계를 밝혀야 하며 사실에 부합하게 정보를 제공할 의무도 이에 포함된다.[61)]

보험계약자가 위와 같은 간접의무를 위반한 경우 면책되도록 계약에서 정하였다면, 보험계약자가 고의로 위반한 경우에 보험자가 면책

61) OLG Köln, r+s 1990, 284.

되고, 중과실의 경우 보험자는 귀책사유의 정도에 따라 감액할 권리가 있다(제28조 제2항). 경과실에 대해서는 제재할 수 없다. 또한 인과관계도 요구된다. 고의 또는 중과실의 경우 간접의무의 위반이 보험사고의 확정 또는 보험금 지급책임의 확정 또는 범위에 영향을 미친 경우에만 책임이 감면된다(동조 제3항 1문). 그러나 보험계약자의 악의적 기망행위가 인정된다면 인과관계에 상관없이 보험자는 전부 면책된다(동항 2문). 나아가 보험사고 발생 후 정보제공의무 위반을 이유로 면책을 주장하기 위해서는 보험자는 이를 미리 고지하여야 한다(동조 제4항). 즉 정보제공의무를 위반한 때에는 면책될 수 있다는 점을 미리 알려야 한다. 고지의 방식도 엄격하게 제한하여 반드시 별개의 분리된 서식으로 하도록 하고 있다. 예컨대 상품설명서 안에 그와 같은 내용을 포함시켰다면 이는 고지로서 효력이 없다.[62)]

이상에서 나타나는 독일 보험계약법의 특징을 정리하면 다음과 같다. 첫째, 보험계약자가 보험금 지급책임의 발생이나 범위에 관하여 보험자에게 사실과 다른 정보를 제공한 경우 보험자가 면책되도록 약관에서 정할 수 있음을 전제로 하고 있다. 즉 사기 청구에 대한 약관상 면책조항의 효력을 인정한다. 둘째, 고의에 대해서뿐만 아니라 중과실에 대해서도 제재할 수 있도록 하고 있다. 다만 그 효과만 비례적 감액으로 제한될 뿐이다. 셋째, 인과관계를 요건으로 하고 있다. 다만 악의적 기망의 경우는 예외이다. 넷째, 보험자의 사전 고지를 요건으로 한다.

62) Schimikowski, Versicherungsvertragsrecht, 4. Auflage 2009, Rn. 233 참조.

V. 상법 보험편 구 개정안

정부는 상법 보험편에 대한 구 개정안을 마련하여 2007년 공청회 등을 거친 후 2008년 1월 제17대 국회에 제출하였다. 이것은 상법 보험편이 1991년 개정된 이후 16년 만에 시도된 개정안이다. 구 개정안의 취지는 1991년 개정된 상법 보험편이 이후 현저히 변화된 보험환경에 부응하기 위해서는 미비점을 보완하고 개선할 필요성이 있다는 데에 있다고 하였다.[63] 그중 하나는 보험의 건전성 확보 및 선량한 보험계약자의 보호를 위하여 보험사기 관련 규정을 신설하는 것이다. 신설된 보험사기 관련 규정으로는 사기에 의해 보험계약이 체결된 경우 이를 무효로 한다는 규정(제655조의2)과 함께, 본 논문이 연구대상으로 삼고 있는 사기 청구시 보험자가 면책된다는 규정(제657조의2)이 있다. 구 개정안의 사기 청구에 관한 규정을 구체적으로 보면 아래와 같다.

제657조의2(사기에 의한 보험금의 청구) ① 보험계약자, 피보험자, 보험수익자 또는 보험금청구권을 가지는 제3자가 보험금을 청구한 경우에 사기의 목적으로 다음 각 호의 어느 하나에 해당하는 행위를 하여 보험금의 지급 여부 또는 그 산정에 중대한 영향을 미친 때에는 보험자는 그 사실을 안 날부터 1개월 이내에 보

63) 법무부, 상법 일부개정법률안, 2008. 1, 1면에 소개된 개정법률안의 취지를 구체적으로 보면 "보험의 건전성 확보 및 선량한 보험계약자의 보호를 위하여 보험사기 방지, 음주 · 무면허 운전 등 면책약관 인정규정 등을 신설하고, 보증 · 질병보험 등 신종계약 및 보험대리점 등의 권한에 관한 규정을 신설하는 등 보험산업의 성장 및 변화된 현실을 반영하는 한편, 일부 정신장애인에 대한 생명보험 가입 허용, 일정 범위의 생명보험금 압류 금지, 가족에 대한 보험대위 금지규정 등을 신설함으로써 장애인과 유족의 보호를 도모하고, 보험자의 보험약관 교부 · 명시의무 위반에 대한 보험계약자의 취소권 불행사효과를 구체화하는 등 현행 규정의 미비점을 보완 · 개선하기 위한 것"에 있다고 한다.

험금청구권이 상실된다는 뜻을 통지하여 보험금의 지급책임을 면할 수 있다.

1. 손해 통지 또는 보험금청구에 관한 서면이나 증거를 위조하거나 변조하는 행위

2. 손해 통지 또는 보험금청구에 관한 서면에 거짓된 사실을 기재하는 행위

3. 그 밖에 보험금의 지급 여부 또는 그 산정에 중대한 영향을 미치는 사항을 거짓으로 알리거나 숨기는 행위

② 제1항의 경우 보험자가 이미 보험금을 지급한 경우에는 그 반환을 청구할 수 있다.

그런데 구 개정안 중 일부 규정이 보험계약자 보호의 측면에서 문제가 있다는 이유로 반대론이 제기되었다. 문제로 지적된 규정 중의 하나가 본 연구의 대상인 제657조의2인데, 과다 청구의 경우 보험자가 실제 발생한 보험사고에 대해서도 면책되는 것은 지나친 제재라는 비판의 목소리가 있었던 것이다. 이러한 상황하에서 구 개정안은 제대로 논의되지 않은 채 제17대 국회의 회기 말인 2008년 5월 폐기되었다.

제18대 국회가 시작되자 정부는 제17대 국회에 상정되었던 구 개정안을 수정 없이 그대로 국회에 다시 상정하였다. 하지만 제18대 국회에서도 논의가 전혀 진척되지 못한 채 회기 말인 2012년 5월 구 개정안이 폐기되고 말았다.

정부는 현재 상법 보험편 신개정안을 제19대 국회에 제출하기 위한 절차를 다시 진행하고 있다. 정부는 구 개정안을 그대로 제19대 국회에 다시 상정해서는 통과될 가능성이 높지 않다고 보고, 그중에서 특히 비판이 심했던 규정은 삭제하고 논란이 적은 규정을 중심으로 상정하려고 한다. 신개정안을 논의 중인 법무부 산하 상법보험편개

정특별위원회는 본 연구의 대상인 제657조의2를 그대로 유지할 것인지를 둘러싸고 논의 중이다. 과다 청구의 경우 실제로 발생한 보험사고에 대해서도 보험자가 면책되는 것으로 함으로써 사기 청구에 대해 제재적 효과를 부과하고 이를 통하여 사기 청구를 억제해야 한다는 취지에서 보험자 면책을 찬성하는 입장과, 그것은 과도한 제재로서 보험계약자 보호에 반한다는 근거에서 보험자 면책에 반대하는 입장이 대립하고 있다. 이러한 논란은 제657조의2가 그대로 국회에 상정되더라도 국회에서 그 타당성을 둘러싸고 다시 논란을 벌일 가능성이 높을 것으로 전망된다.

VI. 사기 청구에 대한 계약법적 수단의 도입

1. 계약법적 수단의 도입 필요성

사기 청구가 한국 사회에서 심각한 사회 문제가 되고 있음은 앞에서 설명한 'II. 사기 청구의 유형, 현황 및 문제점'에서 살펴보았다. 사기 청구를 억제하기 위해서는 특단의 대책과 노력이 필요하다.

물론 사기 청구에는 형사처벌이 따른다. 사기 청구가 한국 형법상의 사기죄(제347조)에 해당하게 되면 사기 청구자는 10년 이하의 징역 또는 2,000만 원 이하의 벌금에 처해진다. 형사처벌은 사기 청구를 억제하기 위한 강력한 대처수단이 될 수 있다. 하지만 한국 법원이 사기 청구에 대해 실형을 선고했던 비율이 높지 않을 뿐만 아니라, 실형 선고를 늘린다고 해도 상당한 경제적 제재가 수반되지 않는 한 형사처벌의 억제력에는 한계가 있다.

이러한 이유에서 사기 청구자에게 계약법 차원에서의 수단을 도입하여 사기 청구를 억제할 수 있는 방법을 모색해야 한다. 즉 계약법적 수단을 통하여 사기 청구에 대한 경제적 제재를 가하면 사기 청구에 대한 억제력이 한층 강화될 것으로 기대할 수 있다.[64)]

2. 입법적 대응의 필요성

보험표준약관이 사기 청구에 대한 조항을 두고 있음을 앞에서 언급하였다. 구 표준약관은 사기 청구시 보험자가 면책되는 것으로 규정하였다. 이에 따라 과다 청구시 보험자는 발생한 보험사고에 대해서도 면책되는 것으로 대법원은 해석해 왔다. 한편 신표준약관은 사기 청구시 보험자는 장래효만 갖는 해지권을 행사할 수 있는 것으로 규정하고, 해당 사기 청구에 대한 보험자 면책 부분은 삭제한 바 있다.

사기 청구에 대한 계약적 수단은 약관이 갖는 근본적인 한계를 고려할 때 상법 보험편에 반영하는 것이 바람직하다. 보험약관은 원칙적으로 보험자가 일방적으로 작성하는 것이기에 그 내용의 공정성이 담보된다고 보기 어렵다는 점이 한계이다. 그래서 특히 사기 청구시 보험자 면책을 규정했던 구 약관조항과 관련하여 그 효력 및 해석을 둘러싸고 보험자와 보험계약자 사이에 다툼이 종종 있었다. 대법원은 구 약관조항의 효력을 원칙적으로 인정하였다. 하지만 구 약관조항의 내용은 불분명한 점이 많았고 만약 문리대로 해석하면 보험계약자에게 불리한 측면이 있었던 것이 사실이다. 그리하여 대법원은 구 약관

64) 계약법적 수단의 도입이 사기를 억제하는 효과가 실제로 있는지에 대한 우려가 있는 것도 사실이다〔J. Mustill, "Fault and Marine Loss," LMCLQ 310, 319(1988)〕.

조항의 내용을 그대로 인정하지 않고 합리적 제한해석을 통해 공정성을 확보하려는 시도를 한 바 있다.

이러한 약관의 한계를 극복하기 위해서는 상법 보험편을 개정하여 사기 청구에 관한 부분을 반영할 필요가 있는 것이다.[65] 법 개정과정에서 사기 청구의 억제를 위한 계약법적 수단의 공정성과 합리성을 확보할 수 있는 방안을 충분히 논의하고 공감대를 형성할 필요가 있다.

3. 구 개정안에 대한 평가 및 신개정안에 대한 제언

구 개정안에 대한 평가는 다양하다. 구 개정안에 찬성하는 견해,[66] 원칙적으로 찬성하면서 보험자의 해지권도 반영할 필요가 있다는 견해,[67] 원칙적으로 찬성하지만 보험자 면책이 남용되지 않도록 재검토할 필요가 있다는 견해,[68] 과다 청구시 실제 발생한 보험사고까지 면책되는 것은 부당하다는 이유로 반대하는 견해 등이 있다.[69]

결론적으로 필자는 구 개정안에 원칙적으로 찬성하는 입장이다. 다만 보험자 면책이 남용되지 않도록 적용범위를 명확하게 한정할 필요가 있고 보험자의 해지권도 인정할 필요가 있다. 이하에서는 보험계약의 효력과 보험자의 책임이라는 두 측면에서 논의하기로 한다.

---

65) 배현모, 앞의 논문(주 5), 49면.

66) 장경환, "보험사기에 관한 상법개정안의 개관 : 제655조의2와 제657조의2를 중심으로," 법조 제56권 제10호(2007. 10), 법조협회, 85-87면.

67) 배현모, 앞의 논문(주 5), 50면.

68) 한창희, "사기적 보험금 청구," 법조 제57권 제8호(2008. 8), 법조협회, 74-75면.

69) 장덕조, "사기적 보험금 청구 : 상법 보험편 개정안 비판," 인권과 정의 통권 제386호 (2008. 10), 대한변호사협회, 65면.

(1) 보험계약의 효력

1) 해지권의 필요성

사기 청구가 행해진 경우 보험자가 해당 보험계약에 대한 해지권을 행사할 수 있도록 할 필요가 있다. 사행계약이라는 보험계약의 특성상 보험계약자가 선의(good faith)를 위반하는 일정한 경우 보험자가 보험계약의 해지권을 행사할 수 있도록 하는 규정들이 상법 보험편에 있다. 제651조는 보험계약자가 고지의무를 위반한 경우 보험자가 보험계약을 해지할 수 있도록 규정한다. 예를 들면 만약 보험계약자가 병력을 숨기고 생명보험에 가입하면 보험자는 고지의무 위반을 근거로 해당 생명보험계약을 해지할 수 있다. 사기 청구는 선의를 위반하는 전형적인 경우이다. 선의가 위반되면 보험계약의 당사자 사이에 신뢰는 상실된 것이라고 볼 수 있다. 선의에 위반한 보험자가 보험계약을 해지할 수 있도록 하는 것이 상법 보험편의 체계상 타당하다.

2) 구 개정안에 대한 평가

구 개정안이 사기 청구시 보험계약의 효력에 대해 규정하지 않고 있음은 적절하지 않다고 생각된다. 신개정안에 사기 청구시 보험자가 보험계약을 해지할 수 있다는 규정이 신설되어야 한다.

해지권은 전부허위 청구, 과다 청구 모두에 적용할 필요가 있다. 또한 해지권은 장래효만 인정되도록 해야 할 것이다. 호주와 일본도 장래효만 인정하고 있다. 한편 영국에서는 계약체결시로 소급효가 인정되는 취소권이 인정된다. 취소의 결과 보험계약이 처음부터 무효로 되면 사기 청구 이전의 정상적 청구까지 효력이 없어지는데, 이것은 부당한 결과이므로 수긍하기 어렵다.

사기 청구 이후 보험계약의 해지 이전에 발생한 보험사고에 대해 보험자가 면책되는지의 문제가 남는다. 일본 보험법은 면책되는 것으로 본다. 이러한 면책이 사기 청구에 대한 제재로서 필요한 것인지, 아니면 선의 및 신뢰가 상실된 상황을 고려할 때 필요한 것인지 등 추가적 연구가 필요한 부분이다.

(2) 보험자의 책임

1) 면책의 필요성

과다 청구가 행해진 경우 해당 청구에 대해 보험자를 면책시킬 필요가 있다. 실제로 발생한 보험사고에 대해서도 보험계약자가 보험금 청구권을 행사하지 못한다는 점에서 볼 때, 이것은 과다 청구에 대한 제재임이 분명하다.

이에 대해서는 보험계약자 이익에 반하는 과잉 제재라는 비판이 있다. 하지만 과다 청구로 적발된 금액 및 인원이 상당하다는 점, 과다 청구를 적발하기 위해 적지 않은 비용이 소요된다는 점, 과다 청구의 적발이 쉽지 않다는 점 등을 고려하면 과다 청구의 억제를 위해 보험자 면책이 입법정책상 허용될 수 있다고 본다. 이러한 불이익을 주지 않는다면 '밑져야 본전'이라는 식으로 저지르는 과다 청구를 억제하기는 어려울 것이다.[70] 대법원도 보험자가 보상책임의 유무 및 금액을 확정하기 위해 보험사고에 관한 정보가 필요하나 그것이 보험계약자 측의 지배 · 관리영역 안에 있는 것이 대부분인데, 보험계약자 측이 신의성실의 원칙에 반하는 사기적인 방법으로 과다한 보험금을 청구

70) 장경환, 앞의 논문(주 66), 85면.

하는 경우에는 그에 대한 제재를 할 필요가 있다고 판결한 바 있다.

과잉 제재라는 것은 보험자 면책이 상당한 정도를 초과하여 불공정한 것으로 되는 경우에 적합한 비판이 될 수 있을 뿐, 과다 청구에 대한 보험자 면책 자체가 과잉 제재는 아니라고 본다. 영국과 호주의 입법례는 과다 청구에 대한 보험자 면책을 법률로 인정하고 있다. 또한 독일의 보험계약법은 사기 청구에 대한 직접적인 제재규정은 없으나, 사기 청구시 약관상 보험자 면책조항을 둘 수 있음을 전제로 그 효과를 규율하고 있다. 요컨대 사기 청구의 억제가 강하게 요구되는 상황하에서는 사기 청구에 대한 보험자 면책을 인정하는 것 자체가 과잉 제재는 아니라고 보며, 다만 보험자 면책이 남용되지 않도록 예외 규정을 합리적으로 정비하는 것이 바람직하다고 본다.

2) 구 개정안에 대한 평가

구 개정안이 사기 청구시 보험자 면책조항을 신설한 점은 찬성할 만하다. 다만 구 개정안의 면책조항은 규율범위, 내용 및 표현 면에서 부적합하거나 모호한 부분이 있어서 이를 개선하고, 또한 남용 우려를 불식하기 위해 일정한 경우 면책을 제한하는 방식으로 보완할 필요성이 있다. 개선 보완 사항은 다음과 같다.

첫째, 제657조의2는 과다 청구의 경우에 적용되는 것으로 명시하여 적용범위를 분명하게 할 필요가 있다. 전부허위 청구의 경우 보험자가 면책되는 것은 굳이 명문의 규정을 둘 필요가 없다. 적용범위를 과다 청구로 명시하게 되면, 제657조의2가 수단 사기에 대해서는 적용되지 않음이 자명해진다. 수단 사기란 정당한 보험금청구권이 있지만 허위의 입증을 통해 행사하려는 경우일 뿐 과다 청구라고 볼 수는 없기 때문이다. 대법원은 구 약관조항은 수단 사기에 대해서는 적용되지 않음으로 해석한 바 있는데,[71] 수단 사기의 억제 필요성이 크지 않은 현 상황하에서 바람직한 해석이라고 본다.

둘째, 보험자 면책의 남용을 막을 수 있는 규정이 필요하다. 구 약관 조항과 관련하여 대법원은 과다하게 청구한 부분이 경미하거나 다른 보험목적에 속하는 것인 때에는 보험자 면책이 제한되는 것으로 해석한 바 있다. 구 개정안과 달리 신개정안에는 위 해석 내용을 명시적으로 반영하여 보험자 면책이 남용될 우려를 불식할 필요가 있다. 즉 과다하게 청구한 부분이 경미하거나 다른 보험목적에 속하는 것인 등 보험금청구권을 상실하게 하는 것이 현저히 부당한 경우에는 보험자 면책이 제한되도록 하는 명시적 규정을 두는 것이다.

셋째, 제657조의2 제1항은 기망행위를 하여 "보험금의 지급 여부 또는 그 산정에 중대한 영향을 미친 때"라고 규정하고 있다. 이에 따르면 기망행위가 있더라도 보험자가 조사를 통해 사실을 밝혀낸 경우에는 제657조의2 제1항의 요건을 충족하지 못하는 것으로 해석될 수 있다. 그러한 경우는 기망행위가 보험금의 지급 여부나 그 산정에 '중대한 영향'을 미쳤다고 보기는 어렵기 때문이다. 하지만 제657조의2 제1항의 목적은 기망행위 자체를 억제하는 데 있다고 보아야 하므로 "보험금의 지급 여부 또는 그 산정에 중대한 영향을 미친 때"는 삭제하는 것이 타당하다. 형법상 사기죄는 기망행위 자체를 억제하기 위해 미수범을 처벌하고 있다(형법 제347조, 제352조).

넷째, 제657조의2 제1항은 사기의 요건을 불필요하게 부연한 부분이 있다. 먼저 제657조의2 제1항은 "사기의 목적으로"라는 표현을 사용하고 있다. 이것은 사기의 고의를 가리키는 것으로 보인다. 하지만

71) 대법원 2006. 11. 23. 선고 2004다20227, 20234 판결.

제657조의2는 사기에 의한 보험금청구에 관한 조항이고, 사기의 요건에 고의가 포함된다는 것에는 이론(異論)이 없다. 그럼에도 불구하고 불필요하게 "사기의 목적으로"라고 규정하는 것은 어색한 느낌을 준다. 다음으로 제657조의2 제1항은 제1~3호에 기망수단을 자세히 예시하고 있다. 하지만 기망수단의 종류를 둘러싸고 분쟁이 있는 상황이 아니므로 자세한 예시는 불필요한 것으로 보인다.

다섯째, 제657조의2 제1항은 보험자가 면책을 위해서는 "그 사실을 안 날로부터 1월 이내에 보험금청구권이 상실된다는 뜻을 통지"할 필요가 있는 것으로 규정한다. 하지만 그러한 통지를 해야만 보험자가 면책되는 것으로 해야 할 이유가 분명하지 않다. 그러한 요건 없이 보험자가 면책되는 것으로 하면 된다.[72)]

(3) 신개정안에 대한 제언

구 개정안 제657조의2에 대한 위와 같은 평가에 비추어 볼 때, 신개정안을 다음과 같이 제안하고자 한다.[73)]

상법 제657조의2(사기에 의한 보험금청구)

① 보험계약자, 피보험자, 보험수익자, 또는 보험금청구권을 가지는 제3자가 손해를 통지하거나 보험금을 청구하면서 증거를 위조 또는 변조하는 등 사기 기타 부정한 행위를 한 때에는 보험자는 그 사실을 안 날부터 1월 내에 보험계약을 해지할 수 있다.

---

72) 배현모, 앞의 논문(주 5), 50면도 동일한 입장이다.

73) 현재 상법보험편개정특별위원회의 위원인 필자는 2012년 9월 19일자 동 위원회 회의에서 그러한 제언을 한 바 있다.

② 보험계약자, 피보험자, 보험수익자, 또는 보험금청구권을 가지는 제3자가 손해를 통지하거나 보험금을 청구하면서 과다한 보험금을 지급받기 위하여 증거를 위조 또는 변조하는 등 사기 기타 부정한 행위를 한 때에는 보험자는 보험금을 지급할 책임이 없다. 다만 과다하게 청구한 부분이 경미하거나 다른 보험목적에 속하는 것인 등 보험금청구권을 상실하게 하는 것이 현저히 부당한 경우에는 그러하지 아니하다.

한편 위와 같이 사기 청구를 규율하기 위해 법률에 요건 및 효과를 완결적으로 규정하는 방식 대신 사기 청구시 약관상 보험자 면책조항을 둘 수 있음을 전제로 그 효과를 규율하는 방식도 가능하다. 이는 독일 보험계약법이 택한 방식이다. 이 경우 아래와 같이 조문을 만들 수 있을 것이다.

상법 제657조의2(사기에 의한 보험금청구)

① (위와 같음)

② 보험계약자, 피보험자, 보험수익자, 또는 보험금청구권을 가지는 제3자가 손해를 통지하거나 보험금을 청구하면서 과다한 보험금을 지급받기 위하여 사기 기타 부정한 행위를 한 때에는 보험자는 보험금을 지급할 책임이 없다고 계약에서 정하였다고 하더라도 과다하게 청구한 부분이 경미하거나 다른 보험목적에 속하는 것인 등 보험금청구권을 상실하게 하는 것이 현저히 부당한 경우에는 보험자는 보험금을 지급하여야 한다.

VII. 결론

이상에서 사기 청구에 대한 입법적 대응의 필요성 및 내용에 대해 살펴보았다. 결론적으로 필자는 사기 청구로 인하여 신뢰가 상실된 보험계약은 보험자가 해지할 수 있도록 하고, 과다 청구시 보험자의 지급책임을 면해 줄 필요가 있다는 입장이다. 또한 과다 청구시 보험자 면책이 남용되지 않도록 요건 및 효과를 명확하게 하고 일정한 제한을 가할 필요가 있다.

입법방식은 두 가지가 가능하다. 하나는 과다 청구의 요건 및 효과를 법률에 완결적으로 규정하는 방식이고, 다른 하나는 과다 청구시 약관상 보험자 면책조항을 둘 수 있음을 전제로 그 효과를 규율하는 방식이다. 전자의 방식은 ① 계약 또는 약관에 근거가 없더라도 사기 청구를 제재할 수 있도록 함으로써 효과적으로 사기 청구를 억제할 수 있다는 점, ② 면책의 기준을 통일적으로 명확하게 정함으로써 보험계약자의 혼란과 그로 인한 불이익을 방지하고 보험자에 의한 남용 가능성을 차단할 수 있다는 점에서 장점이 있다. 후자의 방식은 (i) 계약상(약관상) 면책조항이 유효하다는 점을 전제로 하여 이 점을 입법적으로 명확히 하면서[74] 동시에 (ii) 면책 여부 및 그 기준을 당사자가 자율적으로 해당 보험의 특성에 맞게 탄력적으로 정할 수 있다는 점, (iii) 자율성을 보장하면서도 면책조항의 남용 가능성도 억제할 수 있다는 점을 장점으로 들 수 있다.

필자는 두 방식 모두 일응의 타당성을 가지고 있다고 생각하지만, 다음과 같은 이유로 일단은 전자의 방식을 지지한다. 첫째, 후자 방식

74) 앞서 보았듯이 이 점은 대법원 판례상으로는 인정되었으나 금융감독실무에서는 어느 정도 혼선이 있었다.

의 장점은 자율성과 탄력성에 있다고 할 것인데 기존의 보험약관을 보면 보험의 종류에 따라 면책조항의 차이가 크지 않았다. 둘째, 한국의 보험사기 현황을 볼 때 보다 효과적이고 강력한 제재수단이 필요하므로 사기 청구에 대해서는 원칙적으로 보험자 면책을 통한 제재가 필요하다. 만약 당사자가 사기 청구에 대해 면책의 효과를 부여하지 않고자 한다면 전자의 방식을 취하더라도 반대약정을 하면 될 것이다. 이상과 같이 신개정안에 대한 필자의 생각을 밝히며 이 글을 맺고자 한다.

06

보험료를 부담하는 자에 대한 보험자대위의 인정 여부*

-비용부담이 갖는 법적 의미에 관한 검토를 겸하여-

최준규**

I. 들어가며

보험자가 피보험자에 대하여 보험금을 지급한 경우 피보험자나 보험계약자가 보험의 목적 또는 제3자에 대하여 가지는 권리를 보험자가 법률상 당연히 취득하는 것을 보험자대위라 한다(상법 제681조, 제682조). 보험의 목적에 대한 피보험자의 권리를 취득하는 것을 잔존물대위(상법 제681조), 제3자에 대한 보험계약자 또는 피보험자의 권리를 취득하는 것을 청구권대위(상법 제682조)라 부른다.

이 글에서는 피보험자는 아니지만 보험료를 실제 부담하는 자에 대하여 보험자대위(청구권대위)를 인정함으로써 보험사고와 관련한 종국

---

* 이 논문은 BFL 제56호(2012. 11)에 게재된 글을 수정 · 보완한 것이다.

** 한양대학교 법학전문대학원 조교수

적 책임을 지우는 것이 타당한가라는 문제의식하에 ① 타인을 위한 손해보험계약상 보험계약자를 상법 제682조상 제3자로 볼 수 있는지 여부, ② 건물 소유자 겸 임대인이 화재보험계약을 체결한 경우 보험자는 임차인에 대한 임대인의 권리를 대위행사할 수 있는지 여부를 살펴본다. 나아가 보다 일반적인 차원에서, 비용을 부담하는 자는 그에 상응하는 이익을 얻어야 한다는 생각이 법적으로 어떠한 의미를 가질 수 있는지, 그러한 생각이 갖는 한계는 무엇인지 간단히 검토한다.

II. 보험자대위의 인정 근거

판례는 보험자대위에 관한 상법 제682조의 규정을 둔 이유로, "피보험자가 보험자로부터 보험금액을 지급받은 후에도 제3자에 대한 청구권을 보유, 행사하게 하는 것은 피보험자에게 손해의 전보를 넘어서 오히려 이득을 주게 되는 결과(강조는 필자, 이하 같음)가 되어 손해보험제도의 원칙에 반하게 되고 또 배상을 하여야 할 의무자인 제3자가 피보험자의 보험금수령으로 인하여 그 책임을 면하게 하는 것도 불합리하므로 이를 제거하여 보험자에게 그 이익을 귀속시키려는 데 있다"라고 본다.[1] 학설의 대체적 입장도 이와 크게 다르지 않다.[2]

1) 대법원 1989. 4. 25. 선고 87다카1669 판결 등 참조. 피보험자가 제3자에 대한 청구권을 보유하는 것이 이중이득이 되는 이유는 제3자에 대한 손해배상청구권의 액수를 산정함에 있어 수령한 보험금을 손익상계로 공제할 수는 없기 때문이다. 민법주해IX(편집대표 곽윤직), 지원림 집필 부분, 박영사, 1995, 586면 참조. 영미법에서는 불법행위로 인한 피해자는 제3자로부터 별도의 손해전보를 받았는지 여부와 관련 없이 불법행위자로부터 손해 전부를 배상받을 수 있다는 법리를 collateral source rule이라 부른다.

2) 가령 장덕조, 보험법, 법문사, 2011, 237-238면 참조.

한편 보험자대위제도는 다음과 같은 정책적 측면에서 그 타당성을 긍정할 수도 있다.

첫째, 보험자대위를 인정할 경우, 인정하지 않는 경우와 비교하여 사고가 필요 이상으로 많이 발생하는 것을 억제할 수 있다. 보험자대위를 인정하지 않는다면 고의 또는 과실로 사고를 발생시킨 제3자는 사실상 그에 따른 책임을 부담하지 않을 수 있다. 보험금을 받은 피보험자가 굳이 추가로 제3자에 대하여 손해배상청구를 하려고 나서지 않을 수 있기 때문이다. 그러나 보험자대위를 인정한다면 제3자는 자신의 행위에 따른 책임을 부담할 가능성이 높다. 위법행위가 적발될 확률이 100%라고 가정한다면 가해자에게 피해자의 손해와 대등한 액수만큼의 책임을 부담시킴으로써 가해자로 하여금 주의의무의 정도와 행위횟수를 사회적으로 효율적인 수준에서 선택하도록 유도할 수 있다.[3] 또한 피해자가 주의를 기울임으로써 사고발생확률을 줄일 수 있는 상황에서는 피해자가 실제 손해 이상의 이익을 얻지 못하게 함으로써 피해자로 하여금 주의의무의 정도와 행위횟수를 사회적으로 효율적인 수준에서 선택하도록 유도할 수 있다.[4]

둘째, 보험회사가 보험료를 사고발생확률×손해액으로 산정한다고 가정하면 보험자대위를 인정할 경우 인정하지 않는 경우보다 보험료가 인하될 수 있다. 사고발생확률이 낮아짐에 따라 보험료도 감소할

3) 적발확률이 낮다면, 실제 손해 이상의 책임을 지우는 것이 사회적으로 효율적일 수 있다. 이는 징벌적 손해배상을 정당화하는 논리 중 하나이다. 그러나 이러한 논리가 '현실적'으로 타당한지에 대해서는 좀 더 검토할 필요가 있다.

4) Steven Shavell, Economic Analysis of Accident Law, Harvard University Press(1987), pp.235-236은 책임 있는 가해자는 피해자의 손해만큼 책임을 지고 위험회피적 피해자는 가해자와 보험자로부터 그의 손해액만큼을 전보받는 것이 사회적으로 효율적인데, 보험자대위를 통해 이 두 조건이 충족된다고 설명한다.

것이기 때문이다. 보험료는 보험계약자로부터 보험회사로 이전되는 돈에 불과하므로, 보험료가 인하되는 것 자체를 두고 사회적으로 효율적이라고 단정하기는 어렵다. 다만 보험료 인하를 통해 보험계약자의 부담이 줄어드는 현상은 소비자 보호라는 형평의 관점에서 바람직하다고 평가할 여지가 있다.

III. 문제의 제기 : 보험료를 부담하는 자가 보험의 보호를 받지 못하는 것이 타당한가?

위에서 본 것처럼 보험자대위라는 제도는 그 나름의 정책적 타당성이 인정된다. 그런데 경우에 따라서는 보험회사가 보험자대위를 통해 피보험자의 권리를 취득하여 이를 행사하는 것이 '형평' 또는 '당사자들의 합리적 기대(reasonable expectation)'에 비추어 타당한지 의문이 드는 사례들이 존재한다.

그러한 사례로는 우선 타인을 위한 손해보험계약상 보험계약자의 잘못으로 보험사고가 발생하여 보험회사가 피보험자의 보험계약자에 대한 손해배상청구권을 대위행사하는 경우를 들 수 있다. 보험계약자는 보험계약상 보험료지급의무 등을 부담하고 있는 점, 보험회사가 지급하는 보험금은 보험계약상 보험료를 지급한 것에 대한 일종의 '대가'로 볼 수도 있는 점, 타인을 위한 손해보험계약 관련 당사자들(보험자 · 보험계약자 · 피보험자)의 합리적 기대 등을 고려할 때 보험계약자에게 보험사고와 관련한 종국적 책임을 지우는 것이 타당한지 의문이 없지 않다.

비슷한 맥락에서 건물 소유자 겸 임대인이 자신을 보험계약자이자 피보험자로 하여 건물에 대한 화재보험계약을 체결하였는데 임차인의 과실로 건물에 화재가 발생하자, 보험회사가 임차인에 대한 손해배상청구권을 대위행사하는 경우도 문제가 있을 수 있다. 임대인과 임차인 사이에 임차인이 화재보험료를 부담하기로 약정이 체결되었거나 임차인이 사실상 화재보험료를 부담하여 왔음에도 불구하고, 임차인이 보험의 보호를 받지 못하는 것이 과연 임대차계약상 당사자들의 합리적 기대에 부합하는지 의문이 있을 수 있기 때문이다.

아래에서는 이 두 가지 문제상황을 어떻게 해결하는 것이 바람직한지 살펴본다.

IV. 문제상황 1 : 타인을 위한 보험계약상 보험계약자의 경우

1. 판례 및 학설의 개관

판례는 일관하여 타인을 위한 손해보험계약에서 보험계약자는 상법 제682조상 제3자에 해당한다고 보고 있다.[5] 반면에 학설상으로는 판례에 찬성하는 입장[6]과 반대하는 입장[7]이 대립하고 있다. 판례에

5) 대법원 1989. 4. 25. 선고 87다카1669 판결 ; 대법원 1990. 2. 9. 선고 89다카21965 판결(위 두 판례는 모두 운송인이 자신을 보험계약자, 수하인을 피보험자로 한 보험계약을 체결한 경우이다) ; 대법원 2000. 11. 10. 선고 2000다29769 판결(영화촬영장비의 임차인이 자신을 보험계약자, 임대인을 피보험자로 한 보험계약을 체결한 사안이다).

6) 김성태, 보험법강론, 법문사, 2001, 452면 ; 최기원, "보험자대위와 제3자의 범위," 법률신문 제1887호(1989. 11. 6) 참조.

7) 양승규, 보험법, 삼지원, 2004, 247-248면 ; 박세민, 보험법, 박영사, 2011, 374면 ; 최준선, 보험법 · 해상법 · 항공운송법, 삼영사, 2012, 202-203면 ; 한창희, 보험법, 국민

찬성하는 입장은 ① 이 경우에도 피보험자의 이중이득 방지와 제3자의 부당한 면책 방지라는 보험자대위제도의 목적을 관철시킬 필요가 있고, ② 보험계약자는 피보험자에게 보험료를 사실상 전가하는 경우가 많은 점 등을 지적한다. 반면에 판례에 반대하는 입장은 ① 동일한 사실관계에서 보험계약자가 책임보험에 가입하였다면 이러한 문제가 발생할 여지가 없는데 손해보험에 가입하였다고 결과가 달라지는 것은 부당한 점, ② 상법 제639조 제2항 단서는 보험계약자에 대한 보험자의 대위권행사를 배제하는 취지라고 간접적이나마 해석할 수 있는 점 등을 지적한다.

2. 법이론적 측면에서의 검토

필자는 보험계약자에 대한 보험자대위는 부정하는 것이 타당하다고 생각한다. 우선 Ⅲ.에서 지적한 것처럼 보험계약자에 대하여 보험자대위를 인정하는 것은, 보험계약 당사자들의 합리적 기대 또는 보험거래의 현실과 어긋나는 것은 아닌지 의문이 든다. 타인을 위한 손해보험계약을 체결하는 보험계약자는 자신도 보험의 보호를 받을 것을 예정하고 보험계약을 체결하는 것이 통상이며, 보험회사도 그러한 사정을 충분히 예상할 수 있다고 사료되기 때문이다.[8] 설사 보험료가 운임 등의 형태로 피보험자에게 전가된다 하더라도 보험계약자가 계

대학교출판부, 2011, 380면 ; 장덕조, 앞의 책(주 2), 244-245면 참조.

8) 한창희, 앞의 책(주 7), 380면 참조. 이러한 점에 주목한다면 보험계약자와 보험자 사이에 묵시적 대위권포기특약을 인정하자는 주장도 제기될 수 있다. 참고로 현재 금융감독원 화재보험표준약관(2011. 1. 19. 개정) 제29조 제3항은 "타인을 위한 계약의 경우 보험자는 계약자에 대한 대위권을 포기한다"라고 규정하고 있다.

약 당사자로서 보험료지급의무를 부담한다는 점을 가볍게 취급할 수는 없다. 이외에도 보험계약자는 계약 당사자로서 고지의무 · 손해방지의무 · 위험변경 증가시 통지의무 등 각종 의무를 부담하는데, 보험계약으로 인해 자신에게 직접적 이익이 전혀 돌아오지 않음에도 불구하고 이러한 각종 의무를 부담한다고 보는 것이 타당한지 의문이다.[9] 더구나 1991년 12월 31일 상법 제639조 제2항이 신설되었고 동 조항 단서는 "손해보험계약의 경우에 보험계약자가 그 타인에게 보험사고의 발생으로 생긴 손해의 배상을 한 때에는 보험계약자는 그 타인의 권리를 해하지 아니하는 범위 안에서 보험자에게 보험금액의 지급을 청구할 수 있다"라고 규정하고 있는데, 보험계약자가 먼저 피보험자에게 손해배상을 하면 보험계약자는 보험금을 받을 수 있음에도 불구하고 보험자가 먼저 피보험자에게 보험금을 지급할 경우, 보험자대위에 따라 보험계약자에게 손해배상청구권을 행사할 수 있다는 결론은 명백히 부당하다. 보험계약자의 제3자성을 긍정하는 입장에서는 위 단서조항이 보험계약자에게 귀책사유가 없는 경우에 한정적으로 적용된다고 보아 위와 같은 모순을 극복하려 한다.[10] 그러나 법률문언상 "보험계약자가… 손해의 배상을 한 때에는"이라고 규정된 점에 비추어 이러한 제한해석은 법문언에 반하는 것이고, 입법목적 등에 비추어 이러한 제한해석이 정당화된다고 보기도 어렵다.[11]·[12] 위 단서 조

9) 최준선, 앞의 책(주 7), 203면 참조.

10) 김성태, 앞의 책(주 6), 354-355면 참조.

11) 국회 심사보고서에 의하면 보험 거래 현실에 부적합한 규정정비라는 표제하에 상법 개정안 제639조에서 보험 이용자의 편의를 도모하기 위하여 불특정 타인을 위한 보험을 인정하였다고 기재되어 있다. 따라서 위 입법자료만으로는 제639조 제2항 단서의 입법목적 내지 취지가 무엇이었는지 정확히 확인하기 어렵다. 그러나 상법개정특별분과위원회 회의록 II 보험해상편, 1990, 22면은 "…손해보험의 경우에 타인을 위한 보험을 체결해 놓고 특히 실무에서 세탁업자라든가 이들이 많

항은 보험계약자의 제3자성을 부정하는 견해를 취할 때 비로소 온전히 이해될 수 있다.

다만 손해보험과 책임보험 사이에 차이를 두는 것이 부당하다는 반대 의견의 첫 번째 논거가 반드시 적절한지는 검토의 여지가 있다. 보험계약자가 자신을 피보험자로 삼는 책임보험에 가입하지 않고 손해보험계약을 체결한 이상, 보험계약자에 대하여 보험자대위를 인정하는 것이 크게 부당하지 않다는 반론도 가능하기 때문이다. 이러한 논거보다는 판례의 입장에 따르면 보험계약자는 손해보험계약을 체결하는 것과 별도로 책임보험에 가입해야만 의도하였던 효과를 누릴 수 있는데,[13)] 이는 번거로울 뿐만 아니라 사회적으로 거래비용을 증가시킬 수 있다는 지적이 좀 더 적절하다고 사료된다.[14)]

은 사람들 것을 받아서 해놨다가 자기가 직접 손해배상을 해주는 경우들이 있는 것 같습니다. 그럴 때에는 보험금청구권은 피보험자에게 가는 데 증명해 준 것 사실을 가지고 직접보험금청구권을 인정해야 될 것이 아니냐. 그런 것을 실무에서 요구한 것을 명문화한 것입니다"(양승규 위원 발언)라고 기재하고 있는바, 이는 적어도 책임보험과 같은 목적으로 체결된 타인을 위한 손해보험계약에 있어서는 보험계약자의 제3자성을 부정하는 취지로 이해된다. 정동윤, "타인을 위한 보험에서 보험자의 보험계약자에 대한 청구권대위의 가부," 고려법학 제41권(2003. 10), 고려대학교 법학연구원, 12-14면 참조.

12) 과실 있는 자가 면책되는 것은 부당하다는 이유만으로 이러한 제한해석을 정당화하기는 부족하다고 생각한다. 경과실 피보험자는 보험의 보호를 받는 점에 비추어, 경과실 보험계약자도 마찬가지로 보호해야 한다는 주장도 충분히 가능하기 때문이다.

13) 책임보험만 가입하면 보험계약자 이외의 제3자의 가해행위로 인한 손해는 부보되지 않기 때문이다.

14) 장덕조, "타인을 위한 보험계약과 보험자대위," 인권과정의 통권 제302호(2001. 10), 대한변호사협회, 85-86면.

3. 정책적 측면에서의 검토

보험자대위제도가 인정됨으로 인해 사고발생이 사회적으로 효율적인 수준으로 억제될 수 있음은 앞에서 지적한 바와 같다. 그렇다면 위 사안에서 보험계약자에 대한 보험자대위를 부정함으로써 사고발생위험이 증가할 것인가? 보험계약자는 피보험자와 계약관계 등을 맺고 있는 경우가 많고, 보험계약자의 과실로 인해 사고가 발생한다면 위 계약관계가 종료될 가능성이 많다. 또한 계약 위반에 대하여 피보험자가 보험계약자에게 손해배상을 청구하지 않는다고 하더라도 보험계약자는 평판(reputation)의 상실과 같은 손실을 입게 될 수 있다. 따라서 경과실의 보험계약자를 제재하지 않는다고 하여 굳이 보험계약자가 주의의무의 수준을 종전보다 낮출 것이라고 단정하기는 어렵다. 보험회사는 보험계약 내용을 통해 보험계약자에 대한 감시(monitoring)가 가능하다는 점도 고려할 필요가 있다. 또한 보험자대위를 부정한다고 해서 피보험자의 도덕적 해이가 나타날 것이라 단정하기도 어렵다. 운송계약이나 임치계약과 관련하여 타인을 위한 손해보험계약이 체결된 경우, 피보험자는 대체로 보험목적물에 대하여 지배권을 갖고 있지 않기 때문에 피보험자가 사고발생확률에 영향을 미치기 쉽지 않다. 또한 건물 임차인이 타인을 위한 화재보험계약을 체결한 경우, 피보험자가 이중이득을 얻기 위해 자기 소유 건물에 대한 관리를 종전보다 소홀히 할 것인지도 의문이다. 화재로 인한 피해는 예측하기 어려울 정도로 급격히 확대될 수 있고, 형법상 실화죄의 책임을 부담할 위험도 있기 때문이다. 더구나 임대인의 임대목적물에 대한 지배권은 제한적인 경우가 많고, 보험자는 보험계약 내용을 통해 피보험자인 임대인이 화재예방을 위해 적절한 주의의무를 기울이도록 유도할 수 있는 점도 고려할 필요가 있다.

보험계약자에 대한 보험자대위를 인정하지 않는다고 하여 보험료가 증가할 것인지도 따져 볼 문제이다. 보험회사가 사고발생확률 중 보험자대위가 가능한 부분과 불가능한 부분을 구분하여 전자의 경우 제3자의 무자력 위험을, 후자의 경우 지급할 보험금을 각 고려하여 보험료를 산정해 왔다면[15] 보험자대위의 인정범위가 축소됨으로써 보험료가 증가할 가능성이 있다. 그러나 보험료가 다른 방식으로 산정되어 왔다면 보험료가 증가한다고 단정하기 어렵다. 보험회사 입장에서는 종전 보험료를 유지하더라도 손해를 보지 않을 수 있고, 보험회사 간 경쟁에서 유리한 입장을 차지하기 위해 보험료를 유지하려고 할 수 있기 때문이다.[16]

결론적으로 문제상황 1에서 보험자대위를 부정하는 것이 정책적으로 부당한 결과를 가져온다고 말하기는 어렵다고 생각한다.

V. 문제상황 2 : 건물에 대한 화재보험에 있어 임차인의 경우

1. 문제상황 1과의 유사점 및 차이점

① 임대차계약을 체결하면서 임대인이 체결한 화재보험계약상 보험

15) 물건에 대한 지배권을 갖고 있는 운송인의 과실이 개입된 사고는 운송인이 보험계약자로서 체결한 손해보험계약에서 예상 가능한 전형적인 사고이다. 만약 보험계약자의 자력이 충분하고 운송인 이외의 제3자가 사고발생에 기여할 여지가 많지 않다면, 위와 같은 방식으로 산정한 보험료는 0에 가까울 것이다.

16) 물론 독과점 · 담합 등의 가능성을 고려할 때, 이러한 회사 간 가격경쟁이 '실제로' 이루어질 것인지에 관해서는 여러 반론이 있을 수 있다고 생각한다.

료를 임차인이 대신 부담하기로 명시적으로 약정한 경우, ② 명시적 약정은 없었지만 임차인이 화재보험료를 대신 부담하여 온 경우,[17] ③ 임차인이 화재보험료를 부담한다는 '외관'은 존재하지 않지만 그에 상응하는 비용이 차임이나 관리비를 통해 실질적으로 임차인에게 전가되는 경우, 임차인으로 하여금 화재보험의 보호를 받게 해줄 수 없는지 문제된다. 즉 건물 임대인이 자신을 보험계약자 겸 피보험자로 하여 화재보험계약을 체결하였는데 임차인의 과실로 건물에 화재가 발생한 경우, 보험회사가 임대인을 대위하여 임차인에 대해 손해배상청구권을 행사하는 것을 저지할 수는 없는지 문제된다. 보험자대위의 대상이 되는 임대인의 임차인에 대한 채무불이행으로 인한 손해배상청구권은, 임차인이 화재발생과 관련하여 자신의 무과실을 입증하지 못하는 이상 인정될 수 있으므로[18] 감정 결과 화재의 원인이 밝혀지지 않은 경우에도 임차인은 보험자로부터 청구를 당할 수 있다. 이러한 결과는 보험료를 부담해 온 임차인 입장에서 매우 부당하게 여겨질

17) 임차인이 지급하는 아파트 관리비 항목에 화재보험료가 포함된 경우가 그 대표적 예이다. 한편 임대주택법 시행령 제21조 제2항은 표준임대보증금 및 표준임대료를 산정할 때에는 화재보험료를 고려해야 한다고 규정하고, 제21조 제1항은 공공건설임대주택 중 주택법 제16조에 따라 사업계획승인을 받아 건설한 임대주택의 최초 임대보증금 및 임대료는 위 표준임대보증금 및 표준임대료를 초과할 수 없다고 규정하고 있는바, 임대주택의 임대보증금이나 임대료 산정내역상 화재보험료가 포함될 수도 있다(임대주택법 시행규칙 제18조는 관리비에 해당하는 구체적 항목을 특정하고 있고, 임대사업자는 규정된 항목 이외에 어떠한 명목으로도 관리비를 징수할 수 없다고 규정하고 있는데, 위 항목들에 화재보험료는 포함되어 있지 않다).

18) 판례상 임차인의 채무불이행책임 인정과 관련해서는, 문제된 화재가 임차인이 지배 · 관리하는 '영역'에서 발생하였는지 여부가 중요하게 고려된다. 대법원 2009. 5. 28. 선고 2009다13170 판결 ; 대법원 2006. 1. 13. 선고 2005다51013, 51020 판결 등 참조.

수 있을 것이다.[19)·20)]

문제상황 1과 문제상황 2는 어떠한 방식으로든 보험료를 부담해 온 자가 보험의 보호를 받지 못하는 것이 타당한지 여부가 문제된다는 점에서 서로 유사점이 있다. 다만 문제상황 2에서 임차인은 보험자에 대한 보험료지급의무를 '사실상' 부담해 온 자라는 점에서, '보험계약상' 보험료 지급의무를 부담하는 보험계약자의 보호가 문제된 문제상황 1과 차이가 있다. 또한 문제상황 2에서 임차인은 보험계약자가 아니고 보험계약관계 외부에 있는 사람이다. 따라서 문제상황 2에서 임차인이 상법 제682조상 '제3자'라는 것을 부정하는 것은 문제상황 1보다 쉽지 않고, 보험자의 임차인에 대한 구상청구를 저지하기 위해서는 임차인의 제3자성을 부정하는 것 이외에 다양한 방법이 강구될 필요가 있다.

2. 독일과 미국의 논의

독일과 미국 판례들은 화재보험자의 임차인에 대한 구상청구를 저

19) 대법원 1995. 11. 14. 선고 95다33092 판결의 원심은 아마도 이러한 점을 고려하여(판결문에 드러난 사실관계에 비추어—실제로 비용이 전가되었는지 여부는 별론으로 하고—임차인이 보험료를 대신 부담해 온 사안은 아닌 것으로 보인다), 보험자가 임차인에 대하여 구상청구를 하는 경우 보험자에게 임차인의 과실에 대한 입증책임이 있다고 본 것으로 추측된다. 그러나 보험자대위는 피보험자 등의 권리를 그대로 보험자가 취득하는 제도임에 비추어 이러한 논리구성은 무리라고 사료되고, 위 대법원 판결은 타당하게도 이러한 점을 근거로 원심 판결을 파기하였다. 이에 관한 평석으로는 박승환, "보험자대위(청구권대위)에 있어서 제3자의 귀책사유에 대한 입증책임," 상사판례연구 제8집(1997. 12), 한국상사판례학회, 123면 이하 참조.

20) 임차인이 보험계약자로서 임대인을 피보험자로 하여 손해보험계약을 체결한 경우에도 임차인에 대한 보험자대위를 긍정한다면 동일한 문제상황이 발생한다.

지하는 다양한 방법을 제시하고 있는데, 이러한 판례와 관련 논의들은 우리 법에서도 참조할 가치가 있다.[21)]

우선 독일의 종전 판례는 임대차계약상 임차인이 보험료를 부담하기로 약정하였거나 임대인이 보험가입의무를 부담하기로 약정한 경우, '임대차계약의 보충적 해석'을 통해 임대인이 경과실 임차인에 대한 손해배상청구권을 포기하였다고 보아 임차인을 보호하였다.[22)] 그런데 이와 같이 볼 경우 명시적 약정은 없었지만 사실상 임차인에게 비용이 전가된 경우 임차인을 보호할 수 없다는 등의 이유로 독일 연방대법원은 종전 입장을 변경하여, 임대차계약 내용과 무관하게 보험자는 경과실 임차인에 대한 구상권을 포기하였다고 '보험계약을 보충적으로 해석'함으로써 임차인을 보호하고 있다.[23)]

미국의 경우 이 문제는 기본적으로 주법에 따라 결정할 문제로서 주마다 입장의 차이가 있다. 주법원 판례의 입장은 대체로 ① 임차인의 반대동의가 없는 한 임차인은 묵시적 공동피보험자에 해당하므로 보험자의 구상청구는 허용되지 않는다는 입장,[24)] ② 임차인이 공동피보험자에 해당하지는 않지만 사안별로 임대차계약조항(임대인의 보험가입 및 유지에 관한 조항) 등을 근거로 보험자의 구상청구를 불허하는 입장,[25)] ③ 임차인의 과실책임을 면제하는 명시적 조항이 없는 이상

21) 독일과 미국 판례의 구체적 내용 및 관련 논의에 대해서는 최준규, "계약해석의 방법에 관한 연구," 서울대학교 법학박사 학위논문, 2012, 256-281면 참조.

22) BGH NJW-RR 1992, 980 ; BGHZ 131, 288 참조.

23) BGHZ 145, 393.

24) 오클라호마주, 테네시주, 메인주, 유타주, 미시간주, 미네소타주, 워싱턴주 등이 이러한 입장을 취하고 있다.

25) 메릴랜드주, 버몬트주, 아이다호주, 일리노이주, 캘리포니아주, 아칸소주, 로드아일랜드주, 사우스다코타주 등이 이러한 입장을 취하고 있다.

보험자의 구상청구를 허용하는 입장[26]으로 나눌 수 있다.

3. 우리 판례의 입장

이 문제를 정면으로 다룬 대법원 판례는 확인되지 않는다. 다만 임대차계약상 임차인이 보험료를 부담하고 임대인이 건물에 대한 유지관리를 맡기로 약정한 사안에서, 원인불명 화재시 임대인은 임차인에 대한 손해배상책임을 묻지 않기로 하는 묵시적 약정이 있었다고 보아 보험자의 구상청구를 기각한 원심 판결[27]의 결론을 승인한 대법원 심리불속행 판결[28]이 존재한다. 한편 하급심 판례 중에는 아파트 관련 화재보험계약상 입주자대표회장과 계약을 체결한다고 되어 있고 보험목적물만 특정되었을 뿐 피보험자는 특정되지 않은 사안에서, 임차인이 납부한 관리비 항목에 화재보험료가 포함되어 있다는 사정만을 들어 임차인을 보험계약자나 피보험자로 볼 수는 없다고 판시한 것이 있다.[29]

4. 검토

(1) 법이론적 측면

임차인을 보험계약상 묵시적 공동피보험자로 보아 보험자의 구상권을 배척하는 방법은 보험계약상 피보험자가 불명확하게 기재된 경

26) 뉴욕주, 뉴저지주, 아이오와주 등 비교적 소수의 주가 이러한 입장을 취하고 있다.
27) 대전고등법원 2007. 6. 5. 선고 2006나6056 판결.
28) 대법원 2007. 10. 11. 선고 2007다45937 판결.
29) 부산지방법원 2010. 11. 19. 선고 2010나6779 판결(확정).

우라면 가능할 여지가 있지만,[30] 그렇지 않은 경우라면 쉽사리 인정되기 어려울 것이다. 법원이 보험계약상 피보험자를 추가시켜 계약상 주된 급부의무를 창설하는 것은 계약해석의 범위를 뛰어넘은 것으로서, 피보험자가 누구인지 알 보험자의 이익을 정면으로 침해하기 때문이다.

변경 후 독일 판례와 같이 보험계약을 보충적으로 해석하는 방법도 보험계약상 '공백'이 있다고 보기 어려운 점, 보험계약 '외부'에 있는 임차인의 보호를 위해 보험계약 내용에 개입하는 것이 방법론상 타당한지 의문인 점 등을 고려할 때 채택하기 쉽지 않다고 사료된다.

조심스러운 점이 없지 않지만 필자는, 비용을 부담한 사람은 그에 상응하는 이익을 누리는 것이 형평에 부합한다는 차원에서, 임대차계약상 임차인이 보험료를 부담하기로 약정하였거나 별다른 약정은 없었지만 임차인이 보험료를 부담해 온 경우, 보험금을 받은 임대인은 그 한도에서 경과실 임차인에 대한 손해배상청구권을 포기한다는 묵시적 사전합의를 인정함으로써 보험자의 청구를 불허하는 것이 타당하지 않을까 생각한다.[31] 이러한 생각에 대해서는 법원이 당사자들의 의사를 그와 같이 '의제'하는 것이 과연 가능한가라는 근본적 의문이 있을 수 있다. 이러한 종류의 논쟁에서 '정답'이 있을 수는 없지만 분명 위 비판은 경청할 필요가 있다. 사회구성원 중 대다수의 사람이 수

30) 최준규, 앞의 논문(주 21), 298-302면 참조.

31) 만약 임대인이 다가구 주택의 소유자로서 임차인의 과실로 화재가 발생하여 임차목적물 이외의 부분에 대해서도 손해가 발생하였다면, 임대인이 포기한 손해배상청구권의 범위가 임차목적물에 관한 손해로 한정되는지 임대인 소유 건물에 발생한 손해 전부인지 논란이 있을 수 있다. 임차인이 부담한 보험료가 임차목적물에 한정되는 금원이라면 전자와 같이 보는 것이 타당하지 않을까 생각한다. 임차목적물 이외 부분의 손해에 관한 포기약정은 설사 그러한 약정이 인정되더라도 보험자 입장에서 지나치게 불리한 것으로 평가할 여지가 있다.

긍할 수 있는 결론이 도출된다는 점에서 계약 내용에 대한 법원의 개입은 매력적일 수 있지만, 법원의 판단 결과에 대한 예측 가능성을 떨어뜨리고 사적 자치의 원칙을 훼손할 수 있다는 점에서 많은 문제점을 갖고 있기 때문이다.[32] 하지만 그럼에도 불구하고 예외적이나마 법원이 형평을 근거로 계약 내용에 개입할 필요가 있을 수 있다는 점은 부정할 수 없을 것이다. 이 글에서는 일단 이 점만 지적해 두기로 하고, 아래에서는 그 밖에 생각할 수 있는 또 다른 쟁점 두 가지를 살펴본다.

1) 사실상 비용을 전가당한 임차인과의 차별취급 문제

임대차계약상 임차인이 보험료를 부담하기로 약정하였거나 별다른 약정 없이 임차인이 보험료를 부담해 온 경우에 국한하여 임차인을 보호한다면, 임차인에게 사실상 비용이 전가되어 왔지만 그것이 객관적으로 드러나지 않은 경우에는 임차인을 보호할 수 없게 된다. 그러나 임대인과 임차인 사이에 '항상' 비용전가가 일어난다고 단정할 수 없고 언제 어느 정도의 비용전가가 일어나는지 정확히 밝히기 어려운 이상, 양자의 법적 취급을 달리하는 것은 부득이하지 않을까 사료된다.

참고로 우리 하급심 판례 중에는 임대차계약시 "임대차계약 종료 후 임차인이 원상회복의무를 부담한다"고 약정한 경우 원상회복의무의 범위와 관련하여, "일반적으로 임대인은 감가상각비나 수선비 등의 비용을 차임에 포함하여 지급받고 있음을 근거로, 임차목적물의 통상의 가치감소분은 별도의 특약이 없는 한 임대인이 부담한다"고

32) 거래 경험이 풍부한 회사 간 계약을 해석할 때 법원이 형평에 맞는 결론을 도출하기 위해 계약 내용에 개입하는 것은 가급적 자제함이 바람직하다는 지적으로는 최준규, "계약해석에 있어 형식주의의 정당성 및 한계," 민사법학 제60호(2012. 9), 한국민사법학회, 3면 이하 참조.

본 것들이 있다.[33] 감가상각비 등이 차임에 포함되어 임차인에게 전가된다는 것은 비록 실증분석을 해보지 않더라도 '사회통념상' 대다수 당사자들이 수긍할 수 있는 명제라 사료된다. 건물의 사용 · 수익에 따른 대가에는 사용 · 수익에 따라 발생하는 건물의 가치감소에 대한 대가가 포함되어 있다고 봄이 자연스럽기 때문이다. 그러나 임대인이 화재보험료를 차임이나 관리비 등에 포함하여 임차인에게 전가하는 것이 거래관행 내지 사회통념에 비추어 위와 같은 정도로 일반적이라고 볼 수 있는지 의문이다.

2) 사전합의의 효력 문제

임대인과 임차인 사이의 묵시적 사전합의를 인정하면 결과적으로 보험자는 보험자대위에 따라 임차인에 대하여 손해배상청구권을 행사하는 것이 좌절되는데, 이러한 사전합의가 과연 보험자에 대하여 효력이 있는지 문제될 수 있다. 우리 학설상 '보험사고 발생 후 보험금 지급 전' 피보험자가 손해배상청구권을 포기한 경우, 그 한도에서 보험자는 보험금지급책임을 면한다고 보는 것이 대체적 견해로 보인다.[34] 보험약관이나 보험법에 별도의 규정이 없음에도 불구하고[35] 이

33) 서울중앙지방법원 2007. 5. 31. 선고 2005가합100279, 2006가합62053 판결 참조. 우리 판례에 영향을 미친 것으로 보이는 같은 취지의 일본 판례로는 最高裁 2005(平成 17). 12. 16. 判決 平16(受)1573號 참조.

34) 김성태, 앞의 책(주 6), 458-459면 ; 양승규, 앞의 책(주 7), 250-251면 ; 박세민, 앞의 책(주 7), 478-479면 참조.

35) 참고로 독일 보험계약법 제86조 제2항은 "보험계약자는 자신의 배상청구권 및 이 권리를 보전하기 위한 권리를 해당 형식규정 및 기간규정을 준수하여 유지해야 하고, 필요한 경우에는 보험자가 위 권리를 행사할 때 협조해야 한다. 보험계약자가 이 책무를 고의로 위반한 경우, 보험자는 그 결과 제3자에 대한 배상청구를 할 수 없는 한도에서 보험료지급의무를 면한다. 중과실로 책무를 위반한 경우, 보험자는 보험계약자의 의무 위반의 정도에 상응하여 자신의 보험료 지급의무의 감축

러한 견해가 논리필연적으로 당연히 도출될 수 있는 것인지 의문은 있다. 피보험자가 보험사고로 손해를 입었다면 보험금지급청구권이 발생하고, 이후 피보험자가 제3자에 대한 권리를 포기하였더라도 보험금지급청구권은 여전히 존속한다고 볼 여지가 있기 때문이다. 그러나 이러한 포기행위는 보험자가 장차 행사할 것이 '확실시되는' 대위권을 침해하는 점, 보험사고가 발생한 경우 보험계약자와 피보험자는 손해방지 · 경감의무를 부담하는 점(상법 제680조)[36]을 고려할 때, 설사 보험자가 이에 대비한 조항을 보험약관에 별도로 두지 않았더라도 법원의 적극적 법형성[37]을 통해 보험자의 보호를 도모하는 것이 당사자들의 이익상황을 균형 있게 고려한 합리적 결론이라 생각한다.

그렇다면 이러한 생각이 '보험사고 발생 전' 피보험자의 권리포기 약정에도 그대로 관철될 수 있을까? 우리 학설 중에는 피보험자인 화

을 요구할 수 있다. 중과실이 없었다는 점에 대한 입증책임은 보험계약자가 진다" 라고 규정하고 있다.

36) 피보험자가 손해배상청구권을 포기하는 것을 상법 제680조상 손해방지의무 위반으로 평가할 수 있는지에 관하여 학설의 태도는 분명치 않다. 양승규, 앞의 책(주 7), 232-233면은 피보험자가 보험사고와 관련하여 제3자에 대하여 가지는 청구권을 확보하고 보험자의 대위권행사를 용이하게 하는 행위도 손해방지의무의 범위에 포함된다고 하는데, 이러한 입장에 따르면 권리포기는 손해방지의무 위반으로 볼 여지가 있다. 한편 보증보험에 관한 하급심 판례 중에는 "상법 제680조에 규정된 피보험자의 손해방지의무의 내용에는 손해를 직접적으로 방지하는 행위는 물론이고 간접적으로 방지하는 행위도 포함된다고 할 것이나, 그 '손해'는 피보험이익의 구체적인 침해의 결과로서 생기는 손해만을 의미하는 것으로 보아야 할 것이고, 보험자의 대위권 또는 구상권과 같이 보험자가 손해보상 후에 취득하게 되는 이익을 상실하게 됨으로써 결과적으로 보험자에게 부담되는 손해까지도 포함되는 것으로 보기는 어렵다"라고 판시한 것이 있는데(서울고등법원 1999. 2. 3. 선고 98나36360 판결), 이러한 생각을 일관한다면〔박세민, 앞의 책(주 7), 446면은 위 판결에 동의하고 있다〕 손해방지의무 위반에 해당하지 않는다고 볼 여지도 있다.

37) 피보험자의 권리포기를 손해방지의무 위반으로 평가할 수 있다면 법형성이라고 볼 필요가 없을 것이다.

주가 운송인과 사이에 사고가 발생하더라도 운송인에 대한 손해배상 청구권을 포기하기로 사전에 약정한 경우, 이는 보험자에 대하여 효력이 없다는 견해가 있다.[38] 일본 판례도 해상물품운송계약상 화주가 보험금의 지급을 받은 한도에서 운송인에 대한 손해배상청구권을 미리 포기하는 보험이익향수약관(保險利益享受約款, insurance clause)은, 그로 인해 보험자가 보험자대위를 할 수 없는 부분만큼 화주의 보험금 지급청구권이 소멸하므로 결과적으로 화주에게 불리하다고 보아 그 효력을 부정하고 있다.[39]

그러나 위와 같은 학설이나 외국 판례의 논리가 타당한지, 이 글에서 문제된 사실관계에 그대로 적용될 수 있는지 의문이다. 법률이나 보험약관에 해당 규정이 없음에도 불구하고, 피보험자가 권리를 포기하면 그로 인해 보험자대위를 할 수 없는 한도에서 보험자는 보험금 지급의무를 면한다는 논리를 무조건 받아들여야 할 이유가 없다.[40] 이러한 논리에 따르면 면책약정이 유효한 경우 최종적 위험은 피보험자가, 면책약정을 무효로 볼 경우 최종적 위험은 제3자가 부담하게 되는

38) 김성태, 앞의 책(주 6), 460면 참조.

39) 最高裁 1974(昭和 49). 3. 15. 判決(民集 28卷 2號 222면) 참조. 한편 最高裁 1976(昭和 51). 11. 25. 判決(民集 30卷 10號 960면)과 最高裁 1968(昭和 43). 7. 22. 判決(民集 22卷 7號 1489면. 앞선 두 판례는 화주 또는 화송인이 피보험자 겸 보험계약자인 사안이고, 이 판례는 운송인이 화송인을 피보험자로 하여 타인을 위한 보험계약을 체결한 사안이다)은 피보험자가 운송인에 대한 손해배상청구권을 미리 포기한 것으로 보면 피보험자는 그만큼 보험자에 대한 보험금지급청구권을 행사할 수 없게 되는데, 피보험자가 이러한 불이익을 감수하면서까지 권리포기약정을 체결하였다고 보는 것은 경험칙상 이례적이라고 보아, 문제된 계약조항은 보험금을 초과하는 손해 부분에 대해서만 미리 권리를 포기하는 취지라고 '제한해석'하였다.

40) 상법 제680조상 손해방지의무는 원칙적으로 보험사고 발생 이후 문제되는 것이므로, 사전면책약정 체결을 손해방지의무 위반으로 보기 어렵다. 또한 보험계약 체결시 면책약정 체결사실을 고지하지 않았다고 해서 '일률적으로' 고지의무 위반이라고 단정할 수 있는지도 의문이다.

데, 보험자를 이와 같이 보호하는 것이 보험자 · 피보험자 · 제3자의 이익상황을 균형 있게 고려한 결론인지 의문이다. ① 보험사고 발생 전 권리포기의 경우 보험자가 장차 권리를 취득할지 여부가 불확실하므로, 보험사고 발생 후 권리포기의 경우보다 보험자의 이익을 해하는 정도가 낮은 점, ② 보험사고가 발생하기 전에 피보험자가 미리 권리포기약정을 하는 것은 운송료 인하와 같은 경제적 이익을 누리려는 합리적 동기에서 비롯된 것일 수 있는 점 등을 고려할 때, 보험자 입장에서 예측 가능하거나 통상의 범위에서 벗어나지 않는 면책약정(예를 들어 제3자의 경과실로 인해 보험사고가 발생한 경우 면책약정)이라면 그 효력을 인정하고, 면책약정으로 인해 보험금지급의무가 소멸하지는 않는다고 봄이 타당하다.[41] 이러한 상황을 원치 않는 보험자로서는 미리 보험약관에 관련 규정을 마련하면 되므로, 위와 같은 결론이 보험자에게 지나치게 불이익한 것이라 볼 수는 없을 것이다.

임대인 대신 임차인이 목적물을 사용한다고 해서 종전보다 화재위험이 증가한다고 볼 여지는 많지 않은 점[42](따라서 보험자의 구상권을 인정하는 것은 임대인이 스스로 목적물을 사용한 경우와 비교할 때 오히려 보험자를 유리하게 취급하는 결과에 이를 수 있다),[43] 특히 아파트의 경우

41) 같은 취지로는 山本豊, "インシュアランス · クローズの解釋 · 效力と保險代位," 判例タイムズ 제499호(1983. 8. 25), 27-28면 ; 독일에서도 '보험사고 발생 전' 피보험자의 권리포기는 독일 보험계약법 제86조 제2항의 규율대상이 아니고, 이러한 권리포기약정은 그것이 이례적인(ungewöhnlich) 경우(가령 고의나 중과실이 있는 자의 책임을 배제하는 경우)가 아니라면, 보험자는 그로 인한 손실을 감수해야 한다는 것이 판례와 대체적 학설의 입장이다. BGHZ 22, 109 ; Prölss / Martin, Versicherungsvertragsgesetz, 28Aufl.(2010), §86 Rn. 37 참조.

42) 만약 목적물 임차로 보험사고위험이 증가하였다고 평가할 수 있는 상황이라면 사안에 따라 고지의무 위반이나 위험변경 · 증가 통지의무 위반으로 구성할 여지가 있을 것이다.

43) 임대인이 목적물을 사용한 경우 보험자는 임대인이 고의 · 중과실인 경우에만 면

대부분의 임차인이 관리비 명목으로 보험료를 지급하고 임차인이 별도로 책임보험에 가입하는 경우는 많지 않다는 사실은 보험자 입장에서 충분히 예측할 수 있는 점 등을 고려할 때, 경과실 임차인에 대한 손해배상청구권 포기약정은 유효하고 그로 인해 보험자의 보험금지급의무가 소멸한다고 볼 여지는 없다고 사료된다.

(2) 정책적 측면

문제상황 2에서 경과실 임차인에 대한 보험자의 대위청구가 허용되지 않는다면, 임차인의 과실로 인한 화재발생 위험이 증가할 것인가? 실증분석이 필요한 문제이긴 하나, 화재로 인해 임대인의 재산뿐만 아니라 임차인의 재산(가재도구)도 소실되는 점, 임대인은 임차인의 채무불이행을 이유로 임대차계약을 해지할 수 있는 점을 고려할 때, 임차인이 종국적으로 자신의 과실에 상응하는 책임을 부담하지 않는다고 해서 화재발생 위험이 증가할 것이라고 단정하기는 어렵다.

경과실 임차인에 대한 보험자의 구상권을 허용하지 않을 경우 보험료가 증가할 것인가? 이 또한 실증분석이 필요한 문제라고 생각된다. 일단 보험자 입장에서는 수익이 감소하므로 보험료를 인상할 요인이 발생하였다고 볼 수 있다. 그러나 IV. 3.에서 본 것처럼, 보험자가 피보험자의 과실로 화재가 발생할 확률과 제3자의 과실로 화재가 발생할 확률을 구분하여 보험료를 산정하지 않고 통상의 화재발생확률만을 고려하여 보험료를 산정해 왔다면, 종전의 보험료를 유지하더라도 손

책되지만, 임차인이 목적물을 사용한 경우에는 임대인이 경과실이더라도 지급한 보험금 상당액을 임차인으로부터 전보받을 수 있기 때문이다(BGHZ 131, 288의 판시 내용 참조).

실을 입는 상황까지 가진 않을 수 있는바, 가격경쟁을 위해 종전 보험료가 유지될 가능성도 생각해 볼 수 있을 것이다.[44)]

VI. 비용부담이 갖는 법적 의미와 한계

"비용을 부담하는 자는 그에 상응한 이익을 누려야 한다"는 명제는 실정법에 근거를 둔 법원칙이라기보다, 형평 내지 도덕관념에 기초한 사회통념에 가깝다. 그러나 앞에서 본 것처럼 이 명제는, 보험계약자나 임차인은 피보험자가 아니므로 보험자는 보험자대위를 통해 이들에 대하여 권리를 행사할 수 있다는—다분히 형식적이지만 다른 한편으로 논리적이고 법이론에 충실하다고 평가할 수 있는—또 다른 명제를 반박하는 중요한 논거로 작용한다. 이 과정에서 법원이 법이론(타인을 위한 보험계약상 보험계약자는 상법 제682조상 제3자가 아니다)을 만들거나, 계약 내용을 구성하는 것(임대인이 사전에 조건부로 임차인에 대한 손해배상청구권을 묵시적으로 포기하였다)이 가능해진다. 물론 법적 판단을 하는 과정에서 형평이나 도덕관념이 스며드는 것이 과연 정당한가라는 근본적 의문이 있을 수 있다. 이러한 문제에 완결된 답을 제시할 능력은 없지만, 적어도 그러한 사고방식이 바람직한 상황이 있을 수 있고, 문제상황 1과 2가 그러한 예들 중 하나라는 것이 필자의 잠정적 생각이다.

그러나 이러한 소박한 도덕관념에 기초한 명제가 법적 의미를 갖는

---

44) 참고로 R. Keeton / A. Widiss, Insurance Law, West Publishing Co(1988), §4.4(b), p.339는 임대인의 화재보험에 임차인에 대한 구상권포기조항을 추가하여도 통상 추가 보험료가 부과되지 않는다고 서술하고 있다.

것에는 한계가 있음도 분명하다. 가령 ① 법률에 규정된 납세의무자가 계약대금 등을 통해 조세비용을 계약상대방에게 전가하는 것이 분명하더라도, 그 같은 사정만으로 비용을 전가당한 사람들이 헌법소원을 통해 문제된 조세와 관련된 법률의 위헌 여부를 다툴 수 있다고 보기는 어려울 것이다.[45] ② 또한 '계약체결 당시 예견할 수 없었던 이익이 사후적으로 발생한 경우' 해당 이익과 관련된 비용을 부담하여 온 자가 당연히 그 이익에 대하여 권리를 주장할 수 있는 것은 아니다. 가령 탄산수소나트륨을 제조하는 A회사가 그 생산에 필요한 수증기를 B회사로부터 공급받는 내용의 계약을 체결하면서, 계약체결 이후 시행되는 규제(특히 환경 관련 규제)로 인해 필요해진 비용은 B회사가 부담하되 대신 B회사는 그만큼 수증기 판매대금을 올려 지출한 비용을 회수하기로 약정하였는데, 이후 온실효과가스 배출할당량을 교환하는 제도가 실시됨으로 인해 B회사는 수증기 제조 관련 시설의 운영자로서 일정 배출할당량을 부여받았고, 그 할당량이 B회사에 필요한 양을 대폭 초과하여 B회사로서는 이를 판매하여 막대한 이득을 얻을 수 있는 상황에 놓이게 된 경우, A회사가 배출할당을 관리하는 데 드는 비용을 실제 부담하여 왔으므로 배출할당을 관리한 결과 발생한 이익도 A회

45) 공권력 작용에 대한 자기 관련성, 기본권 침해의 직접성 모두 인정되기 어렵다. 최진수, "조세의 전가와 담세자의 헌법소원," 공법연구 제37권 제3호(2009. 2), 한국공법학회, 391면 이하 참조. 헌법재판소 2007. 5. 31. 선고 2005헌마1132 결정은 타당하게도, "이 사건 지방교육세의 납세의무자는 경마 관련 레저세의 납세의무자인 한국마사회이지만, 사실상의 조세부담은 조세의 전가를 통해 승마투표권 구매자가 질 수도 있다. 하지만 이 사건 지방교육세를 사실상 누가 부담할 것인가 하는 것은 전적으로 경제적인 힘, 수요탄력성 등 제반 경제적 여건에 따라(재정학적 · 사실적 측면) 거래당사자 간의 사적 자치나 거래관행 등을 통해(법적 측면) 결정되는 것이지 조세법에 의해 정해지는 것은 아니다. 그러므로 이 사건 법률조항은 승마투표권 구매자를 실질적인 조세부담자로 규율하는 것까지도 그 목적으로 하는 조항이라 볼 수 없다"라고 판시하고 있다.

사에 귀속되어야 한다는 주장은 — 청구원인을 계약상 청구로 구성하든 부당이득 반환청구로 구성하든지 여부와 무관하게 — 인정되기 어렵다고 생각한다.[46]

나아가 해당 사안의 해결에 주목하는 사법적 판단의 특성으로 인해, 형평에 기초한 사법적 판단이 내려지더라도 사회 전체적으로는 애초 의도와 다른 방향으로 문제가 흘러갈 수 있음을 간과해서는 안 된다. 가령 외국어학원에서 수강료를 책정함에 있어 많은 강좌분을 미리 구매할수록 1강좌당 수강료를 저렴하게 하는 가격차별정책을 실시하면서〔즉 강좌 1회분을 구매할 경우 200원을 지불해야 하지만, 강좌 10회분을 구매할 경우 800원만 지불하면 되고(80원/회), 강좌 20회분을 구매할 경우 1,200원만 지불하면 된다(60원/회)〕, 수강생들이 중도해약할 시에는 이미 사용한 강좌분에 대응하는 수강료를 공제한 잔존 금액을 반환하도록 약관상 규정하고 있는 경우(즉 20회분을 구매한 수강생이 10회분만 듣고 중도해약할 경우 1,200원의 절반인 600원을 반환하는 것이 아니라 강좌 10회분 구매금액인 800원을 공제한 400원만 반환하면 된다), 이러한 약관조항을 소비자에게 불리하다는 이유로 무효로 본다면[47] 사업자 입

46) CA Nancy, 26 Septembre 2007, D. 2008, 1120, note M. Boutonnet 판결에서 문제된 사실관계이다. 이 판결은 흥미롭게도, 문제된 계약에 관하여 재교섭할 것을 피고 B회사에 명하였다. 우리 법에서는 이 경우 사정변경원칙이 적용될 수 있는지 생각해 볼 여지가 있다. 그런데 계약체결시 예상치 못한 사정으로 인해 계약당사자가 손실을 입은 것이 아니라, 망외(望外)의 '이득'을 얻은 경우에도 사정변경원칙이 적용될 수 있는지에 대해서는 검토를 요한다.

47) 最高裁 2007(平成 19). 4. 3. 判決(判例タイムズ1246號, 95면)은, 이러한 약정은 특정상거래에 관한 법률 제49조 제2항 제1호에서 규정한 금액(역무를 제공받은 자가 중도해제할 경우 역무제공사업자가 받을 수 있는 금액으로서, 이미 제공한 역무에 대한 대가와 중도해약으로 통상 발생하는 손해의 합산액)을 초과하여 금원을 요구하고 있다는 이유로 무효라고 판단하였다.

장에서는 가격차별정책을 실시할 유인이 사라져[48] 궁극적으로 전체 소비자에게 손해가 되는 결과가 발생할 수 있다.[49] 이는 형평에 기초한 사법적 판단이 문제를 야기하였거나 문제를 제기하기 좋아하는 소수만을 보호하고 침묵하는 다수에게는 오히려 해(害)가 될 수도 있음을 보여 준다. 만약 문제상황 1 · 2의 경우 보험자대위를 부정함으로써 보험료가 상승하게 된다면, 보험의 보호를 받을 수 있는지 여부가 현실적으로 문제될 가능성이 거의 없었던 대다수 보험계약자나 임차인 입장에서는 오히려 종전보다 부담만 증가하는 결과가 될 수 있다. 보험계약자나 임차인이 보험의 보호를 원치 않았음에도 증가된 보험료를 부담시킨다면 분명 문제의 소지가 있다. 그러나 사회통념상 보험의 보호를 원하였을 것으로 '추정'되는 이들에 대해서는 보험료가 증가한다는 점 자체가 문제라고 보기 어렵다. 다수의 보험계약자가 지급한 보험료를 통해 보험사고로 피해를 입은 소수의 보험계약자가 보호를 받는 것은 보험의 기본원리이기 때문이다. 이 경우에는 보험자대위를 부정함으로써 보험료가 상승하는 것과 보험자대위를 인정함으로써 별도로 책임보험에 가입해야 하는 것 중 어느 쪽이 사회적으로 더 바람직한지 여부를 비교할 필요가 있을 것이다. 일률적으로 말하긴 어렵지만 적어도 아파트의 경우, 임차인들이 별도로 책임보험에 가입

48) 강좌를 1회만 수강하고 싶은 소비자는 20회분을 구입한 뒤, 1회만 듣고 중도해약하면 60원을 지불하고 강좌 1회를 수강할 수 있으므로, 굳이 200원을 지불하고 1회분만 구입하려 하지 않을 것이기 때문이다.

49) 鎌田薫, "提供上役務對價相當額の算定と損害賠償額の予定," NBL 858號(2007. 6. 1), 商事法務, 12-14면 ; 森田果, "消費者法を作る人々—法形成におけるインセンティヴ構造の解明に向けての一試論—," 新世代法政策學硏究 15號(2012), 263-266면 참조. 그러나 이러한 주장에 대해서는, 현실에서 악의적인 소비자들은 그리 많지 않고 사업자 입장에서는 할인율을 낮추어 가격을 좀 더 평준화하는 방식을 취할 수 있으므로, 가격차별정책이 여전히 유지될 수 있다는 반론도 가능하다.

하는 것보다 입주자대표회의에서 가입한 화재보험의 보호대상에 임차인을 포함시키는 것이 불필요한 거래비용을 줄일 수 있는 방법이지 않을까 생각한다.

VII. 결론에 갈음하여

이상으로 ① 타인을 위한 손해보험계약상 보험계약자 · 건물화재보험에 있어 임차인이 보험의 보호를 받는 것이 타당한지 여부, ② 비용을 부담하는 사람이 그에 따른 이익을 누리는 것이 타당하다는 명제가 갖는 법적 의미 및 그 한계를 개략적으로 살펴보았다. 형평(fairness)이라는 개념은 불명확하고 그 단어를 사용하는 사람에 따라 자의적으로 이해될 위험이 있다. 그럼에도 불구하고 법관이 법적 권리 · 의무를 구성함에 있어—법률의 해석을 통한 구성이든 계약의 해석을 통한 구성이든 법관의 법형성에 의한 구성이든지와 무관하게—형평이라는 관념이 중요한 역할을 하는 경우가 있다는 점을 부정하기 어렵다. 또한 거래관행, 거래질서에서 활동하는 일반 당사자들의 사회제도(예를 들어 계약, 법률)에 대한 통상적 인식 등도 계약이나 법률을 해석할 때 중요한 기준이 되는 경우가 있다. 법적 문제를 해결함에 있어 위와 같은 기준들이 언제, 어느 정도로 고려될 수 있는지에 관하여 선험적 · 일률적으로 말하기는 어렵다. 다만 형식(form) 대 실질(substance)이라는 관점에서 개별 사례를 분석함으로써 위와 같은 문제의 해결기준을 개략적이나마 정립하는 작업은 가능하고 필요한 일이라 사료된다. 이에 관해서는 후일의 연구를 기약하며 글을 마치기로 한다.

07

손해보험에서의 보험사고 특정*

-특히 배상책임보험에서 One Event를 어떻게 볼 것인지를 중심으로-

이영석**

I. 들어가는 말

1. 글을 쓰게 된 계기

손해보험에서 보험사고를 어떻게 특정할 것인지는 얼핏 생각하면 간단해 보이지만 막상 실무상 부딪혀 보면 해결하기가 의외로 쉽지 않은 문제이다. 보험사고의 범위를 어떻게 정할 것인가의 문제는 결국 어떤 보험사고가 발생하였을 때 이를 하나의 보험사고로 볼 것인

* 이 논문은 BFL 제56호(2012. 11)에 게재된 글을 수정 · 보완한 것이다. 이 글을 쓰는 데에 자료 조사 및 초고 작성 등을 광범위하게 도와준 법무법인 율촌의 박현아 변호사에게 감사드린다.

** 법무법인 율촌 변호사

가 둘 이상의 보험사고로 볼 것인가의 문제로 귀결되는데, 결론이 어느 쪽이냐에 따라 아래 2.에서 살펴보는 것처럼 보험계약상 여러 가지 다른 법률효과가 발생한다.

우연의 일치인지 아니면 다른 까닭이 있는지는 모르지만 최근 1～2년간 손해보험계약과 관련하여 보험사고의 범위 특정 및 그에 따른 법률적 효과에 관하여 4～5차례 이상 자문을 요청 받았다. 이러한 자문에 응하면서 참고하기 위하여 우리나라의 판례나 법률문헌을 찾아보았지만, 실제 문제 해결에 도움이 될 만한 것들은 거의 찾지 못하였다. 따라서 보험사고의 범위 특정과 관련하여 문제가 될 만한 논점들을 집대성하고 이들과 관련된 외국에서의 논의와 판례를 망라하여 정리한 후, 이를 참고하여 우리나라에서의 해결책을 제시하는 것이 시급히 필요하다. 하지만 연구의 부족으로 여기에서는 우선 그간 검토한 몇몇 사례를 바탕으로 논점들을 뽑아낸 후 우리보다 앞서 이 논점들을 깊이 검토한 것으로 보이는 영국 판결 둘을 참고로 소개하고자 한다. 앞으로 보다 광범위하고 깊이 있는 연구가 이루어지기를 바란다.

2. 보험계약에서 발생하는 법률효과 —피보험자와 보험자 사이의 중립성

어떤 사건 또는 사고를 하나의 보험사고로 볼 것인지 다수의 보험사고로 볼 것인지에 따라 보험관계에서 다음과 같이 상이한 법률효과가 발생한다.

우선 보험계약에는 통상 사고당 보험금액 한도가 정해져 있다. 따라서 일련의 사건 또는 사고를 하나의 보험사고로 본다면 사고당 보험금액 한도가 1회만 적용되는 반면, 다수의 보험사고로 본다면 사고당 보험금액 한도가 각각의 사건 또는 사고마다 적용된다. 물론 사고당 보험금액 한도 이외에 총 보험금액 한도가 정해져 있는 경우에는 사고당 보험금액 한도가 총 보험금액 한도를 넘을 수 없어 이에 따른 제약이 있고, 특히 사고당 보험금액 한도와 총 보험금액 한도가 동일하게 정해져 있는 경우에는 사고가 아무리 여럿이라도 결국 사고당 보험금액 한도를 넘어서는 보상은 이루어지지 않는다.

한편 대부분의 보험계약에는 손해의 일정 부분을 피보험자가 부담하는 자기부담금(deductible or retention)이 규정되어 있는데, 대부분의 경우 자기부담금은 사건 또는 사고마다 적용된다. 따라서 일련의 사건 또는 사고를 하나의 보험사고로 보느냐 다수의 보험사고로 보느냐에 따라 자기부담금의 적용이 달라진다. 하나의 보험사고로 보면 자기부담금이 1회만 공제되는 반면, 다수의 보험사고로 보면 각각에 대하여 자기부담금이 공제된다.

그리고 손해가 발생한 시기를 기준으로 보험사고 발생시기를 정하는 보험계약의 경우(loss occurrence basis), 특정 보험기간 내에 손해가 발생하였는지 여부를 판단하는 데에도 보험사고의 개수는 중요하다. 보험증권은 통상 기간별로 발행되므로 일련의 사건 또는 사고 전체에 대하여 하나의 보험증권만이 담보할 수도 있고 복수의 보험증권이 일부씩 담보할 수도 있다. 기간별 보험증권의 조건이 다르거나 보험자가 다른 경우 또는 일부 기간에 대하여는 아예 보험증권이 없는 경우 등에는 보험사고가 하나인지 다수인지에 따라 보험계약의 당사자들에게 실제적으로 크나큰 차이가 생길 수 있다.

이른바 소급담보일(retroactive date)이 적용되는 보험계약의 경우에는 보험사고 발생시기가 소급담보일 이전인지 이후인지를 판단하는 데에도 보험사고의 개수는 중요하다. 이에 따라 면책 여부가 달라지기 때문이다. 특히 일련의 사고를 하나로 보는 경우에는 언제 사고가 발생한 것으로 보는지에 따라 결론이 달라질 수 있다. 즉 사고가 최초로 발생한 날인지 아니면 사고에 따른 결과가 마지막으로 발생한 날인지 아니면 제3의 날인지 등에 따라 소급담보일 이전 사고인지 이후 사고인지가 결정되기 때문이다. 보험약관에 사고 발생일에 관한 별도 규정이 있으면 물론 이에 따라 결정될 것이다.

이처럼 일련의 사건 또는 사고를 하나의 보험사고로 보느냐 다수의 보험사고로 보느냐는 보험계약에서 실제적으로 여러 가지 다른 법률효과를 낳는다. 하지만 일련의 사건 또는 사고를 하나의 보험사고로 보느냐 아니면 다수의 보험사고로 보느냐에 따라 피보험자 또는 보험자가 일률적으로 유리하거나 불리해지는 것은 아니다. 각 사고의 손해를 여럿으로 나누는 경우, 대부분 자기부담금 이하가 된다면 하나의 사고로 보는 것이 피보험자에게 유리하고 다수의 사고로 보는 것은 반대로 보험자에게 유리하다. 반면 각 사고의 손해를 여럿으로 나누어도 자기부담금을 훨씬 초과하고 특히 사고당 보험금액 한도에 비해 총 보험금액 한도가 큰 경우에는 다수의 사고로 보는 것이 피보험자에게 유리하고 하나의 보험사고로 보는 것은 보험자에게 유리하다. 이처럼 실제 사고의 유형과 손해액 및 자기부담금 금액과 사고당 보험금액 · 총 보험금액 등이 어떠한지에 따라 일련의 사건 · 사고를 하나의 보험사고로 보는 것이 피보험자나 보험자에게 유리하거나 불리할 수도 있고, 마찬가지로 다수의 보험사고로 보는 것이 피보험자나 보험자에게 유리하거나 불리할 수도 있다. 즉 일련의 사건 또는 사고를 하나의 보험사고로 볼 것인지 다수의 보험사고로 볼 것인지는 피보험자와 보험자 사이에서 이론상 중립적인 문제이다. 따라서 이 문제를 보험사고가 발생한 후 그때그때 상황에 따라 정할 것은 아니고

(이때는 이해당사자들의 이해가 첨예하게 대립하여 합리적인 논의가 어려울 것이다) 보험약관의 규정과 준거법에 따라 사전에 정해진 일정한 기준이 적용될 필요가 있다. 하지만 보험약관의 규정에 따르더라도 보험사고의 개수를 판단할 명확한 기준이 없는 경우가 왕왕 있는데, 그러한 경우 보험사고의 개수를 어떻게 판단할 것인지는 결국 준거법에 따라 결정될 문제이다. 필자가 조사한 바로는 이 문제에 대하여 우리나라 법상 명확한 기준이 없으므로,[1] 준거법이 우리나라 법인 경우 만일 보험약관에 기준이 없다면 결국 기준이 전무한 셈이다.

3. 실제 사례

보험사고 특정의 문제가 보험계약상 어떤 법률효과를 발생시키는지는 위 2.에서 이미 살펴보았다. 아래에서는 필자가 검토하였던 몇몇 사례를 소개함으로써, 이 문제가 실제 어떤 맥락에서 피보험자와 보험자 사이에 첨예한 대립을 일으키는지를 살펴본다.

(1) 해상적하보험 사례

A사 공장에서는 약 2개월에 걸쳐 컴퓨터 LCD 모니터 약 5만여 대를 컨테이너 50대에 선적한 후 선박을 통해서 북미, 유럽 등 전 세계 각국에 수출하였다. 그런데 그중 멕시코와 폴란드에 도착한 35대의 컨테이너 중 일부(30대)에서 습손(wet damage)이 발생하여 해당 컨테이

1) 아래에서 드는 실제 사례의 해결에 도움이 될 만한 판례나 학설상의 논의를 찾지 못하였다.

너에 실려 있던 모니터가 전손되는 사고가 발생하였다. A사는 모니터를 알루미늄 백으로 포장한 후 10개씩 카드보드 상자에 넣고 목재 팔레트 위에 카드보드 상자를 올려 컨테이너에 입고하였는데, 선적에 사용된 목재 팔레트에 과도한 습기가 포함되어 있다가 운송과정에서 모니터에 스며들어 습손이 발생한 것으로 추정되었다.

위 사고와 관련하여 A사의 손해보험사 B사는 보험금 지급에 따른 손실을 담보하기 위하여 재보험사 C사와 해상적하초과 손실재보험특약(marine cargo excess of loss reinsurance)을 체결하였다. 이는 보험사고 발생시 손해액(loss)을 기준으로 책임이 분산되는 비비례 재보험으로, 그 초과액특약에 의하면 미화 100만 달러를 초과하는 손해액에 대하여만 재보험자가 부담한다.

위 재보험계약은 재보험자의 책임한도 및 원보험자의 자기부담금과 관련하여 "하나의 사고로 인하여 생겨난 개개의 모든 손실 및 일련의 손실이 미화 100만 달러를 초과하는 경우(excess of USD 1,000,000 each and every loss or series of loss arising out of one event)"라고 정하고 있었다. 그런데 위 사고와 관련하여 하나의 사건을 실제 습손이 발생한 수출국(멕시코 및 폴란드)별로 또는 해당 컨테이너 내지 각각의 선하증권, 운송 선박별로 파악하는 경우에는 그 개별 손실액이 미화 100만 달러를 초과하지 아니하여 재보험금을 청구할 수 없다. 즉 2개월에 걸쳐 전세계 각국에 모니터를 수출하는 과정에서 일부 국가로 운송된 일부 컨테이너에서 발생한 손실을 전체로 보아 '하나의 사건으로 인한' 손실로 볼 수 있는지가 문제되었다.

위 사고는 A사에서 처음 목재 팔레트를 사용하기 시작한 때부터 선적된 총 200대의 컨테이너 중 30대의 컨테이너에서만 손실이 발생한 것으로 하나의 사건으로 볼 만한 공통된 요소가 없고, 모든 컨테이너에서 습손이 발생한 것이 아닌 이상 인과관계요건이 충족되지 않으며, 특히 30대의 컨테이너에서 발생한 습손은 장소적 · 시간적으로도 동일성이 인정되지 않는다는 점은 '하나의 사건'에 해당되지 않는다는 입장을 뒷받침한다.

반면 사고에는 모두 젖은 목재 팔레트를 사용하였다는 공통된 요소가 존재하고, 젖은 목재 팔레트를 사용한 컨테이너에서는 대부분 동일한 습손이 발생하였고, 그 외 다른 사고 원인을 발견하기 어려운 이상 사고원인과 손실 간에 인과관계도 인정되며, 이 사건 사고의 결과 발생을 기준으로 하면 장소와 시간이 다르지만 원인행위가 있었던 장소 및 시간은 동일하고, 젖은 목재 팔레트를 선적에 사용하겠다는 당사자 의도의 동일성도 인정된다는 점은 결국 '하나의 사건'에 해당된다는 입장을 뒷받침한다. 이 문제는 하나의 사건에 대한 법률적 해석의 문제라기보다 결국 사실 판단의 문제인 것이다.

(2) 재해보험 재보험 사례

2011년 7월경부터 약 3개월간 태국 지역에서 지속된 집중호우 및 홍수로 인하여 태국 산업단지 내 외국 공장 200여 곳이 완전히 침수되어 몇 주 동안 공장 가동이 중단되는 등 침수피해가 발생했다. 전례 없는 대규모 홍수로 인한 침수피해는 2011년 11월 중순경에야 해소되었고, 공장 등도 2011년 말경에야 정상화되었다. 이들 일부 공장에 대한 원보험자는 일본 회사였고 이에 대해 재보험 부보가 되었다. 위 사고에 해당하는 각종 재보험특약 중 2010년도 특약이 적용되는 손실은 2건, 2011년도 특약이 적용되는 손실은 8건이었다.

원보험자는 종전 재보험계약에서는 피보험자가 하나의 자연재해를 둘 이상의 사건으로 나눌 수 있다고 명시적으로 규정(이른바 '분리조항')하고 있었던 점 등을 토대로 위 사고를 동일 보험기간 내에서도 둘로 나누고, 또한 재보험의 런오프(runoff)[2] 적용을 이유로 다시 한 번 둘로 나누어 하나의 사고(any one event)에 대하여 적용되는 보험금 지급한도(event limit)가 최대 4회까지 적용되어야 한다고 주장했다.

그런데 위 사건에 적용되는 보험계약에서는 분리조항이 삭제되고 '사고(event)'에 관한 정의조항에서 하나의 사고는 원칙적으로 "하나의 재해로부터 직접 발생한 모든 개별적 손실을 포함하여 의미(all individual losses arising out of and directly occasioned by one catastrophe)"하는 것으로 규정하고 있어, 이에 의하는 경우에도 두 개의 사건으로 나뉠 수 있는지 또한 원보험기간이 두 재보험기간에 걸치는 경우를 어떻게 취급할 것인지가 문제되었다.

특히 대규모 자연재해를 하나의 사고로 볼 것인지에 대하여 기본적으로 하나의 사고라는 입장을 취하는 경우, 추가적으로 발생하는 법률적 문제들이 해롭다. 즉 당사자들 사이의 종전 보험계약에 있던 분리조항이 삭제되었음에도 분리조항이 그대로 있었던 것과 동일한 법률효과를 인정할 것인지의 문제와 하나의 보험사고에 대해 재보험 런오프를 적용하면 마치 두 보험사고가 발생한 것처럼 취급될 수 있는지의 문제이다.

2) 특약재보험계약이 기간 만료 등의 사유로 해지되는 경우 재보험자의 책임과 관련하여 이로써 재보험자의 책임이 완전히 종료되는 클린컷(clean-cut) 시스템과 이와 반대로 재보험자의 책임이 유지되는 런오프 시스템이 있다. 후자에 의하면 특약재보험의 보험기간이 만료된 이후에도 해당 보험기간 동안 보험기간이 개시된 원보험계약들의 보험기간이 모두 만기가 될 때까지 재보험자로서의 책임을 계속 부담하게 된다.

(3) 전문가배상책임보험 사례

전문가배상책임보험의 일종인 관세사배상책임보험의 피보험자인 관세법인 소속 관세사들이 동일 회사로부터 동일 품목의 수입신고업무를 대행하면서 무관세대상이 아님에도 불구하고 무관세물품으로 반복하여 수입신고를 했다.

이후 세관의 서류심사 및 현품검사를 받게 되면서 무관세물품이 아니라는 점이 밝혀져 해당 회사에 추가납부관세, 추가납부부가세 및 가산세가 부과되었다. 이에 해당 회사는 관세법인이 수입신고를 대행하면서 품목을 잘못 적용하여 가산세 상당의 손해를 입게 되었다고 주장하고 관세법인에 손해배상을 구하였다.

위와 같이 잘못된 수입신고행위가 짧게는 3개월에서 길게는 1년 4개월 동안 수십, 수백 회에 걸쳐 거듭 이루어진 경우에도 하나의 보험사고에 해당하는지 문제된다. 특히 이 사건 책임보험약관의 공제조항(excess clause)에서 보험사고를 구성하는 청구(claim)의 의미를 "동일한 원인 또는 사고로부터 발생하였거나 유발된 것(all claims attributable to or arising out of the same cause or event)"이라고 정하였는바, 결국 이 사건에서 하나의 보험사고에 해당하는지 여부는 개개의 수입신고행위가 배상청구의 '동일한 원인 내지 사건(same cause or event)'에 해당하는지 여부에 좌우된다.

위 사건 책임보험의 약관에서는 '동일한 원인 내지 사건'의 의미가 무엇인지 명시적으로 규정하고 있지는 않으나 피보험자의 귀책사유에 따른 작위 또는 부작위로서 제3자에 대하여 손해배상책임을 부담하게 된 원인행위 내지 사실관계를 의미하는 것으로 해석된다. 따라서 이러한 원인행위 내지 사실관계가 동일한 경우에는 하나의 사고에 해당되고, 만약 원인행위 내지 사실관계가 동일하지 않은 것으로 판단되는 경우에는 별개의 사고로 취급되어야 하나, 과연 그러한 원인행위 내지 사실관계의 범위와 수를 어떻게 정할 것인지가 문제이다.

이에 대하여 (i) 위 보험사고는 모두 품목번호가 잘못 기재된 수입신고에 의한 것으로 원인이 동일하고, (ii) 각 수입신고에 대한 피해회사의 거래 의도가 동일하며, (iii) 신고행위마다 시간적 근접성 및 행위의 동일성이 인정되므로 각 수입신고행위는 모두 하나의 원인 내지 사건에 해당된다고 파악하는 입장이 있다.

반면 전문가배상책임보험의 경우, 이 사건의 관세사와 같은 전문직업인이 자신의 전문가적 지식 및 경험에 기초하여 영업행위를 하는 과정에서 고의 또는 과실로 고객에게 손해를 가하여 고객으로부터 손해배상청구를 받게 되는 것을 대비하기 위한 것이므로 손해배상청구의 '원인 내지 사고(cause or event)'는 전문가적 지식 및 경험을 토대로 한 영업적 행위 자체라고 보는 입장도 가능하다. 이 입장의 논거는 수입신고행위는 그 자체로 관세사들의 전문영역에 속하는 통관업무 관련 활동으로 독자적인 의미를 갖는 것[3]이고, 비록 동일한 수입회사를 위하여 동일한 품목에 대하여 포괄적 위임계약을 체결한 후 그에 따라 일정 기간 동안의 수입신고를 계속적으로 대행한다고 하더라도 해당 관세사는 매 수입신고마다 통관업무 관련 전문가로서 위임계약상 선관주의의무를 다하여야 하는 것으로, 앞서 한 번 수입신고를 잘못

---

3) 수입신고는 물품의 종류, 과세가격, 납부세액 등을 세관에 신고하는 행위로서 신고품목 또는 신고자가 동일하다고 하더라도 (i) 별개의 신고번호가 부여되고, (ii) 수입신고서 · 송품장 · 가격신고서 등 구비서류를 별도로 제출하여야 하며, (iii) 그에 따라 별개의 관세 및 부가세가 부과된다. 또한 (iv) 실제 수입신고일을 기준으로 적용되는 법령 및 과세환율도 결정된다.

하였다고 하더라도 그 다음 수입신고에서는 올바르게 신고할 선관주의의무가 있다는 것이다. 즉 일련의 수입신고를 단지 관세사의 과실 내용이 동일하다거나 피해자 및 수입품 품목이 동일하다는 이유만으로 하나의 원인 내지 사건이라고 보기는 어렵다는 것이다. 법률적 · 당위적 판단 없이는 사고의 범위와 수를 확립하기 어렵다.

(4) 임원배상책임보험 사례

회사의 임원들이 임원으로서의 임무를 수행하면서 부담하게 되는 배상책임을 담보하는 임원배상책임보험에서 임원들이 회사에 매우 중요한 결정을 정기적으로 (예컨대 연간 1회 또는 2회) 하는 경우 각 결정에 따른 책임을 모두 합하여 하나의 사고로 볼 것인지 아니면 각 결정별로 별도의 사고로 볼 것인지가 문제된다.

이에 대해 어차피 임원들은 회사에 대하여 선관주의의무 또는 해당되는 경우 법령을 준수할 의무 등을 부담하고 있으므로 동일한 의무가 문제되는 이상 수회 이상의 결정에 따른 책임을 모두 하나의 사고로 보는 입장이 가능하다.

반면, 설사 문제되는 의무 자체는 동일하다고 하더라도 각 결정에서 참고로 하는 정황과 요소들이 모두 상이하고 결정 자체가 각각 다르며, 그에 따라 어떤 결정에 대해서는 책임이 발생하고 어떤 결정에 대해서는 책임이 부인되는 결과가 발생할 수 있으므로 각 결정마다 하나의 사고로 보는 입장도 가능하다. 이 문제 역시 법률적 · 당위적 판단을 요한다.

II. 배상책임보험에서 One Event에 관한 법률적 쟁점의 분석

1. 배상책임보험상 논의의 필요성

I.에서 보듯이 손해보험에서 보험사고의 개수는 여러 종류의 보험에서 다양한 방식으로 문제가 된다. 하지만 위에서 살펴본 사례 중 해상적하보험이나 재해보험(특히 재보험의 맥락에서) 등에서 보험사고의 수를 정하는 것은 기본적으로 사실 판단의 문제이지 법률적으로 복잡한 쟁점들이 있는 것은 아니다. 사례에는 포함되지 않았지만 화재보험의 보험사고는 화재일 터인데, 화재가 하나의 사고인지 다수의 사고인지는 그야말로 사실 판단의 전형이다. 또한 위 사례에서 해상적하보험(재보험의 맥락)에서 손해 발생의 원인이 된 사고 또한 몇 개의 사고인지에 대한 판단은 전형적인 사실 판단의 문제이다. 원보험의 피보험자와 보험자 사이에서는 서로 아무런 이의 없이 각각의 보험사고에 관하여 보험금이 지급되었고, 이후 재보험자들 사이에 쟁점이 된 것도 법률적인 것이라기보다는 운송 중 사유로 손해가 발생하였는지 운송 개시 이전의 보관 중 사유로 손해가 발생하였는지의 사실 판단이 문제되었다. 위 사례 재해보험의 재보험에서도 재해를 하나의 사고로 볼 것인지 아닌지 및 하나의 사고로 본다면 이를 둘 이상으로 나눌 수 있는지의 문제로서 기본적으로 사실 판단의 문제이고, 종전 보험계약에 있던 약관조항이 다음 보험계약에서 삭제된 데 따라 어떤 결과가 발생하는지, 런오프조항은 어떤 영향을 주는지 등은 그에 따른 특별한 법률효과의 문제이지 당초 보험사고의 수가 몇이냐는 법률적 문제는 아니라고 본다.

하지만 배상책임보험에서는 사정이 다르다. 배상책임보험에도 일반적인 영업배상책임보험 · 전문가배상책임보험 · 임원배상책임보험 등 다양한 종류가 있지만, 어떤 배상책임보험이든 간에 결국 피보험자가 법률상 부담하는 배상책임을 담보한다는 공통점이 있다. 그런데 법률상 배상책임은 고의인 경우에도 발생하지만 보험에서는 그다지 큰 의미가 없다. 고의의 사고로 인한 손해에 대해서는 대부분의 보험이 면책을 규정하고 있기 때문이다. 따라서 보다 중요한 것은 과실로 인한 사고인데,[4] 과실이라는 것은 먼저 일정한 주의의무를 전제로 하고 그러한 주의의무를 위반하는 것을 말한다. 그런데 피보험자가 어떠한 주의의무를 부담하는지는 일률적으로 말하기 어려운 데다가 주의의무 자체가 일시적으로만 요구되는 경우보다 계속적으로 요구되는 경우가 훨씬 흔하다. 따라서 어떠한 주의의무 위반을 보험사고로 보는지 또한 그러한 주의의무가 계속적으로 요구되고 위반이 계속되는 경우 이를 통틀어서 하나의 보험사고로 보는지 여럿으로 보는지에 따라 보험사고의 수가 달라질 수밖에 없는데, 이러한 사항들을 어떻게 결정할 것인지는 단지 사실 판단이 아니라 당위성의 판단, 즉 법률적 판단에 달려 있다. 이런 이유 때문에 손해보험 중 특히 배상책임보험에서 보험사고 특정 문제를 따로 검토할 필요가 있다.

2. 배상책임보험상 보험사고 특정과 관련된 쟁점

과실로 인한 사고에 국한하여 보면 우선 주의의무가 인정되어야 하고 이를 위반하였다는 점과 손해가 발생하였다는 사실이 있어야 보험사고를 논의할 필요가 생긴다. 어떤 사고가 보험으로 담보되지 않는다

---

4) 무과실책임으로 인한 손해를 담보하는 보험도 있으나, 여기에서는 일단 논의에서 제외한다.

면 보험사고를 논의할 필요도, 그 수를 논의할 필요도 있을 수가 없다.

그런데 주의의무란 여러 단계에서 다양한 형태로 인정될 수 있는 것이므로 이를 어떻게 정의하느냐에 따라 주의의무의 내용과 수가 달라진다. 또한 그에 따라 주의의무 위반의 수 또한 달라진다. 별개의 주의의무가 인정되면 그 위반 또한 별개로 인정되기 때문이다. 또한 주의의무가 계속적으로 요구되는 경우, 그 위반 또한 일회성이 아니라 계속적 · 반복적일 수 있다. 이러한 계속적 · 반복적 위반을 하나의 사고로 볼 것인가 아니면 각각 별개의 사고로 볼 것인가, 또한 그 기준은 무엇인가도 문제이다. 한편 다양한 주의의무 위반이 서로 경합하여 손해가 발생한 경우는 하나의 사고로 취급할 것인지 다수의 사고로 취급할 것인지도 문제이다. 이와 다른 차원에서 하나의 주의의무 위반이 다른 주의의무 위반을 야기하고 그 결과 손해가 발생한 경우('계층적 주의의무와 그 위반')는 어떻게 취급할 것인지도 문제이다. 이러한 계층적 주의의무 위반은 단지 두 단계일 수도 있고 세 단계, 네 단계 이상 중첩될 수도 있다. 형이상학적으로 생각한다면 일차적으로 아무리 다양한 주의의무 위반이 있다고 할지라도 거슬러 올라가 아주 일반적인 형태로 정제하는 경우 모든 주의의무 위반이 결국 하나의 일반적인 주의의무 위반에 근원을 둔다고 볼 수도 있을 것이다. 이처럼 모든 주의의무가 결국 하나로 귀결될 수 있다는 점을 들어 다양한 형태의 주의의무 위반 역시 그러한 근원적 주의의무 위반이라는 하나로 보아 결국 하나의 보험사고만을 인정할 것인가? 주의의무 위반은 아무리 계속적 · 반복적이어도 주의의무 자체가 하나인 이상 결국 하나의 보험사고인가? 만일 그렇지 않다면 주의의무의 내용과 수를 정의하고 그 위반의 개수를 정하는 것은 누가 어떤 기준에 따라서 하는 것인가? 이러한 의문들이 꼬리에 꼬리를 물고 생긴다.

이상의 논의를 요약해 보면, 배상책임보험에 있어서 보험사고의 수를 정하기 위해서는 다음 사항들에 대한 입장이 정리되어야 한다.

(i) 어떤 주의의무들이 인정되는가.

(ii) 계층적 주의의무, 즉 주의의무가 종적으로 상위의 주의의무와 그 하위의 주의의무들로 구성되는 경우는 어떻게 취급할 것인가—손해와 직접 인과관계가 인정되는 주의의무만 인정할 것인가 아니면 최상위의 주의의무만 인정할 것인가. 그것도 아니면 종적으로 연결된 일련의 주의의무를 모두 인정할 것인가. 그 기준은 무엇인가.

(iii) 주의의무가 횡적으로 여럿이 경합하는 경우는 어떻게 취급할 것인가.

(iv) 주의의무가 계속적으로 요구되는 경우에는 어떻게 취급할 것인가. 모두 하나의 주의의무로 보아야 하나, 아니면 일정한 기간에 따라 나눌 수 있는가. 그것도 아니면 위반의 수만큼 주의의무의 수도 인정되나.

(v) 주의의무 위반은 수를 어떻게 정하나. 주의의무가 하나인데 위반은 다수 인정될 수 있나. 일회성 주의의무 위반과 계속적 · 반복적인 주의의무 위반은 달리 취급해야 하나.

(vi) 주의의무 위반과 손해 사이의 인과관계가 필요한가.

(vii) 주의의무 위반은 부보대상이어야 하나 아니면 부보대상일 필요가 없나.

이상의 사항들에 대하여 앞서 살펴본 것처럼 우리나라에서는 판례나 기타 유권해석은 물론 유력한 학설도 찾을 수 없었다. 이러한 상황에서 필자의 졸견을 밝히는 대신 관련 논점들을 앞서 자세히 검토한 외국 판결 둘을 소개한다. 앞으로 유사한 문제가 발생하였을 때 참고가 되었으면 한다.

III. 영국 판결 소개

앞에서 보았듯이 배상책임보험에서 보험사고의 수를 어떻게 정할 것인지에 대해 보험약관에 크게 도움이 되는 규정이 없는 경우가 비일비재하고, 우리나라에서는 이에 관한 판례가 없음은 물론 의미 있는 학설상 논의조차 쉽게 발견되지 않는다.

이에 비해 보험선진국인 영국과 미국에는 다양한 판례가 존재하는데, 법체계는 우리와 다르지만 II.에서 살펴본 여러 사항에 대해 이들 판례에서도 동일한 고민을 하였음을 알 수가 있으며, 따라서 우리나라에서 판단기준을 설정하는 데에도 크게 참고가 되리라 생각한다. 다만 미국 판례는 최고법원의 판례가 아닌데다가 일정한 방향성을 찾기가 어려워 (다시 말해서 서로 상반되는 기준을 적용한 것처럼 보이는 판례가 다수 존재) 심층분석을 하지 못한 지금 단계에서는 소개를 생략하고, 배상책임보험에서 보험사고 특징과 수의 문제를 다룬 영국의 최고법원 판결 하나와 그 이전의 항소심 판결 하나를 위 논의 사항들을 중심으로 소개한다. 이들 판결에서도 일차적으로 보험약관의 해당 규정에 대한 해석에서 출발하나 문리해석만으로 답을 도출한 것으로는 보이지 아니한다. II.에서 살펴보았듯이 배상책임보험에서 보험사고의 범위와 수는 기본적으로 당위적 · 법률적 판단을 내포하고 있기 때문이다. 다만 판례는 어디까지나 해당 사건에서 구체적 타당성을 추구하는 것이기 때문에 섣부른 일반화는 위험하다.

1. Caudle v Sharp(1995)[5]

이 사건의 배경사실은 다층의 보험관계로 말미암아 상당히 복잡하다. 먼저 일군의 Lloyd's 재보험자들[6]로부터 Outhwaite 신디케이트 회원들[7]이 일정한 재보험 위험[8]을 인수하였는데, 이 신디케이트를 위한 재보험위험 인수는 신디케이트의 관리 에이전트인 RHM Outhwaite Ltd. 및 기타 에이전트들이 담당하였다. 그런데 위 RHM Outhwaite Ltd.의 대표인 Outhwaite가 석면침착증(asbestosis) 및 환경오염으로 인한 위험을 인수하면서 과실을 범함에 따라 (석면침착증으로 인한 위험은 인수 당시 이미 알려져 있었다) 위 재보험위험 인수로 엄청난 금액의 손해가 발생할 것이 확실해졌다.

이에 Outhwaite 신디케이트 회원들은 먼저 재보험금으로 영화 1억 1,600만 파운드를 지급하고 나서 Outhwaite 대표의 과실을 이유로 RHM Outhwaite Ltd. 및 기타 에이전트를 상대로 손해배상청구소송을 제기하였고 그 결과 737만 5,891파운드에 합의[9]하였다. 이후 RHM Outhwaite Ltd. 및 기타 에이전트의 전문인배상책임보험[10]자인 이 사건 피항소인들(Sharpe 등)은 RHM Outhwaite Ltd.에게 보험금을 지급하고 재보험자인 이 사건 항소인들을 상대로 재보험금청구의 중재를 제

---

5) Caudle and others v Sharp, COURT OF APPEAL (CIVIL DIVISION), 〔1995〕 LRLR 433.

6) 개인인 Lloyd's 신디케이트 회원들과 법인 보험자들로 구성되었다.

7) Lloyd's 관례에 따라 역시 개인들로 보인다. Names로 불린다.

8) 런오프특약이라고 하여 재보험위험 중 합의된 날짜 이후에 현실화되는 부분을 재보험자로부터 인수하였다.

9) Outhwaite Settlement라 불린다. 이 합의의 적절성은 나중에 중재판정부도 인정하였고 위 소송 자체에서도 다투어지지 않았다.

10) Errors and omissions (professional indemnity) insurance.

기하였다. 이 중재에서 첫째 쟁점은 원피보험자들, 즉 RHM Outhwaite Ltd. 및 기타 에이전트가 Outhwaite 대표가 잘못된 판단에 따라 인수한 32개의 보험계약에 따라 입은 손해를 "each and every loss"의 계약상 정의[11]에 따라 합산할 것인지였다.

위 중재에서 중재인들은 1993. 9. 1. 위 손해를 단일 손해(single loss)로 판단하고 재보험자들에게 손해의 지급을 명하는 중간판정(interim award)을 내렸다. 단일 손해 여부가 중요 쟁점이 된 까닭은 위 재보험에서 영화 125만 파운드 또는 미화 250만 달러를 초과하는 손해만 보상하기로 하였는데 32개 계약 각각의 손해는 위 금액 미만인 반면, 합산 손해는 위 금액을 훨씬 상회하여 결국 단일 손해인지 여부가 재보험금 지급 여부를 좌우하였기 때문이다. 중재인들은 원보험의 성질과 원보험상 손해를 야기한 과실을 검토하고, 재보험 담보가 된다는 결론을 내렸다. 중재인들은 "Outhwaite 대표가 원(보험)계약들에 따른 위험을 인수함에 있어서 석면침착증의 기본적 원인 문제에 대해 필요한 연구와 조사를 하지 아니함으로 인한 과실"을 범하였다고 보았다. 바로 이 행위가 (재보험)증권상 일련의 사고(occurrence)라는 것이다.

재보험자들은 이 중재판정에 대하여 항소하였는데[12] 이 항소를 심리한 법원은 행위 또는 부작위가 모두 보험사고가 될 수 있고 따라서 일정한 상태(state of affairs) 또한 보험사고가 될 수 있는데 Outhwaite 대

---

11) 이 문제는 여기서의 핵심 논점이 아니므로 자세히 살펴보지 아니한다.

12) 항소의 이유는 결국 중재인들이 법 적용을 잘못하였다는 것인데, 우리나라를 포함한 대부분의 국가에서는 사유를 불문하고 중재판정에 대한 항소가 허용되지 않을 뿐만 아니라 법 적용의 잘못 자체는 중재판정 취소사유나 중재판정에 대한 집행 거부 사유가 되지 아니한다. 하지만 영국에서는 1996년의 중재법 개정 이후에도, 중재판정에서 다루어진 법률상 논점(points of law)에 대하여 일정한 경우에 항소가 허용된다.

표가 32건의 보험계약을 인수하는 동안 적절한 조치를 계속하여 취하지 않은 것이 각 계약을 과실로 인수하는 결과를 낳은 단일 사건이라고 보았다. Outhwaite 대표가 (계약별로) 별개의 인수판단을 하였고, 각 계약이 체결되지 않은 이상 각 계약에 따른 손해도 발생하지 아니하였을 것임은 사실이지만, 그렇다고 하여 런오프계약들을 체결함에 있어서 그에 고유한 위험을 조사하기 위한 적절한 조치를 계속적으로 취하지 아니하였다는 것이 그가 각 계약을 체결한 핵심 원인이 아니라고 볼 수는 없다는 것이다. 이 재판부는 중재인이 실제 이를 핵심 원인이라고 판단하였다고 보았다.

재보험자들은 위 판결에 대하여 다시 항소하였고, 이 항소심 판결이 여기의 논의대상 판결이다. 논의대상 판결에서 재판부는 다음과 같이 판시하였다. 공통의 요소(common factor)는 사건(event)이어야 하고 그러한 사건은 손해와 인과관계가 있어야 한다. 다시 말해서 인과관계의 괴리가 없어야(not too remote) 한다. 역사적 의미에서 또는 일반적 의미에서의 사건이라는 것만으로는 불충분하다. 'Outhwaite 대표가 필요한 연구 · 조사를 계속적으로 하지 못한 것'은 어디가 시작인지 어디가 끝인지도 알 수가 없다. 이는 그의 부작위로써 과실이 될 수 있지만, 실제로 보험계약을 인수하기 전에는 아무리 보험인수자로서의 일반적인 주의의무 위반이 있다 하더라도 과실을 범했다고 할 수 없다. 그러한 보험을 '인수하여야 할' 의무는 없기 때문이다. 실제로 각각의 보험계약은 체결 당시의 시장조건 및 개별 위험의 상황을 고려하여 인수되었다. 따라서 Outhwaite 대표의 위와 같은 잘못은 하나의 '사건'으로 보기 어렵다. 보험약관의 "series of losses and/or occurrences"라는 문구도 결국 "arising out of an event"라는 문구로 한정되는 이상 위와 다른 결론의 근거가 될 수 없다.

결국 대상 판결의 요지는 Outhwaite 대표가 체결한 32개의 런오프 계약들 또는 그로 인한 책임이 각각 하나의 사건이고 이들을 묶어 하나의 사건으로 볼 수 없다는 것이다. 연구 · 조사를 하지 못한 것이 모든 계약에 공통적이기는 하지만 실제로 계약을 체결하지 않은 이상 그 자체로 책임을 발생시키는 것은 아니라는 것이 주된 논거였다.

2. Lloyds TSB General Insurance Holdings v Lloyds Bank Group Insurance(2003)[13)]

이 사건은 위 Caudle v Sharp 사건에 비하여 배경사실이 훨씬 단순하다. 다만 이 사건은 영국의 최고법원(당시 House of Lords. 지금은 Supreme Court로 변경되었음)이 내린 것이라는 점에 그 중요성이 있다.

1994년 영국의 증권조사국(Securities and Investment Board)은 개인연금 상품을 판매하는 회사들이 금융서비스법(Financial Services Act 1986)을 광범위하게 위반하고 있다는 사실을 발견하였다. 그러한 상품 판매에는 위 법이 적용되는데, 위 법에 따르면 인가된 사람들만 판매에 종사할 수 있고, 인가를 받기 위해서는 적절한 자치기관에 소속되어 해당 기관의 규칙을 준수하여야만 하였다. 그런데 당시 해당 자치기관은 LAUTRO(Life Assurance and Unit Trust Regulatory Organization)이었는데, 그 규칙에서는 "모든 회원은… 회사를 위하여 일하는 사람들(판매원들 등)이 행위준칙(Code of Conduct)을 따르도록 하여야 한다"라고 규정하였다. 행위준칙의 내용은 매우 상세하지만 한마디로 하면 그들이 이

---

13) Lloyds TSB General Insurance Holdings Ltd and others v Lloyds Bank Group Insurance Co Ltd, HOUSE OF LORDS, 〔2003〕 UKHL 48, 〔2003〕 4 All ER 43, 〔2003〕 2 All ER (Comm) 665.

른바 '최선의 자문'을 제공하여 불완전판매(misselling)를 하지 말라는 것이었다.

이러한 행위준칙에 위반하여 불완전판매를 한 사례가 다수 발견되었고, 그 원인은 판매원들을 고용한 회사들이 그들의 업무 수행을 충분히 훈련 · 감시하지 않았기 때문으로 밝혀졌다. 그 원인은 직원 훈련계획을 수립하고 업무 수행의 감시시스템을 갖추어 행위준칙을 준수하도록 보장하여야 한다는 LAUTRO 규정 위반이었다. 이로 인하여 엄청난 수의 클레임이 제기되어 상고인[14)]의 계열사들이 총 2만 2,000건의 클레임을 받았고 각각의 클레임 액수는 3만 5,000파운드를 넘지 않았지만 총액은 훨씬 컸고 결국 상고인의 계열사들이 합계 무려 1억 2,500만 파운드를 지급하였다.

소송에서의 쟁점은 상고인 및 그 계열사들이 은행복합보험증권(bankers composite insurance policy)에 따라 보험금을 받을 수 있는지였다. 은행복합보험증권은 여러 가지 보험상품이 결합된 것인데, 이 건에서 문제가 된 것은 직원들의 보통법 또는 성문법 위반으로부터 발생하는, 제3자에 대한 배상책임을 담보하는 보험이었다. 이 사건에서 상고인 및 그 계열사들이 부담한 책임이 여기에서 말하는 제3자에 대한 배상책임에 해당한다는 점에 대해서는 당사자들 사이에 다툼이 없었다. 문제는 위 제3자배상책임의 경우 사고당 100만 파운드의 자기부담금조항이 있었으므로 각각의 클레임을 한 사고로 보는 경우 보험금을 한 푼도 받을 수가 없다는 것이었다.

제1심에서는 한 사고의 근거가 되는 작위 또는 부작위가 부보조항에 규정한 종류의 작위 또는 부작위이면 되는데, 위에서 보았듯이

14) 대상 판결에서의 상고인을 말한다. 원심에서는 원고가 될 것이고 제2심에서는 피항소인이 될 것이다.

LAUTRO 규정을 위반하여 훈련 및 감시 계획이나 시스템을 갖추지 못한 것은 그와 같이 부보조항에 규정한 종류의 작위 또는 부작위에 해당한다고 보았다. 이에 따라 2만 2,000개의 클레임 전부를 하나의 사고로 인정하고 자기부담금을 1회만 공제한 후 보험금 지급을 명하였다.

항소심에서는 반면 작위 또는 부작위는 투자자의 청구원인을 구성하는 것이어야 하고 인과관계가 없는 작위나 부작위는 이에 해당할 수 없다고 보았다. 필요한 조치를 취해야 하는 것은 맞지만 실제 책임이 발생하느냐의 관점에서는 그러한 조치를 취했는지는 문제가 아니라는 것이다. 즉 실제 그에 따라 뭔가가 이루어져야만 한다는 것이다. 다시 말해 훈련 또는 감시 시스템의 부재는 그 자체로는 규칙 위반이지만 그렇다고 하여 민사 책임이 생기는 것은 아니기 때문이다. 하지만 항소심은 여기서 더 나아가 보험약관규정에서 단지 작위 또는 부작위라고만 하지 않고 괄호 안에 관련된 또는 일련의 작위 또는 부작위(related or a series of acts or omissions)라고 하였는데, 단일한 배경 원인 또는 공동의 원천(a single underlying cause or common origin)이 있으면 그러한 관련 또는 일련의 부작위로 볼 수 있다는 이유로 제1심 판결을 유지하였다.

영국 최고법원은 항소심의 위 마지막 부분에 대하여 이의를 제기하고, 이를 본말이 전도된 것으로 보았다. 우선 약관 해석에서, 주된 조항에서 규정한 그 내용을 괄호 안의 규정으로 완전히 뒤집는 것이 당사자의 의사일 리가 없다는 것이다.[15] 괄호 안의 문구를 보더라도 관련된 또는 일련의 작위 또는 부작위는 공통의 인과관계를 형성하여야 하고, 따라서 한 행위는 한 결과를 낳고 다른 행위는 다른 결과를 낳는다

15) 물론 이 사건의 보험약관에서 괄호를 썼기 때문에 이런 해석이 나왔겠지만, 괄호가 없었더라도 과연 결론이 달라졌을지는 의문이라고 본다.

면 그러한 공통의 인과관계로 볼 수 없다는 것이다. 상위에서는 제3자에 대한 배상책임이라는 동일한 결과를 가져올지라도 그 아래의 행위에 따라 책임 유무가 달라지고 책임의 내용도 달라진다면 공통의 인과관계가 될 수 없다는 것이다.[16)]

물론 하나의 행위가 여러 다른 결과를 낳는 경우 그러한 행위를 하나의 사건으로 볼 수 있지만 이 건은 그렇지가 않다고 지적하면서 영국 최고법원은 항소를 받아들여 원심을 파기하였다. 위 결론이 해당 보험약관의 규정 형식 때문에 나온 것인지 아니면 보다 일반적으로 적용될 수 있는 것인지는 판례가 늘 그렇듯 분명해 보이지 않는다.

IV. 맺음말

몇몇 사례에서 자문을 제공하면서 한 번 정리가 필요하다는 생각을 하였고 이에 따라 의욕적으로 쓰기 시작했지만, 단지 문제의 제기와 외국 사례 소개로 그치게 된 점을 아쉽게 생각한다. 일부 사례는 아직도 진행 중이고 필자가 실제 사건에 관여하고 있으므로 개인적인 견해를 밝히기가 부담스러운 점도 이렇게 된 까닭의 하나이다. 이 문제에 관하여 학계의 자유롭고 활발한 논의가 있기를 기대하고, 조만간 우리나라에서도 명 판결이 내려져 당사자들의 권리관계가 정리될 수 있기를 기대한다.

16) 훈련이나 감시 시스템이 부재하더라도 실제 판매행위에 문제만 없으면 책임은 발생하지 않는 반면, 판매행위에 문제가 있으면 아무리 훈련이나 감시 시스템이 잘 갖추어져 있어도 책임은 발생한다.

08

해상적하보험에 있어서 운송물의 고유한 결함 또는 특수한 성질*

-영국 대법원의 Global Process 판결(2011) 내용을 중심으로-

이철원**

I. 서설

영국법상 해상적하보험에 있어서 보험자의 면책사유로 인정되는 운송물의 고유한 결함 또는 특수한 성질(inherent vice or nature of the subject matter insured)[1]이 무엇인가의 문제는 사실 최근 20여 년 전부터 부각되기 시작했다. 전통적으로 운송물의 고유한 결함 또는 특수한 성질의 의미는 음식물의 부패와 같이 화학적/생물학적 작용으로 한정되어 이해되고 해석되어 왔기 때문에 운송물 자체의 감항능력이나 운송물

---

* 이 논문은 BFL 제56호(2012. 11)에 게재된 글을 수정 · 보완한 것이다.

** 김 · 장 법률사무소 변호사/영국 변호사

1) 본 논문에서는 상법 제913조 제1항 제1호의 예에 따라 inherent vice or nature of the subject matter insured를 '운송물의 고유한 결함 또는 특수한 성질'로 번역하였다.

의 훼손/변형을 일으키는 외부 원인인 해상위험(perils of the sea)과 연관하여 보험자의 면책 주장이 제기되거나 판시가 이루어지지 않았다. 그러나 약 30여 년 전부터 보험자들이 해상운송과정에서 선박이 조우하는 바람과 파도에서 기인하는 일종의 물리적 현상으로서 운송물의 훼손/변형을 운송물의 고유한 결함 또는 특수한 성질과 연관하여 면책사유를 주장하기 시작하였고, 이에 대하여 영국 법원에서 그동안 상충되는 판시들이 이루어졌다. 본 논문에서 다루는 Syarikat Takaful Malaysia Berhad v. Global Process Systems Inc. and another 사건(이하 'Global Process 사건')과 관련하여 2011년 2월 1일 선고된 영국 대법원 판시[2) 내용은 운송물의 고유한 결함 또는 특수한 성질과 관련하여 그간의 논란의 내용을 정리하고 그 적용범위(면책범위)를 종국적으로 축소시킨 의미 있는 판결이다.

이하에서는 우선 Global Process 사건의 사실관계와 주된 쟁점들을 정리하여 본 후, 이 사건의 쟁점들을 이해하기 위하여 먼저 고려되어야 할 영국법상 부보위험 · 면책사항 · 인과관계(근인성)에 대한 일반론을 살펴보고, 나아가 이 사건의 주된 쟁점인 운송물의 고유한 결함 또는 특수한 성질의 의미와 인과관계(근인), 운송물의 불감항능력 및 해상위험과의 관계 등의 관점에서 기존 영국 법원의 판례들을 참조하면서 Global Process 사건의 대법원 판시 내용을 살펴보고 그 의의를 논하도록 하겠다.

2) 〔2011〕 UKSC 52011 WL 289960. 이 사건은 선박명에 따라 'The Cendor Mopu'라고 불리기도 한다.

II. Global Process 사건의 사실관계

이 사건은 대형 구조물인 해상 원유 시추장비(oil rig, 이하 '이 사건 장비'라 한다)를 보험목적물로 하는 적하보험과 관련된 사건이다. 이 사건 장비는 장비를 제어하는 인적 · 물적 설비가 위치한 운영 플랫폼이 3개의 지지다리 위에 얹혀 있는 형태로 되어 있었다. 위 3개의 지지다리 아래에는 매트가 놓여서 시추작업을 하는 경우 다리 아래 매트가 해저에 위치하여 이 사건 장비를 단단히 지반에 고정시키고, 위 3개의 지지다리에서 운영 플랫폼이 상하로 이동하면서 시추작업이 이루어질 수 있도록 된 구조였다. 3개의 지지다리는 각각 강철로 만들어진 길이 약 90미터(312피트), 지름이 약 3.5미터(12피트)인 긴 원통형 모양으로 생긴 구조물로 그 중량이 약 404톤에 이르렀다. 등받이가 없고 원형의 안장이 있는 삼발의자를 연상하면 될 것이다.

이 사건 장비는 당초 미국 텍사스에 위치하여 있었는데 피보험자가 이를 매수하여 말레이시아에서 운용하고자 하였다. 이에 따라 피보험자가 보험자에게 가입한 적하보험 내용은, 바지선에 이 사건 장비를 싣고 텍사스에서 말레이시아까지의 운송(선적 · 운송 · 하역 포함)과정에서 이 사건 장비가 부보위험으로부터 입게 되는 손해를 피보험자에게 배상하여 주는 것으로서 항해 적하보험에 해당한다. 이 사건 보험증권에는 모든 위험(all risk)을 부보하는 협회적하약관(A)(1982. 1. 1)가 편입되어 있었다. 특히 위 약관 제4.4조에서는 운송물의 고유한 결함 또는 특수한 성질에 의한 손해의 경우에는 면책되는 것으로 정하여져 있었다. 한편 이 사건 보험증권은 영국법을 준거법으로 하였다.

이 사건 장비는 3개의 지지다리를 하늘로 향하게 하고 운영 플랫폼이 바닥에 맞닿아 놓이게 하는 형태로 바지선 위에 놓인 상태로 운송되었다. 즉 약 90미터의 강철 지지다리가 수직으로 하늘로 뻗어 있는 형태로 운송된 것이다. 이 사건 장비를 운송하는 바지선은 텍사스를 출발한 후 남아프리카 공화국 부근의 바다를 통과하게 되었다. 그 과정에서 바지선의 우현 측에 위치한 이 사건 장비의 지지다리 1개가 높이 약 9미터 지점에서 절단되어 바다로 떨어져 유실되었다. 위 절단 사고가 발생한 다음 날 바지선의 선수 측에 위치한 이 사건 장비의 또 다른 지지다리 1개가 역시 높이 약 9미터 지점에서 절단되었고, 그 30분 후에는 바지선의 좌현 측에 위치한 이 사건 장비의 마지막 지지다리 1개가 높이 약 5.4미터 지점에서 절단되어 위 2개의 절단된 상부의 지지다리 모두 바다로 떨어져 유실되었다. 사고발생 후 이 사건 장비의 지지다리가 절단된 원인에 대한 전문가들의 조사가 이루어졌다. 조사결과에 따르면, 이 사건 장비의 지지다리들의 절단은 강철 자재의 피로현상에 따른 균열에서 비롯된 것이라는 사정과 그러한 피로현상은 정도를 달리하면서 반복되었던 변형력(stress)에서 비롯된 것이라는 점이 확인되었다. 특히 이 사건의 경우 다양한 방향으로 발생하였던 높은 파도가 이 사건 장비를 싣고 가던 바지선에 횡요(rolling : 파도를 옆으로 받아 선체의 좌우가 오르락내리락하며 움직이는 현상)와 종요(pitching : 파도를 앞으로 받아 선체의 선수미 방향이 오르락내리락하는 선체운동현상) 현상을 가져왔고 그 영향으로 인하여 이 사건 장비의 지지다리에 변형력이 미치게 된 것으로 결론이 내려졌다.

피보험자는 보험자를 상대로 이 사건 장비의 지지다리 3개의 유실을 보험사고로 하여 이에 대한 보험금을 청구하였고 보험자가 그 지불을 거절함에 따라 영국 법원에 소송이 제기되었다. 이 사건의 제1심[3)]

3) 〔2009〕 2 All ER(Comm) 795.

에서 Blair 판사는, 보험사고의 근인은 텍사스에서 말레이시아로의 항행에서 날씨를 포함하여 통상적으로 맞닥뜨리게 되는 항해환경을 지지다리가 감당할 능력을 갖추지 못한 것이라고 할 것이므로, 이는 곧 보험계약상 면책사유인 운송물의 고유한 결함 또는 특수한 성질에서 비롯된 것으로 보험자가 면책되어야 함을 이유로 하여 보험금청구를 기각하였다. 반면에 이 사건의 항소심[4]에서는 보험계약상 면책사유인 운송물의 고유한 결함 또는 특수한 성질이라고 함은 운송물이 해당 항해에서 발생하게 마련인(bound to occur) 항해환경을 감당할 능력을 갖추지 못한 것이라고 할 것인데, 이 사건의 항해과정에서 맞닥뜨린 항해환경은 해당 항해에서 발생하게 마련인 항해환경의 범위를 벗어난 것으로서 해상위험에 의한 것이라고 보아 제1심 판결과 달리 면책사유를 인정하지 않고 보험금청구가 인용되었다. 이에 보험자가 이 사건 항소심 판결에 대하여 상고하여 영국 대법원에서 이를 판단하기에 이른 것이다.

III. 쟁점

영국 대법원[5]에서 다루어진 주된 쟁점은 다음과 같이 세 가지이다. 특히 운송물의 고유한 결함 또는 특수한 성질의 정의 및 인과관계에 대하여 영국 해상보험법(Marine Insurance Act 1906, 이하 'MIA')이나 협회

---

4) 〔2010〕 1 Lloyd's Rep 243.

5) 영국의 최고법원은 House of Lord였으나 Constitutional Reform Act 2005로 Supreme Court of the United Kingdom으로 변경되었다. 본 논문에서는 두 기관을 구분하지 아니하고 영국 대법원으로 지칭하기로 한다.

적하보험약관에 특별히 규정된 바가 없는바, Diplock 대법관이 Soya GmbH Mainz Kommanditgesellschaft v. White 대법원 사건(이하 'Soya 사건')[6]에서 판시한 내용, 즉 "운송물의 고유한 결함 또는 특수한 성질이란 어떤 우연한 외부적인 사고의 개입(intervention of any fortuitous external accident or casualty)이 없는 상태에서 정상적으로 예정된 항해가 진행(in the ordinary course of the contemplated voyage)되었을 때 운송물이 그 자연적인 경향(natural behaviour)으로 인하여 훼손/변형(deteriorate)되어 버린 것을 의미한다"라는 판시 내용의 해석 문제로 귀결되었다.

첫째로 협회적하약관상 면책사유인 운송물의 고유한 결함 또는 특수한 성질의 정의가 무엇인지이다. 이는 Soya 사건에서 Diplock 대법관의 판시 내용 중 "정상적으로 예정된 항해가 진행(in the ordinary course of the contemplated voyage)되었을 때"라고 하는 운송물 훼손/변형의 환경적 측면과 관련된다. 피보험자 측은 운송물의 고유한 결함 또는 특수한 성질을 해상위험이 존재하지 않는 환경에서 운송물의 내재적 성질에 의하여 운송물이 변질/훼손되는 것으로 해석하여 면책범위를 제한적으로 보아야 한다고 주장하였다. 반면 보험자 측은 운송물의 고유한 결함 또는 특수한 성질을 해당 항차에서 예견 가능한 기상환경을 감당하지 못하는 운송물의 불감항능력(lack of seaworthiness)과 같은 의미로 해석하여 보험자의 면책범위를 넓히고자 하였다.

둘째로 운송물에 발생한 손해, 즉 보험사고와 운송물의 고유한 결함 또는 특수한 성질 사이에 요구되는 인과관계 및 근인성(proximity)이 무엇인지의 문제이다. 이는 Soya 사건에서 Diplock 대법관의 판시 내용 중 "어떤 우연한 외부적인 사고의 개입이 없는 상태에서"라는

6) 〔1983〕 1 Lloyd's Rep 122.

문구의 해석과 관련된다. 이러한 인과관계의 문제를 검토함에 있어서는 운송물의 고유한 결함 또는 특수한 성질과 손해(보험사고) 사이의 인과관계가 손해(보험사고)와 별도의 외부적 부보위험 사이의 인과관계와 연관하여 판단되는 것인지도 쟁점이 되었다. 피보험자는 보험자의 면책이 인정되기 위하여는 운송물의 고유한 결함 또는 특수한 성질이 운송물의 손해에 대한 유일한 인과관계(sole causation)에 해당하여야 하므로 만일 해상위험이 운송물의 손해(보험사고)에 대하여 통상적 의미로서 근인에 해당한다면 보험자는 면책될 수 없다고 주장하였다. 반면 보험자는 해상위험이 운송물 손해의 한 원인이 되었다고 하더라도 해당 항차에서 예견 가능한 위험에 불과하다면 이는 운송물의 고유한 결함 또는 특수한 성질이 운송물의 손해(보험사고)에 대하여 근인(유일한 근인 또는 경합하는 복수의 근인 중 하나)으로 인정된다는 점에 영향을 미칠 수 없다고 주장하였다.

마지막으로는 운송물의 고유한 결함 또는 특수한 성질이라는 면책사유와 해상위험이라는 부보사유가 동시 경합하는 복수의 근인으로서 손해(보험사고)에 작용할 수 있는 것인지 여부이다. 피보험자는 앞서 본 운송물의 고유한 결함 또는 특수한 성질의 정의와 인과관계 법리상 운송물의 고유한 결함 또는 특수한 성질이라는 면책사유와 해상위험이라는 부보사유는 동시에 경합하는 복수의 근인에 해당할 수 없다고 주장하였다. 반면 보험자는 면책사유로서의 운송물의 고유한 하자는 통상적인 부보사유인 해상위험과 동시에 경합하는 복수의 근인이 될 수 있는 가능성이 있으며, 그러한 경우 부보된 위험과 면책된 위험이 경합하는 때에는 보험자가 면책된다는 일반 인과관계원칙에 따라 보험자는 면책된다는 취지의 주장을 하였다.

Ⅳ. 영국법상 해상위험, 인과관계(근인), 면책된 위험 및 묵시적 워런티사항인 감항능력에 관한 고찰

1. 서설

영국 해상보험법상 피보험자가 보험금청구를 하기 위하여는 (i) 부보된 위험의 발생, (ii) 손해(보험사고)의 발생, (iii) 부보된 위험이 근인에 해당할 것(인과관계) 및 (iv) 손해(보험사고)가 면책된 위험에서 기인한 것이 아닐 것 등의 네 가지 요건이 충족되어야 한다.

해상보험에 있어서 손해(보험사고)란, 적하보험의 경우 운송물의 멸실/훼손을 말하고 선체보험의 경우 선체의 멸실/훼손을 의미한다. 아래에서는 이를 제외한 나머지 세 가지 요건에 대하여 살펴보기로 하며, 특히 면책된 위험과 관련하여 묵시적인 워런티사항[7]인 감항능력 유지의무와의 연관성을 검토하고자 한다.

2. 부보된 위험의 발생

영국 해상보험법상 부보된 위험들은 보험증권에 편입된 약관들에 기재되어 있다. 보험은 발생할 것이 확실한 손해를 보상하고자 함을 목적으로 하는 것이 아니고 우연성(fortuity)을 그 필수적 고려요소로 하는바, 피보험자는 발생할 것인지 여부가 불명한 (또는 발생시기가 불명한) 부보된 위험에 해당한다는 점을 입증하여야 한다고 한다.

7) 영국 보험법상 특수한 계약조건인 워런티(warranty)는 실무상 혹은 강학상 '담보특약' 내지 '보장조건'이라고 지칭되기도 하지만 본 논문에서는 대법원 2010. 9. 9. 선고 2009다105383 판결의 예에 따라 '워런티사항'이라는 용어를 사용하였다.

(1) 선체보험의 경우

선체보험의 경우 우선 협회선체(정기)약관 제6.1조에서 전통적인 부보위험들을 정하고 있다. 전통적인 부보위험에는 (i) 폭풍우, 빙산 등 부유물과의 충돌, 다른 선박과의 충돌사고, 해수의 선체 내 유입 등을 포함한 해상위험과 (ii) 화재 및 폭발(fire & explosion) 그리고 (iii) 해적에 의한 피해 등이 포함되어 있다.

해상위험에 대하여는 MIA 자체적으로 정의조항을 두고 있다. MIA는 18세기에 표준적으로 사용되던 해상보험약관인 SG policy를 별표 1로서 편입하고 있으며 제30조 제2항에서는 "본 법률에 따라, 그리고 보험증권이 특별히 달리 규정하지 않는 이상 별표 1에서 언급된 단어들은 별표 1에서 그 단어들의 의미와 범위에 따르는 것으로 해석된다"라고 규정하여 SG policy에서 내려진 정의들이 영국 해상보험약관에서도 동일한 의미로 해석되도록 정하였다. 그런데 MIA의 별표 1인 SG policy 제7조에서는 "해상위험이라고 함은 바다에서 발생하는 우연한 사고를 의미한다. 이는 바람과 파도에 의한 통상적인 작용은 포함하지 않는다"라고 규정하여 부보되는 위험인 해상위험에 대하여 정의를 두고 있다.

그러나 과연 구체적으로 어느 정도의 기상상태와 해상환경을 해상위험으로 볼지에 대하여는 논란의 여지가 있다. N E Neter & Co Ltd v. Licenses and General Insurance Co Ltd 사건[8]에서는 고령토(도자기의 색상효과를 내기 위하여 사용되는 광물원료)로 만들어진 용기가 악화된 기상상태의 항해과정에서 속이 곯는 손상(stove in)을 입게 되었다. Tucker

8) 〔1944〕 1 All ER 341.

판사는 피보험자가 손해(보험사고)의 근인이 악화된 기상환경이라는 점을 입증하지 못하였음을 이유로 하여 보험금청구를 기각하였다. 그러나 위 사건에서는 방론으로 만일 악화된 기상환경이 근인이라는 점이 입증되었다면 가사 그러한 기상환경이 예외적이거나 예상할 수 없는 것이 아니라고 할지라도 해당 손해(보험사고)는 해상위험으로 인한 것이라고 판시하였다. 즉 그 기상 자체가 우연한 것인지 여부가 문제되는 것이 아니고 그러한 기상상태로 인하여 해당 화물의 속이 곯은 것이 통상적인 자연소모의 범위를 벗어난 것인지 여부가 문제되는 것이라고 하면서, 이는 해당 항해에 있어서 반드시 필연적으로 발생할 것으로 예상되는 것이 아니고 발생할 수도 있는 것으로 예상되는 것이면 충분하다고 판시하였다.

반면 협회선체(정기)약관 제6.2조에서는 이러한 전통적인 부보위험의 범위를 벗어난 위험들로서 부보의 필요성이 대두된 사항들에 대하여 추가적으로 부보위험을 정하였는데, 이를 인치마리(Inchmaree)약관이라고 부른다. 인치마리약관은 (i) 보일러의 폭발, 샤프트의 절단 또는 선체나 기계류의 숨은 하자, (ii) 선장 · 항해사 · 선원 또는 도선사의 과실, (iii) 선박수리업자 또는 용선자의 과실(선박수리업자나 용선자가 피보험자가 아님을 전제로 함) 그리고 (iv) 선장과 항해사 · 선원들의 악행(피보험자의 의사 및 이익에 반하는 행동)을 부보위험으로 포함한다.

(2) 적하보험의 경우

반면 적하보험과 관련하여 협회적하약관(A)의 경우 모든 위험을 부보하는 것으로 되어 있고, 협회적하약관(B)와 협회적하약관(C)의 경우 각 제1조에서 부보하는 위험을 특정하여 열거하고 있다.

3. 손해(보험사고)와 부보된 위험 사이의 인과관계(근인성)

보험사고가 부보된 위험을 근인으로 하여 발생하여야 한다는 점은 MIA 제55조 제1항에 명시되어 있다. 즉 MIA 제55조 제1항은 "본 법률에 따라 그리고 보험증권에서 달리 정하고 있지 않는 한, 보험자는 부보된 위험이 근인으로서 작용하여 발생한 손해에 대하여 책임을 부담하나, 부보된 위험이 근인으로서 작용하지 아니한 손해에 대하여는 책임을 지지 않는다"라고 규정하고 있다.

MIA 제55조 제1항상 근인의 의미는 무엇인가? 19세기까지는 손해(보험사고)의 발생에 대하여 시간적으로 보험사고에 가장 근접한 위험이 손해(보험사고)의 근인에 해당한다고 보았다. 그러나 Leyland Shipping Co Ltd v. Norwich Union Fire Insurance Society Ltd 사건(이하 'Leyland Shipping 사건')[9]에서 영국 대법원은 근인이라 함은 손해의 발생에 있어서 가장 효과적인 원인(proximate in efficiency)을 말하는 것으로 그 입장을 변경하였다.

Leyland Shipping 사건은 해상위험은 부보하지만 전쟁위험은 부보하지 아니하는 선체보험에 대한 사안이다. 해당 선박은 목적지인 프랑스의 르아브르 항을 약 25마일 남기고 독일군 잠수함에 의하여 어뢰공격을 받아 선수 부위에 매우 심각한 선체 손상을 입어 1번 선창은 침수되고 2번 선창은 일부 침수되는 피해를 입었다. 예인선의 도움을 받아 르아브르 항에 도달하여 부두(quay)에 접안하였으나, 강한 바람으로 인하여 위 선박이 부두 시설물들을 충격하자 르아브르 항만청은 위 선박이 부두 부근에서 침몰될 것을 우려하여 부두를 떠나 항구

9) 〔1918〕 AC 350.

의 정박지에 머무르도록 명령을 내렸다. 해당 선박은 정박지에서 이틀간 머무르는 동안 선수 부분 선창의 침수로 인하여 선수가 가라앉고 선미가 공중에 들리는 상태(down by the head)에서 조류 및 파도에 의해 좌초되었다가 다시 부양되기를 반복하여 결국 선체가 두 동강 나 침몰하고 말았다. 보험금청구 소송과정에서 피보험자(선주)는 선체가 두 동강 나 침몰한 손해는 조류 및 파도에 의한 좌초에서 비롯된 것이므로 해상위험이 근인에 해당한다고 주장하였고, 이에 반하여 보험자 측은 독일군 잠수함의 어뢰공격이 근인에 해당하므로 이 건 사고는 부보되지 않는다고 주장하였다.

이 사건에서 영국 대법원의 Shaw 대법관은 다음과 같이 판시하였다. "이 사건에서 선박 침몰의 가장 효과적인 원인은 어뢰공격이다. 선박이 피해를 입었을 때 그 결과는 선박 자체가 더 이상 효용이 없게 되도록 멸실/훼손되거나 수리가 가능한 상태가 되는 것이다. 선박이 피해를 입은 후에 이어지는 외부 상황이 피해 정도를 악화시키거나 더 심한 피해를 촉발할 수도 있는데, 이러한 악화된 피해 또는 촉발된 더 심각한 피해는 당초 선박이 입은 피해에서 기인된 것이거나 당초 선박이 입은 피해가 부정적인 영향을 가함에 의한 것이다. 결론적으로 해당 선박은 (독일군 잠수함 어뢰공격을 받은 후) 계속적으로 당초의 사고(casualty)의 영향(grip)하에 있었던 것이고, 실제 가장 효과적인 원인은 결코 그 영향을 상실한 바 없다. 이러한 당초의 사고로 인하여 발생된 결과는 상식적으로 당초의 사고(독일군 잠수함 어뢰공격)에서 비롯된 결과라고 이야기할 수 있으며, 이러한 결과는 근접성 및 그 효과상 연속성에 비추어 당초의 사고를 근인으로 하여 발생한 것이라는 요건을 충족하는 것이다."

근인성의 문제와 관련하여 부보위험과 부보되지 않은 위험 또는 부보위험과 면책되는 위험이 동시에 경합되는 근인으로 작용되는 경우에 대한 논의가 있는바, 이는 아래에서 면책된 위험과 불감항능력 부분을 설명한 후 항을 바꾸어 살펴보도록 하겠다.

4. 면책되는 위험

면책되는 위험에는 크게 두 종류가 있다. 첫째로 원래 부보되는 위험에 포함되어 있으나 보험증권상 특별한 면책조항이 있음으로 인하여 면책되는 위험(통상적으로 부보되는 위험의 한 종류에 해당한다)이 있다. 예컨대 화재에 의한 손해를 부보위험으로 하면서도 그 화재가 고의적으로 발화된 경우를 면책하는 면책조항이 이에 해당한다. 둘째로 부보되는 위험과 부보되지 않는 위험을 구분짓는 면책조항이 있다. 이 경우 면책되는 위험은 부보되는 위험의 한 종류에 해당하지 않는 것이 통상적이다. 예컨대 협회선체(정기)약관 제24조와 제25조에서 전쟁위험과 파업으로 인한 위험을 면책한 것이 그 예이다.

면책되는 위험의 경우 특정한 위험을 보험증권에 면책되는 위험으로 명시하는 경우도 있지만, MIA 제55조 제2항에서는 법정 면책사유들을 나열하고 있다. 즉 MIA 제55조 제2항 a호에서는 피보험자의 고의적인 악행으로 인한 손해를, 같은 항 b호에서는 지연으로 인한 손해를, 같은 항 c호에서는 통상적인 자연소모(wear and tear), 통상적인 누수 및 파손, 운송물의 고유한 결함, 특수한 성질 또는 쥐나 해충에 근인하여 발생하는 손해 또는 해상위험에 근인하여 발생하지 아니한 기계의 손상을 규정하고 있다. 이들 MIA 제55조 제2항의 법정 면책사유들의 의미에 관하여는 아래에서 동시에 경합하는 복수의 근인들에 대하여 검토하면서 다시 살펴보기로 한다. 협회적하약관(A) 제4.4조에서는

MIA 제55조 제2항 c호에 나열된 운송물의 내재적인 하자 또는 고유한 특성으로 인한 손해를 명시적인 면책사유로 규정하고 있다.

5. 면책조항과 워런티사항 위반의 구분 —감항능력 워런티사항을 중심으로

(1) 일반적인 워런티사항의 정의 및 특징

면책되는 위험과 구별하여야 하는 개념으로 워런티사항 위반이 문제된다. 워런티사항이란 확약적 워런티사항(promissory warranty), 즉 피보험자가 어떤 특정한 일이 행하여지거나 행하여지지 않을 것 또는 어떤 조건이 충족될 것을 약속하거나 또는 특정한 사실상태의 존재를 긍정하거나 부정하는 내용의 진술을 말한다(MIA 제33조 제1항). 이와 같이 정의되는 워런티사항은 위험의 발생과 관련하여 중요한 것이든 아니든 불문하고 정확하게(exactly) 충족되어야 하는 계약조건(condition)으로서(MIA 제33조 제2항), 만약 이것이 정확하게 충족되지 않으면 보험증권에 명시적 규정이 있는 경우를 제외하고는 보험자는 워런티사항 위반을 이유로 보험계약 해지통고 등을 할 필요조차 없이 자동으로 워런티사항 위반일로 소급하여 그 보험계약상의 일체의 책임을 면하게 된다(MIA 제33조 제3항).

면책되는 위험의 경우, 통상 보험자는 해당 손해(보험사고)가 면책되는 위험과 인과관계를 가진다는 점을 입증하여야만 보험금 지급채무를 면하게 된다. 반면 워런티사항 위반은 보험사고의 발생과 그 위반사실이 아무런 인과관계를 갖지 않더라도 보험자는 일체의 책임을 면하게 되는 중대한 차이가 있다.

워런티사항의 종류는 보험증권에 명시적으로 기재되어 있는 워런티사항과 MIA에 따라 묵시적으로 계약조항에 편입되는 법정 워런티사항으로 나눌 수 있다. 본 논문의 주된 주제인 운송물의 고유한 결함 또는 특수한 성질 면책조항은 묵시적 법정 워런티사항인 감항능력 워런티사항과 연관되므로 아래에서는 감항능력 워런티사항에 대하여 좀 더 살펴보도록 하겠다.

(2) 감항능력 워런티사항

1) 감항능력의 정의

영국 해상보험법상 감항능력은 "선박이 부보된 항해상 조우하게 될 통상적인 해상위험(ordinary perils of the sea)을 감당할 만한 능력이 합리적으로 갖추어진 선박의 상태"로 정의되어 있다(MIA 제39조 제4항). 감항능력은 MIA상으로는 선체보험뿐 아니라 적하보험에 대하여도 문제되는 것으로 되어 있다.

선박이 감항능력을 가지고 있느냐의 판단은 사실관계의 문제로서 선박의 특성과 해당 항해의 위험성(항로, 항해의 성격, 항해시기, 예상되는 항해조건 등)을 고려하여 종합적으로 이루어져야 하는 것이다. 영국 법원은 Garnat Trading & Shipping(Singapore) Pte Ltd v. Baominh Insurance Corporation 사건[10)]에서 최근 선박이 감항능력을 갖느냐의 판단기준과 관련하여 "합리적으로 조심성 있는 선주가 특정한 선박의 결함을 알았다면 그 선박을 바다로 내보내기 전에 수리를 했을 것인지 여부를 기준으로 해야 한다. 그러한 점에서 합리적으로 조심성 있는 선주는

10) 〔2010〕 EWHC 2578(Comm).

항해에서 일어날 개연성 있는 상황과 그에 따라 조우하게 될 기상과 해상조건들을 고려할 것이다" 라고 판시하였다.

2) 항해보험증권과 감항능력 : 적하보험의 경우

MIA는 선박의 감항능력과 관련된 피보험자의 의무 또는 보험자의 면책과 관련하여 해상보험증권이 항해보험증권(voyage policy : 한 항차의 항해를 보험기간으로 하는 것)인가 또는 정기보험증권(time policy : 1년과 같이 특정한 기간을 보험기간으로 하는 것)인가에 따라 구별하여 규정하고 있다. 현대 해상보험의 실무상으로는 적하보험의 경우 항해보험증권으로 체결되는 것이 일반적이고, 선체보험의 경우 정기보험증권으로 체결되는 것이 대부분이다.

항해보험증권의 경우에는 MIA 제39조 제1항에 따라 항해의 개시 당시를 기준으로 피보험자는 해당 선박이 부보된 특정 항해의 목적상 감항능력이 있었다는 점이 워런티사항으로 된다. 즉 적하보험의 경우에는 화주인 피보험자가 운송물이 선적된 선박이 항해의 개시 당시를 기준으로 하여 감항능력을 갖추고 있었다는 점이 워런티사항으로 되는 것이다. 나아가 MIA 제40조 제2항에서는 적하보험으로서 항해보험증권인 경우, 화주인 피보험자에 대하여 출항시 선박이 선박으로서 감항능력이 있다는 점과 보험증권에서 예정된 도착지까지의 항해에 있어서 운송물의 훼손/변질 없이 해상운송을 할 수 있는 능력(이른바 cargo worthiness)이 합리적으로 갖추어질 것이라는 점을 워런티사항으로 정하였다.[11)]

11) 통상 해상운송법에서는 선박이 예상되는 항해에서 조우하게 될 해상위험을 견디어 낼 수 있는 인적 · 물적 조직을 갖추고 있을 것과 해당 운송물의 훼손/변질 없이 해상운송을 할 수 있는 능력을 통틀어 감항능력으로 이야기한다. 그러나 MIA

그러나 적하보험에 있어서 단순한 화주에 불과하여 선박의 유지 · 관리에 대하여 아무런 권한과 능력을 갖지 못하는 피보험자에게 선박의 감항능력을 워런티사항으로 정함은 형평에 맞지 않기 때문에 실무상 적하보험증권에서는 이러한 워런티사항을 배제하고 있다. 이는 아래에서 살펴보듯이 통상 선주들이 가입하는 선체 정기보험증권의 경우에는 MIA상 선박의 감항능력을 워런티사항으로 하지 않고 있는 점, 즉 선박에 대하여 직접적인 유지 · 관리의무를 부담하는 선주에게는 선체보험상 감항능력을 워런티사항으로 하지 않고 있는 점과의 형평성을 고려한 것이다. 이에 따라 협회적하약관은 (A, B, C 등 모든 유형에 대하여) 제5.2조에서 "보험자는 선박의 감항능력과 선박이 운송물의 훼손/변질 없이 도착지까지 해상운송을 할 수 있는 능력에 대한 묵시적인 워런티사항 위반에 대한 권리를 포기한다. 다만 피보험자가 선박의 감항능력과 선박이 운송물의 훼손/변질 없이 도착지까지 해상운송을 할 수 있는 능력의 부존재에 대하여 고의 또는 의도적인 무시(privity)[12]를 한 경우에는 그러하지 아니하다"라고 규정하여 원칙적으로 선박의 감항능력에 대한 워런티사항 위반 권리를 포기시키고 있다. 나아가 협회적하약관은 (A, B, C 등 모든 유형에 대하여) 제5.1조에서 워런티사항과 별개로 운송물이 선적될 당시에 선박의 감항능력과 선박이 운송물의 훼손/변질이 없이 도착지까지 해상운송을 할 수 있는

제39조에서는 감항능력을, MIA 제40조에서는 화물운송 감항능력을 이야기하므로 MIA 제39조의 감항능력은 통상 좁은 의미에서 인적 · 물적 선박의 감항능력으로 좁게 해석되고 있다.

12) 협회적하약관 제5조에서 사용된 privy의 의미는 MIA 제39조 제5항에서 사용된 privy와 동일하게 해석되고 있다. Jonathan Gilman/Robert Merkin/Mark Templeman/Claire Blanchard/Julian Cooke/Philipa Hopkins, Arnould's Law of Marine Insurance and Average 17th Edition, London : Sweet & Maxwell(2008), p.867 참조.

능력의 부존재에 대하여 고의 또는 의도적인 무시(privy)를 한 경우 그러한 능력의 흠결로 인하여 발생한 운송물의 멸실/ 훼손에 대하여는 보험자가 책임을 지지 않는다는 면책조항을 두고 있다.[13)]

적하보험에 있어서 피보험자는 운송물 자체의 감항능력에 대하여는 워런티사항 의무를 부담하지 아니한다(MIA 제40조 제1항). 이러한 운송물 자체의 감항능력에 대한 워런티사항이 부존재한다는 점은 아래에서 살펴볼 운송물의 고유한 결함 또는 특수한 성질과 관련된 논의에서 중요한 의미를 가진다.

3) 정기보험증권과 감항능력 : 선체보험의 경우

대부분의 선체보험이 해당되는 정기보험증권의 경우에는 MIA상 감항능력을 피보험자에 대한 워런티사항으로 하지 않고 있다. 다만 피보험자가 발항 당시 해당 선박에 선박으로서 감항능력이 없음을 알았거나 이를 의도적으로 무시한(privity[14)] : 조금만 주의를 기울였어도 감항능력이 결여되었다는 사정을 알 수 있었으나 의도적으로 이에 대하여 주의를 기울이지 아니한 경우) 채 감항능력이 없는 상태에서 선박을 출항시켰고, 이러한 감항능력의 결여로 인하여 보험사고(선체의 멸실/ 훼손)가 발생한 경우에는 보험자의 책임이 면책된다(MIA 제39조 제5항).

---

13) 화주의 감항능력 워런티사항과 관련하여 우리나라에서는 감항능력이 결여된 선박을 역선택하지 말아야 할 의무와 통상적인 항해를 견뎌 낼 수 있는 화물을 적절히 포장하여 운송인에게 제공하여야 할 의무로 나누어 논의되고 있다. 양석완, "적하보험에 있어서 피보험자의 감항능력담보의무에 관한 고찰," 경영법률 제21집 제3호(2011. 4), 한국경영법률학회 참조.

14) MIA 제39조 제5항의 privity의 해석은 영국 대법원이 The Star Sea 사건(〔2001〕 1 Lloyd's Rep 389)을 통하여 확인한 바 있다.

6. 복수의 위험이 하나의 손해(보험사고)에 동시적인 근인으로 작용하는 경우

하나의 손해(보험사고)가 발생함에 있어서 복수의 위험이 동시에 원인으로 분석/제기될 수 있다. 이 경우에는 우선 근인을 하나의 위험으로 확정할 수 있는지를 판단하는 것이 우선적으로 필요하다. 이렇게 하나로 확정된 근인이 부보된 위험이라면 보험자가 책임을 부담할 것이나, 확정된 근인이 부보되지 아니한 위험 또는 면책된 위험이라면 보험자는 책임을 부담하지 않게 될 것이다. 예컨대 앞서 본 Leyland Shipping 사건의 경우에 선박의 침몰에 대하여 독일 잠수함의 어뢰공격과 조류 및 파도에 따른 해상위험이 복수의 원인으로 분석될 수 있지만, 법원이 어느 위험이 더 효과적이냐를 검토하여 면책되는 위험인 독일 잠수함의 어뢰공격이 근인에 해당한다고 판단한 것이다.

만일 복수의 위험원인이 동시에 작용하여 손해(보험사고)를 발생시켰고 어느 하나의 위험만을 근인으로 판단할 수 없으며 복수의 위험이 모두 근인에 해당된다고 판단되는 경우, 다음과 같은 인과관계의 원칙에 따라 보험자의 책임 인정 여부가 결정된다.

우선 경합되는 동시의 복수 위험이 부보된 위험과 부보되지 않은 위험에 해당하는 경우에는 보험자가 책임을 지는 보험사고에 해당한다고 할 것이다. The Miss Jay Jay 항소심 판결[15]이 이에 관한 주요 판례이다.

이 사건은 정기보험증권인 선체보험에 가입된 요트가 감항능력이 흠결된 상태로 해상위험에 해당된다고 인정된 상태의 바다에서 운항

15) 〔1987〕 1 Lloyd's Rep 32.

하던 중 침몰한 사건이다. 이 사건의 제1심 판결[16]에서 Mustill 판사는 선박의 감항능력 흠결, 악화된 기상상태, 선박의 침수를 방지하는 능력의 상실, 침수라는 시간 순서대로 발생하는 여러 원인들로 인하여 선박의 멸실/ 훼손이라는 결과가 발생하는 연속된 인과관계에서 감항능력의 흠결과 해상위험은 동시에 경합되는 위험이 될 수 없고 오로지 해상위험에 의한 손해로 보아야 한다는 취지로 판단하였다. 그러나 이 사건의 항소심 판결에서는 감항능력의 흠결과 해상위험이 독자적으로는 손해(보험사고)의 근인이 될 수 없고 양 위험이 결합하여서만 근인이 될 수 있는 것이며, 인과관계에 관한 원칙에 따라 부보된 위험인 해상위험과 부보되지 않은 위험인 감항능력의 흠결이라는 위험이 동시에 경합적으로 작용한 경우, 보험자는 그 손해에 대하여 책임을 부담해야 한다고 판단하였다.

다음으로 부보된 위험과 면책된 위험이 동시에 경합하여 근인으로 작용하는 경우 보험자가 면책된다고 할 것이다. 이러한 법리에 대한 주요 판례인 Wayne Tank & Pump Co Ltd v. Employers Liability Assurance Corp Ltd 사건[17]에서는 피보험자가 공급한 제조물과 관련하여 제3자가 입은 확대손해에 대한 피보험자의 책임을 부보하는 책임보험이 문제되었다. 위 책임보험에서는 피보험자가 공급한 제조물의 고유한 특성/ 상태에 의하여 제3자에게 손해가 발생함으로써 피보험자가 부담하는 책임에 대하여는 이를 면책하는 조항이 포함되어 있었다. 피보험자는 액체원료를 보관하고 운반하는 장치를 제조하여 플라스틱 공장에 공급하였는데, 위 장치에 화재가 발생하였고 뒤이어 공장 전체로 화재가 확대되어 공장이 피해를 입게 됨에 따라 피보험자가 공장

16) 〔1985〕 1 Lloyd's Rep 264.
17) 〔1974〕 QB 57.

소유자에게 손해배상금을 지급한 후 그 책임보험금을 청구하였다. 법원의 심리 결과, 이 사건 손해(보험사고)가 발생한 근인은 장치 자체의 결함이라고 하여 보험자의 책임은 면책된다고 판단되었다. 다만 법원은 이유 설시에서 방론으로 (i) 면책사유로서 장치 자체의 결함과 (ii) 부보사유로서 공장의 직원이 장치를 가동시킨 후 장치의 상태에 대하여 주의를 기울이지 아니한 점 등 이 사건 손해(보험사고)에 대하여 두 가지 위험이 동시에 경합하는 근인이라고 볼 수 있는데, 그 경우에는 면책사유가 우선하여 보험자는 면책된다고 판시하였다.

주의할 점은 MIA 제55조 제2항에 나와 있는 통상적인 자연소모, 운송물의 고유한 특성으로 인한 손해에 대하여는 독립적인 의미를 가지는 면책사유로 보기보다는 보험증권상 약정된 부보위험의 범위를 제한/한정하는 의미로서 해석하고 부보되는 위험과 경합하는 경우에 보험자가 면책된다는 법리의 적용을 배제한다고 보는 것이 통상적이다.[18] 영국 법원의 사건은 아니나 해상보험에 관하여 동일한 법리가 적용된다고 이해되는 오스트레일리아 법원에서 판시한 HIH Casualty & General Insurance Ltd v. Waterwall Shipping Inc 사건[19]에서 그러한 법리가 확인된 바 있다. 위 사건은 선체보험에 관하여 부보된 선박의 멸실이 선박 내 물 순환 시스템의 통상적인 자연소모와 선장 및 선원들의 과실의 경합으로 인하여 발생된 사안이며, 오스트레일리아 법원은 법정 면책사유로 특정된 자연소모는 별도로 독립적인 면책사유에 해당하는 것이 아니라 부보의 범위를 한정하는 의미를 가진다고 판시하였다.

18) Howard Bennett, The Law of Marine Insurance Second Edition, Oxford University Press(2006), p.314.
19) 〔1998〕 146 FLR 76.

참고로 실무상으로는 특히 선체보험의 경우에 복수의 원인이 순차로 작용하는 경우, 현실적으로 손해(보험사고)가 1개인지 또는 복수인지를 구분하는 것이 쉽지 않다. 예컨대 선장 및 선원들의 항해상 과실로 선박이 해안 부근의 얕은 바다에서 좌초되어 움직일 수 없는 상태가 된 지 약 1주일 후에 태풍과 같이 악화된 기상상태로 인하여 선박이 두 동강 나서 침몰한 경우, 과연 1차적인 사고(좌초)와 2차적인 사고(선체가 두 동강 나서 침몰한 사고)가 1개의 보험사고인지 2개의 보험사고인지를 구분하는 것은 쉽지 않은 사실인정의 문제이다. 복수의 보험사고로 인정되는 경우에는 보험금의 지불범위가 문제된다. 즉 만일 복수의 보험사고가 있었다고 사실인정이 되고 2개의 보험사고가 모두 부보된 위험에서 발생한 것이라면 연속된 보험사고에 대한 보험금 지불의 문제로 되어 MIA 제77조가 적용될 것이다.[20)]

V. 영국 해상보험법상 운송물의 고유한 결함 또는 특수한 성질과 해상위험

1. 전통적인 견해

전통적으로 운송물의 고유한 결함 또는 특수한 성질로 인한 면책사유는 과일의 부패, 밀가루의 가열 또는 포도주의 산화 등 운송물 자체

20) MIA 제77조에서는 복수의 연속되는 분손 손해(보험사고)가 있는 경우에는 보험자가 양 손해에 대하여 (가사보험금의 합계가 보험가액을 초과하더라도) 보험금 지급의무를 부담하며, 분손 손해(보험사고)에 뒤이어 전손 손해(보험사고)가 발생하는 경우에는 보험자가 전손에 대하여만 보험금지급의무를 지도록 정해져 있다.

의 내재적인 부패로 인하여 훼손되거나 변형되는 경우로 한정하여 이해되었다. 그리고 이러한 운송물의 고유한 결함 또는 특수한 성질로 인한 면책은 손해(보험사고)에 대한 단독의 근인(sole proximate cause)으로 인정되는 경우에만 보험자를 면책하여 주는 것이고, 다른 위험이 근인으로 작용하는 경우에는 보험자를 면책하지 않는 것으로 이해되었다.[21)]

이와 관련하여 운송물의 고유한 결함 또는 특수한 성질과 운송물의 고유한 물리적 취약성(inherent frailty)이 구분되어 논의되기도 하였다. 예컨대 운송물이 달걀일 때, 항해 기간 동안 달걀이 부패한 경우에는 운송물의 고유한 결함 또는 특수한 성질에서 기인한 것으로서 면책되지만, 항해 기간 동안 달걀껍질이 깨져 파손되는 경우는 운송물의 고유한 물리적 취약성과 관련된 것으로서 그 원인이 부보된 위험, 특히 해상위험에서 기인한 것인지를 살펴보아 보험자가 책임을 부담할 수도 있다고 하였다.[22)]

결국 전통적으로 운송물의 고유한 결함 또는 특수한 성질은 음식물의 부패와 같이 화학적 · 생물학적 작용으로 한정되어 이해되고 해석되어 왔기 때문에 운송물 자체의 감항능력이나 운송물의 훼손/변형을 일으키는 외부적 원인인 해상위험과 연관하여 논의가 이루어지지 아니하였다.

---

21) Jonathan Gilman/Robert Merkin, Arnould's Law of Marine Insurance and Average First Supplement to 17th Edition, London : Sweet & Maxwell(2010), p.136.

22) Michael Mustill/Jonathan Gilman, Arnould's Law of Marine Insurance and Average 16th Edition, London : Stevens & Sons(1981), para.782.

2. Global Process 사건 이전의 영국 판례법 경향

(1) Soya 사건

이 사건은 대두콩에 대한 적하보험에 관련된 것으로서 보험증권상 가열로 인한 부패위험은 부보된 위험으로 특정되어 있었다. 선적 당시 대두는 해당 항해환경에 노출되는 경우 가열로 인하여 세균에 의한 부패위험을 가져올 수 있는 정도의 수분을 함유하고 있었고(다만 반드시 가열로 인한 부패위험을 가져오는 수분의 정도는 아니었다), 실제로 항해과정에서 가열로 인한 부패가 발생하였다. 해당 항해의 경우에는 기상상태도 양호했다. 각 심급의 법원에서는 가열로 인한 대두콩의 부패는 비록 운송물의 고유한 결함 또는 특수한 성질로 인한 것이라고 할지라도 보험증권상 부보위험에 해당한다는 이유로 보험자의 책임이 인정되었다. 각 심급과정에서 만일 보험증권상 가열로 인한 부패위험을 부보위험으로 정하지 아니하였다면 보험자가 MIA 제55조 제2항 b호에 정한 운송물의 고유한 결함 또는 특수한 성질을 이유로 면책을 주장할 수 있는지가 이유 중 방론으로 문제되었다. 제1심 법원의 Lloyd 판사는 이 사건 사실관계에 비추어 운송물의 고유한 결함 또는 특수한 성질을 이유로 보험자가 면책이 될 수 없는바, 그 이유는 운송물의 고유한 결함 또는 특수한 성질, 즉 가열로 인한 부패가 손해(보험사고)의 유일한 근인에 해당하지 않았고, 특히 대두콩이 모든 통상의 항해를 견뎌 낼 수 있는 능력이 없는 경우에만 그 고유한 성질이 유일한 근인으로 인정될 수 있기 때문이라고 하였다.[23] 이에 대하여 항

23) 〔1980〕 1 Lloyd's Rep 491.

소심[24]의 Donaldson 판사는 위 Lloyd 판사의 견해는 운송물의 고유한 하자에 따른 면책과 필연적인 결과(부보위험의 요건이 되기 위하여 필요한 우연성의 요소가 결여된 inevitability의 문제)에 따른 면책 주장을 혼동한 것이라고 비판하였다. Donaldson 판사는 대두콩의 자연적인 경향이 모든 통상의 항해를 견뎌 낼 수 있는 능력이 아니라 해당 항해에서 노출될 것으로 예상되는 환경에서 손해를 입는 것이라면 곧 운송물의 고유한 결함 또는 특수한 성질에서 손해(보험사고)가 비롯된 것으로 보아야 한다고 판시하였다. Donaldson 판사는 해상보험에서 운송물의 고유한 결함 또는 특수한 성질의 의미는 해상운송법에서 운송인의 면책사유인 운송물의 고유한 결함 또는 특수한 성질과 그 의미가 동일하여야 한다고 보았다.

영국 대법원에서 Diplock 대법관은 운송물의 고유한 결함 또는 특수한 성질에 대하여 항소법원 Donaldson 판사의 의견에 동의하는지에 대하여 명백하게 밝히지는 않았다. 그러나 그 이유의 판시에 있어서 운송물의 고유한 결함 또는 특수한 성질에 대하여 "운송물의 고유한 결함 또는 특수한 성질이란 어떤 우연한 외부적인 사고의 개입이 없는 상태에서 정상적으로 예정된 항해가 진행되었을 때 운송물이 그 자연적인 경향(natural behaviour)으로 인하여 훼손되어 버린 것을 의미한다"라는 설시를 하였다. 그 이후 이루어진 운송물의 고유한 결함 또는 특수한 성질에 대한 모든 논의에서 이러한 Diplock 대법관의 설시가 과연 어떠한 의미를 가지는 것인지 해석이 문제되었다.

24) 〔1982〕 1 Lloyd's Rep 136.

(2) Noten 사건

T M Noten B V v. Harding 사건에서는 인도 캘커타 항에서 로테르담 항으로 공업용 가죽장갑 제품의 운송에 대한 적하보험이 문제되었다. 목적지에 도착한 후 이들 가죽장갑 제품들에 대하여 물에 젖고 얼룩이 생겼으며 곰팡이가 피고 변색되는 등 훼손이 발견되었다. 조사결과 가죽장갑이 당초 물에 젖은 상태로 컨테이너에 적입되었고, 항해과정에서 열을 받아 그 수분이 증발된 후 기온이 낮아지자 컨테이너 천장에서 응결되어 가죽장갑 위로 물이 떨어지면서 다시 젖어서 훼손된 것으로 판명되었다. 피보험자는 이 훼손들이 운송물의 외부적인 원인이 근인으로 작용하여서 발생한 것이라고 주장하였고, 제1심 법원[25]에서 이러한 주장이 받아들여졌다.

그러나 항소법원[26]은, 가죽장갑의 훼손은 예정된 항해에서의 통상적인 과정에서 어떠한 외부적인 우연한 사고의 개입 없이 가죽장갑 자체의 자연적인 경향에서 비롯된 것이라고 보아 손해에 대한 근인은 운송물의 고유한 하자이므로 보험자가 면책되어야 한다고 판단하였다. Bingham 판사는 특히 운송물의 고유한 결함 또는 특수한 성질과 다른 외부적인 원인 중 어느 위험이 근인에 해당하는지를 판단함에 있어서는 해상운송 사업가와 경험 있는 항해사의 시각에서 판단하여야 하는바, 이 사건의 사실관계에 비추어 이는 운송물이 물에 젖었다는 운송물 자체의 고유한 성질에서 그 원인을 찾아야지 운송물에 대하여 증발 및 응결이라는 외부적인 자연작용을 근인으로 보는 것은 설득력이 없다고 판시하였다.

25) 〔1989〕 2 Lloyd's Rep 527.
26) 〔1990〕 2 Lloyd's Rep 283.

(3) Mayban 사건

Mayban General Insurance v. Alstom Power Plants 사건[27)]은 대형 변압기를 보험목적물로 하여 영국에서 말레이시아로의 해상운송을 부보하는 적하보험에 대한 사건이다. 위 적하보험증권에서는 협회적하약관(A)를 그 계약조건으로 편입하였다. 운송과정에서 대형 변압기에 약 100만 파운드의 수리비가 소요되는 손상이 발생하였는데, 조사한 결과 그 손상 원인은 악화된 기상상태의 해상환경이 대형 변압기를 운송하던 선박에 가하여진 외력에서 비롯된 것으로 확인되었다. 즉 위 선박은 영국의 남서 해안 부근을 항행하면서 강도 8의 바람과 6미터를 초과하는 높이의 파도를 27시간 이상의 연속되는 시간 동안 맞으면서 항행을 하였는데, 이는 그 해역에서 약 2.5년에 한 번 정도 발생할 수 있는 정도의 악화된 기상 및 해상환경이고, 부정기적으로 그 해역을 운항하는 선박은 약 8.5년에 한 번 정도 조우할 수 있는 악화된 기상 및 해상환경이었다. 그 이외에도 추가로 2회에 걸쳐 강도 8의 바람과 그에 따른 악화된 해상환경을 짧은 시간 동안 조우하면서 항행하였다.

제1심 법원의 Moore-Bick 판사는 대형 변압기의 손상은 운송물의 고유한 결함 또는 특수한 성질에 의한 것으로서 보험자는 면책된다고 판단하였다. Moore-Bick 판사는 판결문에서 운송물은 해당 항해에서 조우하게 될 것으로 통상적으로 예상되는 해상환경(외력)을 견뎌 내야 할 능력을 가져야 하며, 합리적으로 예상되는 것보다 더 악화된 해상환경을 조우하지 않았다면 운송물의 손상의 원인은 해당 항해에서의

27) 〔2004〕 2 Lloyd's Rep 609.

통상적인 환경을 견뎌 낼 수 없는 운송물의 고유한 (감항)능력의 흠결이라고 보아야 한다고 판단하였다.

3. Global Process 사건의 대법원 판시 내용

(1) 대법원 판시의 요지

앞에서 살펴본 바와 같이 이 사건 제1심에서는 Blair 판사가 Mayban 사건의 Moore-Bick 판사의 견해를 수용하여 보험자의 운송물의 고유한 결함 또는 특수한 성질 면책 항변을 받아들였다. 반면에 항소심에서는 운송물의 고유한 하자는 운송물이 해당 항해에서 발생하게 마련인(bound to occur) 항해환경을 감당할 능력을 갖추지 못한 것으로서 그 범위를 좁히고, 이 사건의 항해과정에서 맞닥뜨린 항해환경은 해당 항해에서 발생하게 마련인 항해환경의 범위를 벗어난 것으로서 해상위험에 해당한다고 보아 보험자에게 보험금 지급 책임이 있다고 판단하였다.

앞에서 정리한 쟁점들에 따라 대법원의 판시 내용을 정리하면 다음과 같다.

1) 운송물의 고유한 결함 또는 특수한 성질이라 함은 해상위험이 존재하지 않는 환경에서 운송물의 내재적인 성질에 의하여 운송물이 변질/훼손되는 것으로 제한적으로 해석되어야 한다. Soya 사건에서 Diplock 대법관의 판시 내용 중 "정상적으로 예정된 항해가 진행되었을 때"의 의미는 해상위험의 부존재상태를 의미한다.

2) 보험자의 면책이 인정되기 위하여는 운송물의 고유한 결함 또는 특수한 성질이 운송물의 손해와 유일한 인과관계(sole causation)에 해당하여야 하고, 만일 해상위험이 운송물의 손해(보험사고)에 대하여 근인에 해당한다면 보험자는 면책될 수 없다. Soya 사건에서 Diplock 대법관의 판시 내용 중 "어떤 우연한 외부적인 사고의 개입이 없는 상태에서"의 의미는 해상위험에 있어서 통상적으로 해석되고 이해되는 의미와 동일한 것이다.

3) 원칙적으로 운송물의 고유한 결함 또는 특수한 성질과 해상위험은 동시에 경합되는 근인으로 작용할 수 없는 것이다. 만일 보험자의 주장과 같이 복수의 경합되는 근인으로서 작용이 가능하다면 이에 대한 판단은 보류한다.

(2) 영국 대법원 판결의 이유

영국 대법원이 이와 같은 판시에 이르게 된 주된 이유는 다음과 같다.

1) 보험자의 주장과 같이 운송물의 고유한 결함 또는 특수한 성질을 해당 항차에서 예견 가능한 기상환경을 감당하지 못하는 운송물의 불감항능력과 같은 의미로 해석하여 면책의 범위를 넓히게 된다면 적하보험에 있어서 부보의 범위가 지나치게 제한되어 피보험자에게 부당한 결과를 가져오게 된다.

2) 보험자의 주장 또는 Soya 사건 항소심에서 Donaldson 판사의 견해와 같이 해상보험법과 해상운송법에서 운송물의 고유한 결함 또는

특수한 성질을 동일한 의미로 해석함은 부당하다. 해상운송법에 있어서는 운송인이 운송물에 대한 위험요소를 전혀 관리할 수 없음에 반하여 해상보험법에 있어서는 피보험자의 고지의무에 의하여 보험자가 어느 정도 운송물에 대한 위험요소를 관리할 수 있기 때문이다.

3) 보험자의 견해는 궁극적으로 피보험자에게 운송물의 감항능력에 관한 의무를 부과하는 것으로서 MIA 제40조 제1항에 따라 운송물의 감항능력을 워런티사항으로 하지 않고, 나아가 협회적하약관의 규정들을 통하여 MIA 제39조 제1항 내지 제4항과 MIA 제40조 제2항에서 선박의 감항능력을 워런티사항에서 배제하는 취지에 어긋나는 것이다.[28)]

4) 선체보험의 경우, 감항능력의 부존재와 해상위험은 경합하는 근인이 될 수 없고 오직 해상위험만 근인이 된다는 법리에 비추어 피보험자에게 운송물의 감항능력과 해상위험이 동시에 경합하는 근인으로서 인정될 수 없다. 영국 대법원은 선박의 감항능력에 대한 워런티사항과 별도로 해상위험으로 손해(보험사고)가 발생하였을 때 보험자는 선박의 상태를 이유로 한 항변을 할 수 없다는 Dudgeon v. Pembroke[29)]

28) MIA 제55조 제2항 c호에서 운송물의 고유한 하자 또는 특수한 성질로 인하여 발생하는 손해는 보험증권에서 달리 정하지 않는 한 보험자가 책임을 지지 않는 것으로 규정했기 때문에, 화물이나 동산 자체의 감항능력에 관한 묵시적 워런티사항을 인정하지 않는다는 취지의 주장이 있다〔박세민, "해상보험법상 담보(warranty)의 개념과 영국 협회적하보험약관 제5조 및 상법 제706조 제1호(해상보험자 면책사유)에 관한 고찰," 한국해법학회지 제27권 제2호(2005. 11), 한국해법학회, 123면〕. 그러나 Global Process 사건에서 영국 대법원이 운송물의 고유한 하자 또는 특수한 성질은 감항능력과는 엄격하게 구분되어야 한다고 판시한 취지에 비추어 볼 때, 이러한 주장이 영국법적으로 가능한 것인지는 의문이 있다.

29) 〔1877〕 2 App Cas 284.

의 판시 내용과 The Miss Jay Jay 사건에서 Mustill 판사의 선박의 감항능력 흠결, 악화된 기상상태, 선박의 침수를 방지하는 능력의 상실, 침수라는 시간 순서대로 발생하는 여러 원인들로 인하여 선박의 멸실/ 훼손이라는 결과가 발생하는 연속된 인과관계에서 감항능력의 흠결과 해상위험은 동시에 경합되는 위험이 될 수 없고 오로지 해상위험에 의한 손해로 보아야 한다는 취지의 판단을 판시의 근거로 하고 있다. 위 견해는 선체보험에 있어서 피보험자가 부보된 위험이 손해(보험사고)를 발생시켰다는 점을 입증한 경우, 보험자는 선박의 감항능력 흠결과 부보된 위험이 경합된 근인임을 이유로 면책을 주장할 수 없으며 감항능력의 흠결은 워런티사항의 측면에서만 보험자에게 면책사유를 제공하는 것이라는 학설과도 연관된 것이다.[30]

5) Soya 사건에서 Diplock 대법관의 판시 내용 중 "어떤 우연한 외부적인 사고의 개입이 없는 상태에서"의 문구를 해석함에 있어서 해상위험에서 이야기되는 "우연한 외부적인 사고"에 대한 해석과 별개의 의미로 해석할 수 있는 근거가 없다.

6) Noten 사건의 경우 전혀 외부적인 원인의 작용이 없는 상태에서 손해(보험사고)가 발생한 것으로서 이 사건과 같이 해상위험이 작용한 경우에 대하여 적절한 선례가 될 수 없다.

7) 운송물의 고유한 결함 또는 특수한 성질은 그 정의상 해상위험과 같이 다른 부보위험과 동시에 경합하는 근인으로서 작용될 여지

30) Howard Bennett, "Fortuity in the Law of Marine Insurance," LMCLQ 315, 335(2007).

가 없다. 만일 해상위험과 운송물의 고유한 결함 또는 특수한 성질이 복수로 경합한다고 하여도 과연 통상적인 부보위험과 면책사유의 경합에 대한 해결원칙으로서 보험자가 면책되는 것인지는 의문이다. 이는 (i) HIH Casualty & General Insurance Ltd v. Waterwall Shipping Inc 사건의 예에 비추어 법정 면책사유인 MIA 제55조 제2항 c호의 경우에는 경합이 될 수 없는데 보험증권상 명시적인 면책사유로 운송물의 고유한 결함 또는 특수한 성질이 특정되었다고 하여 법리를 달리할 수 있는지가 의문이고, (ii) Wayne & Tanker 사건에서는 면책사유가 부보위험의 한 종류에 해당함에 반하여 이 사건의 경우에는 면책사유와 부보위험이 완전히 별개이므로 그 경합시의 처리방법이 명확하지 않기 때문이다.

(3) 소결

영국 대법원의 Global Process 사건 판시는 Mayban 사건 이후 그 불확실성이 야기된 운송물의 고유한 결함 또는 특수한 성질 면책 항변의 범위를 명백히 제한적으로 해석하여 법적 불명확성을 해소한 점에서 큰 의미를 가진다고 할 것이다. 대법원의 판시 내용은, 운송물의 고유한 결함 또는 특수한 성질 항변은 해상위험이 부존재하는 상태에서 운송물이 내재적인 원인으로 훼손/변형되는 경우로 한정되어야 하며, 유일한 근인에 해당되어야만 보험자가 면책될 수 있다는 점을 명백히 한 것이다.

영국 대법원의 위 판단은 (명시적인 면책사유로서의) 운송물의 고유한 결함 또는 특수한 성질과 다른 부보위험이 동시에 경합하는 경우 근인이 어느 것인지를 판단할 필요 없이 항상 다른 부보위험을 근인으로 보아야 한다는 근인 판단에 있어서 예외를 선언한 것으로 보이는 점,[31] 영국 대법원의 해석에 의하면 실질적으로 운송물의 내재적 훼손/변형이 필연적으로 예상되는 경우로 한정되어 이를 별도의 면책사유로 정한 의미가 퇴색한 점 그리고 운송물의 고유한 결함 또는 특수한 성질과 해상위험의 동시적 경합에 대한 의견을 유보한 점 등에서 향후 논란의 여지를 남겨 놓았다고 할 것이다.

VI. 결론

이 사건에서 영국 대법원의 판단은 결국 적하보험에 있어서 운송물이 예측 가능한 악화된 기상/항해상태를 견딜 수 없음으로 인하여 운송물의 훼손/변형이 발생한 경우, 그 위험은 보험자가 부담하는 것이 보험 실무상 타당하다는 전제하에 근인에 대한 판단원칙이나 인과관계, 동시에 경합하는 근인에 대한 기존 원칙들을 벗어나 일단 고유한 법적 근거를 마련하여 내린 것으로 볼 수 있을 것이다.

본 사건에 대한 검토는 영국 보험법상 운송물의 고유한 결함 또는 특수한 성질, 해상위험, 적하보험에 있어서 운송물의 불감항능력에 대한 법리뿐 아니라 선체보험에 있어서 선박의 불감항능력에 대한 법

31) 참고로 우리나라에서는 고유한 결함 또는 특수한 성질과 부보위험의 동일한 협력에 의하여 손해가 발생한 경우에 해결방안으로 다음과 같은 네 가지 방안, 즉 (i) 보험자의 책임을 부정하는 견해, (ii) 보험자의 책임을 인정한다는 견해, (iii) 분담주의의 견해 그리고 (iv) 묵시적 워런티사항 위반과 명시적인 부보위험이 동일한 협력을 한 경우 보험자는 책임을 지나 명시적인 면책사항과 명시적인 부보위험이 동일한 협력을 한 경우 보험자는 면책된다는 견해가 논의되고 있다. 정성훈, "해상운송물품의 고유하자와 관련된 손해와 그 책임에 관한 연구," 동국대학교 박사학위논문, 2000, 100면 참조.

리, 부보위험과 보험사고 사이의 인과관계/근인성 그리고 동시에 경합하는 복수의 근인들의 처리방법 등에 대한 이해를 제고함에 도움이 될 것이다.

09

보험산업에서의 불공정거래행위에 관한 경쟁법적 고찰*

이봉의**

I. 머리말

1. 배경 및 논의의 범위

1990년대 이후 여타 규제산업과 마찬가지로 보험산업에도 규제완화와 경쟁촉진이 이루어지고 있다. 은행 · 보험의 부분적 겸업화, 금융지주회사의 출범, 자본시장의 개방과 M&A의 증대, 진입규제의 완화와 보험료자율화 등은 모두 이러한 추세를 반영하고 있다. 이러한 추세는 보험회사 간 경쟁을 심화시키고, 그만큼 카르텔을 비롯하여 보

* 이 논문은 BFL 제29호(2008. 5)에 게재된 글을 수정 · 보완한 것이다.

** 서울대학교 법과대학 · 법학전문대학원 교수

험회사의 불공정거래행위를 야기할 우려를 안고 있다.

종래 보험산업에 고유한 불공정거래행위에 대해서는 보험업법의 적용과 금융당국의 규제가 폭넓게 이루어져 왔고, 독점규제 및 공정거래에 관한 법률(이하 '독점규제법')은 지극히 제한적 범위에서만 적용되었다.

그러나 보험산업 전반에 대하여 독점규제법의 적용을 배제할 법적 근거는 없으며, 향후 보험시장에 공정한 거래질서를 정착시키고 보험소비자의 이익을 충실히 보호하기 위해서는 보험시장의 경쟁상황에 대한 면밀한 검토와 더불어 동 시장에서 발생하는 불공정거래행위에 실효적 규제가 이루어질 필요가 있다.

이러한 맥락에서 이 글에서는 보험산업에 일반경쟁법인 독점규제법의 적용 가능성을 살펴보고, 보험산업에 대하여 특별법을 통한 경쟁법의 적용면제를 두고 있는 대표적 입법례인 미국의 경우를 통하여 독점규제법의 적용범위를 검토한 후, 독점규제법상 불공정거래행위와 보험업법상 금지행위를 비교 · 분석하기로 한다. 끝으로 보험회사의 불공정거래행위에 대해 독점규제법을 적용한 사례를 분석함으로써, 향후 보험시장에서 공정하고 자유로운 경쟁을 담보하기 위한 독점규제법의 적용 가능성을 모색하기로 한다.

2. 보험산업의 특성과 독점규제법의 적용 일반론

보험산업은 흔히 다수의 위험(risk)을 평준화하여 이를 분산하는 보험상품의 특성상 규모의 경제가 나타나는 자연독점의 하나로 이해되어 왔고, 보험상품의 내용이 매우 전문적이고 복잡하여 정보가 불완전하며, 보험회사와 계약자 간의 정보비대칭성이 크다는 점에서 종래

경쟁보다는 전문규제에 맡겨야 한다는 주장이 지배해 왔다.[1)]

그러나 시장이 있는 곳에서는 원칙적으로 독점규제법이 적용되어야 한다. 보험산업에서도 시장원리가 원활하게 작동하기 위해서는 사적 자치와 경쟁이 제대로 기능하지 않으면 안 되고, 이를 위해서는 독점규제법이 효과적으로 적용되어야 하기 때문이다. 물론 보험상품의 특성상 특수한 전문규제가 필요할 수밖에 없는 부분이 있으나, 보험업법은 보험계약자와 피보험자 및 기타 이해관계인의 권익을 보장함으로써 궁극적으로 보험업의 건전한 육성과 국민경제의 균형 있는 발전에 기여함을 목적으로 한다는 점에서 자유롭고 공정한 경쟁질서를 보호하고자 하는 독점규제법과는 처음부터 그 목적을 달리하는 것으로 보아야 한다. 즉 보험시장에서의 경쟁보호는 거의 전적으로 독점규제법에 맡겨져 있는 것이다.

그런데 보험업법은 보험시장에서의 경쟁제한행위와 관련하여 독점규제법의 적용 여부, 즉 보험업법과 독점규제법의 관계를 명시적으로 규정하지 않고 있으며,[2)] 단지 보험회사가 일종의 자율규제(self-regulation)인 '상호협정'을 체결하고자 하는 경우 금융위원회의 인가를 받아야 하고, 금융위원회는 인가처분을 내리기 전에 공정거래위원회와 협의하여야 할 뿐이다(동법 제125조).[3)] 그 밖에 금융산업의 구조개선에 관

1) 정호열, "보험산업과 독점규제법 제2편 보험산업에 대한 독점규제법의 적용," 경쟁저널 제134호(2007. 9), 한국공정경쟁연합회, 4면 이하.

2) 참고로 전기통신사업법은 동법상 금지행위에 대하여 정보통신부 장관의 시정조치나 과징금부과처분이 내려진 경우에 한하여 독점규제법의 적용을 배제하고 있다.

3) 상호협정의 경우에도 동 협정에 포함될 수 있는 내용을 어떻게 해석하느냐에 따라 독점규제법의 적용이 배제되는지 여부가 좌우될 수 있다는 점도 간과할 수 없다. 다만 공정거래위원회는 협의과정에서 상호협정의 내용 중 경쟁을 저해할 수 있는 조항에 대하여 의견을 개진할 수 있고, 금융위원회가 이를 받아들이지 않고 인가를 한 경우에는 또다시 독점규제법의 추가적용 문제가 발생할 수 있다.

한 법률에 따라 보험회사의 합병시 경쟁제한 여부를 포함하여 일정한 기준에 따라 금융위원회의 인가를 받아야 하는바, 이때에도 금융위원회는 미리 공정거래위원회와 협의하여야 한다(동법 제4조). 그 결과 보험업법상 인가를 받은 상호협정 등에 대하여 독점규제법상 카르텔금지규정인 제19조를 추가로 적용할 수 있는지 또는 보험업법상 금지되는 행위가 독점규제법상 불공정거래행위와 중첩되는 경우에 어떤 법이 우선하여 적용될 것인지가 문제될 수 있다.[4)]

이와 관련하여 보험산업은 더 이상 공익사업으로만 볼 수 없고 비록 감독관청이 보험계약자나 피보험자 등의 보호를 위한 규제를 행하고는 있으나 보험업법을 통한 규제만으로 충분할 것인지는 의문이고, 독점규제법상 불공정거래행위는 비단 소비자 보호를 위한 것이 아닐 뿐만 아니라 소비자의 이익이란 원칙적으로 자유롭고 공정한 경쟁을 통해 실현되는 것이라는 점에서도 독점규제법 적용의 정당성을 찾을 수 있다. 더구나 독점규제법이 특정 산업에 대한 일률적인 적용제외를 인정하지 않고 있을 뿐만 아니라[5)] 미국 판례법에서 발전한 묵시적 적용면제(implied immunity), 즉 보험업법상의 규제가 적용되는 범위에서 경쟁법이 폭넓게 적용제외된다는 법리도 우리나라에서는 수용하기 어렵다.

먼저 묵시적 적용면제란 규제법이 명시적인 적용제외를 규정하지 않고 있는 경우 예외적으로 행정처분 등에 의한 예외를 인정하는 것

4) 시장지배적 지위남용과 같이 보험업법이 금지하지 않고 있는 행위를 독점규제법이 규제하고 있는 경우에는 후자만 적용될 것이므로 규제의 중첩이 발생하지 않는다.

5) 1990년 이후 1999년까지 독점규제법의 변천사를 보면 보험산업에 대한 적용범위가 꾸준히 확대되었음을 알 수 있고, 불공정거래행위에 관한 한 1980년 제정법부터 현재까지 보험산업에 대한 적용제외를 인정한 적이 없다. 정호열, 앞의 논문(주 1), 10면 이하.

으로서, 미국에서도 지극히 예외적으로만 인정되고 있다.[6] 그런데 독점규제법은 제58조에서 다른 법령이나 처분에 의한 적용제외를 규정하고 있는바, 이러한 적용제외는 보험업법상 상호협정의 경우를 제외하고는 찾아볼 수 없기 때문에 그 밖에 법률에 근거하지 않은 예외나 적용제외를 인정하는 것은 허용되지 않는 것으로 해석하는 것이 타당할 것이다. 더구나 공정거래위원회와의 협의의무를 정하고 있는 상호협정의 경우와 달리 불공정거래행위에 대해서는 독점규제법과 보험업법의 관계를 정하는 명시적 규정이 없다는 점도 이러한 해석을 뒷받침하고 있다.[7] 따라서 불공정거래행위를 비롯한 보험회사의 각종 경쟁제한행위에 대해서는 원칙적으로 독점규제법이 적용되는 것으로 보는 것이 타당할 것이다.

아래에서는 대표적으로 미국의 보험산업에 대한 경쟁법의 적용면제와 그 한계를 살펴봄으로써 동 산업에 대한 독점규제법의 적용범위를 다시금 확인하기로 한다.

II. 미국의 적용제외 입법례

1. 경과

1890년 셔먼법이 제정된 이후 근 50여 년 동안 보험산업은 주법의

6) Herbert Hovenkamp, Federal Antitrust Policy, West Group(2005), p.717.

7) 상호협정과 달리 향후 금융시장통합에 따라 보험회사와 여타 금융회사 간에 이루어지는 공동행위에 대해서는 독점규제법 제19조가 전면적으로 적용됨에 유의할 필요가 있다.

규제를 받을 뿐이었고, 미국의 연방독점금지법은 보험산업에 적용되지 않았는데, 그 이유는 보험거래가 주간통상(interstate commerce)으로 여겨지지 않았기 때문이다.[8)] 그후 1944년 U.S. v. South-Eastern Underwriters Ass'n 판결[9)]에서 연방최고법원이 보험거래 역시 주간통상에 해당되고 따라서 연방독점금지법의 적용을 받는다고 판시하였고, 의회는 이에 대응하여 그 다음 해에 보험사업(business of insurance)을 셔먼법 · 클레이턴법 및 연방거래위원회법의 적용으로부터 면제하는 내용의 McCarran-Ferguson법(이하 'McCarran법')을 제정하였다.[10)] 동법이 제정된 후 오랫동안 연방독점금지법은 보험업에 제한적으로만 적용되었으나, 1978년부터 1982년 사이에 법원은 일련의 판결을 통하여 McCarran법의 면제범위를 제한적으로 해석함으로써 그만큼 보험업에 대한 독점금지법의 적용이 확대되기에 이르렀다. 비록 1993년 Hartford Fire Insurance Co. v. California 판결[11)]에서 최고법원이 다시 이러한 추세를 일부 반전시키기는 하였으나, 연방독점금지법은 현재 보험업에도 꾸준히 적용되고 있다.

연방 및 주의회 역시 보험업에 대한 독점금지법의 적용을 확대하기 위한 노력을 기울이고 있는바, 최근에 McCarran법의 면제에 추가적 제한을 가하려는 법안[12)]이 제출되기도 하였다. 아울러 캘리포니아를 비롯하여 일부 주에서는 손해 및 상해보험회사에 대한 독점금지

8) Paul v. Virginia, 75 U.S. 168 (1869).

9) 322 U.S. 533 (1944).

10) 동법상 적용면제에 관한 상세한 내용은 정호열, "보험산업과 공정거래법 III," 경쟁저널 제136호(2008. 1), 한국공정경쟁연합회, 14면 이하.

11) 509 U.S. 764 (1993).

12) 대표적으로 1997년의 Financial Services Competitiveness Act, 2003년의 Medical Malpractice Insurance Antitrust Act 등을 들 수 있다.

법의 적용면제를 대폭 철폐하는 법안을 주민투표로 마련하기도 하였다.[13] 이처럼 보험사업이라고 하여 독점금지법이 적용되지 않을 것이라고 생각하는 것은 오산이며, 미국의 변호사들은 보험회사에 대한 법률자문시 독점금지법 자체에 대한 이해와 더불어 보험사업에 대한 적용면제의 범위가 어디까지인지, 보험회사의 구체적인 영업행위에 독점금지법이 적용될 수 있는지 등에 대하여 면밀하게 검토해야 한다.[14]

그런데 우리나라에서는 McCarran법이 소개되면서 구체적인 면제범위와 한계 등이 정확하게 인식되지 않은 채, 미국에서는 보험산업에 독점금지법이 폭넓게 적용제외되고 있는 것으로 알려진 측면이 있다. 아래에서는 동법의 구체적인 면제요건을 살펴봄으로써 독점규제법의 적용범위에 관한 시사점을 찾아보기로 한다.

2. McCarran-Ferguson법상 적용면제

McCarran법은 보험회사의 문제된 행위가 (i) 보험사업에 해당하고, (ii) 주법의 규제를 받는 한도에서, (iii) 보이콧이나 강요(coercion) 또는 협박(intimidation)에 의한 협정이 아닌 경우에 한하여 독점금지법의 적용을 면제받는 것으로 규정하고 있다. 그리고 이들 세 가지 면제요건을 넓게 또는 좁게 해석하느냐 여하에 따라 실제 면제의 범위가 좌우되며, 이러한 해석작업은 궁극적으로 연방최고법원에 맡겨져 있다.

13) 그 밖에 1990년 뉴저지에서는 과거데이터(historical data)의 수집 · 축적 및 배포를 제외하고 자동차보험에서 공동의 요율산정에 대한 면제를 폐지하였고, 이듬해에는 텍사스에서도 mini-McCarran Act를 폐지하였다.

14) ABA, Insurance Antitrust Handbook, 2nd Ed., ABA(2006), p.2.

첫째, 보험사업에 해당하여야 한다. 이때 보험회사의 영업행위와 보험사업은 구별하여야 하며, 보험회사가 보험사업을 수행하는 경우에만 동법의 면제가 가능하다. 이때 보험사업이라는 요건은 행위주체가 아니라 행위 자체를 기준으로 하며,[15] 보험료를 대가로 위험을 인수하는 행위가 면제의 본질적 요건이다.[16]

일찍이 어떤 행위가 보험사업에 해당하기 위한 요건은 Group Life & Health Insurance Co. v. Royal Drug Co. 판결[17]에서 (i) 문제된 행위가 보험계약자의 위험을 분산하여 인수하는 효과를 가질 것, (ii) 보험회사와 피보험자의 계약관계와 직접적인 관계에 있을 것, (iii) 보험산업에 속하는 주체에 한정되어 있을 것이라는 세 가지로 제시되었고, 이는 그 뒤 Union Labor Life Insurance Co. v. Pireno 판결[18]에서 다시금 확인되었다. 이러한 기준에 따를 경우 보험산업의 핵심요소인 요율의 책정, 보험증권의 광고 및 판매, 보험회사의 허가, 보험증권의 형식 등은 보험사업의 범주에 해당된다.[19] 반면 보험회사가 제공하는 검사 · 손해예방 · 분쟁처리 · 에스크로 서비스 등의 부대서비스는 그것이 보험계약에 따라 이루어지지 않는 한, 즉 보험증권과 별도로 판매된 경

15) Hartford Fire Ins. Co. v. California, 509 U.S. 764, 780-81 (1993).

16) SEC v. Variable Annuity Life Ins. Co., 359 U.S. 65, 79 S. Ct. 618 (1959).

17) 440 U.S. 205, 215-215 (1979). 연방최고법원은 피보험자에게 약품을 제공하는 약국에 지급할 보상금액을 규정하는 계약은 보험사업의 세 가지 요건을 충족하지 않는다고 보아 McCarran법상의 면제를 인정하지 않았다.

18) 458 U.S. 119, 129 (1982). 여기서도 연방최고법원은 약가(藥價) 청구의 적합성 여부를 심사하는 절차의 문제는 보험사업의 범주에 해당하지 않는다고 판시하였다. 이처럼 단지 cost control device에 불과한 행위는 보험사업의 본질적 요소(integral part)에 해당하지 않는다. Lawrence Sullivan / Warren Grimes, The Law of Antitrust : An Integrated Handbook, West Law School(2006), p.768.

19) Securities Exchange Commission v. National Securities, 393 U.S. 460.

우에는 McCarran법상의 면제를 받지 못한다.[20] 또한 '보험'이라는 명칭이 붙은 상품이라고 해도 특정한 위험과 결부되지 않은 경우에는 그 자체가 면제대상인 보험사업에 해당하지 않는다.

아울러 McCarran법은 주로 투자수단이거나 금융상 보증의 성격을 갖는 보험상품으로서, 특히 다른 금융기관이 제공하는 유사한 금융상품과 경쟁관계에 있는 경우에는 적용되지 않는다. 예컨대 은행의 L/C와 경쟁적으로 판매되는 국공채보험(bond insurance), 뮤추얼펀드와 경쟁적으로 제공되는 변액생명보험, 변액연금보험 및 은행의 투자계약과 경쟁하는 보증부투자계약(guaranteed investment contracts) 등을 들 수 있다. 이때 중요한 기준은 특정 보험증권이나 연금보험 등이 보험상의 위험요소를 내포하고 있고, 실질적인 투자위험을 보험회사로 이전하고 있는지 그리고 해당 보험상품이 비보험금융회사가 판매하는 상품과 기능적으로 동일 또는 유사한지 여부이다.[21]

둘째, 주법에 의해 규제되는 행위이어야 한다. 미국 법원은 동 요건을 비교적 폭넓게 해석하고 있는바, McCarran법의 취지가 각 주의 보험산업에 대한 규제권한을 존중하고 기존의 규제를 그대로 유지하기 위한 것이기 때문이다.[22] 따라서 주법상 주정부가 문제된 행위에 대한 규제권한, 즉 동 행위를 금지 또는 허용할 권한을 갖고 있는 경우에는 실제로 그 권한을 행사하고 있는지, 실제 규제의 강도가 어떠한지 여부와 상관없이 독점규제법의 적용면제가 가능하다.[23] 나아가 주가 문

---

20) ABA, 앞의 책(주 14), p.22.

21) ABA, 앞의 책(주 14), p.23 ; Am. Ins. Ass'n v. Clarke, 865 F.2d 278, 281-282 (D. C. Cir. 1988).

22) E. P. Gillett, The Business of Insurance : Exemption, Exemption, Who Has the Antitrust Exemption, 17 Pac. L. J. 261(1985).

23) FTC v. National Casualty Co. 357 U.S. 560, 564 (1958) ; Ohio AFL-CIO v. Insurance

제된 거래관행을 효과적으로 감시할 충분한 권한을 갖고 있다고 판단되는 것으로도 동법상의 면제가 가능하다. 이를테면 주법상 특정 행위를 감독할 행정시스템이 마련된 경우를 상정할 수 있으며, 다수의 하급심 판결이 주의 보험불공정거래관행법(UIPAs, Unfair Insurance Practices Acts)이 문제된 행위에 적용될 수 있는 경우에는, 이러한 규제가 얼마나 효과적인지와 상관없이 McCarran법상의 면제를 인정하고 있다.[24] 아울러 동법상의 면제를 받기 위해서는, 예컨대 카르텔의 경우 참가사업자 중 하나만 주의 규제를 받는 것으로 족하다.[25]

끝으로 McCarran법의 면제는 보이콧이나 강요 또는 협박에는 적용되지 않는다. 여기서 전술한 Hartford 사건에서 제9순회항소법원은 보이콧을 상대방에게 특정한 조건에 동의하도록 하기 위해 자신의 경제력을 사용하는 것으로서 매우 폭넓게 이해하였으나,[26] 최고법원은 이와 달리 "보이콧의 전형적인 특징은 별개이면서 무관한 거래의 조건에 변화를 강제하기 위하여 특정 거래를 집단적으로 거절하는 데에 있다"라고 판시함으로써, 거절대상인 거래는 주된 거래와 '별개이면서 무관할 것(separate and unrelated)'을 요구하였다.[27] 보이콧의 상대방은

Rating Board, 451 F.2d 1178 (6th Cir. 1971), cert denied, 93 S. Ct. 215 (1972) ; Phillip E. Areeda / Herbert Hovenkamp, Antitrust Law, Apsen Pub(2000), 219b5.

24) Mackey v. Nationwide Ins. Co., 724 F.2d 419, 420-21 (4th Cir. 1984) ; Dexter v. Equitable Life Assurance Society, 527 F.2d 233, 236-37 (2nd Cir. 1975) 등 참조.

25) FTC v. Travelers Health Ass'n, 362 U.S. 293, 297-99 (1960) ; Hartford Fire Ins. Co. v. California, 509 U.S. 764 (1993).

26) In re Ins. Antitrust Litigation, 938 F.2d 919, 930 (9th Cir. 1991).

27) Hartford Fire Ins. Co. v. California, 509 U.S. 764, 806 (1993). 그 결과 최고법원은 주보험과 재보험은 상호 밀접한 관계에 있는 것이어서 피고들이 재보험인수를 거절한 행위는 보이콧에 해당하지 않는다고 판시하였다. 즉 재보험회사가 그와 무관한 거래에서 재보험인수를 거절하는 때에만 보이콧이 성립할 수 있다는 것이다.

다른 보험회사, 보험대리인(모집인) 또는 그 밖에 보이콧에 가담한 사업자와 경쟁관계에 있는 자일 수도 있다.[28)]

3. 그 밖의 적용면제

그 밖에 보험회사의 경쟁제한행위에 대하여 연방독점금지법의 적용이 면제되는 경우로는 판례로 발전된 적용면제법리와 주의 독점금지법을 들 수 있다.

먼저 첫 번째 경우로서 보험산업에 국한되지 않고 보다 널리 주의 규제정책의 산물로서 야기된 독점금지법상 금지된 거래제한을 널리 면제하는 법리로는 주행위면제이론(state action doctrine)을 들 수 있다. 동 법리는 당초 주법에 따라 주정부가 행한 경쟁제한관행에 대하여 연방독점금지법의 적용을 면제하는 취지에서 비롯되었으나,[29)] 추후 주의 승인이나 규제를 받는 사기업의 행위에도 확대되었다. 주행위면제가 적용되기 위한 요건은 크게 해당 행위가 (i) 주정책으로 명확하게 적극적으로 표현된 것이어야 하고, (ii) 주의 규제당국이 해당 행위를 심사할 법적 권한을 가지고 있을 뿐만 아니라 그러한 권한을 실제로 행사하고 있어야 한다는 것이다.[30)]

이어서 주의 독점금지법에 의한 적용면제를 살펴볼 필요가 있다. 미국의 50개 주 모두 독자적인 독점금지법을 두고 있으며, 대체로 연방거래위원회법(FTC Act)을 딴 불공정거래금지법(Little FTC Acts)을 마련하고 있다. 그리고 이들 주에서 보험산업에 대하여 면제를 규정하

28) U.S. v. South-Eastern Underwriters Ass'n, 322 U.S. 533, 552 (1944).
29) Parker v. Brown, 317 U.S. 341 (1943).
30) Cal. Retail Liquor Dealers Ass'n v. Medical Aluminium Inc., 445 U.S. 97, 105 (1980).

는 태도는 주마다 다소 차이를 보이고 있다.[31] 종래 각 주는 보험산업에 대하여 폭넓은 면제를 인정하여 왔으나, 캘리포니아 · 텍사스 · 뉴저지 등 주요 주에서는 이러한 면제를 전부 또는 부분적으로 철폐하였고, 많은 주에서 보험산업에 대하여 연방법보다는 주법인 독점금지법이 주로 적용되기에 이르렀다.

4. 소결

미국에서 대표적 적용면제법률로 알려진 McCarran법은 판례의 엄격한 해석을 통하여 적용범위가 보험의 본질적 요소와 결부된 행위에 국한되고 있으며, 연방 및 주 차원에서 보험산업에 대한 경쟁법의 적용을 확대하려는 경향을 보이고 있다. 우리나라의 경우 이와 같은 특별법은 없으나, 독점규제법 제58조의 '법령에 따른 정당한 행위'가 규제산업에 대한 동법의 적용한계를 정하고 있으며, 그 밖에 보험업법에 독점규제법의 적용을 전면적으로 배제하는 규정을 찾을 수 없다. 이러한 점을 고려할 때 보험산업에서 독점규제법은 동법이 명시적으로 정하고 있는 한계를 제외하고 원칙적으로 적용되는 것으로 해석함이 타당할 것이다. 이는 보험산업의 특성을 반영하는 내용의 상호협정으로서 보험업법상 인가를 받은 경우를 제외하고, 시장지배적 지위남용이나 카르텔 · 불공정거래행위에 관한 독점규제법의 관련 조항을

31) 예컨대 뉴욕의 Donnelly Act는 손해 및 상해보험요율에 한하여 주의 보험법에 따라 규제를 받는 한도에서만 주독점금지법의 적용을 면제하는 반면, 플로리다나 매사추세츠의 독점금지법은 McCarran법과 같은 연방 차원의 면제규정을 그대로 주법에 수용하기도 하며, 주 차원의 명문규정을 두지 않고 있는 주에서는 법원이 일차적 관할권이론(primary jurisdiction)을 원용하는 방법으로 면제가 이루어지고 있다.

적극적으로 적용함으로써 보험시장의 자율화에 걸맞은 경쟁체제를 마련할 필요가 있음을 의미하는 것이기도 하다.

III. 보험산업의 불공정거래행위에 대한 규제체계

1. 독점규제법상의 규제

(1) 개관

독점규제법상 불공정거래행위는 '공정한 거래를 저해할 우려가 있는 행위'로서 형식적으로는 법 제23조 제1항, 시행령 별표 1, 각종 특수고시에서 규정하고 있는 행위를 말하는 것으로 이해되고 있으나, 실질적으로는 '표시 · 광고의 공정화에 관한 법률'이나 '하도급거래의 공정화에 관한 법률', 나아가 '약관의 규제에 관한 법률' 등에서 규제하고 있는 행위 역시 대체로 불공정거래행위의 범주에 포함되는 것으로 볼 수 있다. 이처럼 실질적 의미의 불공정거래행위법은 시장경제에서 거래행태를 규제하는 법이자 동시에 거래질서법으로서 규율대상이 매우 광범위하다.

독점규제법상 불공정거래행위의 유형으로 법 제23조 제1항은 거래거절 · 차별취급 · 경쟁자배제 · 고객유인 · 거래강제 · 거래상 지위남용 · 구속조건부거래 · 부당지원행위 및 기타 공정한 거래를 저해할 우려가 있는 행위를 열거하고 있으며, 시행령 별표 1은 이들을 세분하여 규정하고 있다.

이와 같은 불공정거래행위는 그 부당성이나 공정거래저해성을 어떻게 해석할 것인지와 관련하여 수단이나 효과에 따라 일방적 행위와 합의(내지 계약)에 의한 것 또는 수평적 거래제한과 수직적 거래제한으로 나눌 수 있다. 먼저 불공정거래행위는 대체로 사업자의 '일방적 행위(unilateral behavior)'로 나타난다는 점에서 시장지배적 지위남용과 유사한 측면이 있다. 사업자가 일방적으로 행하는 불공정거래행위는 대체로 거래상 지위의 불평등에 기초하여, 경쟁사업자나 거래상대방의 사업 활동을 방해하거나 불이익을 제공하는 등의 형태로 나타난다. 반면 구속조건부거래와 같은 행위는 통상 거래상대방과의 계약 내지 합의를 통해서 이루어지며, 어느 일방의 이해만 반영하는 경우도 없지 않겠지만 대체로 해당 거래는 쌍방 모두의 계약목적에 부합되는 등 이익이 되는 것으로 볼 수 있고, 그 결과 부당성 판단기준도 계약자유의 침해보다는 경쟁제한성 자체에서 찾아야 한다는 주장이 가능하다.[32)]

다른 한편으로 불공정거래행위는 경쟁사업자 간에 공동으로 행해지는 경우(공동의 거래거절 · 집단적 차별)도 있고, 거래단계를 달리하는 사업자 간에 수직적으로 행해지는 경우도 있다. 불공정거래행위의 대부분은 일견 후자의 형태로 이루어지고, 그 결과 실무상 거래상대방에 대한 불이익이나 방해 등이 위법성 판단의 핵심요소로 작용하고 있다. 그런데 전자의 경우에도 그 실질은 다분히 수직적인 것이어서 반드시 이를 공동행위의 일종으로 파악할 것은 아니다. 통상 공동행

32) 불공정거래행위의 경우에도 일반적으로 '어느 정도의' 경쟁제한성을 요건으로 하여야 한다는 견해로는 홍대식, "우월적 지위의 남용행위의 위법성 판단기준," 경쟁법연구 제7권(2001. 4), 한국경쟁법학회, 271면 이하. 그 밖에 '불공정거래행위 심사지침'(공정거래위원회 예규 제26호, 2005. 5. 11)도 거래거절, 차별취급, 경쟁사업자배제 및 구속조건부거래의 경우 경쟁제한성을 위주로 위법성을 판단하는 것으로 규정하고 있다.

위란 참가사업자가 서로 경쟁관계에 있을 뿐만 아니라 이들 간에 합의된 사항이 해당 사업자 간 경쟁행위의 조정인 반면, 공동의 거래거절 등은 사업자 간에 일정한 합의가 존재하더라도 그러한 합의는 주로 수직적 거래관계에서 제3자인 거래상대방에 대한 불이익이나 방해 등의 효과를 노리는 것이기 때문이다.

끝으로 독점규제법상 불공정거래행위에 대해서는 시정조치와 더불어 관련 매출액의 2% (부당지원행위의 경우 5%) 범위 안에서 과징금이 부과될 수 있다(법 제24조의2).

(2) 행위유형별 위법성 판단기준 검토

불공정거래행위의 위법성, 즉 공정한 거래질서를 저해할 우려가 있는지 여부에 대해서는 일찍이 다양한 견해가 제시되었으며, 대체로 공정거래저해성을 일원적으로 해석하기보다는 행위유형에 따라 경쟁제한성, 거래 내용의 부당성, 경쟁수단의 부당성 등을 기준으로 판단하는 것으로 해석되고 있다. 최근 대법원은 이른바 포스코 판결[33]에서 단독으로 이루어진 거래개시의 거절행위와 관련하여 그 부당성을 시장지배적 지위남용과 불공정거래행위의 경우 다르게 판단하여야 하고, 전자의 경우 해당 행위가 경쟁제한의 의도를 갖고, 객관적으로도 그러한 효과가 발생할 우려가 있어야 하는 반면, 후자의 경우에는 동 행위가 시장에 미치는 영향을 고려하지 아니하고 거래상대방인 특정 사업자가 그로 인하여 불이익을 입어야 한다고 판시함으로써 부분적으로나마 불공정거래행위의 위법성 판단에 관한 기준을 제시하고 있다.

33) 대법원 2007. 11. 22. 선고 2002두8626 전원합의체 판결.

다만 단독의 거래개시 거절 외에 다른 불공정거래행위에 대해서도 위와 같은 위법성 판단기준을 그대로 원용할 수 있는지는 여전히 의문이다.

아래에서는 독점규제법이 금지하고 있는 불공정거래행위의 대표적인 예를 중심으로 그 내용을 간략히 살펴보기로 한다.[34)]

1) 거래강제

자유시장경제에서 경쟁은 계약체결의 자유 및 상대방 선택의 자유를 본질적인 내용으로 하는바, 거래관계상 지위를 이용하여 거래상대방의 계약체결의 자유나 거래처선택의 자유를 제약하는 행위가 나타날 수 있으며, 이는 양질염가를 기초로 한 능률경쟁을 저해할 우려가 있으므로 독점규제법이 규제하게 된다. 독점규제법상 거래강제에는 끼워팔기와 사원판매 및 기타의 거래강제가 있다.

먼저 끼워팔기란 거래상대방에게 주된 상품을 공급하면서 정상적인 거래관행에 비추어 부당하게 다른 종된 상품을 자기 또는 자기가 지정하는 사업자로부터 구입하도록 강제하는 행위를 말한다. 먼저 공정거래위원회의 실무,[35)] 판례[36)]를 비롯하여 다수설[37)]은 끼워팔기가

34) 보다 자세한 내용은 이봉의, "불공정거래행위의 위법성," 공정거래와 법치, 법문사, 2004, 658면 이하 참조.

35) 지금까지 공정거래위원회가 금지한 끼워팔기는 대부분 예식장(공정거래위원회 의결 2002. 2. 11, 궁전회관의 거래강제)이나 장례식장(공정거래위원회 의결 2003. 8. 26, 충남대학교병원의 거래강제)에서 문제되었고, 그 밖에는 MS의 기술적 끼워팔기(공정거래위원회 의결 2006. 2. 24)가 금지된 바 있는 정도이다.

36) 끼워팔기에 관한 대법원 판결은 한국토지공사의 택지분양에 관한 것(대법원 2006. 5. 26. 선고 2004두3014 판결)이 유일하다.

37) 권오승, 경제법 제6판, 법문사, 2008, 296-297면 ; 정호열, 경제법 제2판, 박영사, 2008, 380면.

성립하기 위해서는 '별개상품성'과 '거래강제성' 내지 '거래상대방의 선택의 자유침해'만 인정되면 족하다고 한다. 그리고 이때 종된 상품이란 주된 상품의 밀접불가분한 구성요소가 아닌 별개의 상품으로서 독립하여 거래의 대상이 될 수 있고, 통상적으로 주된 상품과 하나의 단위로 판매 또는 사용되지 않는 상품이면 족하다. 이 경우 해당 사업자가 주된 상품시장에서 시장지배적 지위에 있을 것을 요하지 않으며, 공정거래저해성을 판단함에 있어서 종된 상품시장에서의 경쟁제한성을 심사할 필요도 없다.

따라서 끼워팔기를 거래강제의 한 유형으로 규정하고 있는 독점규제법의 해석에서 '강제성'은 계약자유의 직접적 침해를 공정거래저해성과 결부시키는 연결고리이자 끼워팔기의 위법성 판단에서 가장 핵심적인 요소에 해당된다. 이때 강제수단으로는 계약 또는 사실상의 불이익이 모두 포함된다. 즉 주된 상품과 종된 상품을 함께 구입하지 않을 경우 일정한 이익을 제공하지 않거나 불이익을 제공하는 경우, 대표적으로 동일한 제조업자로부터 부품을 구입하지 않을 경우 주된 상품에 대한 품질보증이나 A/S를 해주지 않는 경우에도 사실상의 강제성을 인정할 수 있다. 다만 두 상품을 함께 구매시 가격할인 등 추가로 경제적 이익을 제공하는 패키지판매나 번들링에서는 거래상대방에게 여전히 선택의 자유가 존재한다는 점에서 강제성이 인정되지 않는다.

또한 기타의 거래강제란 정상적 거래관행에 비추어 부당한 조건 등 불이익을 거래상대방에게 제시하여 자기 또는 자기가 지정하는 사업자와 거래하도록 강제하는 행위를 말한다. 대체로 기타의 거래강제는 주된 거래관계에서의 우월적 지위를 이용하여 거래상대방에게 거래를 강제하는 경우에 문제된다. 이에 관한 판례는 아직 없으며 공정거래위원회의 심결례도 사실상 서너 건에 불과하다.[38] 동 심결에서 사업자가 거래상 우월적 지위에 있는 사업자이어야 할 필요가 있는지에 관하여는 명확한 언급이 없으나, 실효적인 강제가 가능하기 위해서는 그러한 지위가 당연히 요구되는 것으로 볼 수 있다.[39] 이때 자기 또는 자기가 지정하는 자와 실제로 거래가 성립하였을 것을 요하지 않으며, 기존의 거래관계는 대체로 자기 또는 계열회사의 협력업체나 대리점과 같이 계속적인 경우이다. 그 밖에 '정상적 거래관행'에 비추어 부당한 불이익을 제시하여야 하는바, 그 수단으로는 주된 거래관계에서 공급량이나 구입량의 축소, 대금지급의 지연, 거래의 중단 등이 있다. 한편 자기 또는 자기가 지정하는 사업자와 거래할 경우 일정한 인센티브를 제공하는 것은 강제성이 없으므로 위법성이 인정되지 않는다.

끝으로 사원판매는 사용자가 업무상 지배 · 종속관계에 있는 자기 또는 계열회사의 임직원으로 하여금 특정 상품이나 용역을 구입 또는 판매하도록 강제하는 경우로서 구입강제의 경우를 말한다. 사업자가 자신의 임직원들에 대해 갖고 있는 우월적 지위를 이용하여 상품의 구입이나 판매를 강요하고, 이를 달성하지 않을 경우 불이익을 주는 행위가 금지된다. 사원판매의 요건으로서 구체적인 판매행위가 이루

---

38) 공정거래위원회 의결, 2003. 2. 10. (주)엘지텔레콤의 거래강제. 여기서는 LGT가 019 PCS를 판매함에 있어서 자기의 계열회사에 설비 · 부품을 납품하는 협력업체에 소속된 직원들에게 하청물량의 감소 등 불이익을 제시하여 자기와 거래하도록 강제한 행위가 문제되었다. 그 밖에 이와 유사한 사례로 공정거래위원회 의결, 2004. 8. 31. (주)KT의 거래강제. 건설업체가 아파트를 분양함에 있어 자신이 연대보증한 대출을 이용한 분양세대로 하여금 소유권이전 및 근저당권설정 등의 등기업무를 자신이 지정한 법무사에게만 위임하도록 강제하는 행위가 문제된 사례로는 공정거래위원회 의결, 2006. 10. 10. (주)대우건설의 거래강제.

39) 권오승, 앞의 책(주 37), 296면에서 거래강제가 성립하기 위해서는 거래상 우월적 지위를 이용하는 것이어야 함을 지적하고 있는 것도 마찬가지의 맥락에서 이해할 수 있다.

어져야 하는지 여부와 관련하여, 대법원은 해당 행위의 태양과 범위, 대상상품의 특성, 행위자의 시장에서의 지위, 경쟁사의 수효와 규모 등과 같은 구체적 상황을 종합적으로 고려할 때 거래상대방인 임직원의 선택의 자유를 제한함으로써 가격과 품질을 중심으로 한 공정한 거래질서를 침해할 우려가 있다고 인정되어야 하나, 해당 행위에 의하여 구입 · 판매와 같은 거래가 반드시 현실적으로 이루어져야 하거나 공정한 거래질서에 대한 침해의 우려가 구체적일 것까지 요구되는 것은 아니라고 판시함으로써 공정거래저해성과 관련하여 추상적 위험설을 채택하였다.[40)]

2) 부당한 고객유인

경쟁이 공정하고 자유롭게 이루어지기 위해서는 계약자유가 최대한 보장되어야 하고, 그 전제로서 당사자들이 계약체결 여부를 결정함에 있어서 대외적으로는 잘못된 정보에 의하지 않고 타인에 의한 의사의 강제가 없으며, 대내적으로는 의사결정에 아무런 착오가 없어야 한다(freie Willensbildung). 그런데 계약체결에 중요한 정보는 대체로 사업자가 일방적으로 제공하게 되는바, 계약의 주된 급부와 무관한 이익을 제공하거나 허위 · 과장된 정보를 제공하거나 경쟁사업자와의 거래를 방해하는 등의 방법에 의한 계약체결의 유인은 사업자가 자신의 성과에 의지하지 않고 고객을 확보하기 위한 불공정한 경쟁수단으로서 공정하고 자유로운 경쟁질서를 저해할 우려가 있다.

독점규제법은 고객유인을 크게 세 가지 방법으로 규제하고 있는바, 부당한 이익 · 위계 등에 의한 고객유인(법 제23조 제1항 제3호 : 일반불

40) 대법원 2001. 2. 9. 선고 2000두6206 판결.

공정거래행위), 부당한 이익 중 경품류 제공의 수단에 의한 고객유인(특수불공정거래행위) 및 위계의 일종인 부당한 표시나 광고에 의한 고객유인행위(표시 · 광고의 공정화에 관한 법률)가 그것이다. 따라서 부당한 이익에 의한 고객유인은 경품류 제공을 제외한 다른 경제상의 이익제공을 통한 고객유인에만 적용되고, 위계에 의한 고객유인은 표시 · 광고를 제외한 다른 수단에 의한 고객유인에만 적용된다.

먼저 부당한 이익에 의한 고객유인에 관하여 공정거래위원회가 시정조치를 내린 예는 적지 않으나 판례는 아직 한 건도 없는바, 공정거래위원회의 심결에서는 대표적으로 제조업자가 판매업자와 배타적 공급계약 내지 배타적 특약점계약을 체결하면서, 이를 성실히 이행하도록 하기 위하여 판촉지원금을 지급하는 행위가 문제된 예가 있다. 이때 배타적 특약점에게 판촉지원금 등 경제적 이익을 제공하는 것이 부당한 고객유인으로서 문제되기 위해서는 그것이 정상적인 거래관행에 비추어 과다하거나 부당한 수준이어서 경쟁사업자의 고객을 유인할 우려가 있는 수준이어야 한다.

표시 · 광고 이외에 기타 위계에 의한 고객유인을 공정거래위원회가 금지한 사례는 지금까지 모두 10여 건이 있으며, 대체로 각종 설비나 용역 등을 수주하는 과정에서 자기가 공급하는 것이 경쟁사업자의 것보다 현저히 유리하거나 경쟁사업자의 것이 실제보다 현저히 불량한 것으로 기재된 견적서나 비교자료 등을 제공하여 홍보하는 행위였다. 또한 위계에 의한 고객유인에 관한 판례로는 2001년 서울고등법원 판결[41]이 유일한데, 그에 의하면 위계를 판단함에 있어서 고객을 오인시킬 의도는 중요하지 않고, 객관적으로 자신의 제품이 실제보다

41) 서울고법 2001. 4. 24. 선고 99누14098 판결.

또는 경쟁사업자의 것보다 현저히 우량 또는 유리하다는 식의 내용을 담은 자료를 제공하였는지의 여부가 관건이며, '오인의 우려'란 고객의 상품구매결정에 영향을 미칠 위험성을 의미하는 것으로 비교적 폭넓게 인정하고 있다.

3) 거래상 지위남용

거래의 일방당사자가 해당 거래관계에서 비롯된 자신의 우월적 지위를 이용하여 상대방에게 원하지 않는 상품 등을 구입하게 하거나 일방적으로 불리한 조건을 부과하거나 기타 거래와 무관하게 상대방의 사업 활동에 간섭하는 경우, 독점규제법은 공정한 거래질서를 저해할 우려가 있는 것으로 보아 이를 금지하고 있다. 거래상 지위남용의 위법성과 관련하여 법 제23조 제1항 제4호에서는 '부당하게' 거래상 지위를 이용할 것을 요하는 반면, 시행령 별표 1 제6호에서는 거래상 지위남용을 상대방에게 가해질 수 있는 불이익의 유형에 따라 다시 구입강제 · 이익제공강요 · 판매목표강제 · 불이익제공 및 경영간섭의 다섯 가지로 구분하고 있을 뿐, '부당성'을 따로 규정하지 않고 있다.

독점규제법이 거래상 지위남용을 금지하는 것은 거래과정에서 우월적 지위를 가진 사업자가 일방적으로 거래상대방에게 구입강제 등 각종 불이익을 가하는 행위를 할 경우, 거래상대방으로서는 자신이 활동하는 시장에서 다른 경쟁사업자에 비하여 불리한 조건에서 경쟁하게 되고, 다른 한편으로 이를 통하여 거래상 지위에 있는 사업자는 자신의 시장지위를 공고히 하거나 경쟁사업자보다 시장에서 우위를 차지할 우려가 있기 때문이며,[42] 이러한 점에서 위법성 판단에 관련

42) 권오승, 앞의 책(주 37), 299-300면. 그 밖에 거래상 지위남용의 위법성을 거래상대

시장에서의 경쟁제한성을 요하지 않는다. 여기서 거래상 지위남용의 금지는 성질상 민법 제2조 제2항의 '권리남용'이나 제104조의 '불공정한 법률행위' 등에 비견됨에도 불구하고 사법상 포섭되기 어렵거나 손해배상 등을 통한 구제가 곤란한 행위유형을 행정적으로 규제하는 수단으로서 중요한 의미를 가진다.[43)]

'거래상 지위'란 시장지배적 지위와 같은 절대적 지위는 아니지만 적어도 상대방의 거래 활동에 상당한 영향을 미칠 수 있는 지위로서, 그 판단에서는 거래처선택의 가능성, 시장상황, 당사자 간의 자본력 · 판매력 · 신용도, 해당 상품이나 용역의 특성, 해당 업종에서의 거래관행, 불이익의 정도 등을 종합적으로 고려한다.[44)] 거래상 지위남용의 유형을 살펴보면 다음과 같다.

먼저 구입강제란 거래상대방이 구입할 의사가 없는 상품이나 용역을 구입하도록 강제하는 것으로서, 거래상 지위에 있는 사업자가 그 지위를 부당하게 이용하여 거래상대방의 자유로운 구입결정을 제한하는 행위를 말한다. 즉 구입을 강제한다는 것은 '거래상대방의 의사에 반하여' 상품이나 용역을 필요 이상으로 많이 구입하도록 하는 수

방의 경영 활동의 자주성 침해에서 찾는 견해로는 신현윤, 경제법 제2판, 법문사, 2006, 299면.

43) 권리남용의 금지법리는 본래 권리의 사회성 · 공공성 등 사회적 가치에서 근거를 찾을 수 있는바, 그중 하나를 바로 시장경제의 기본인 경쟁질서에서 찾을 수 있을 것이다. 다만 독점규제법은 민법상 권리남용의 요건을 충족하지 않는 경우에도 경쟁보호의 관점에서 보다 적극적으로 규제하는 태도를 보이고 있다.

44) 대법원 2000. 6. 9. 선고 97누19427 판결. 다만 현실의 거래에서 당사자 간에 지위가 완전히 대등한 경우란 생각할 수 없다는 점에서 '거래상 지위'는 거래당사자 간에 지배 · 종속관계가 가능할 정도로 지위에 현저한 격차가 있어야 하는 것으로 엄격하게 해석하여야 할 것이다. 그렇지 않을 경우 거의 모든 사적 거래에서 거래상 지위남용이 문제될 것이기 때문이다.

도 있고, 거래관계에 있는 상품 이외에 다른 상품 등을 추가로 구입하도록 강제하는 수도 있다. 구입강제의 수단에는 제한이 없으며 대체로 해당 상품이나 용역의 제공을 제한 · 중단하거나 대리점을 교체하는 방법이 사용되고 있다. 공정거래위원회는 판매가 저조함에도 제조업체가 지나친 물량을 할당하여 배분하는 행위도 거래상대방의 의사에 반하는 구입강제에 해당한다고 판단한 예도 있다.

판매목표강제는 주로 본사와 대리점 간의 관계에서 문제되었는바, 대리점의 경우 사업 활동의 주요 부분을 본사에 의존하고 있고, 사업 활동의 유지를 위하여 본사와 계속적 거래관계가 필요하며, 계약기간 중에는 투자자본의 회수, 외상매입금의 처리 등으로 인하여 본사 이외에 다른 거래처를 선택하기가 용이하지 않은 점 등을 고려하여 대체로 본사는 대리점에 대하여 거래상 지위가 인정되고 있다. 상품의 경우 판매할당량이, 용역의 경우 일정 수의 가입자나 회원의 유지 · 확보가 정해지고, 이를 달성하지 못하였을 경우 공급중단이나 대리점 계약 해지 또는 판매 등에 따른 수수료 미지급 등의 방법으로 목표달성이 강제되는 사례가 많다. 판매목표강제의 위법성은 '강제성'에 있기 때문에 부과된 판매목표가 과다한 수준인지를 묻지 않는다. 판매목표를 달성하기 위하여 인센티브를 제공하는 행위는 강제성이 없는 한 위법성이 인정되지 않으나, 정상적인 유통마진을 관리수수료나 장려금 형태로 지급하고 목표 미달시 이를 지불하지 않는 등 사실상 판매목표를 강제하기 위한 수단으로 이용되는 경우에는 위법성을 인정할 수 있다.[45)]

그 밖에 경영간섭은 대부분 대리점이나 임대차관계에서 본사나 임

45) 공정거래위원회, 2003. 8. 4. (주)엘지텔레콤의 거래상 지위남용.

대인이 거래상대방인 대리점이나 임차인의 사업 활동 내용, 예컨대 거래처나 거래내역, 판매대상물품의 종류나 가격 등에 관하여 조사나 통제를 한 경우에 문제되었으며,[46] 거래상 지위의 유무는 대리점관계나 임대차관계의 일반적인 속성으로 인하여 쉽게 인정되었고, 거래상대방이 자율적으로 결정할 사항에 관하여 아무런 합리적 이유 없이 개입 또는 이를 제한함으로써 거래상대방의 사업 활동의 자유나 경영의 자율성을 침해하는 경우에 위법성이 인정되었다. 협력업체나 부품 등의 납품업체에 대하여 특정 상품이나 용역의 거래를 자신이 지정하는 자와 체결하도록 요구하는 행위가 금지된 예[47]도 있는바, 이 경우에는 자기의 우월적 지위를 거래상대방의 거래처선택의 자유를 제한한 데에서 위법성을 찾을 수 있다.

4) 구속조건부거래

수직적 거래제한은 일반적으로 제조업자가 새로운 시장에 진입하는 것을 용이하게 하거나 판매업자가 다른 판매업자의 판촉노력에 무임승차하는 상황을 방지하거나 납품업자에게 특정 거래상대방과의 거래를 위하여 투입한 투자비를 안정적으로 회수할 수 있게 하는 등 긍정적 효과를 갖는 경우가 많다. 그중 구속조건부거래는 일반적으로 제조업자가 판매업자를 수직계열화하거나 판매업자가 특정 제조업자의 상품을 독점적으로 확보하는 수단으로 이용되며, 제조업자로서는 안정적인 판매처 확보와 판매비용 절감을, 판매업자로서는 상품의 안

46) 공정거래위원회, 2002. 1. 17. 대구광역시시설관리공단의 거래상 지위남용.

47) 공정거래위원회, 1999. 6. 4. 현대자동차(주)의 거래상 지위남용. 여기서는 현대자동차가 협력업체로 하여금 특정 보험회사를 지정하여 가입하도록 한 행위가 문제되었다.

정적 공급확보와 판매 활동의 효율성 제고를 기대할 수 있기 때문에 양자 모두에게 이득이 된다. 실제로 구속조건부거래는 사업자가 일방적으로 거래상대방에게 강요하기보다는 당사자가 합의하여 성립하는 경우가 적지 않다.

따라서 이때 구속조건부거래는 경쟁제한효과를 기준으로 위법성을 판단할 필요가 있으며, 그에 따른 경쟁촉진효과나 효율성 증대효과를 아울러 고려하여 금지 여부를 결정해야 한다.[48] 다만 시장지배력이 없는 사업자의 구속조건부거래가 과연 어느 정도의 경쟁제한성을 가질 수 있을지는 의문이다. 따라서 무엇보다 거래상 우월적 지위에 있는 사업자가 일방적으로 거래상대방의 거래처를 제한하거나 거래지역을 할당하고 이를 위반한 판매업자에 대하여 거래를 중단하는 등의 제재를 가하는 경우로서, 그것이 양 당자사의 이익에 부합하지 않고 일방적 구속 내지 강제의 성격을 갖는 경우에 불공정거래행위로서 구속조건부거래의 위법성이 인정될 수 있다. 실제로 공정거래위원회가 시정조치한 사례는 대부분 당사자의 자발적 합의에 의하지 않은, 사실상 일방적 구속조건부거래였음도 이를 확인해 주고 있다.

이처럼 구속조건부거래의 위법성을 이원적으로 파악할 경우, 당사자 간 자발적 합의에 의한 구속조건부거래는 경쟁제한성을 위주로 위법성을 판단하는 한편, 입법론으로는 이 같은 유형의 구속조건부거래를 시장지배적 지위남용으로 금지할 수 있도록 관련 조항을 개정하는 것이 타당할 것이다.

---

48) 회원국 간의 경쟁제한행위를 폭넓게 금지하고 있는 유럽에서 조약 제81조 제3항의 예외는 주로 수직적 거래제한에 적용되는 것이며, 미국에서 셔먼법 제1조상 금지되는 거래제한 중에서 수직적 거래제한은 합리성의 원칙에 따라 경쟁촉진효과 등을 비교형량할 수 있게 되어 있다.

배타조건부거래와 관련하여 공정거래위원회는 사업자의 시장지위나 거래상 지위에 비추어 다른 경쟁사업자의 제품을 취급하지 못하도록 할 경우 판매업자의 자유의사가 부당하게 제한되고 이를 통하여 시장봉쇄를 통한 경쟁제한효과가 나타날 수 있다는 점을 고려한 경우도 없지 않으나,[49] 대체로 대리점 또는 특약점과의 배타조건부거래가 거래상대방의 사업 활동을 부당하게 제약한 데에서 위법성을 인정하고 있다.[50] 예컨대 대리점에 대하여 타사 경쟁업체의 제품취급을 원칙적으로 금지하고 자기의 기존 대리점이 거래하고 있는 거래처에 대하여 어떠한 영업행위도 허용하지 않으면서 이를 위반할 경우 계약을 해지할 수 있거나 손해배상청구 또는 제품공급 중단을 할 수 있도록 한 행위는 대리점의 거래상대방 선택의 자유를 제한하고, 대리점의 사업 활동을 구속할 뿐만 아니라 경쟁업체의 신규진입을 곤란하게 할 우려가 있다는 점에서 위법성이 인정된다.[51]

한편 거래지역이나 거래상대방의 제한은 주로 제조업자의 대리점에 대한 판매지역제한에 관한 것이 문제되었으며, 공정거래위원회는 배타적 특약점 내지 대리점에게 각자의 관할구역 내에서만 판촉 및 판매 활동을 하도록 제한하는 행위를 특약점 내지 대리점 간의 공정하고 자유로운 고객확보경쟁을 제한하거나 판매업자의 거래처선택의 자유를 제한하는 것으로 보아 금지하고 있다.[52] 거래상대방의 제한이 문제된 사례에서 공정거래위원회는 구속의 범위를 넓게 해석하여 자

49) 공정거래위원회, 2001. 10. 8. (주)에스케이텔레콤의 구속조건부거래행위.

50) 공정거래위원회, 2003. 8. 26. 학교법인 삼육학원(삼육식품)의 거래상 지위남용 등 ; 2002. 1. 5. (주)두루넷의 배타조건부거래행위 등.

51) 공정거래위원회, 2004. 2. 11. (주)하이트맥주의 구속조건부거래행위.

52) 공정거래위원회, 2002. 12. 23. (주)대한도시가스엔지니어링의 구속조건부거래행위 ; 2000. 11. 23. (주)코리아나화장품의 구속조건부거래.

기 또는 계열회사의 경쟁사업자와 거래하지 않는 경우까지 포함시키고 있는바, 예컨대 상품을 구입하면서 자기 또는 계열회사가 판매 활동에 참여하고 있는 지역의 다른 경쟁사업자에게는 판매하지 않도록 하는 조건을 부과하는 행위를 부당한 제한으로 파악하고 있다.[53)]

2. 보험업법상 규제

보험시장에서 발생할 수 있는 경쟁 관련 행위로는 몇 가지를 생각할 수 있다. 즉 관련 시장에서 시장지배력을 갖는 보험회사의 지위남용행위와 보험회사 간 기업결합, 보험회사 간 부당한 공동행위 및 불공정거래행위를 들 수 있다. 그런데 보험업법은 보험회사의 시장지배적 지위남용행위를 따로 금지하고 있는 것이 없으며,[54)] 부당한 공동행위에 해당하는 상호협정에 관하여만 특칙을 두고 있을 뿐이고, 기업결합에 대해서는 금융산업의 구조개선에 관한 법률이 별도의 규정을 두고 있을 뿐이다. 아래에서는 보험업법이 규제하고 있는 행위 중 불공정거래행위와 동일 또는 유사한 성질을 가질 수 있어 독점규제법과 중첩의 소지가 있는 경우를 중심으로 살펴보기로 한다.

보험업법은 먼저 보험계약의 체결 또는 모집과정에서 발생할 수 있는 일련의 행위를 몇 가지 금지하고 있다. 예컨대 보험계약의 체결 또는 모집시 허위사실을 알리거나 객관적 근거 없이 다른 보험계약과 비교하여 해당 보험계약이 우량 또는 유리하다고 알리는 등의 행위가

53) 공정거래위원회, 2002. 12. 23. (주)대한도시가스엔지니어링의 구속조건부거래행위.

54) 생명보험이나 손해보험시장의 경우 상위 3개사의 점유율 합계가 독점규제법 제4조가 정하는 75%의 시장지배력 추정요건에는 미치지 못하나, 삼성 · 대한 · 교보 및 삼성 · 현대 · LIG의 점유율 합계가 60% 내외에 이르기 때문에 이들 사업자가 동법상 시장지배적 사업자로 인정될 소지는 여전히 존재한다.

금지되는바(법 제97조), 이들은 독점규제법상 '위계에 의한 고객유인'에 상당하는 행위로 볼 수 있다. 다만 독점규제법은 '현저히 우량 또는 유리한 것으로 고객을 오인시킬 것'을 요건으로 함으로써 단순히 객관적인 사실만이 아니라 공정거래위원회의 판단을 요하게 되어 있는 점이 다르다.

마찬가지로 보험계약의 체결 또는 모집과정에서 보험계약자 또는 피보험자에게 금품[55]이나 보험료할인 등의 이른바 특별이익을 제공하거나 그 제공을 약속하는 등의 행위도 금지되며(법 제98조), 이는 독점규제법상 '부당한 이익에 의한 고객유인'에 상당하는 것이다. 독점규제법은 정상적 거래관행에 비추어 부당하거나 과대한 이익제공을 금지하고 있는바, 관련 법령이 금지하는 이익의 제공은 원칙적으로 부당한 것으로 판단된다는 점에서 보험업법이 금지하는 이익제공은 곧바로 독점규제법상 부당한 이익에 의한 고객유인에 해당할 수 있다.

아울러 금융기관보험대리점 등이 모집을 함에 있어서 대출 등을 제공하는 조건으로 대출 등을 받는 자에게 해당 금융기관이 대리 또는 중개하는 보험계약의 체결을 요구하는 행위(끼워팔기), 대출 등을 받는 자의 사전 동의 없이 보험료를 대출 등의 거래에 포함시키는 행위(불이익제공), 모집인 외에 해당 금융기관의 임직원으로 하여금 모집을 하도록 하는 행위(사원판매)도 금지되어 있다(법 제100조 제1항).

그 밖에 보험회사를 위하여 보험계약의 체결을 대리하는 금융기관보험대리점 등이 보험회사에 대하여 가질 수 있는 '우월적 지위를 남용'하는 행위로서, 해당 금융기관을 계약자로 하는 보험계약의 할인을

---

55) 보험계약 체결시부터 최초 1년간 납입되는 보험료의 10% 내지 3만 원 중 적은 금액을 말한다(영 제46조).

요구하거나 해당 금융기관에 대한 신용공여, 자금지원 및 보험료 등의 예탁을 요구하는 행위, 보험계약체결을 대리 또는 중개함에 있어 발생하는 비용이나 손실을 보험회사에 부당하게 전가하는 행위, 그 밖에 우월적 지위를 이용하여 부당한 요구 등을 하는 행위 또한 금지된다(법 제100조 제3항). 이러한 행위는 독점규제법상 거래상 지위남용으로서 구입강제, 이익제공강요 또는 불이익제공에 해당한다.

한편 보험업법상 이들 금지행위 중에서 특별이익의 제공행위에만 그 제공대상이 된 보험계약의 연간 수입보험료의 50% 이내에서 보험회사에 과징금을 부과할 수 있고(법 제196조 제1항 제2호), 금품 등을 제공한 자에 대해 3년 이하의 징역이나 2,000만 원 이하의 벌금에 처한다(법 제202조 2호). 그 밖에 동법 제97조, 제100조 위반행위에 대해서는 각각 500만 원 내지 1,000만 원 이하의 과태료가 부과될 수 있을 뿐이어서 독점규제법상 불공정거래행위에 대해서 시정조치와 관련 매출액의 2% 이내의 과징금을 부과할 수 있는 것에 비하여 제재가 약하다고 할 수 있다.

요컨대 독점규제법상 불공정거래행위와 보험업법이 금지하는 행위가 불공정거래행위라는 본질적 측면에서 서로 중첩하는 부분이 존재하나, 보험업법은 위에서 언급한 금지행위를 판단함에 있어서 대체로 '부당성'이나 '현저성'과 같은 가치판단의 요소를 규정하지 않음으로써 금지행위의 판단이 객관적 사실에 좌우되는 한편 사실상 사전규제의 성격이 매우 강하다. 그만큼 독점규제법에 의한 사후규제가 보충적 기능을 수행할 여지가 클 것임은 물론이다.

3. 보험시장 불공정거래행위의 규제관할권

이처럼 보험산업에서 발생하는 불공정거래행위에 대해서는 보험업법과 독점규제법이 각기 나름의 규정을 두고 있다. 이때 적어도 보험업법이 상정하지 않고 있는 불공정거래행위에 대해서는 독점규제법이 전적으로 적용될 수 있다는 데에 이견이 없을 것이다.

문제는 보험업법이 명시적으로 규제권한을 유보하고 있는 보험시장의 불공정거래행위에 독점규제법이 적용될 수 있는지 여부이다. 그런데 양자를 단순히 특별법과 일반법의 관계로 보아 보험업법이 금지하는 행위에 대해서는 금융위원회만이 배타적 규제권한을 가지고, 독점규제법이 적용될 수 없다고 해석하는 것은 몇 가지 점에서 타당하지 않다. 첫째, 특별법 · 일반법의 관계란 단지 규제대상인 행위주체만으로 판단할 것은 아니라는 점이다. 보험업법은 보험시장 및 여기에 참가하고 있는 사업자에게만 적용되는 반면, 독점규제법은 모든 산업분야의 모든 사업자에게 적용되는 일반법이기는 하나, 양자의 중첩 여부나 이중규제 유무는 개별법의 규제목적과 그에 따른 금지요건이 동일한지 여부를 기준으로 따져 보아야 하기 때문이다. 그런데 양자는 각각 보험계약자나 피보험자 등의 보호와 이를 통한 보험업의 건전한 육성 또는 공정하고 자유로운 경쟁촉진이라는 상이한 목적을 갖고 있고, 금지행위나 불공정거래행위의 취지나 요건 또한 상이한 규범목적을 반영할 수밖에 없다는 점에서 특별법 · 일반법의 관계에 해당하지 않고, 따라서 공정거래위원회는 별도로 독점규제법 위반 여부를 심사할 수 있다고 보는 것이 타당할 것이다. 그 결과 외관상 행위유형이 중첩될 수 있다고 해서 당연히 이중규제의 문제가 발생하는 것은 아니며, 이는 단지 규제관할권의 형식적 중복에 불과한 것이 된다.

둘째, 보험업법은 동법의 목적을 실현하기 위하여 보험시장에 필요한 규제만 담고 있는 것이어서, 그 밖에 보험시장의 특성과 무관하거나 공정거래위원회의 전문성이 더욱 요구되는 행위에 대해서는 독점규제법을 적용하는 것이 바람직할 것이다. 특별이익의 제공금지와 같이 보험시장의 특성을 반영한 금지행위로서 금융위원회의 전문지식이 요구되고, 그러한 규제를 통하여 경쟁보호라는 목적까지 충분히 달성될 수 있는 경우에는 독점규제법을 별도로 적용할 당위성이나 필요성이 인정되지 않을 것이고, 그 밖의 경우에는 독점규제법의 보충적 적용까지 배제되지는 않는 것으로 해석하는 것이 타당하다. 끝으로 보험업법은 대체로 사전규제의 방식으로 금지행위를 규정하고 있는바, 사전규제란 무엇보다 규제대상 사업자나 행위를 명확하게 특정해야 하고 그 결과 규제범위가 제한될 수밖에 없다. 이는 보험시장의 경쟁을 실효적으로 보호하기 위하여 불공정거래행위에 대해 독점규제법의 사후규제를 통한 보충이 필요함을 의미한다.[56)]

한편 2007. 11. 27. 금융감독위원회와 공정거래위원회가 중복규제의 방지를 위하여 체결한 업무협약(MOU)도 이러한 해석을 뒷받침하고 있다. 즉 동 협약에 따르면 불공정거래행위의 경우 각기 소관법령에 따라 조사 및 조치를 하되, 중복조사를 방지하기 위해서 특정 금융회사에 대하여 다른 기관의 조사가 진행 중이거나 이에 준하는 사정이 있는 경우에는 조사절차를 중지하고 조사주체 등을 양 기관의 국장급으로 구성된 실무협의기구에서 협의하고, 중복제재를 피하기 위하여 다른 기관의 조치가 완료된 사안에 대해서는 원칙적으로 추가제재를

56) 미국 McCarran법의 입법취지 또한 보험산업에 대한 일차적 관할권을 주에 위임하되, 주법상의 규제가 실효를 거두지 못하는 경우에는 연방 차원의 규제를 행한다는 것이다. Prudential Ins. Co. v. Benjamin, 328 U.S. 408 (1946).

하지 않고, '소관법령의 목적달성에 미흡하다고 인정되는 경우에는' 실무협의기구의 논의를 거친 후 추가적으로 조치할 수 있도록 하였다.[57] 부당한 표시 · 광고에 대해서는 불공정거래행위의 처리방식을 준용한다.

Ⅳ. 보험산업 불공정거래행위의 사례분석

보험산업에서 문제된 불공정거래행위로서 공정거래위원회가 시정조치를 내린 예는 많지 않다. 그 이유에 대해서는 두 가지 측면에서 설명이 가능하다. 하나는 종래 금융감독원이나 재정경제부 등의 전문규제기관이 엄격한 진입 및 영업규제를 사전에 효과적으로 수행함으로써 동 산업에서의 불공정거래행위에 독점규제법을 추가로 적용할 실익이 적었다는 것이고, 다른 하나는 보험산업에 폭넓은 규제가 이루어지면서 보험회사 간에 경쟁이 치열하게 전개될 여지가 별로 없는 결과 여타 산업에 비하여 불공정거래행위가 빈발하지 않았다는 것이다.[58]

보험산업에서 발생할 수 있는 불공정거래행위는 크게 세 가지로 유형화할 수 있다. 첫째는 서로 경쟁관계에 있는 보험회사 간에 발생하는 불공정거래행위로서 지금까지 문제된 예는 없다. 둘째는 보험회사

57) 자세한 내용은 공정거래위원회 보도자료, 공정위 - 금감위 공동으로 금융회사에 대한 규제 효율화방안 마련(2007. 11. 28) 참조. 그 밖에 금융약관에 대해서는 향후 자본시장통합법상 약관 관련 조항의 운영실태 등을 고려하여 바람직한 개편방안을 공동으로 연구하도록 하였다.

58) "The less room there is for competition and private discretion, the less the role for antitrust." Hovenkamp, 앞의 책(주 6), p.716.

와 대리점, 보험계약자 또는 피보험자 등 거래상대방 사이에 발생할 수 있는 불공정거래행위로서, 실무상 부당한 차별취급이나 부당한 광고행위, 부당한 고객유인, 거래상 지위남용 등이 문제되었다. 셋째는 보험회사와 여타 금융회사(특히 보험상품을 판매하는 은행) 간에 발생하는 불공정거래행위로서, 아직까지 이와 관련된 심결례는 없다. 따라서 두 번째 행위유형을 중심으로 기존의 공정거래위원회 심결을 살펴보면 다음과 같다.

1. 차별취급

차별취급에는 가격차별 · 거래조건차별 · 계열회사를 위한 차별 및 집단적 차별의 네 가지가 있으며, 보험회사의 계열회사를 위한 차별이 문제된 예가 몇 건 있었으나, 모두 보험업과는 무관하게 다른 계열회사를 지원한 사례로서 여기서는 상론하지 않는다.[59] 그 밖에 계열회사와 무관한 거래조건차별의 예로서 한국자동차보험(주)의 차별취급 사건[60]에서는 동사가 자기의 대리점과 거래하면서 특정 1개 대리점에게는 현금 외에 고객유인효과가 상대적으로 큰 신용카드에 의한 보험모집을 허용하는 한편, 다른 모든 대리점에게는 이를 금지하는 방법으로 거래조건을 차별한 행위가 법 위반으로 인정되었다. 이때 위법성의 근거는 무엇보다 대리점 간 공정경쟁이 저해되었다는 점이다.

59) 계열회사를 위한 차별취급의 주체는 보험회사이나, 차별의 내용은 모두 계열 신문 · 잡지사에 대하여 통상의 거래조건에 비하여 유리한 조건으로 광고를 게재한 것이었다. 공정거래위원회 의결 제98-27호(현대해상화재) ; 의결 제98-28호(삼성생명 · 삼성화재해상) ; 의결 제98-29호, 1998. 1. 31. (제일화재해상) 참조.

60) 공정거래위원회 시정권고, 제94-7호.

2. 거래상 지위남용

거래상 지위남용에는 다시 구입강제 · 이익제공강요 · 판매목표강제 · 불이익제공 및 경영간섭의 다섯 가지 유형이 있으며, 보험산업에서는 불이익제공이 문제된 사례가 있을 뿐이다. 불공정거래행위의 한 유형으로서 불이익제공행위가 성립하기 위해서는 (i) 사업자가 거래상대방에 대하여 거래상 지위가 있어야 하고, (ii) 거래관계를 설정 또는 변경하거나 이행과정에서 불이익을 주는 행위가 정상적 관행에 비추어 부당하여야 한다. 대표적으로 '8개 손해보험사의 거래상 지위남용행위에 대한 건'[61] 을 살펴보면 다음과 같다.

먼저 보험회사의 '거래상 지위'인정 여부와 관련하여 공정거래위원회는 거래관계에 있는 대물보험사고의 피해차주에 대해 거래상 지위를 인정하였다. 그 근거로는 첫째, 자동차보험은 사실상 사회보장보험과 공적 보험의 성격을 모두 갖고 있는데, 비록 자동차손해배상보장법상 가입이 강제되고 있는 대인배상 I(구책임보험)을 제외하고 대물배상은 2005. 1.까지는 법령상 가입이 의무화되어 있지 않았으나 2005. 2.부터는 동법상 대물배상도 1,000만 원 이상 가입이 의무화되어 자동차보험 중 대물배상항목 보험가입률이 86~92%에 이른다는 사실에 비추어 대물배상항목은 사실상 강제(의무)보험의 성격을 갖고 있다. 둘째, 피심인들과 같은 손해보험사는 대기업으로서 보험소비자에 해당할 수 있는 피해차주에 비하여 교섭력과 사업능력에서 커다란 차이로 우월한 위치에 있다(힘의 불균형).

셋째, 피심인들은 보험을 영업으로 영위하는 사업자들이기 때문에

61) 공정거래위원회 의결 2007-00호, 2008. 1. 10.

보험관계에 관한 충분한 법적 지식과 실무경험을 보유하고 있는 반면, 피해차주는 약관에서 정한 피해보상금규정과 관련 법령에 대한 충분한 지식 등이 부족하여 손해보험사의 보험금 지급 내용에 대하여 충분히 다투지 못하여 그 결과 피심인들의 주도하에 결정된 손해사정(보험금 산정)금액에 따를 수밖에 없게 된다(정보의 불균형). 특히 손해보험사가 피해차주에게 자동차보험약관상 지급기준이나 손해배상금에 대한 설명을 소홀히 하고 있는 현실과 일반 상사채권의 소멸시효 5년과는 달리 자동차보험금은 2년(또는 3년)이라는 단기소멸시효가 적용되고 있어(상법 제662조. 대법원 2005. 10. 1. 선고 2003다6774 판결), 손해보험사가 자동차보험약관이나 손해배상금에 대한 설명을 소홀히 하여 피해자를 포함한 보험소비자가 자신의 권리를 인식하지 못하는 경우 피해자의 권익이 침해될 소지가 매우 높다.

끝으로 자동차대물사고의 피해자는 배상청구권을 행사할 수 있는 손해보험사를 선택할 수 있는 것도 아닐 뿐만 아니라 피해자 대부분은 손해보험사가 소극적 부작위로 인한 불이익을 제공하더라도 대차료 등의 존재를 알지 못하여 불이익을 감수할 수밖에 없는 처지에 있는 것이 현실이다. 이러한 점을 들어 공정거래위원회는 8개 손해보험사에게 거래상 지위를 인정하였다.[62]

이어서 불이익을 주는 행위가 정상적 관행에 비추어 부당한지 여부와 관련해서 공정거래위원회는 이들 손해보험사의 행위가 피해자에

62) 그 밖에 공정거래위원회는 골프장업체가 회원에 대해서 거래상 지위에 있음을 인정하였는바, 업체는 시설이용의 배정 등 서비스의 일방적 공급자이고 회원은 사업자의 일방적 처분을 통하여 수익하는 관계로서 회원은 업체에 대한 의존성이 강하며, 회원권 매매계약 체결 후 명의개서는 업체만이 할 수밖에 없을 뿐 아니라 명의개서를 해주지 않으면 회원권에 대한 권리행사가 불가능하다는 점 등이 고려되었다. 공정거래위원회 의결 제2002-259호, 2002. 11. 8. 등 참조.

게 정당한 이익을 고려해야 할 의무를 위반한 채 고의적으로 자기가 부담하여야 할 간접보험금을 지급하지 않는 부작위로 인한 불이익제공행위로서 부당한 것에 해당된다고 판단하였다.

즉 이 사건에서 공정거래위원회는 손해보험사들이 제공한 불이익의 내용은 '금전상의 손해'(약관상 지급할 의무가 있는 보험금을 미지급)로서, 손해배상책임의 존부와 범위에 관하여는 더 이상 아무런 논란의 여지가 없으므로, 이들의 법률상 책임 있는 손해의 존재는 물론 그 범위(손해액)[63]까지 명확하게 확정되었다고 볼 수 있고 통상의 거래관념에 비추어 볼 때 사업자에게 적시의 임의이행을 기대하기 곤란하거나 이를 거절함에 상당한 다른 특별한 사정이 있었다고도 볼 수 없다고 보았다. 또한 손해보험사들이 대물보험금 손해사정을 함에 있어 약관에 규정된 내용대로 손해액을 사정하여 손해배상청구권자인 피해차주에게 보험금을 지급할 의무가 있음에도 불구하고, 비교적 금액이 크고 피해차주 등 소비자가 분명하게 인지하고 있는 주손해항목인 차량수리비나 렌터카비용 등은 지급하면서도 비교적 소액이고 소비자가 명확히 인지하지 못하고 있는 대차료 · 시세하락손해 등 간접보험금 항목에 대해서는 피해차주 등 소비자가 이에 대하여 잘 모르는 점[64]을

63) 피심인들이 자신의 보험사건처리(대물보상) 시스템상에 간접손해보험금항목의 지급 여부를 파악할 수 있는 정확한 전산시스템을 갖추고 있지 않아 피심인으로서도 본건 간접손해보험금을 미지급한 금액을 전산상으로 정확하게 산정하기가 불가능하고, 더구나 8개 손해보험사의 4년간 대물사고 발생건수가 628만 515건이나 되어 수작업으로도 파악하기가 곤란한 상태라고 소명하므로 기 지급된 해당 보험금의 평균치를 적용하여 추정된 손해액을 정할 수밖에 없었다.

64) 자동차 대물보험과 관련한 소비자 인식실태조사에 따르면 대물배상 중 대차를 하지 않은 경우에도 대차료를 지급받을 수 있다는 사실을 알고 있는지에 대하여는 전체 응답자 6,000명 중 87.4%(5,246명)가, 시세하락손해금에 대해서는 88.9%(5,332명)가 알지 못하였다고 응답하였다. 출처는 자동차보험금 미지급실태조사(한국소비자원 실태조사보고서 2005. 12).

이용하여 지급하지 않은 것은 보험처리를 통한 손해를 보전받으려 했던 개별 피해차주들에게 불이익을 준 것이 명백하고, 다수의 피해차주가 대차료 및 시세하락손해금을 미청구하도록 방치해 두는 것 자체가 통상의 거래관행에 반할 수 있다는 점에서 부당성을 인정하였다. 그리고 공정거래위원회는 이와 같이 대차료 및 시세하락손해 등 간접보험금항목에 대해 어떠한 설명 내지 고지조차 행하지 않았다는 점을 들어 보험회사들에게 간접손해 보험금지급과 관련된 의도나 목적이 있었음을 추론하였다.

3. 부당한 고객유인

부당한 고객유인은 크게 위계에 의한 경우와 부당한 이익에 의한 경우로 나눌 수 있고, 종래 보험산업에서는 후자만이 문제되었다. '6개 손해보험사의 부당한 고객유인행위에 대한 건'[65]이 대표적이다. 통상 보험회사는 별도의 사업자인 대리점을 통해서 보험을 모집할 경우 계약 내용에 따라 수수료를 지급하고 있는바, 여기서는 삼성화재 등이 보험가입의 대가로 보험계약자에게 리베이트를 제공한 행위가 문제되었다. 여기서 부당한 이익에 의한 고객유인에 해당하기 위해서는 먼저 그러한 리베이트가 정상적 거래관행에 비추어 부당하거나 과대한 이익인지 그리고 리베이트가 '고객유인성'을 갖는지를 살펴보아야 한다.

공정거래위원회는 전자와 관련하여 보험분야에서 정상적인 경쟁수단이라는 보험상품의 질과 보험료수준 및 서비스인데, 리베이트는 보

65) 공정거래위원회 의결 제2002-215호, 2002. 10. 16.

험계약자에게 보험가입의 대가로 금품을 제공하는 방법으로 보험계약을 유치하는 것으로서 부당한 이익에 해당한다고 보았다.[66] 이어서 후자와 관련하여 문제의 리베이트가 고객의 합리적 보험상품 선택을 방해하고, 경쟁사업자의 고객을 자기와 거래하도록 유인할 우려가 있다고 판단하였다. 끝으로 보험회사들은 리베이트의 본질은 보험료인하이고 보험료가 자율화되지 않은 상황에서 불가피한 측면이 있다고 주장하였으나, 요금인하와 달리 리베이트는 일부 보험계약자에게만 사후적으로 지급되는 것이고, 보험료가 규제를 받고 있는 상황에서도 보험상품의 질과 서비스에 의한 정당한 경쟁이 여전히 가능하다는 점을 들어 이를 배척하였다.

4. 부당한 광고행위

보험업법은 보험계약의 체결 또는 모집에 종사하는 자가 보험계약자나 피보험자에게 보험계약의 내용을 사실과 다르게 알리거나 객관적 근거 없이 다른 보험계약과 비교하여 자기의 보험계약이 우량 또는 유리하다고 알리는 등의 고객유인행위를 금지하고 있다(법 제97조 제1항 제1~2호). 이때 금지되는 행위는 '알리는 행위'로서 보험계약자나 피보험자에게 개별적으로 고지 또는 설명하는 것을 의미한다. 이때 알리는 방식은 묻지 않으며, 보험안내자료를 교부 · 설명하는 것은 물론 단순한 구두설명도 여기에 포함된다.

---

66) 이 부분과 관련해서는 보험회사들이 리베이트의 재원을 마련하기 위하여 자사직원이 모집한 계약을 대리점 모집계약으로 처리하여 대리점에 수수료를 지급한 것으로 위장처리하는 방식의 음성적인 방법이 동원된 사실이 함께 고려된 것으로 보인다.

반면 표시 · 광고법상 '표시'란 사업자 또는 사업자단체가 상품 등의 내용이나 거래조건 등을 소비자에게 알리기 위하여 상품 등의 용기 · 포장 또는 사업장에 설치한 표지판에 기재한 것을 말하고, '광고'란 상품 등의 내용이나 거래조건 등의 사항을 신문 · 방송 · 잡지 · 인터넷 등의 방법으로 소비자에게 널리 알리거나 제시하는 것을 의미한다(법 제2조 제1~2호). 따라서 보험업법 제95조상 모집을 위하여 사용하는 보험안내자료는 정확하게 기재 · 작성하였으나, 이를 보험계약자 등에게 다르게 알리는 행위는 동법 제97조의 부당한 모집행위에 해당할 수 있으나, 보험안내자료 자체를 허위로 기재 · 작성하는 행위는 부당한 모집행위나 표시 · 광고법상의 부당한 표시 · 광고에 해당하지 않는다.

표시 · 광고법은 허위 · 과장광고, 기만광고, 부당한 비교광고 및 비방광고를 소비자를 속이거나 잘못 알게 할 우려가 있는 행위로서 공정한 거래질서를 저해할 우려가 있는 경우에 금지하고 있는바(법 제3조 제1항), 부당한 광고가 문제된 사례로는 아메리카 인터내셔널 어슈어런스컴퍼니 사건[67]을 들 수 있다. 여기서는 동사가 판매하는 AIG 다보장의료보험 상품의 경우 입원비와 수술비에 관한 보험금을 지급함에 있어서 약관상 일정한 제한이 있음에도 불구하고, 아무런 제한이 없는 것처럼 소비자를 오인시킬 우려가 있는 허위 · 과장의 광고행위가

67) 공정거래위원회 의결 제2008-063호, 2008. 1. 4. 이 사건에서 동사는 GS홈쇼핑을 통하여 자신의 보험상품을 판매하면서 '모든 제왕절개수술'에 대하여 입원비와 수술비를 보장해 주는 것처럼 광고하는 한편, 입원비의 경우 횟수 제한 없이 반복적으로 보장해 주는 것처럼 광고하였다. 그런데 실제 약관에는 '질병을 직접적인 원인으로 하지 않는 제왕절개수술'(예컨대 통증 등의 이유로 산모가 자의로 받은 제왕절개수술)의 경우에는 보험금을 지급하지 않는 것으로 규정되어 있었고, 입원비의 경우 반복적인 보장은 보험금이 지급된 최종 입원의 퇴원일로부터 180일이 지난 경우에만 인정되고 있었다.

문제되었다. 여기서 소비자의 오인성 여부는 특정 보험상품의 보험금 지급범위가 소비자들의 구매선택에 중요한 영향을 미칠 수 있는 요소를 기준으로 판단되었다.

V. 맺는말

보험산업과 같은 전통적인 규제산업에서 독점규제법의 적용은 크게 세 가지 의미를 가질 수 있다.[68] 첫째로 해당 규제체계가 갖는 고유한 경제적 목적을 실현하는 것을 도와주고, 둘째 규제체계하에서 시장이 보다 경쟁적으로 작동할 수 있도록 하며, 끝으로 규제에 의해 효과적으로 통제되지 않는 사기업의 행위를 감시할 수 있게 하는 것이 그것이다. 따라서 비록 보험상품의 특성을 이유로 보험업법이나 금융위원회에 의한 전문적 규제가 이루어지더라도 동 산업에 대한 독점규제법의 적용한계는 보험업법이 명시적으로 정한 예외나 독점규제법 제58조의 요건을 갖춘 경우로 한정하여야 할 것이다.

불공정거래행위와 관련하여 독점규제법은 광범위한 사후규제를 두고 있는 반면, 보험업법은 주로 모집단계에서 건전한 거래질서를 해치고 보험계약자나 피보험자의 이익을 저해할 수 있는 행위를 제한적으로 금지하고 있다. 그런데 보험업법상 금지행위에 해당하지 않는 불공정거래행위 또한 공정한 거래질서와 소비자 보호를 위하여 규제할 필요성이 있음은 물론이고, 동법상 금지행위에 해당하더라도 금융위원회가 적극 시정하지 않거나 개선의 여지가 별로 없는 경우에는

68) Hovenkamp, 앞의 책(주 6), p.716.

독점규제법을 적극 적용함으로써 규제의 공백(regulatory vacuum)을 막을 필요도 있을 것이다. 지난 2007. 11. 금융감독위원회와 공정거래위원회가 체결한 MOU 역시 이러한 맥락에서 이해할 수 있다.

끝으로 보험업법상 금지행위는 그것이 대체로 건전한 모집질서 또는 보험계약자 등의 보호를 위한 것인데, 경쟁법적 관점에서 타당성이 의문시되는 경우가 있다. 예컨대 보험회사가 모집인의 법적 지위를 묻지 않고 특별이익의 제공을 광범위하게 금지하고 있는 것을 들 수 있다. 특별이익은 그 성질상 보험료의 할인 및 이를 통한 요금경쟁과 동일한 효과를 가질 수 있을 뿐만 아니라 모집인이 보험회사로부터 독립성을 갖는지 여하에 따라 보험업법상 특별이익의 제공금지가 그 실질에 있어서는 이른바 재판매가격유지행위(RPM, Resale Price Maintenance)를 강제하는 의미를 가질 수도 있는 것이어서 RPM을 엄격하게 금지하고 있는 독점규제법 제29조의 취지와 배치될 수 있기 때문이다. 따라서 향후 보험산업에 특수한 불공정거래행위에 대한 폭넓은 재검토가 요구된다.

10

보험산업의 특성과 카르텔 규제*

이봉의**

I. 논의의 배경

우리나라에서는 1960년대 이후 정부 주도의 경제성장정책을 추진하는 과정에서 정부가 다양한 산업분야에 대하여 강력한 규제를 해왔으나, 1980년대 후반부터 세계적인 규제완화의 영향을 받아서 규제산업에 대한 정부규제를 완화하기 시작하였다. 그 결과 정부규제가 상당부분 축소 또는 철폐되었으나, 일부 산업에서는 아직도 비합리적이거나 경쟁제한적인 규제가 그대로 남아 있거나 이른바 '행정지도'라는 형식으로 개발연대부터 장기간 지속되어 온 정부와 산업계 간의 협력

---

* 이 논문은 BFL 제48호(2011. 7)에 게재된 글을 수정 · 보완한 것이다.

** 서울대학교 법과대학 · 법학전문대학원 교수

적 관행 속에서 민 · 관담합의 형태로 존속하고 있다. 이러한 현상은 법치주의 내지 법치행정의 원칙에 반할 뿐만 아니라, 규제완화를 통한 경쟁원리의 확산이라는 규제완화의 취지에도 부합되지 않는다.

따라서 우리나라 경제질서의 기본인 시장경제를 더욱 발전시키기 위해서는 경쟁제한적인 정부의 규제와 업계의 관행을 꾸준히 시정할 필요가 있다. 이를 위하여 공정거래위원회는 한편으로는 경쟁제한적인 정부규제의 완화를 추진하는 동시에, 다른 한편으로는 종래의 규제산업분야에서 경쟁제한적인 제도와 관행을 시정함으로써 경쟁원리를 확산해 나가기 위하여 노력하고 있다. 그 과정에서 공정거래위원회가 종래의 규제산업에서 행정지도와 관련된 일련의 카르텔을 적발하여 시정하는 것과 관련하여 많은 논란이 제기되고 있다. 이 문제는 규제산업의 패러다임이 '경쟁'으로 전환되는 과정에서 나타나는 과도기적인 현상으로서, 공정거래위원회와 각각의 규제기관들로서는 사업자들에게 법적 안정성과 예측 가능성을 최대한 보장하면서 새로운 패러다임에 순조롭게 적응할 수 있도록 특별한 주의와 노력을 기울일 필요가 있다.

그런데 규제산업에서 발생하는 카르텔에 대해서는 공정거래위원회가 그동안 위법성 및 적용제외의 판단기준을 마련하기 위하여 나름 노력해 왔을 뿐만 아니라, 판례도 어느 정도 축적되어 있다. 다만 규제산업의 특성에 따라 규제의 법적 근거, 내용 및 방식도 다르기 때문에, 개별 사건에서 문제되는 다양한 형태의 규제와 해당 산업의 특성 등을 카르텔의 위법성 판단에 있어서 어떻게 고려할 것인지에 관해서는 아직도 명확하지 않은 부분이 있다. 더구나 공정거래위원회가 근거로 삼고 있는 형식적인 법논리와 실제의 관행 사이에 상당한 괴리가 있는 경우도 있기 때문에, 사업자들에게는 공정거래위원회의 일률적인 규제가 불합리한 것으로 인식되는 측면도 있다.

이러한 문제의식하에 이 글에서는 규제산업, 그중에서도 보험산업의 특성과 이를 반영한 규제원리를 경쟁원리와 조화시킨다는 관점에서 독점규제 및 공정거래에 관한 법률(이하 '독점규제법') 제19조의 해석론을 검토하고자 한다. 나아가 구체적으로 보험산업의 특성을 카르텔의 금지요건 판단시 어떻게 고려할 것인지를 살펴보는 한편, 특히 독점규제법 제58조의 적용제외를 합리적으로 해석함으로써 보험카르텔 규제의 한계 및 전체 법질서와의 조화를 모색하고자 한다.[1)]

II. 보험산업의 특성과 경쟁질서

1. 보험산업의 특성

강학상 보험이란 동일한 위험에 놓인 사람들이 하나의 위험단체를 구성하여, 통계적 기초에 의하여 산출된 금액을 내어 일정한 기금을 마련하고 우연한 사고를 당한 자에게 재산적 급여를 함으로써 경제생활의 불안을 없애거나 덜고자 하는 제도로 정의할 수 있다.[2)] 이처럼 다수의 위험을 평준화하여 이를 하나의 보험단체에 속한 다수에게 분산한다는 보험상품의 특성으로 인하여 보험업은 흔히 규모의 경제가 나타나는 자연독점산업의 하나로 이해되어 왔다. 또한 보험상품의 내

1) 보험산업에 대한 규제의 조화 필요성에 대해서는 홍명수, "보험산업에 대한 규제의 조화 — 금융위원회와 공정거래위원회의 관계를 중심으로," 경쟁법연구 제18권(2008), 한국경쟁법학회, 299면 이하.

2) 양승규, 보험법 제5판, 삼지원, 2005, 22면 ; 정찬형, 상법강의(하) 제11판, 박영사, 2009, 483면.

용이 매우 전문적이고 복잡하여 정보가 불완전할 뿐만 아니라, 보험회사로서는 계약체결시 장래의 위험과 그에 따른 비용을 측정하기 어려운 반면 보험계약자로서는 복잡한 내용의 보험상품을 이해하기가 어렵고 급부의 내용을 정확하게 파악하기도 쉽지 않다는 의미에서 보험회사와 계약자 간의 정보비대칭성이 크다.

특히 보험업의 경우 보험사고가 발생하기까지 장기간이 소요되는 경우가 일반적이기 때문에 막대한 자본투자가 요구되지 않고, 따라서 당장 보다 많은 보험계약을 체결하기 위하여 보험료 인하경쟁이 매우 치열해질 수 있다. 이와 같은 '파멸적 경쟁(ruinous competition)'이 이루어질 경우 보험회사의 파산위험이 커지고, 그에 따른 불이익은 다수의 보험계약자에게 돌아가게 된다. 뿐만 아니라 보험의 경우 상품별로 차이는 있으나 고유한 위험과 손해율 등의 산정이 매우 어렵고 불확실하여, 중소규모의 보험회사인 경우 관련 정보의 획득을 위한 기술적 협력의 필요성이 더욱 커지는 점도 간과할 수 없다.[3] 이와 같은 이유에서 종래 보험산업은 경쟁보다는 전문규제에 맡겨야 한다는 주장이 지배해 왔다.[4]

이와 같은 보험업의 특성으로 인하여 보험회사 간에 다양한 형태의 협력이 이루어질 수도 있는바, 이는 개별사업자 단위의 경쟁을 상정하고 있는 독점규제법과 일견 부합하지 않는다. 예컨대 합리적인 보험료의 산출을 위한 통계작성이나 단독으로 인수할 능력이 없거나 위험분산 차원에서 특정 위험을 공동으로 인수하거나, 상품별로 보험(표

---

3) Meinrad Dreher / Michael Kling, Kartell- und Wettbewerbsrecht der Versicherungs unternehmen, Verlag C. H. Beck(2007), pp.3-4.

4) 정호열, "보험업과 공정거래법 제2편 보험산업에 대한 공정거래법의 적용," 경쟁저널 제134호(2007. 9), 한국공정경쟁연합회, 4면 이하.

준)약관을 채용하는 경우와 같이 보험회사 간의 협력은 광범위한 차원에서 이루어질 수 있고, 이러한 행위가 독점규제법상 부당한 공동행위에 해당되는지 여부는 보험이 갖는 협력적 특성을 충분히 고려하여 판단하지 않으면 안 되는 것이다.

2. 보험업법상 경쟁 관련 규제

위와 같은 이유로 보험산업은 전 세계적으로 특수한 규제기관에 의한 감독을 받아 왔고, 상대적으로 보험회사의 자율성과 이를 기초로 한 경쟁은 때로는 바람직하지 못한 것으로 여겨졌다. 그 결과 보험산업에 대한 진입부터 보험요율, 판매방식 등 영업 전반에 걸쳐 규제가 이루어져 왔다. 이러한 상황을 변화시키는 동인(動因)은 무엇보다 1990년대 이후 보험산업에도 불어닥친 규제완화와 경쟁의 패러다임이었다. 은행 · 보험의 부분적 겸업화, 금융지주회사의 출범, 자본시장의 개방과 M&A의 증대, 진입규제의 완화와 보험료 자율화 등은 모두 이러한 추세를 반영하고 있다. 이러한 추세는 보험회사 간의 모집경쟁을 심화시켰고, 그만큼 보험산업에서 공정하고 자유로운 경쟁을 제한할 우려가 있는 행위에 대한 규제 필요성 또한 커지게 되었다.[5]

그에 따라 보험회사의 영업상 여러 가지 부당행위, 그중에서도 경쟁 관련성이 큰 행위에 대해서는 대표적으로 보험업법과 금융당국의 규제 및 독점규제법과 공정거래위원회의 규제가 적용되고 있다. 예컨대 보험업법상 보험계약의 체결 또는 모집시 허위사실을 알리거나 객

5) 이봉의, "보험업과 카르텔에 관한 고찰," 경쟁법연구 제18권(2008), 한국경쟁법학회, 269면.

관적 근거 없이 다른 보험계약과 비교하여 해당 보험계약이 우량 또는 유리하다고 알리는 등의 행위를 할 수 없고(제97조), 그 과정에서 보험계약자 또는 피보험자에게 금품이나 보험료 할인 등의 특별이익을 제공하거나 그 제공을 약속할 수 없으며(제98조), 금융기관보험대리점 등이 모집을 함에 있어서 끼워팔기나 사원판매 등을 하거나(제100조 제1항), 기타 자신의 우월적 지위를 남용하는 일정한 행위를 해서는 안 된다(동조 제3항).[6] 반면 보험업법은 보험회사의 시장지배적 지위남용행위를 따로 금지하지 않고 있으며,[7] 부당한 공동행위에 해당하는 상호협정에 관하여만 제125조에 특칙을 두고 있을 뿐이고, 기업결합에 대해서는 금융산업의 구조개선에 관한 법률이 별도의 규정을 두고 있다.

3. 독점규제법의 적용

독점규제법은 우리나라 경제질서의 기본법으로서 시장경제의 핵심적인 구성요소인 경쟁을 보호할 책무를 지고,[8] 그에 따라 동법은 특정 산업에 대한 적용제외를 명문으로 규정하지 않고 있으며, 보험시장에 공정한 거래질서를 정착시키고 보험소비자의 이익을 충실히 보호하

---

6) 이봉의, "보험산업에서의 불공정거래행위에 관한 경쟁법적 고찰," BFL 제29호(2008. 5), 서울대학교 금융법센터, 17면 이하.

7) 생명보험이나 손해보험시장의 경우 상위 3개사의 점유율 합계가 독점규제법 제4조가 정하는 75%의 시장지배력 추정요건에는 미치지 못하나, 삼성 · 대한 · 교보생명 및 삼성화재 · 현대해상 · LIG의 점유율합계가 원수보험료를 기준으로 60% 내외에 이르기 때문에, 이들 사업자가 동법상 시장지배적 사업자로 인정될 소지는 여전히 존재한다. 다만 손해보험이라 해도 관련 시장은 그보다 좁게 획정될 것이기 때문에 보험종목에 따라서 추정요건이 충족될 수 있는지 여부를 살펴볼 필요가 있다.

8) 헌법재판소 1996. 12. 26. 선고 96헌가18 결정. "경쟁질서는 자연적인 사회현상이 아니라 국가의 지속적인 과제"이다.

기 위해서는 보험시장의 경쟁제한행위에 대한 규제가 매우 중요하다.

그런데 보험업법은 보험시장에서의 경쟁제한행위와 관련하여 독점규제법과의 관계를 명시적으로 규정하지 않고 있으며, 단지 보험회사가 일종의 자율규제(self-regulation)인 '상호협정'을 체결하고자 하는 경우 금융위원회의 인가를 받아야 하고, 금융위원회는 인가처분을 내리기 전에 공정거래위원회와 협의하여야 함을 정하고 있을 뿐이다(제125조). 그 밖에 금융산업의 구조개선에 관한 법률에 따라 보험회사의 합병시 경쟁제한 여부를 포함하여 일정한 기준에 따라 금융위원회의 인가를 받아야 하는바, 이때 금융위원회는 미리 공정거래위원회와 협의하여야 할 뿐이다(제4조). 따라서 예컨대 보험업법상 공정거래위원회와의 협의를 거쳐 인가를 받은 상호협정에 대하여 독점규제법상 카르텔 금지규정인 제19조를 추가로 적용할 수 있는지, 상호협정의 범위에 속하지 않는 보험회사 간 경쟁 관련 약정에 관하여 독점규제법이 전면적으로 수정 없이 적용될 것인지에 관하여는 여전히 다툼의 소지가 있다.

다만 보험업법이 보험계약자나 피보험자 등의 보호를 위한 규제를 행하고는 있으나, 무릇 시장에서 소비자의 이익이란 원칙적으로 자유롭고 공정한 경쟁을 통해서 실현되는 것이라는 점에서 보험산업에 대한 독점규제법 적용의 정당성을 부인할 수는 없다. 더구나 독점규제법은 특정 산업에 대한 일률적인 적용제외를 인정하지 않고 있을 뿐만 아니라,[9] 미국 판례법에서 발전한 묵시적 적용면제(implied immunity),

9) 1990년 이후 1999년까지 독점규제법의 변천사를 보면 보험업에 대한 적용범위가 꾸준히 확대되었음을 알 수 있고, 불공정거래행위에 관한 한 1980년 제정법부터 현재까지 보험업에 대한 적용제외를 인정한 적이 없다. 정호열, 앞의 논문(주 4), 10면 이하.

이를테면 보험업법상의 광범위한 규제가 적용되는 범위에서 경쟁법이 폭넓게 적용제외된다는 법리도 우리나라에서는 그대로 수용하기 어렵다.[10] 그 밖에 금융시장 전반의 통합 추세에 따라 보험회사와 여타 금융회사 간에 경쟁관계가 형성될 수 있고, 새로운 금융상품을 둘러싸고 행해질 다양한 공동행위에 대해서 독점규제법 제19조가 보다 폭넓게 적용될 수 있다는 점에도 유의할 필요가 있다. 따라서 관건은 독점규제법 적용시 보험산업의 특성을 어떻게 고려할 것인지에 관한 문제이다.

III. 보험카르텔의 금지요건별 검토

1. 경쟁제한적 '합의'

독점규제법상 공동행위는 2 이상의 사업자가 법 제19조 제1항 각호의 1에 해당하는 내용, 이를테면 가격이나 거래조건, 생산량 · 출고량, 거래지역이나 거래상대방 등을 합의하는 경우에 성립하고, 그러한 합의가 부당하게 경쟁을 제한하는 경우에 금지된다(제19조 제1항). 합의에 참가하는 사업자들은 서로 경쟁관계에 있어야 한다는 의미에서 '수평적 합의(horizontal agreement)'만이 동조의 적용을 받는다.[11] 대체로 사업자들은 은밀하게 카르텔을 추진하기 때문에 합의를 직접증거로 입증할 수 없는 경우가 많고, 독점규제법은 '행위의 일치'와 공동성을

10) 자세한 설명은 이호영, "규제산업과 공정거래법의 적용제외," 법학총론 제23집 제1호(2006. 6), 한양대학교 법학연구소, 370면 이하 참조.

11) 정호열, 경제법 제2판, 박영사, 2008, 309면.

보여 주는 '정황사실'이 있을 경우 합의를 법률상 추정하는 규정을 두고 있다(동조 제5항). 다만 보험업의 경우 감독당국의 행정지도는 합의 추정을 위한 정황증거라기보다는 오히려 합의 추정을 번복하는 사유로서 중요한 의미를 가질 수 있음에 유의할 필요가 있다.[12)]

종래 우리나라에서 문제된 보험카르텔은 대체로 가격이나 거래조건에 관한 것이었다. 그리고 판례는 공동의 가격결정을 동일한 상품에 대하여 동일한 최종거래가격을 정하는 경우뿐만 아니라, 동일 · 유사한 상품에 대하여 평균가격이나 표준가격, 기준가격, 최고 · 최저가격 등 가격결정의 기준을 정하는 행위를 비롯하여 가격인상 · 인하율이나 이윤율, 할인율 등 가격의 구성요소에 대한 수준이나 한도를 정하는 행위 등을 모두 포함하는 것으로 해석하고 있다.[13)]

그런데 보험산업의 특성상 보험요율에 관련된 카르텔이라도 보다 구체적으로 따져 볼 여지가 있는 부분이 있다. 통상 보험료 내지 영업보험료는 순보험료와 부가보험료로 구성되고, 순보험료는 과거의 통계자료에 근거한 순보험요율에 장래의 예측을 반영한 일정한 조정을 통해서 산정된다. 따라서 영업보험료에 관한 합의는 원칙적으로 카르텔로서 금지되며, 영업보험료 산정에 관한 구체적인 기준을 합의하거나 영업보험료의 산정방식을 합의하는 경우에도 독점규제법 제19조 제1항 제1호 또는 제2호에 해당할 수 있을 것이다. 구체적으로 공정거래위원회 또한 영업보험료에 직접적으로 영향을 미치는 할인 · 환급률, 위험률, 예정이율, 예정기초율 등을 공동으로 결정하는 행위를 가격에 관한 합의로 파악하고 있다.[14)]

---

12) 정호열, 한국 보험시장과 공정거래법, 보험연구원, 2008, 71면.
13) 대법원 2007. 1. 17. 선고 2004누17060 판결.
14) 공정거래위원회 의결 제2008-286호, 2008. 10. 27 ; 손해보험의 경우 순보험요율과

반면 보험업의 특성상 모든 보험회사의 영업에 필요한 기초적인 자료나 정보의 작성 · 제공은 개별 보험회사가 불필요한 중복비용을 절감하여 합리적인 보험료를 산출할 수 있게 하거나 중소보험사의 신규진입을 용이하게 함으로써 보험시장의 경쟁을 오히려 촉진할 수 있다는 점에서 긍정적인 접근이 필요할 것이다. 이를테면 보험업법 제176조에 따른 보험요율산출기관(rating organization)인 보험개발원이 손실데이터를 수집 · 공유하거나 통계를 작성하여 이를 제공하는 행위 그 자체는 카르텔에 해당하지 않을 것이다. 다만 위험률 내지 손해율의 공동산정이나 이를 위한 보험통계의 작성은 독점규제법 제19조 제1항 각호의 1을 합의한 것으로 볼 수 있는지, 합의는 성립하나 경쟁제한성 또는 부당성이 부인될 수 있는지는 추가적인 검토를 요한다.

한편 2007년 8월의 독점규제법 개정으로 합의의 내용에도 변화가 생겼다. 무엇보다 법 제19조 제1항 제8호에 '입찰카르텔'을 새로이 명시하여 낙찰 또는 투찰가격을 공동으로 정하거나 낙찰자 등을 정하는 합의 역시 카르텔에 해당함을 명시하였다. 그 결과 입찰을 통하여 단체보험을 인수하는 경우에 응찰하는 보험회사들 간의 카르텔도 제19조의 적용대상에 포함된다. 이때 보험의 공동인수를 위하여 컨소시엄을 구성하는 경우에는 경쟁제한성을 판단함에 있어서 특수한 고려가 필요할 뿐이다.[15)]

부가율, 개별할인 · 할증률에 관한 합의를 인정한 예로는 의결 제2007-443호, 2007. 9. 12.

15) 이봉의, 앞의 논문(주 5), 283면 이하.

2. 경쟁제한성 심사

(1) 관련 시장의 획정

독점규제법 제19조 제1항은 부당하게 경쟁을 제한하는 공동행위를 금지하고 있기 때문에, 보험카르텔의 경우에도 참가사업자들이 특정 보험시장에서 서로 경쟁관계에 있는지를 살펴보아야 한다. 아울러 해당 합의가 경쟁을 제한하는지 여부를 판단하기 위해서도 합의의 대상인 보험상품 간에 합리적 대체 가능성을 기준으로 한 관련 시장(relevant market)의 획정이 이루어져야 한다.[16]

그런데 보험업법상 세분되어 있는 보험업의 종류와 업별 보험종목이 곧바로 관련 시장이 될 수 있는지는 의문이다. 보험업법은 보험업을 크게 생명보험법, 손해보험업 및 제3보험업으로 삼분하고, 예컨대 생명보험업의 보험종목으로 생명보험 · 연금보험 등, 손해보험업의 경우 화재보험 · 해상보험(항공 · 운송보험 포함) · 자동차보험 · 보증보험 · 재보험 등 그리고 제3보험업의 경우 상해보험 · 질병보험 · 간병보험 등을 규정하고 있다(제2조 제2~4호, 제4조 제1항).

그런데 이들 보험업의 종류와 보험종목은 금융위원회의 허가단위로서(제4조 제1항), 보험종목별 최저자본금규제나 겸업규제 등 보험업법의 목적을 실현하기 위한 수단으로 마련된 것이어서, 경쟁법적 관점에서 서로 경쟁관계에 있는 보험의 범위를 정한 것은 아니다.[17] 따라서 보험업법상 영업구분이나 보험종목구분을 그대로 독점규제법상 관련 시장으로 볼 수는 없고, 무엇보다 수요자인 보험계약자인 수요

16) 이봉의, 앞의 논문(주 5), 284면 참조.
17) 정호열, 앞의 책(주 12), 19면 이하.

자의 관점에서 동종 · 유사한 보험상품을 하나의 관련 시장으로 획정할 필요가 있다. 여기서 중요한 것이 개별 보험이 상정하고 있는 '위험'의 종류에 따른 시장획정일 것이며, 공영보험사와 민영보험사의 구분이나 주식회사든 조합이든 보험자의 법적 형태는 중요하지 않다.

그간 공정거래위원회는 실무상 보험카르텔에 관한 한 관련 시장을 엄밀한 경제분석을 통해서 획정하지는 않고, 전술한 바와 같이 보험업법상의 3분류를 기초로 해당 보험의 성격을 중요하게 고려하여 왔다. 예컨대 14개 생명보험사와 10개 손해보험사의 카르텔이 문제된 사건[18]에서 공정거래위원회는 이른바 제3보험 형태의 하나인 '단체상해보험'[19]을 관련 시장으로 보았다. 그런데 공정거래위원회는 생명보험사의 단체상해보험이 생명보험의 특성을, 손해보험사의 경우는 손해보험의 특성을 갖고 있어서 위험률 산출기준이나 예정사업비체계, 할인제도, 평균연령 및 면책제도 등에서 많은 차이가 있음을 인정하면서도 양자를 별개의 시장으로 파악하지는 않았다.

(2) 경쟁제한성 판단

그간 공정거래위원회가 시정조치를 내린 거의 대부분의 카르텔 사건은 가격이나 거래조건을 공동으로 결정한 경우였고, 공정거래위원회는 엄밀한 시장획정과 그에 따른 경쟁제한성 심사를 거치기보다는 주로 합의대상 품목을 중심으로 참가사업자들의 시장점유율을 일차적

18) 공정거래위원회 의결 제2008-286호, 2008. 10. 27.

19) 단체상해보험은 단체보장성보험, 법인단체보험, 법인보장성보험 등으로도 불리우며, 생명보험과 손해보험의 성격을 모두 갖고 있으며, 2003년 이후에는 생명보험 및 손해보험 업계가 본격적으로 경쟁하게 되었다.

으로 고려하여 그 위법성을 인정하였다.[20] 판례는 구법 제19조 제5항의 법률상 합의추정요건 중 하나인 '경쟁의 실질적 제한'을 어떻게 판단할 것인지에 관하여 언급하면서, 일반적으로 문제된 합의가 그 자체로 경쟁제한성을 가지는지 여부는 해당 상품의 특성, 소비자의 제품선택기준, 해당 행위가 시장 및 사업자들의 경쟁에 미치는 영향 등 여러 사정을 고려하여 해당 행위로 인하여 일정한 거래분야에서의 경쟁이 감소하여 특정 사업자 또는 사업자단체의 의사에 따라 어느 정도 자유로이 가격, 수량, 품질, 기타 거래조건 등의 결정에 영향을 미치거나 미칠 우려가 있는지 여부를 살펴 개별적으로 판단해야 한다는 입장을 취하고 있다.[21]

판례 또한 그중에서도 시장점유율을 가장 중요한 경쟁제한성 판단기준으로 고려하고 있음은 물론이다.[22] 예컨대 10개 손해보험사의 보험료담합 사건에서 공정거래위원회는 참가사업자들의 일반손해보험시장에서의 시장점유율이 90.4%이고, 외국지점 일부를 제외하고 국내 손해보험사 전부가 문제의 합의에 참여하고 있어 보험계약자들이 그와 무관한 다른 손해보험사를 선택하기가 매우 어렵다는 점을 고려하여 경쟁제한성을 인정한 바 있다.[23] 그보다 앞서 10개 손해보험사 및 대한손해보험협회의 자동차종합보험 관련 담합 사건에서도 공정거래위원회는 당시 국내 자동차보험시장에서 약 99%를 차지하는 손해보

20) 6개 초고속인터넷 사업자의 부당한 공동행위에 대한 건(공정거래위원회 의결 2005. 12. 12) ; MDF(섬유판) 제조 5개 사업자의 부당한 공동행위에 대한 건(공정거래위원회 의결 2001. 11. 1) 등.

21) 대법원 2002. 5. 28. 선고 99두6514, 6521 판결 ; 2003. 1. 21. 선고 2002누5384, 1391 판결 ; 1999. 4. 28. 선고 98누10686, 11214 판결 등.

22) 대법원 2006. 11. 9. 선고 2004두14564 판결.

23) 공정거래위원회 의결 제2007-443호, 2007. 9. 12.

험사들이 무료로 제공되던 긴급출동서비스를 공동으로 폐지하고 이를 유료화한 행위가 소비자 후생의 감소를 초래하는 경쟁제한행위라고 보았다.[24)]

3. 보험카르텔의 부당성 요건

독점규제법상 보험회사 간의 경쟁제한적인 공동행위라도 그것이 산업합리화, 연구 · 기술개발, 불황극복, 산업구조조정, 거래조건합리화 또는 중소기업의 경쟁력향상을 목적으로 하는 것으로서 공정거래위원회의 인가를 받은 경우에는 예외적으로 허용된다(제19조 제2항). 그런데 여타 산업에서와 마찬가지로 보험산업에서도 종래 카르텔의 사전 인가신청이 거의 이루어진 바 없으며, 공정거래위원회의 인가 여부에 대한 불확실성이 너무 크고, 더구나 보험업의 특성을 반영한 적절한 인가사유를 찾기 어렵다는 점에서 동법상 보험카르텔을 허용할 수 있는 여지는 '부당성' 판단과 법 제58조의 해석에 맡겨져 있다. 여기서는 공동행위의 부당성에 관하여 살펴보고, 적용제외는 절을 바꾸어 상세히 살펴보기로 한다.

(1) 카르텔의 부당성 일반론

1999년 개정 독점규제법이 '경쟁의 실질적 제한'을 '부당한 경쟁제한'으로 변경한 취지는 가격획정이나 시장분할, 집단배척(group boycott) 등 이른바 경성카르텔에 대하여 관련 시장의 획정과 경쟁제한 여부를

24) 공정거래위원회 의결 제2002-209호, 2002. 10. 4.

따로 심사하지 않는다는 의미에서 일응 당연위법(per se illegal)의 원칙을 받아들이려는 데에 있었던 것으로 알려져 있다.[25] 이 경우 경쟁제한성이나 부당성이라는 요건은 별다른 규범적 의미를 갖지 못하게 된다. 그 밖에 법 제19조 제1항의 문리적 해석을 강조하면서 동조의 목적과 이념을 종합적으로 고려하여 부당성에 대한 규범적 평가가 필요하다는 견해[26]는 '부당성' 요건에 나름의 독자적 의미를 부여하려는 접근방법으로서, 현재 열거된 예외사유가 합리성의 원칙에서 고려되는 제반사항을 모두 포섭하지 못하고 있는 점을 들어 '부당성' 요건에서 효율성과 경쟁제한성의 비교형량이 이루어진다는 견해[27]와 유사한 맥락에서 이해할 수 있다.

그간 법원이나 공정거래위원회의 실무는 대체로 '부당하게 경쟁을 제한하는'의 의미를 경쟁제한효과와 동일하게 이해하고 있고, 사업자단체의 카르텔과 관련하여 일부 판례가 부당성을 실질적 위법성과 결부시켜 규명하고자 노력한 흔적을 찾을 수 있을 뿐이다. 즉 사업자단체의 카르텔 사건에서 경쟁제한성 외에 부당성 여부를 별도로 고려하여 위법성을 부인한 사례로는 (사)제주도관광협회 판결[28]과 농수산물도매시장법인 판결[29]을 들 수 있고, 해당 카르텔이 독점규제법의 궁극

25) 정호열, 앞의 책(주 11), 318면 ; 공정거래위원회, 공정거래위원회 20년사, 2001, 174면. 그 밖에 법개정의 취지를 강조하는 견해로는 신현윤, 경제법 제2판, 법문사, 2007, 253-254면 ; 이남기, 경제법 제2판, 박영사, 2000, 187면.

26) 이봉의, "독점규제법상 '카르텔'의 부당성 판단," 사법 제2호(2007. 12), 사법연구지원재단, 138면 이하.

27) 정호열, 앞의 책(주 11), 320-321면.

28) 대법원 2005. 9. 9. 2003두11841 판결 ; 공정거래위원회 의결 2002. 4. 11. 동 협회에는 2001년 12월 말 현재 제주지역 약 500개 관광사업자 중 90%에 달하는 450여개 사업자가 구성사업자로 가입되어 있었다.

29) 서울고등법원 1996. 12. 6. 선고 96나2240 판결.

적인 목적에 반하지 않는다는 주장을 법원이 받아들이지 않은 사례로는 한국전력기술인협회 판결[30]을 들 수 있다. 이러한 대법원의 태도는 경쟁제한성이란 해당 공동행위가 시장에 미치는 경쟁효과를 가리키는 것이고, 비록 예외적이나마 카르텔이 국민경제의 균형발전 등에 비추어 규범적으로 무가치한 것인지를 고려할 수 있다는 의미에서 부당성을 접근하는 것으로 이해할 수 있다. 다만 이러한 규범적 가치판단을 반드시 법 제1조의 목적조항과 결부시켜야 하는 것인지는 의문이다. 목적조항, 특히 국민경제의 균형발전이라는 개념이 사법심사에 적합한 것인지, 전체 법체계 및 독점규제법의 성격과 적절히 조화될 수 있는지 등을 고려할 때 최선의 해석론으로 보기는 어렵기 때문이다.[31]

(2) 보험카르텔의 부당성

종래 행정지도를 포함한 규제를 통하여 조장된 카르텔의 문제는 주로 합의의 입증 내지 합의추정의 복멸 차원에서 다루어졌을 뿐,[32] 해당 카르텔의 규범적 정당성을 행정지도 등 규제의 목적과 결부하여

---

30) 대법원 2006. 9. 22. 선고 2004두14588 판결. 이와 유사한 판결로서 부산광역시치과의사회 사건(대법원 2005. 8. 19. 선고 2003두9251 판결) 참조.

31) 자세한 내용은 이봉의, "독점규제법의 목적과 경쟁제한행위의 위법성," 경제법판례연구 제1권(2004), 법문사, 12-19면 참조.

32) 대법원은 동 보험료의 결정행위는 보험료 결정의 인가권자인 금융감독원의 행정지도에 따라 결정되는 순보험료 및 예정사업비율을 기준으로 산정하여 신고하다보니 동일하게 유지 또는 인상된 것으로 판단되므로 합의 추정이 복멸된다고 판시하였다(대법원 2005. 1. 28. 선고 2002두12502 판결). 그 밖에 이른바 '맥주 판결'에서도 마찬가지 이유에서 합의추정이 복멸되었다(대법원 2003. 2. 28. 선고 2001두1239 판결).

고려한 예를 찾기 어렵다.[33] 그런데 규제산업에서 발생하는 카르텔의 부당성을 판단함에 있어서는 해당 규제산업의 특성, 보호가치 있는 경쟁의 존재 여부 및 경쟁제한의 동태적 측면 등을 종합적으로 고려할 필요가 있다. 이 문제는 해당 산업에서 카르텔금지를 엄격히 적용하였을 때 나타날 수 있는 국민경제적 효과에 관한 것으로서, 당연위법의 관념에 집착할 경우에는 올바른 해법을 찾기 어렵다.[34] 이러한 맥락에서 예외적이나마 독점규제법 제19조 제1항의 '부당성' 판단 단계에서 해당 공동행위에 따른 경쟁촉진효과나 효율성증대효과 등을 종합적으로 고려하는 방향으로 해석하는 것이 타당할 것이다.

여기서 대표적으로 보험개발권이 산출하는 순보험요율에 관한 카르텔의 부당성을 따져 볼 필요가 있다. 보험개발원은 보험회사의 경험통계 등을 기초로 보험종목별 · 위험별 특성에 따른 위험률을 산출 또는 조정하여 금융위원회에 신고할 수 있는데, 이를 (참조)순보험요율이라 한다(보험업법 제176조 참조). 예컨대 일반 손해보험의 경우 영업보험료는 순보험료에 부가보험료를 반영하여 산출하고, 이때 순보험료는 순보험요율 내지 예정위험률에 의하여 결정되며, 부가보험료는 예정사업비율과 예정이익률을 합산한 부가보험요율에 의하여 산출된다.

그런데 전술한 바와 같이 독점규제법상 가격카르텔은 가격 그 자체에 관한 합의뿐만 아니라, 가격의 구성요소에 관한 합의를 포함한다. 따라서 순보험요율이 보험료의 가장 중요한 구성요소라는 점을 고려할 때, 보험개발원이 산정한 순보험요율을 예컨대 암묵적으로 모든

33) 서울고등법원의 농수산물도매시장법인 판결에서 부분적으로나마 법적 근거가 없는 행정지도의 정당성을 인정하였고, 그러한 행정지도에 따른 행위의 부당성을 부인한 바 있다.

34) Peter Asch / Joseph J. Seneca, Characteristics of Collusive Firms, 23 Journal of Industrial Economics 223 (1975).

관련 보험회사가 그대로 적용하여 보험료를 산정할 경우 카르텔이 성립할 소지가 있다. 보험업법상 보험개발원의 가장 중요한 업무가 순보험요율의 산출, 검증 및 제공이라는 점에서 동 행위 자체를 독점규제법상 문제 삼을 수는 없으나, 보험회사가 이를 반드시 적용하여야 할 의무는 없기 때문이다.[35] 따라서 어떤 경우에는 순보험요율의 산출 및 제공과 보험회사들의 일률적인 적용이 결부되어 묵시적 담합을 보여 주는 정황증거나 합의추정의 요건인 개연성증거의 하나로 작용할 수도 있다. 반면 순보험요율의 공동산정 및 공동활용이 보험업의 특성상 반드시 필요하고 나름의 효율성 증대효과를 갖는다면, 독점규제법상 거래조건의 합리화를 목적으로 하는 공동행위로 인가를 받는 방법도 고려할 만하며, 그렇지 않을 경우 해당 카르텔의 부당성을 판단하는 과정에서 그러한 협력의 경쟁촉진효과와 보험업의 특수성을 종합적으로 고려할 필요가 있을 것이다. 그 밖에 부가율 중 예컨대 예정사업비율은 각 손해보험사의 최근 1년간 보험계약의 체결 및 유지 등에 소요된 사업비실적을 토대로 정해지는 것으로서, 이를 보험회사들이 공동으로 산출하는 행위가 카르텔에 해당할 수 있는지, 보험회사들이 이를 공통으로 적용하기로 하는 합의가 예외적으로 부당하지 않을 수 있는지도 검토의 소지가 있다.

35) 보험회사가 순보험요율을 적용하는 경우에는 보험료에 대하여 보험업법상 요구되는 변경신고를 한 것으로 본다(제176조 제5항). 이처럼 보험회사가 순보험요율을 적용할지 여부는 자율에 맡겨져 있으며, 따라서 순보험요율의 적용시기와 방법 등이 다수의 보험회사마다 일치하는 경우에는 카르텔로 보일 소지가 있는 것이다.

4. 상호협정의 문제

보험업법상 적법한 절차를 거쳐 인가를 받은 상호협정에 대해서 공정거래위원회가 추가로 독점규제법 제19조를 적용할 수 있는가의 문제는 단순히 법해석으로만 답하기 어렵다. 인가받은 상호협정에 대해서 독점규제법 제19조가 이를 명문으로 허용하는 규정은 없고, 동법 제58조의 법률에 따른 정당한 행위로서 적용제외된다고 보는 것이 일반적이나,[36] 이 또한 무제한의 적용제외로 보기는 어렵다.

문리적으로만 보자면 공정거래위원회가 금융위원회의 인가과정에서 협의를 한 후에도 상호협정의 내용이나 그 실행과정에서 카르텔이 인정될 경우 독점규제법을 적용할 여지를 부인하기 어렵다. 다만 금융위원회가 상호협정의 내용에 관하여 공정거래위원회와 충분한 협의를 거친 후 인가를 하였다면, 그러한 상호협정의 내용에 경쟁제한적인 사항이 포함되었다고 하더라도 공정거래위원회가 이를 금지하는 것은 행정법의 일반원칙 중 하나인 금반언의 원칙 내지 신뢰보호의 원칙에 반할 소지가 크다. 따라서 예컨대 상호협정에 관한 협의가 원만하고 충분하게 이루어지지 않았거나, 공정거래위원회가 협의한 사항과 다른 내용이 상호협정에 포함되었거나 또는 내용상 경쟁제한의 우려가 없는 상호협정이라도 이를 운영하는 과정에서 보험회사 간에 그와 직간접적으로 관련된 별도의 경쟁제한적 합의가 이루어지는 경우에 공정거래위원회는 상호협정을 카르텔로 규제할 수 있을 것이다.[37]

36) 정호열, 앞의 책(주 12), 75면.

37) 이와 유사한 맥락에서 보험업법상 상호협정의 대상인 보험회사의 '업무'에 관한 것이 아니라면 독점규제법상 적용제외를 받을 수 없을 것이다. 이황, "보험산업에 대한 공정거래법 적용의 범위와 한계," 경쟁법연구 제18권(2008), 한국경쟁법학회, 361면 이하.

물론 이 경우에도 문제의 상호협정이 보험업의 특성상 반드시 필요한 것인지, 그로 인한 경쟁촉진 및 보험계약자의 이익증대효과는 어떠한지를 종합적으로 고려하여 그 부당성 유무를 판단할 필요가 있다.

이처럼 상호협정을 둘러싼 카르텔논란을 불식하기 위해서는 보험업법이 상호협정의 범위와 인가절차를 개선할 필요가 있다. 현재 보험업법은 보험회사가 "그 업무에 관한 공동행위를 하기 위하여" 상호협정을 체결할 수 있는 것으로 규정하고 있는바, 이때의 공동행위를 독점규제법 제19조 제1항의 공동행위와 동일한 의미로 이해할 경우, 비록 금융위원회의 인가를 받는다고는 하나 보험회사는 보험료를 비롯하여 보험(가입)조건, 영업범위 등에 관하여 광범위하게 담합을 할 수 있는 것이 된다. 따라서 보험업법상 상호협정의 대상을 어느 정도 구체화하여 열거하거나, 적어도 대표적인 내용을 예시하는 것이 바람직할 것이다. 또한 금융위원회가 독점규제법상 가장 엄격하게 금지되고 있는 카르텔을 인가하면서, 공정거래위원회와의 협의의무를 다분히 형식적으로 규정하고 있는 점도 개선을 요한다. 협의란 그 의미가 다소 모호하기도 하며, 합의와 달리 단순히 의견을 청취하는 것으로 족할 수 있기 때문이다. 따라서 협의의 시기와 구체적 절차, 협의불이행시의 법률효과 등을 보험업법이나 시행령에 명시하여 카르텔규제에 관한 불필요한 규제중복의 소지를 제거하는 것이 바람직할 것이다.

Ⅳ. 보험산업과 적용제외

독점규제법은 제58조에서 다른 법령이나 처분에 의한 적용제외를 규정하고 있는바, 보험산업의 경우에는 전술한 바와 같이 금융위원회의 인가를 받은 상호협정의 경우를 제외하고는 마땅한 예를 찾아볼 수 없기 때문에, 그 밖에 법률에 근거하지 않은 적용제외를 폭넓게 인정하는 것은 허용되지 않는 것으로 해석된다.[38] 대법원이 동법 제58조를 해석함에 있어서 적용제외를 "자유경쟁의 예외를 구체적으로 인정하고 있는 법률 또는 그 법률에 의한 명령의 범위 내에서 행하는 필요 · 최소한의 행위"에 한하여 매우 제한적으로 인정하고 있는 것도 이러한 맥락에서 이해할 수 있다.[39]

다만 동법 제58조의 적용제외는 규제산업의 특성을 반영하여 규제와 경쟁을 조화시키는 역할을 담당하는 거의 유일한 수단으로서, 동조를 합리적으로 운영하지 않을 경우 자칫 경쟁은 보호하면서도 공공의 이익이나 국민경제 전체에는 부정적인 효과를 가져올 우려가 있다는 점에서 이론적으로나 실무상 적용제외요건에 관한 보다 면밀한 검토가 요구된다.

1. 규제산업과 독점규제법의 적용

독점규제법은 우리나라 경제질서의 기본인 시장경제가 정상적인 기능을 수행할 수 있도록 하기 위한 조건인 자유롭고 공정한 경쟁질서를 보호하기 위한 법률로서, 모든 산업분야에 대하여 공통적으로 적용되는 것이 원칙이지만, 정부가 다른 공익적 목적을 실현하기 위하여 폭넓은 규제를 하고 있는 규제산업에 대하여는 일정한 요건하에서 독점규제법의 적용을 제외하고 있다. 독점규제법 제58조는 이러한 적용제외를 규정하고 있는데 그에 따르면 "법률 또는 법률에 의한 명

38) 이봉의, 앞의 논문(주 5), 273면.

39) 대법원 2006. 11. 23. 선고 2004두8323 판결.

령에 따른 정당한 행위"에 대해서는 동법이 적용되지 않는다.

동조는 정부가 공익적인 목적을 실현하기 위하여 특별한 규제를 하고 있는 규제산업을 염두에 둔 것이라는 점에 대하여는 이견이 없다. 즉 그 이론적 근거는 무엇보다 다른 법령에 독점규제법의 적용제외를 명시적으로 규정하고 있는 경우는 물론이고, 입법자에 의하여 승인된 규제기관이 독점규제법에 배치되는 명시적인 권한을 가지고 이를 행사하는 경우 그리고 입법자가 경쟁이 공공의 이익을 보호하기 위하여 채택할 수 있는 적절한 수단이 되지 못한다는 결정을 내릴 것으로 추정할 수 있을 만큼 규제기관에 의한 규제가 보편적으로 행해지고 있을 경우에는, 그러한 규제산업에 대하여 독점규제법의 적용을 제외할 수 있다는 데에 있다.[40)]

더구나 독점규제법이 경제질서의 기본법이라고 하더라도 그것은 어디까지나 이론적인 설명에 지나지 않는 것이어서, 현행 법질서하에서 독점규제법이 다른 산업규제법보다 우선적으로 적용된다는 의미에서 규범적인 우위가 인정되지 않고 있는 상황에서 독점규제법 제58조는 동법의 목적과 여타 산업규제법의 목적을 조화하는 기준으로서 다른 법령에 근거한 경쟁제한행위라 하더라도, 그것이 '정당한 행위'로 인정되는 경우에는 동법의 적용제외를 인정하려는 취지인 것이다. 바꾸어 말하자면 다른 산업규제법의 목적이 독점규제법의 목적에 본질적으로 배치되지 않는 경우에는 해당 산업규제법에 따른 경쟁제한행위에 대하여 독점규제법의 적용을 제외할 수 있어야 하는 것이다.

40) E. Thomas Sullivan / Jeffrey L. Harrison, Understanding Antitrust and Its Economic Implications, 2. ed., Matthew Bender(1994), p.56.

2. 독점규제법 제58조에 따른 적용제외

(1) 독점규제법 제58조의 법적 성격

시장경제가 정상적으로 작동하기 위해서는 시장에서 활동하는 사업자들 간에 자유롭고 공정한 경쟁이 이루어지고 있어야 한다. 그런데 카르텔은 사업자들이 경쟁을 회피하거나 제한하기 위하여 취할 수 있는 대표적인 행위이기 때문에, 각국의 독점규제법은 자유로운 경쟁을 보호하기 위하여 카르텔, 즉 부당한 공동행위를 원칙적으로 금지하고 있는 것이다.

그리고 독점규제법에 의하여 금지되는 카르텔, 즉 부당한 공동행위는 경쟁관계에 있는 사업자들이 자발적으로 경쟁을 회피하거나 제한하기로 합의한 경우를 말하는 것이기 때문에, 사업자들이 각자 자기가 공급하는 상품이나 서비스의 가격이나 생산량을 스스로 결정할 수 있는 자율성, 즉 기업 활동의 자유가 그 당연한 전제가 된다.[41] 따라서 정부가 가격의 형성에 대하여 전반적이고 강력한 규제를 하고 있거나 해당 산업의 특성상 경쟁적인 가격형성이 곤란한 경우에는 사업자들이 그 가격을 자율적으로 결정할 수 있는 자유가 없거나 가격을 자유롭게 경쟁하는 외관을 갖추더라도 그 실질에 있어서는 어차피 경쟁에 의한 가격형성이 아닌 것이다.

독점규제법 제58조는 바로 이러한 취지를 반영하기 위하여 마련된 법규정이라고 할 수 있다. 동조는 다른 법률의 목적과 독점규제법의

41) Daniel Zimmer/Ulrich Immenga/Ernst-Joachim Mestmäcker, GWB Kommentar, Verlag C. H. Beck(2001), p.100 이하 참조.

목적이 서로 충돌하는 경우에 그 충돌을 해소하기 위한 것인 동시에, 개별 법률이나 이에 근거한 적법한 명령에 따른 사업자들에게 법적 안정성을 보장해 주기 위한 규정인 것이다.[42)]즉 독점규제법 제58조는 규제산업에 대한 정부규제와 독점규제법의 적용이 외관상 상호 대립 또는 충돌할 수 있는 경우를 염두에 두고, 이러한 충돌상황에서 공정거래위원회가 해당 규제법령의 목적과 규제당국의 명령 및 그에 따른 사업자의 행위가 경쟁질서의 유지 및 국민경제 전체에 미치는 영향 등을 종합적으로 고려하여, 독점규제법의 적용제외 여부를 판단하도록 하고 있는 것이다.

이와 같은 충돌상황에서 공정거래위원회가 독점규제법을 적용함에 있어서는 다른 규제기관의 정책이나 행정작용을 충분히 고려해야 할 뿐만 아니라, 규제기관과 상호 긴밀한 협의 내지 조정과정을 거칠 필요가 있다. 특히 보험산업의 경우와 같이 그 성질상 보험료경쟁에 한계가 있거나 보험계약자 보호 또는 보험회사의 건전성 차원에서 보험료의 무한경쟁이 바람직하지 않은 시장에서 보험회사의 요금결정이 규제기관의 일정한 행정작용에 근거하고 있거나 국민경제적 차원에서의 고려와 밀접한 관련을 맺고 있는 경우에는, 그 위법성이나 책임의 정도를 판단하는 과정에서 보험업법의 목적과 금융당국의 정책목표를 충분히 고려할 필요가 있다.

(2) 행정지도에 따른 보험카르텔

독점규제법 제58조에 따라 법률 또는 그 법률에 의한 명령에 따라

42) 이와 같은 취지로 이황, 앞의 논문(주 37), 348면.

행하는 정당한 행위에 대하여는 동법의 적용이 제외되는바, 여기서 행정지도에 따른 행위가 법률에 근거한 명령에 따른 행위로 인정될 수 있는지에 대하여 검토해 볼 필요가 있다.

일반적으로 '법률에 의한 명령'이란 행정행위의 성격을 가진 명령을 의미하는데, 행정지도 그 자체는 행정행위로서의 성격을 가지지 않기 때문에, 법 제58조의 적용제외요건을 매우 엄격하게 제한적으로 해석하는 대법원 판례의 태도가 일관되게 밝히고 있는 바와 같이 사업자가 단순히 행정지도에 따랐다는 이유만으로, 그 행위에 대하여 법 제58조에 의한 독점규제법의 적용제외를 인정하기는 어려울 것이다.

그러나 특수한 경우에는 행정작용이 이루어지는 전 과정을 종합적으로 살펴볼 때 행정지도에 따른 행위도 그 실질에 있어서는 법률에 의한 명령에 따른 행위와 같은 성격을 가지는 경우가 있을 수 있다. 대표적으로 2008년 단체상해보험 사건[43)]에서는 금융감독원이 생명 · 손해보험 업계에 보험료 자유화에 따른 수익구조 개선방안을 마련하도록 구두지시하고, 나아가 이 개선안을 향후 보험상품심사시 기준으로 활용할 뜻을 밝히는 한편, 그 내용을 업계에 전파하도록 하였는바, 일응 어느 정도의 구속력을 갖는 행정지도가 카르텔을 야기한 것으로 볼 여지가 충분하다.

이처럼 행정지도는 일반적으로 비권력적 사실행위라고 정의하지만, 그것이 사실상 강한 구속력 내지 강제력을 가지는 경우에는 그 실질에 있어서 명령과 다를 바가 없다. 그리고 행정지도가 법률에 근거

43) 공정거래위원회 의결 제2008-286호, 2008. 10. 27. 그런데 공정거래위원회는 보험업법상 금융감독원에 보험료와 직접 관련되는 할인 · 환급률, 위험률 등의 경쟁요소를 보험회사들이 공동으로 결정하도록 할 권한이 없다는 이유로 독점규제법 제58조에 따른 정당한 행위를 인정하지 않았다.

가 있는 것인지의 여부에 대하여는 행정법학계의 통설[44)]이 행정작용법상의 근거뿐만 아니라 행정조직법상의 근거만으로 충분하다고 주장하고 있는 점에 비추어 볼 때, 대부분의 행정지도에 있어서 그 법적 근거를 찾기는 어렵지 않을 것으로 보인다. 따라서 법률에 근거가 있는 적법한 행정지도는 그것이 비록 권력적 행정행위에 해당하지 않는다고 하더라도, 사실상 구속력 내지 강제력을 갖는 경우에는 이를 일응 법 제58조의 적용제외를 위한 첫째 요건인 "법률에 의한 명령에 따른 행위"로 볼 수 있을 것이다.[45)]

이러한 맥락에서 공정거래위원회도 "행정지도가 개입된 부당한 공동행위에 대한 심사지침"[46)]에서 행정지도의 근거가 법령에 명문화되어 있고, 실제로 행정지도의 목적, 수단, 내용 및 방법 등이 해당 근거 법령에 부합되며, 사업자들이 그 행정지도의 범위 내에서 행위를 한 경우에는, 그러한 카르텔에 대하여 독점규제법 제58조의 법령에 따른 정당한 행위에 해당하는 것으로 취급하고 있는 것이다. 여기서 행정지도의 근거가 법령에 명문화되어 있어야 한다는 부분을 통설 및 판례에 따라 다소 폭넓게 해석할 경우에는 행정작용법상의 근거가 있는 행정지도는 물론이고 행정조직법상의 근거만 가지고 있는 행정지도

44) 김동희, 행정법 I, 박영사, 2005, 198-199면. 반면 극소수설에서 행정지도에 법률유보원칙에 따른 법령상의 근거를 요하는 경우가 있다고 하는데, 이 경우에도 행정지도 일반이 아니라 행정지도의 직접 상대방인 국민에게 불이익한 효과를 수반하는 경우로 한정하고 있다. 박균성, 행정법론(상), 박영사, 2003, 365면.

45) 이황, 앞의 논문(주 37), 385면. 그에 따르면 사실상 강제력이 있는 행정지도를 명령과 동일시할 수는 없더라도, 그에 따른 카르텔의 위법성을 평가함에 있어서 명령에 따른 행위에 준해서 생각할 수 있는 단서가 될 수 있을 것이라고 한다. 이와 관련해서는 먼저 독점규제법 제58조의 적용제외와 위법성의 관계를 명확하게 정립할 필요가 있다.

46) 공정거래위원회 예규 제75호, 2009. 8. 12.

도 독점규제법의 적용제외의 대상이 될 수 있을 것이다.

(3) 행정지도의 내용적 정당성

어떤 행정지도가 법적인 근거가 있는 행정지도라고 하더라도, 그것이 독점규제법의 적용제외에 해당하기 위해서는 '정당한' 행위에 해당되어야 한다. 그런데 여기서 문제가 되는 '정당성'의 판단기준에 대하여는 견해의 대립이 있을 수 있지만, 법무사의 집단등기 수임의 제한에 관한 1997년 대법원 판결[47]의 취지와 마찬가지로 그것은 결국 해당 사업의 특수성과 "관련된 법률 그 자체의 목적이나 이념"에 따라 판단하는 것이 타당할 것이다.

즉 동 판결에서 대법원은 독점규제법 제58조의 정당한 행위를 "① 당해 사업의 특수성으로 경쟁제한이 합리적이라고 인정되는 사업 또는 인가제 등에 의하여 사업자의 독점적 지위가 보장되는 반면 공공성의 관점에서 고도의 공적 규제가 필요한 사업 등에 있어서, ② 자유경쟁의 예외를 구체적으로 인정하고 있는 법률 또는 그 법률에 의한 명령의 범위 내에서 행하는 필요최소한의 행위"를 말한다고 지적하고 있다. 여기서 ①, ②의 요건은 모두 다른 규제법령에 의한 경쟁제한을 그 전제로 하고 있고, 해당 사업의 특수성으로 인한 경쟁제한의 합리성을 그 근거로 하고 있다.

이때 만약 그 정당성을 '실질적인 경쟁제한성'이나 '독점규제법의 관점에서 경쟁을 제한할 합리적 이유'의 유무를 기준으로 판단할 경우에는 법 제58조의 취지와 성격을 제대로 반영하기 어려울 것이기

47) 대법원 1997. 5. 16. 선고 96누150 판결.

때문에 위와 같은 판례의 태도는 타당한 것으로 보인다. 즉 법 제58조가 경쟁정책과 산업정책의 모순이나 충돌을 해소하려는 취지임은 전술한 바와 같고, 다른 법령에 기한 행위의 정당성을 여전히 경쟁제한성이나 경쟁정책적 합리성이나 필요성 등에서 찾을 경우에는 이미 카르텔에 대한 법 제19조 제2항의 예외적 인가조항이나 제1항의 '부당성' 판단에서 고려될 수 있기 때문에, 별도로 법 제58조의 포괄적인 적용제외를 둘 이유가 없을 것이다.

V. 맺는말

보험산업은 현재 독점규제법의 틀 속에서 특별한 예외를 누리지 못하고, 독점규제법 제58조의 적용제외 영역에도 쉽게 포섭되지 않는다. 이와 같이 보험산업에 대한 독점금지법의 원칙적 적용은 미국이나 유럽의 경우도 마찬가지이다. 다만 보험카르텔을 규제함에 있어서는 보험산업에서 발견되는 경쟁의 특성을 고려할 필요가 있다. 이와 관련하여 미국과 유럽에서는 특별법에 의한 적용면제나 일괄예외규칙, 묵시적 면제 등을 통해서 보험카르텔의 특성을 나름 반영하고 있는 점을 참고할 필요가 있다. 여기서 보험회사 간의 협력을 전제로 하는 보험상품의 원활한 제공이 카르텔 금지의 일률적인 적용으로 인하여 저해되어서는 안 된다는 점을 간과해서는 안 된다. 그런데 독점규제법 제19조는 이러한 규제산업의 특성을 충분히 고려하기에 적절하지 않은 측면이 있고, 종래의 실무는 카르텔 규제에 있어서 법적 안정성과 예측 가능성은 제고할 수 있을지 몰라도 보험산업에 맞는 구체적 타당성을 실현하기 어렵다.

종래 다수설이나 심결례 및 판례는 독점규제법 제19조 제1항을 해석함에 있어서 경쟁제한성 외에 '부당성'에는 별다른 의미를 부여하지 않고, 참가사업자들의 시장점유율을 일차적인 기준으로 삼아 경쟁제한성만을 금지요건으로 다루어 왔다. 그 결과 경쟁촉진효과나 효율성증대효과를 갖는 카르텔, 규제산업의 특성에 따라 불가피한 카르텔, 이를테면 보험업의 특성상 반드시 필요한 협력 형태로서의 카르텔 등은 적절히 고려되지 못하였다. 이와 관련하여 보험카르텔에 대하여 참가사업자의 의도, 해당 산업의 특성, 규제의 유무와 정도, 관련 시장 및 국민경제에 미치는 효과 등을 종합적으로 고려하여 규범적 무가치 판단을 내릴 수 있도록 독점규제법 제19조 제1항의 '부당성' 요건을 비록 예외적인 상황에서나마 규제와 경쟁을 조화시킬 수 있는 일종의 충돌규범(Kollisionsnorm)으로 파악할 필요가 있다.

한편 우리나라에서는 단지 독점규제법 제58조가 규제산업에 대한 동법의 적용한계를 정하고 있을 뿐이고, 그 밖에 보험산업에 독점규제법의 적용을 배제 또는 수정하는 명시적인 규정을 찾을 수 없다. 그 결과 독점규제법은 보험산업의 특성을 반영하는 상호협정으로서 보험업법상 인가를 받은 경우를 제외하고는 보험산업에서의 카르텔에도 제한 없이 적용된다. 이것이 보험시장의 자유화에 걸맞은 경쟁체제를 보장하려는 취지에 부합하는 것임은 물론이나, 현실적으로 작동하고 있는 보험규제의 틀이나 보험산업의 특성을 고려하여 경쟁의 한계나 제약을 전면적으로 부인하는 것이어서는 곤란하다. 이것이 바로 독점규제법 제58조의 법적 성격과 역할을 재조명해야 하는 이유이다.

11

보험업의 구조조정*

– 계약이전제도의 개선방안을 중심으로 –

노혁준**

I. 총설

1. 금융구조조정의 방식과 보험업

1990년대 후반 한국의 금융산업을 강타한 경제위기는 부실금융기관의 퇴출과 금융구조조정이라는 한바탕의 홍역을 초래했지만, 반면 다양한 구조조정방식 및 관련 법리의 발전도 가져다주었다. 금융기관의 구조조정방식은 다양하게 분류될 수 있지만,[1] 크게 나누어 보면 부

---

* 이 논문은 BFL 제29호(2008. 5)에 게재된 글을 수정 · 보완한 것이다.

** 서울대학교 법과대학 · 법학전문대학원 부교수

1) 예컨대 최희갑 / 김정렬, "금융구조조정에 있어서의 예금보험공사의 역할과 과제 :

실금융기관을 자체 정상화시키는 방법과 이를 폐쇄하는 방법으로 구분될 수 있을 것이다. 어느 방식이나 이미 부실화된 금융기관의 뒤처리를 위하여 상당한 공적 자금이 투입되는 점에서는 차이가 없다. 전자의 방법은 부실금융기관의 감자 및 증자를 통해 해당 금융기관의 실질적 경영권을 확보한 금융감독당국이 그와 동시에 또는 그후에 지분을 매각하거나 다른 금융기관과의 합병을 추진하거나 금융지주회사화하는 순으로 진행된다. 후자의 방법 중에는 해당 금융기관을 그대로 청산 · 파산시키는 방안도 있지만, 이러한 극단적 처리방식보다는 부실금융기관의 계약관계를 정상 금융기관에 이전한 후 부실금융기관을 폐쇄하는, 이른바 계약이전방식이 많이 활용되었다. 다소 거칠게 비교하자면 전자의 방법은 부실화한 금융기관이기는 하지만 재생의 가능성이 많은 경우 활용될 수 있고, 후자의 방법 특히 계약이전방식은 상대적으로 재생의 가능성이 적은 부실금융기관을 정리하는 과정에서 이용될 수 있다.

부실의 정도가 심해서 계약이전방식 또는 파산방식 중 하나를 택하여야 할 때, 계약이전방식이 더 선호되는 이유는 여러 가지가 있다. 먼저 계속기업의 가치를 살릴 수 있다. 계약자 지위를 이전받는 인수금융기관은 관련 자산과 부채를 이어받게 되고, 따라서 새로운 고객기반을 확충하면서 사업을 확장할 수 있게 된다. 인수금융기관이 이러한 점까지 고려하여 인수가격을 제시하게 되므로 투입되는 공적 자금

금융기관 정리제도를 중심으로," 예금보험공사 창립 10주년 기념 학술세미나 자료(2006. 6), 11-20면(https://www. kdic.or.kr에서 다운로드 가능. 최종 방문일 2013. 1. 6. 이하 인터넷 자료의 최종방문일은 동일함)은 비폐쇄형 정리방식(공적 자금지원이 없는 자체정상화 · 공적 자금지원을 통한 자체정상화), 계약이전방식, 청산 · 파산으로 분류하고 있다.

이나 청산비용을 절약할 수 있는 것이다.[2] 둘째, 금융기관의 영업이 동일성을 유지하면서 지속되므로, 금융기관 실패에 대한 고객의 우려를 덜면서 금융시스템에 대한 신뢰를 지킬 수 있게 된다. 셋째, 금융당국 또는 예금보험기구 등이 부실금융기관의 자산에 대하여 파산채권을 추심해야 하는 수고를 덜 수 있다. 넷째, 부실금융기관의 고객들에 대하여 은행 · 보험 · 증권의 안전망(safety net)이 보호하는 최저한도의 보장금액 이상을 보호해 줄 수 있다.[3]

보험회사의 구조조정에서는 사업의 특성상 보험계약 자체의 이전이 활용될 여지가 더 크다. 생명보험계약을 비롯한 많은 보험계약은 수십 년간의 장기 법률관계로 구성되어 있으므로 대부분의 보험계약자는 계약의 기본골격을 유지하고 싶어하는 것이 보통이다.[4] 또한 보험회사가 계약자들에 대하여 지는 지급의무는 불확정적인 경우가 많아 청산시 평가의 어려움이 발생할 수 있다.[5] 그리고 보험의 원리상 동질적인 위험에 놓인 사람들이 대수의 법칙하에 위험단체를 형성하고 공동기금을 조성하여 위험에 대비하는 것이므로,[6] 이러한 위험단체가 보험회사를 교체하더라도 그대로 존속되는 것이 사회적 효용을 극대화할 가능성이 많다. 우리 보험업법이 다른 금융업 관련 법률들과 달리 1962년 제정 당시부터 보험계약의 이전에 관하여 규정한 것

2) 금융위원회 공적자금관리위원회, 공적자금관리백서, 2011, 39면에 의하면, 부실금융기관의 매각을 통해 받을 수 있는 프리미엄을 감안할 때 청산이나 파산방식에 의한 정리보다 최소비용의 원칙에 적합한 경우가 많다고 한다.

3) Jonathan R. Macey / Geoffrey P. Miller / Richard Scott Carnell, Banking Law and Regulation 3rd. ed., Apsen Publishers(2001), p.741은 이른바 자산부채이전방식(P&A, Purchase of Assets & Assumption of Liabilities)을 파산방식과 비교하고 있다.

4) 재정경제부 공적자금관리위원회, 공적자금관리백서, 2007, 211면.

5) 이성남 / 김건, 보험업법, 행림미디어, 2003, 450면.

6) Kenneth S. Abraham, Insurance Law and Regulation 4th ed., Foundation Press(2005), p.3.

도 이러한 보험업의 특성을 고려한 때문일 것이다.

이 논문은 이렇듯 보험업의 구조조정과 관련하여 핵심 역할을 맡고 있는 계약이전제도의 문제점을 살펴보고자 하는 것이다. 구체적인 문제점을 제기하기에 앞서 계약이전의 개념, 유형과 그 구별 개념을 명확히 하고자 한다.

2. 계약이전의 개념, 유형과 구별 개념

(1) 계약이전의 개념 및 유형

보험업에 관련하여 문제되는 계약이전은 널리 두 가지 형태를 포함한다. 첫째는 보험업법상 규정된 계약이전이다. 이에 따르면 보험회사는 계약의 방법으로 책임준비금 산출의 기초가 동일한 보험계약의 전부를 포괄하여 다른 보험회사에 이전할 수 있다(보험업법 제140조 제1항). 이러한 계약이전은 그 본질상 보험계약을 이전하는 회사(이하 '이전회사')와 이를 이전받는 회사(이하 '피이전회사') 사이의 계약으로 보아야 할 것이다. 둘째는 금융산업의 구조개선에 관한 법률(이하 '금산법')에 규정된 계약이전이다. 실제 금산법에 의하면 금융기관이 부실화한 경우 금융감독위원회는 적기시정조치의 일환으로서 계약이전을 권고 · 요구 · 명령할 수 있도록 되어 있으나(금산법 제10조 제1항, 제11조 제1항), 이 논문에서는 보다 직접적 수단인 행정처분으로서의 계약이전결정(금산법 제14조 제2항)을 논의대상으로 한다. 대법원은 이러한 계약이전결정을 "예금 · 대출 등 금융거래에서 발생한 계약상의 지위를 이전하는 형식으로 부실금융기관의 자산 및 부채 중 특정 부분을 제3자인 인수금융기관에게 양도 및 인수하고, 이전되는 부채와 자산가치의 차액을 인수금융기관에게 지급하는 부실금융기관의 정리방식"으로 정의하면서 그 법적 성격은 "금융감독위원회의 일방적 결정에 의하여 금융거래에서 발생한 계약상의 지위가 이전되는 사법상의 법률효과를 가져오는 행정처분"이라고 판시하고 있다.[7]

위 두 형태를 비교할 때 보험업법상의 계약이전은 다른 요건 · 인가 등이 필요하기는 하지만, 기본적으로 이전회사와 피이전회사 간 합의에 의하여 보험계약이 이전되는 구조이다. 따라서 이를 '임의적 계약이전'이라고 할 수 있겠다. 반면 금산법상의 계약이전결정의 본질은 행정처분으로서 특히 이전회사의 주주, 이사회 등의 의사는 중요하지 않다. 이를 보험업법상의 계약이전과 구분하여 '강제적 계약이전'이라고 부르기로 한다. 과거 주로 실행되고 논의된 것은 이러한 강제적 계약이전이었고, 임의적 계약이전은 보험업만의 현상으로서 실제 실행된 사례도 드물 뿐 아니라 별다른 관심을 받지 못했다.[8] 이 글에서는

---

7) 대법원 2002. 4. 12. 선고 2001다38806 판결 ; 2002. 12. 26. 선고 2002다12734 판결 ; 2003. 5. 30. 선고 2002다23826 판결 ; 2007. 11. 16. 선고 2007다36537 판결 등.

8) 계약이전결정 내지 강제적 계약이전에 관한 논문으로는 정승욱, "부실금융기관 정리방식으로서의 계약이전(P&A)의 법률상 문제점," 증권법연구 제1권 제1호(2000. 12), 증권법학회 ; 임채웅, "금융기관의 구조개선에 관한 법률에 의한 계약이전결정의 효과," 대법원 판례해설 제42호(2003. 7), 법원도서관 ; 조한창, "금융감독위원회의 계약이전결정과 영업양도의 인정여부," 대법원 판례해설 제44호(2004. 1), 법원도서관 ; 노철우, "금산법상 계약이전제도의 문제점," 금융법연구 제2권 제1호(2005. 9), 한국금융법학회 ; 하종대, "금산법에 기한 계약이전결정 등 처분과 주주의 원고적격," 특별법연구 제7권(2005. 12), 특별소송실무연구회 ; 곽수현, "계약이전제도의 법적 문제," 경영법률 제17집 제3호(2007. 4), 한국경영법률학회 ; 권순일, "금융산업의 구조개선법상 계약이전결정 등 처분에 대한 취소소송," 행정판례평선, 박영사, 2011 등이 있다. 한편 등기예규(2011. 10. 11. 제정 제1365호)에 의하면 "이전대상인 근저당권의 수 개의 기본계약 중에 계약이전결정에 따라 이전되는 기본계약과 부실금융기관과 인수금융기관의 계약에 의하여 이전되는 기본계약이 병존하는 경우에는 계약이전결정을 원인으로 한 근저당권 일부 이전등기와 계약의

임의적 계약이전의 법리와 활용방안도 아울러 조명하고자 한다.

(2) 구별 개념

1) 계약인수

민법상 계약인수란 계약당사자 중 일방이 포괄적인 당사자의 지위를 제3자에게 이전하여 계약관계로부터 탈퇴하고, 그 제3자가 당사자의 지위를 승계하는 것으로 정의되어 있다.[9] 채권양도 · 채무인수와 달리 민법상 명문으로 규정되어 있지는 않지만, 원계약의 당사자들과 계약인수자가 모두 합의하는 경우에는 계약자유 · 사적 자치의 원칙상 당연히 허용되는 것으로 해석되고 있다.[10] 만약 계약양도인 · 계약인수인 · 잔류당사자[11] 간의 삼면합의에 의하지 않고 계약양도인과 계약인수인만 합의했다고 하더라도, 잔류당사자가 사전 또는 사후에 명시적 · 묵시적으로 승인한 경우에는 유효하다고 할 것이다.[12] 계약양도인과 계약인수인만 합의한 경우 잔류당사자의 의사가 반영될 길이 없기 때문에, 부당한 불이익으로부터 잔류당사자를 보호하기 위하여 이러한 승인요건이 필요해지는 것이다.

계약이전의 경우 이전회사(계약인수의 계약양도인에 해당)가 보험계

일부 양도를 원인으로 한 근저당권 일부 이전등기를 각각 별건으로 신청하여야 한다"고 한다.

9) 이준현, "계약인수와 임차권의 양도," 저스티스 제89권(2006. 2), 한국법학회, 5면.

10) 대법원 1996. 9. 24. 선고 96다25548 판결 ; 1992. 3. 13. 선고 91다32534 판결 등 참조.

11) 이는 서민, "계약인수," 민법학 논총(후암 곽윤직 교수 화갑 기념 논문집), 1985의 용어례에 의한 것이다.

12) 서민, 앞의 논문(주 11), 411면. 잔류 당사자 승인의 법적 의의에 관하여는 이동진, "계약이전의 연구 — 상대방의 동의요건의 위치를 중심으로," 서울대학교 법학 제53권 제1호(2012. 3), 서울대학교 법학연구소.

약자(계약인수의 잔류당사자에 해당)와의 보험계약에 관한 당사자 지위를 피이전회사(계약인수의 계약인수인에 해당)에게 이전함으로써 피이전회사로 하여금 이를 승계하도록 하는 것이므로, 기본적인 구조와 목적은 민법상의 계약인수와 동일하다. 다만 다수의 이해관계자가 존재하고 특히 부실보험사인 경우 신속하고 효율적인 처리가 요망되는 탓에, 뒤에서 설명하듯이 절차와 요건을 탄력적으로 운영하는 점에 차이가 있다. 특히 강제적 계약이전의 경우 그 본질이 행정처분이므로 효과에 있어서도 상당한 차이가 있다. 그러나 보험사업에 관련된 계약이전도 그 뿌리는 민법상의 계약인수에 있다고 할 것이므로,[13)] 이를 운용할 때에도 민법상 계약인수의 요건과 효과를 어느 정도 감안할 필요가 있다고 하겠다.

2) 영업양도

원래 상법상 영업양도는 일정한 영업목적을 위하여 조직화된 유기적 일체로서의 기능재산(적극적 재산과 소극적 재산)이 동일성을 유지하면서 일괄적으로 이전하는 계약을 가리킨다.[14)] 따라서 회사의 영업 활동에 의하여 이루어진 계약상의 지위만을 제3자에게 이전하는 임의적 · 강제적 계약이전과는 개념적으로 차이가 있다. 대법원은 강제적 계약이전의 경우 상법상의 영업양도와 목적 · 법적 성질 · 효과를 달리하므로 계약이전시 주주총회의 특별 결의를 필요로 하지 않는다고 판시한 바 있다.[15)] 일반적으로 영업양도인지 여부가 문제되는 이유는, 이

13) 예컨대 이성남/김건, 앞의 책(주 5), 366면은 보험업법상의 계약이전을 민법상의 계약인수와 유사한 성격의 것으로 본다.

14) 대법원 1989. 12. 26. 선고 88다카10128 판결.

15) 대법원 2002. 4. 12. 선고 2001다38807 판결.

에 해당하는 경우 통상의 자산부채이전과 달리 양도회사 또는 양수회사의 주주총회 특별 결의, 주식매수청구권 등에 의한 권리보호절차를 밟아야 하고 고용승계의 문제도 나타날 수 있기 때문이다.

상법상 영업양도와 임의적 · 강제적 계약이전이 개념적으로 구분되기는 하지만, 대법원은 영업양도를 실질적으로 파악하고 있으므로 특히 임의적 계약이전의 경우에는 상법상 영업양도에도 해당할 가능성이 있다. 즉 대법원은 "영업양도가 있다고 볼 수 있는지 여부는 양수인이 유기적으로 조직화된 수익의 원천으로서의 기능적 재산을 이전받아 양도인이 하던 것과 같은 영업적 활동을 계속하고 있다고 볼 수 있는지 여부에 따라 판단되어야 한다"라고 하면서,[16] "영업의 동일성 여부는 일반 사회관념에 의하여 결정되어야 할 사실인정의 문제이기는 하지만 영업재산의 전부를 양도했어도 그 조직을 해체하여 양도했다면 영업의 양도는 되지 않는 반면, 그 일부를 유보한 채 영업시설을 양보했어도 양도한 부분만으로 종래의 조직이 유지되어 있다고 사회관념상 인정되기만 하면 그것을 영업의 양도라고 하지 않을 수 없는 것이다"라고 판시하고 있다.[17] 특히 보험업에서는 각종 시설 · 부동산보다는 계약관계 · 고객정보가 중요한 자산으로 취급되므로 계약이전이 영업양도로 인정될 가능성이 상당한바, 이는 사실인정의 문제로서 사안에 따라 개별적으로 판단되어야 할 것이다.

보험업법은 별도로 보험영업의 양도에 관하여 규정하고 있다(제150조). 구 보험업법[18]은 임의적 계약이전제도가 있는 이상 영업양도를 행할 실익이 없다고 보아 "보험사업자는 그 영업을 양도하지 못한

16) 대법원 1997. 11. 25. 선고 97다35085 판결.
17) 대법원 1989. 12. 26. 선고 88다카10128 판결.
18) 1999. 2. 5. 개정 이전의 보험업법.

다" 라는 명문규정을 두고 있었다(제133조). 하지만 이에 대하여 보험회사가 계약이전과 영업양도 중에서 거래 형식을 자유롭게 선택할 수 있도록 해야 한다는 비판이 제기되어,[19] 현행 보험업법은 감독당국의 인가를 요건으로 영업양도를 허용하고 있다. 감독당국의 인가는 상법상 영업양도의 요건을 대체하는 것이 아니라 추가적으로 요청되는 것으로 해석된다.[20] 따라서 보험업법상 계약이전과 영업양도의 요건 및 절차에는 상당한 차이가 있다.[21] 규제의 형평성 측면에서 볼 때 이러한 차이가 필요한 것인지는 의문이다.

3) 합병

합병은 둘 이상의 회사가 합쳐지되 별도의 청산절차를 거치지 않고 소멸회사의 모든 권리 · 의무를 존속회사 또는 신설회사가 포괄적으로 승계하고 사원을 수용하는 기업구조조정방식이다.[22] 보험업법은 보험회사의 합병시 금융감독당국의 인가를 받도록 하면서(제139조), 그 절차상 특례를 정해 놓고 있다(제151조, 제141조).[23] 나아가 금산법은 금융기관 간 합병에 관하여 금융감독당국의 인가(제4조)와 절차의 간이화(제5조)를 별도로 규정하고 있다. 보험회사의 합병시 위 보험업법과 금산법의 관계를 어떻게 볼 것인지는 별도의 논의를 요하는 문제이

19) 일본에서도 과거 보험회사의 영업양도가 금지되었다가 명시적으로 허용되기에 이르렀다(일본 보험업법 제142조). 石田 滿, 保險業法, 文眞堂, 2007, 267면 참조.

20) 이성남 / 김건, 앞의 책(주 5), 364면도 같은 취지이다.

21) 예컨대 영업양도의 경우 반대주주의 주식매수청구권이 인정되는 것으로 해석되는 반면〔이성남 / 김건, 앞의 책(주 5), 364면〕, 양도시 보험계약의 내용을 변경할 수 없다.

22) 이철송, 회사법강의, 박영사, 2008, 98면 참조.

23) 한편 상호회사인 보험회사도 다른 보험회사와 합병할 수 있으며, 이에 관하여는 보험업법에 별도의 규정이 마련되어 있다(제153조, 제154조).

므로[24] 여기에서는 일응 합병과 계약이전의 차이점에만 집중하기로 한다.

단순히 계약관계가 이전되는 임의적 · 강제적 계약이전과 달리 합병이 실행되면 소멸회사의 모든 권리 · 의무관계 및 근로관계가 존속회사 또는 신설회사에 포괄승계되므로, 소멸회사가 부실금융기관인 경우 존속회사의 주주 · 채권자 등 이해관계자들에게 미치는 영향이 더욱 크다. 금산법이 행정처분의 내용으로 계약이전결정만을 규정하고 합병을 규정하지 않은 것도 이러한 점 때문일 것이다.

합병과 임의적 · 강제적 계약이전 사이에는 이처럼 포괄승계와 특정 승계라는 본질적 차이점이 있다. 비록 보험업법이 계약이전 당사회사 주주총회의 결의요건(제138조), 금융감독당국의 인가(제139조), 보험계약자들의 이의절차(제141조, 제151조 제2항) 등에 있어 합병과 임의적 계약이전을 동일하게 규정하고 있더라도, 이는 계약이전 관련자들을 두텁게 보호하려는 의도일 뿐 기본적 효과의 차이는 엄연히 존재하는 것이다.

4) 소결론

임의적 · 강제적 계약이전을 '보험계약' 측면에서 고찰하면 유효성의 근거는 민법상의 계약인수에서 비롯되었다고 할 수 있다. 이에 따르면 특히 임의적 계약이전의 경우 계약이전과정에서 가급적 보험계약자의 의사를 반영시킬 필요가 있다. 한편 임의적 · 강제적 계약이전

---

24) 은행의 합병시 금산법과 상법, 은행법과의 관계에 대하여는 김기영/ 김경연, "금융기관간 합병에 관련한 법적 문제점," BFL 제7호(2004. 9), 서울대학교 금융법센터, 22면 참조. 이에 따르면 은행 간 합병의 경우에는 당사 회사들이 금산법을 적용받지 않을 실익이 없다고 한다.

을 '사업의 이전' 측면에서 고찰하면, 이는 합병과 영업양도 중 영업양도 쪽에 보다 가까운 형태라고 할 수 있다. 이러한 사업의 이전 측면에 관련된 이해당사자는 각 회사의 주주와 채권자들이다. 단순히 일부 자산 · 부채의 이전에 불과한 계약이전이라면 별 문제되지 않을 수 있으나, 영업의 전부 또는 일부의 양도에 이르는 계약이전이라면 그 명칭이 계약이전이더라도 영업양도에 준하여 살펴볼 필요가 있다.

3. 논의의 방향

보험업의 구조조정과 관련하여 계약이전제도, 특히 강제계약이전은 매우 중요한 도구로 활용되어 왔다. 생명보험사의 경우 금융감독위원회는 1998. 8. 부실금융기관으로 지정된 4개 생명보험사(국제 · BYC · 태양 · 고려생명)의 계약을 우량생명보험사(삼성 · 교보 · 흥국 · 제일생명)로 이전하도록 결정하였고, 1999. 12.에는 두원생명을, 2001. 4.에는 삼신생명과 현대생명을 영업정지시키면서 그 계약을 대한생명으로 이전하도록 결정하였다. 2004. 5.에도 한일생명이 부실화하면서 그 계약은 KB생명으로 이전되었다. 손해보험사의 경우에도 2002. 6. 리젠트화재의 보험계약이 5개 손해보험사(동양 · 삼성 · 현대 · LG · 동부)로 이전된 바 있다.[25]

계약이전제도의 중요성이 부각됨에 따라 법적 쟁점을 다룬 몇 편의 연구결과가 발표되어 있다.[26] 기존 논의들과 이 논문의 차이점은 다음과 같다. 먼저 이 논문은 '보험업'에서의 계약이전제도를 주된 쟁점으로 한다. 이에 따라 외국 입법례와 우리나라에서의 연혁, 쟁점을 검

25) 공적자금관리백서(주 4), 192-193면.

26) 주 8의 문헌 참조.

〈표 1〉 주요 보험사 구조조정현황[27)]

1998년	국제생명	8. 21. 삼성생명으로 계약이전(11. 11. 허가취소)
	태양생명	8. 21. 흥국생명으로 계약이전(11. 11. 허가취소)
	고려생명	8. 21. 제일생명으로 계약이전(11. 11. 허가취소)
	BYC생명	8. 21. 교보생명으로 계약이전(11. 11. 허가취소)
	대한보증 · 한국보증	11. 25. 서울보증보험으로 합병
1999년	두원생명	12. 2. 대한생명으로 계약이전(2000. 3. 2. 허가취소)
2000년	조선생명	2. 25. 한국생명(현대생명)과 합병
	동아생명	4. 28. 금호생명과 합병
	태평양생명	6. 23. 동양생명과 합병
	국민 · 한덕생명	6. 30. SK생명과 합병
2001년	현대 · 삼신생명	4. 13. 대한생명으로 계약이전(10. 17. 허가취소)
	대한화재	12. 7. 대한시멘트(주)에 매각
2002년	국제화재	1. 12. 근화제약(주)에 매각
	리젠트화재	6. 7. 동양 · 삼성 · 현대 · LG · 동부화재로 계약 이전
	대한생명	10. 한화컨소시엄에 51% 지분 매각
2003년	대신생명	4. 2. 녹십자에 매각
2004년	한일생명	5. 31. KB생명으로 계약이전(11. 26. 허가취소)

토할 때에도 보험업에 관한 부분을 주로 살펴보게 될 것이다. 다만 우리나라 보험업의 현황을 고려하여 상호회사가 아닌 주식회사인 보험사를 전제로 논의하기로 한다. 다음으로 기존의 논문들이 행정처분으로서의 '강제적' 계약이전의 문제점에 초점을 맞추고 있는 것에 반하여, 이 논문은 우리 구조조정법제의 체제 전체에 비추어 '임의적 · 강제적' 계약이전제도가 어떻게 자리 잡아야 하는지를 폭넓게 고찰하고 있다. 앞서 계약인수, 영업양수와 합병을 살펴본 것도 이러한 취지에서 비롯된 것이다. 특히 계약이전은 이전회사, 피이전회사의 주주, 채권자뿐 아니라 기존 계약자들의 이해를 적절히 조화시켜야 하므로 다

27) 공적자금관리백서(주 4), 193면.

차원적인 고려가 필요하다. 급박한 위기상황을 타개하기 위해 숨가쁘게 도입되었던 비상시 입법들을 체계화하고 예측 가능한 시스템으로 변환시키는 것은 효율적인 구조조정과 우리 금융업의 체질강화를 위해 꼭 필요한 작업이기도 하다.

이하 논의의 순서는 먼저 외국의 입법례와 우리나라의 입법연혁을 살펴본 다음, 보험업법상의 임의적 계약이전에 관한 쟁점과 금산법상의 강제적 계약이전에 관한 쟁점을 검토하도록 하겠다.

II. 입법례와 연혁

1. 미국

미국의 보험업은 전통적으로 연방 차원의 관여 없이 각 주정부의 규제 및 감독하에서 영위되어 왔다.[28] 전국보험관협회(NAIC, National Association of Insurance Commissioners)에서 각종 모델법을 제시하기는 하지만,[29] 각 주 보험업의 규제방식에는 차이가 있다. 최근 도드프랭크 월가 개혁 및 소비자보호법(The Dodd-Frank Wall Street Reform and Consumer Protection Act, H.R. 4173)이 통과되어 연방 차원의 보험규제기구인 연방보험사무소(FIO, Federal Insurance Office)가 설치된 바 있다.[30] 그러나 연방보험사무소는 보험산업에 대한 연방 차원의 조사 · 점검 · 지원 등

28) 이러한 전통은 1945년 McCarran-Ferguson법에 의하여 더욱 확고해졌다.

29) 그 목록에 관하여는 http://www.naic.org/documents/committees_models_index.pdf 참조.

30) 도드프랭크법 제5장 참조.

의 업무를 담당할 뿐이고, 각 보험회사에 대한 일반적인 감독권을 가지거나 기존 주 보험당국의 규제권을 대체하지는 않는다.[31)]

보험회사가 부실화한 경우에도 연방파산법의 적용을 받지 않으며, 은행 등 다른 금융기관들처럼 연방예금보험공사(FDIC)가 관여할 여지도 없다. 다만 부실화한 보험사에 대한 대응방안으로 부실보험사의 자산과 부채를 다른 우량보험사에게 이전하는 자산부채이전방식(P&A)이 선호되는 것은 부실은행의 처리에서와 마찬가지이다.[32)] 연방예금보험공사가 이러한 거래를 주관하는 부실은행 등 처리와 달리 부실보험사에 관한 자산부채이전은 그 역할이 분리되어 있다. 예컨대 캘리포니아주의 Executive Life Insurance Company가 부실화한 사례에서 그 보전관리인은 캘리포니아주 보험관(California Insurance Commissioner)이었지만, 자산부채이전에 따른 자금지원을 맡은 것은 캘리포니아주의 생명보험사들이 그 비용을 분담하는 주보장기금(state guaranty fund)이었다.[33)] 이렇듯 미국 보험업 구조조정에서도 자산부채이전방식이 많이 활용되고, 다만 주법을 중심으로 규제하는 특수성 때문에 약간의 변용이 발생하는 것이므로, 그 원형이면서 우리나라의 계약이전제도와 유사점이 있는 연방예금보험공사에 의한 자산부채이전방식을 좀 더 살펴볼 필요가 있다.

부보금융기관이 부실화한 때에는 연방예금보험공사가 대부분 그 부실금융기관의 보전관리인(conservator) 또는 청산관리인(receiver)이 되

---

31) 도드프랭크법 제313조 참조.

32) Howell E. Jackson / Edward L. Symons, Jr., Regulation of Financial Institutions, West Group(1999), p.490.

33) Howell E. Jackson / Edward L. Symons, Jr., 앞의 책(주 32), p.490에 인용된 Commercial National Bank v. Superior Court, 14 Cal. App. 4th 393, 17 Cal. Rptr.2d 884(1993)의 사실관계 참조.

는바,[34] 이때 연방예금보험공사는 도산위기에 있는 부실금융기관의 합병 · 주식매각 · 자산 또는 부채의 이전 등에 관한 사항을 추진할 수 있게 된다.[35] 자산부채이전방식은 이러한 연방예금보험공사의 권능에 터 잡아 진행되는 것인데, 구체적으로 부실금융기관의 자산 및 부채 인수에 관한 비공개입찰절차를 진행하면서 입찰자들의 제시가격을 비교 · 분석하여 최소비용의 원칙하에 인수자를 선정하게 된다. 이때 자산 및 부채 간 차액에 관하여는 연방예금보험공사가 별도로 지원한다. 만약 부실은행에 대하여 적절한 인수자가 나서지 않는 경우 연방예금보험공사는 중간단계로서 임시적 은행(bridge bank 또는 new bank)을 설립하여 운영할 수 있다.[36] 이러한 은행은 통상 2년을 한도로 운영되며, 부실금융기관의 자산 및 부채를 이전받아 관리하게 된다. 이러한 가교은행의 역할은 새로운 인수자가 위 자산 및 부채를 이전받든지 또는 가교은행의 주식을 매수함으로써 끝나게 된다.[37]

이러한 자산부채이전방식과 우리나라의 강제적 계약이전방식의 차이점에 대하여 일반적으로 (i) 자산부채이전방식은 행정처분이 아니라 당사자 간 계약에 의해 이루어지고, (ii) 금융감독당국의 일방적인 지정에 의하여 실행되는 것이 아니라 연방예금보험공사가 적극적으로 상대방을 물색하고 능동적으로 자금지원을 결정하는 체제이며, (iii) 적기시정조치와 무관하게 운영된다는 점이 지적된다.[38] 따라서 우리나라의 계약이전제도를 합리적으로 운용하기 위하여는 미국에서처럼 예금보험공사에게 부실금융기관의 자산 · 부채를 처리할 권능을

34) 12 USCS §1821 (c).

35) 12 USCS §1823 (c) (2).

36) 12 USCS §1821 (m), (n).

37) Macey et al., supra note 3, at 743-744.

38) 정승욱, 앞의 논문(주 8), 222-223면.

부여하여야 한다는 주장이 제기되고 있다.[39] 하지만 위 두 방식의 근본적 차이점이, 강제적 계약이전방식인 경우 실제로 일방(금융감독당국)이 계약이전을 주도하여 계약이전 당사자 간 교섭이 별 의미가 없다는 점에 있다고 할 때, 이러한 문제점을 꼭 예금보험기구에 당사자 지위를 부여하는 방식으로 풀 필연성은 없다고 할 것이다. 경쟁입찰이 가능한 틀을 만들면 일방적인 계약이전결정의 폐해를 막을 수 있을 것이다. 상세한 내용은 뒤에서 설명하기로 한다.

2. 일본

일본 보험업상 계약이전제도에는 우리나라와 마찬가지로 통상적인 계약이전과 부실금융기관의 처리방식으로서의 계약이전이 모두 포함된다. 일본 보험업법 제135조 이하의 계약이전은 우리나라 보험업법상의 임의적 계약이전과 유사하다. 그 실행을 위해서는 주식회사인 보험회사의 경우, 주주총회의 특별 결의[40]가 필요하고(제136조 제1~2항) 내각총리대신의 인가를 받아야 한다(제139조 제1~2항). 이러한 계약이전시 보험계약자에 불이익하지 않은 경미한 사항을 변경할 수는 있다(제135조 제4항). 만약 대상 계약자들 중 5분의 1 또는 대상 보험계약에 관련된 채권액 총 금액의 5분의 1을 초과하는 보험계약자들이 계약이전에 반대하는 경우에는 이전이 허용되지 않는다(제137조 제4항).

다음으로 부실보험회사의 처리과정에 이루어지는 계약이전을 살펴보기 위해서는 부실보험회사 처리과정의 전반을 검토할 필요가 있다.

---

39) 정승욱, 앞의 논문(주 8), 234-235면 ; 노철우, 앞의 논문(주 8), 202-204면.

40) 주주 전체 의결권의 과반수가 출석하고, 출석한 의결권 중 3분의 2가 찬성해야 한다. 일본 회사법 제309조 제2항.

원래 일본의 부실금융기관 처리제도는 크게 금융기능의 재생을 위한 긴급조치에 관한 법률(平成10年 法律 第132號. 이하 '금융재생법')에 의한 것과 금융기관 등의 갱생절차의 특례 등에 관한 법률(平成8年 法律 第95號. 이하 '갱생특례법')에 의한 것으로 나뉜다. 전자가 금융감독기구에 의해 선임되는 금융정리관재인이 주도하는 '행정형'이라면, 후자는 일반적인 법원 주도의 회사갱생절차에 금융기관에 관한 특례를 덧붙인 '사법형' 절차라고 할 수 있다. 다만 보험업의 경우 위 금융재생법의 적용대상이 아니고[41] 별도로 보험업법에 따른 부실보험사 처리절차에 의하도록 되어 있으므로, 결국 ① 행정형인 보험업법에 의한 처리방식과 ②사법형인 갱생특례법에 의한 처리방식의 두 선택지가 존재한다.

일본의 보험업법 제2편 제10장은 부실보험사에 관하여 크게 네 가지 처리방식을 규정하고 있다.

(i) 먼저 예정이율의 인하 등 계약조건의 변경 없이 보험업을 계속하기는 곤란한 개연성이 있는 경우에는 보험회사 내부절차를 통해 계약조건을 변경할 수 있다. 해당 보험회사 주주의 특별 결의 및 내각총리대신의 승인이 필요하고(제240조의5 제2항, 제240조의11 제1항), 만약 대상 계약자들 중 10분의 1 또는 대상 보험계약에 관련된 채권액 총 금액의 10분의 1을 초과하는 보험계약자들이 이의하는 경우에는 이러한 계약조건 변경 및 계약이전이 허용되지 않는다(제240조의12 제4항).

(ii) 보험업의 계속이 곤란하다고 인정되는 경우 또는 업무운영이 현저히 부적절하여 보험계약자의 보호를 결하는 사태를 초래할 수 있

41) 금융재생법 제2조 제2항의 금융기관은 일본 예금보험법 제2조에서 규정하는 금융기관으로 정의되어 있는데, 일본 예금보험법 제2조의 금융기관은 은행 · 신용금고 · 신용협동조합 등을 포함할 뿐 보험회사는 이에 포함되지 않는다.

는 경우에 내각총리대신은 업무의 일부 또는 정지를 명할 수 있고, 보험계약의 이전 등의 협의 등 필요한 조치를 할 것을 명령하거나 보험관리인에 의한 업무 내지 재산의 관리를 명하는 처분을 행할 수 있다(제241조). 비록 보험관리인에 의한 업무 내지 재산관리가 이루어지더라도 계약이전 등을 위해서는 부실금융기관 주주총회의 특별 결의가 필요한 것이 원칙이나(제294조 제1항), 피관리회사가 채무를 완제할 수 없는 때에는 법원의 허가로 이러한 계약이전 등에 관한 주주총회의 특별 결의를 대체할 수 있다(제249조의2 제1항 단서). 한편 위 협의명령에 응하여 계약이전이 이루어지거나 보험관리인의 업무수행으로서 계약이전이 이루어지는 경우 등에는 보험금액을 삭감하거나 기타 계약조건을 변경할 수 있다(제250조 제1항). 만약 대상 계약자들 중 10분의 1 또는 대상보험계약에 관련된 채권액 총 금액의 10분의 1을 초과하는 보험계약자들이 이의하는 경우에는 계약조건의 변경 및 계약이전을 행할 수 없다(제251조 제2항).

(iii) 보험회사가 경영파탄에 이르렀고, 필요하다고 인정되는 경우, 내각총리대신은 협의의 상대방을 지정하면서 보험계약의 이전 등 협의에 응할 것을 권고할 수 있다(제256조 제1항). 내각총리대신의 이러한 행위는 단순히 권고이지 법적 강제력이 있는 것은 아니다.[42] 그 협의가 제대로 이루어지지 않는 경우에 내각총리대신은 당사 보험회사들의 의견을 청취하고 조건을 제시하며 필요한 경우에는 협의를 알선할 수 있다(제257조). 위 제시된 조건에 합의되면, 내각총리대신은 파탄 보험회사에 대하여 그 조건에 따른 계약이전 등의 실행을 위해 필요한 절차를 밟을 것을 명할 수 있다(제258조 제1항).

42) 安居孝啓, 最新保險業法の解說, 大成出版社, 2006, 623면 ; 石田 滿, 앞의 책(주 19), 407면.

(iv) 보험회사가 경영파탄에 이른 경우 보험계약자보호기구가 해당 보험회사의 보험계약의 이전 등에 대하여 자금원조를 할 수 있고(제266조), 나아가 신설하는 자회사를 통하여 또는 직접 파탄보험회사의 보험계약을 이전받을 수 있다(제270조의3의2～14).[43] 2000년의 보험업법 개정에 의하여 보험계약자보호기구에 의한 직간접인수방식이 도입되었다. 이는 파탄보험회사의 업무를 승계할 보험회사가 나타나지 않는 경우를 대비하여 보험계약자들의 보호를 위한 잠정적 수단으로서 규정된 것이다.

한편 보험회사는 이른바 '사법형' 부실금융기관처리방식인 갱생특례법을 활용할 수도 있다. 갱생특례법에 의하면, 채무초과 또는 지급불능의 가능성이 있는 때에 내각총리대신은 법원에 보험회사의 갱생절차의 개시를 신청할 수 있고, 보험계약자들에 대하여는 송달의 특례가 인정되며, 일정한 요건을 갖춘 경우 보험계약자보호기구는 파탄보험회사의 대리인이 될 수 있는 등 통상적 갱생절차에 대한 특례가 부여되어 있다.[44] 다만 이러한 처리절차는 기본적으로 법원의 주도하에 이루어지는 것이므로 회생절차에 의한 부실금융기관 처리가 제한되어 있는 우리나라[45]와는 차이가 있다.

---

43) 일본 보험업법에서는 이처럼 보험계약자보호기구가 자회사를 통하여 계약을 이전받는 것을 '보험계약의 승계'로, 직접 계약을 이전받는 것을 '보험계약의 인수'로 구분하여 호칭하고 있다.

44) 상세한 내용에 관하여는 丸山高行, "新たな局面を迎えた保險會社の倒産處理," 法學セミナー 제550호(2000. 10), 日本評論社, 32면 이하.

45) 과거 동서증권주식회사와 고려증권주식회사가 일부 영업이 정지된 상태에서 회사정리법에 의한 회사정리개시신청을 한 사례에서, 법원은 영업원천인 신용 또는 신뢰성이 훼손되어 재건이 곤란하고 추가차입이나 제3자 인수가 용이하지 않다는 이유를 들어 신청을 받아들이지 않았다. 서울지방법원 1997. 12. 26.자 97파9307 결정 ; 서울지방법원 1997. 12. 26.자 97파9308 결정.

3. 영국

우리나라의 임의적 계약이전과 비교할 수 있는 영국의 제도로서는 통합금융법(FSMA 2000, Financial Services and Market Act 2000) 제7편의 사업의 이전(business transfer)이 있다. 이에 따르면 보험회사는 법원의 인가를 받아 그 사업을 다른 보험회사에 이전할 수 있다(제105조).[46] 인가신청을 위하여는 그 사업이전계획의 내용을 담은 보고서(scheme report)를 법원에 제출하여야 하는바, 그 보고서는 영국의 금융감독기구인 FSA(Financial Services Authority)의 지정을 받거나 그로부터 충분한 능력이 있다고 인정받은 자에 의해 작성되어야 한다(제109조).[47] FSA나 위 사업이전으로 인해 피해를 본다고 주장하는 자는 위 인가절차에서 의견을 제시할 수 있고(제110조), 사업인수회사는 지급여력비율(solvency margin ratio) 등을 충분히 유지하여야 한다.[48] 사업이전이 법원의 인가를 받으면 그 인가명령에 기재된 대로 자산 · 부채 및 이에 관련된 권리 · 의무가 이전된다(제112조 제1~2항). 법원은 그 인가명령 또는 후속명령을 통하여 관련 당사자들의 이해관계를 조정하기 위한 조치, 이전회사의 청산, 보험계약조건의 변경 등에 관한 조치를 취할 수 있다(제112조 제8항). 정리하자면 제7편의 내용은 보험회사의 사업이전시 FSA가 아닌 법원의 인가를 통제장치로 하면서 나머지 절차는 크게

46) 1982년 보험회사법(Insurance Company Act 1982) Schedule 2C에 의하면, 원래 일반적인 보험계약의 경우에는 FSA의 승인에 의하여 사업이전이 가능하되 장기적인 보험계약의 경우에만 법원의 인가를 받도록 되어 있었다.

47) 보고서에는 기존 계약자들의 권리보호 여부에 관한 사항이 포함되어야 한다. FSA, Insurance Business and Friendly Society Transfers, Consultation Paper 110 (2001. 9), p.18(http://www.fsa.gov.uk/pubs/cp/cp110.pdf).

48) 제111조 제2항 (b) ; FSA, 앞의 보고서(주 47), 8면.

간소화한 것이라고 할 수 있다.

영국에서 부실금융기관의 처리는 일반 부실기업과 마찬가지로 1986년 도산법(Insolvency Act 1986)에 따라 법원의 주도로 이루어진다. FSA는 위법행위에 대하여 제재를 가할 수 있을 뿐 직접적으로 부실금융기관의 경영에 관여할 수는 없다.[49] 다만 통합금융법(FSMA 2000)에는 부실화된 보험회사의 처리에 관한 몇 가지 특례를 두고 있다. 부실보험회사의 청산관리인(liquidator)은 장기보험계약이 다른 보험사업자에게 이전될 수 있도록 이를 계속 운영할 의무가 있다(제376조 제2항). 또한 보험사업자가 채무불이행에 빠져서 지급보장기구(the financial services compensation scheme)가 관여하게 되는 경우, 지급보장기구의 관리인(scheme manager)은 보험계약의 이전 등을 위하여 필요한 조치를 취할 수 있다(제216조 제3항, 제217조 제3항). 이러한 특례들은 보험계약의 특성을 고려하여 부실보험회사의 폐쇄와 무관하게 가급적 계약 자체를 유지시키려는 입법자의 의지가 반영된 것이라고 할 수 있다.[50]

4. 우리나라의 계약이전제도의 입법연혁

임의적 계약이전제도는 1962년 보험업법이 제정될 당시부터 존재하던 것으로, 실제로 일본 보험업법상의 제도를 수용한 것이었다. 최초 입법 이후 현재까지 그 요건 및 효과에 별다른 변화 없이 원형이 유지되고 있다.

강제적 계약이전제도는 원래 위 보험업법 제정 당시 '강제이전의

49) Andrew Campbell / Peter Cartwright, Banks in Crisis, Ashgate Publishing(2002) p.120.

50) Michael Blair et al., Blackstone's Guide to the Financial Services & Markets Act 2000, Blackstone Press(2001) pp.183-184.

결정'이라는 제하에 규정되었던 것이다. 구 보험법(2003. 5. 29. 개정 이전의 것) 제130조 제1항은 "계약의 이전에 관한 협의를 하지 아니하거나 할 수 없을 때 또는 협의가 성립되지 아니할 때에는 금융감독위원회는 대통령령이 정하는 바에 의하여 계약의 이전에 관하여 필요한 결정을 할 수 있다"라고 하고 있었다. 이러한 보험업법상의 제도가 1997. 1. 13. 금융기관의 합병 및 전환에 관한 법률이 금산법으로 전면 개정되면서 부실금융기관에 관한 일반적인 제도로서 도입된 것이다. 그후 계약이전의 적법성에 관한 논란이 커지자 1998. 9. 14. 개정으로 계약이전결정의 절차와 효력에 관한 제14조의2가 신설되어 현재의 형태에 이르게 되었다. 이렇듯 강제적 계약이전제도가 부실금융기관 일반에 적용되기에 이르자, 보험업법상의 강제이전결정제도는 삭제되었다.

III. 임의적 계약이전제도의 검토

1. 문제의 제기

앞서 살펴본 바와 같이 임의적 계약이전은 합병, 영업양도와는 구분되는 구조조정방식으로서 위험단체를 유지하는 선에서 계약상의 지위만을 이전할 수 있는 장점이 있다. 예컨대 자동차보험사업과 건물화재보험사업을 영위하는 손해보험회사가 화재보험계약을 다른 회사에 이전하고 타사로부터 자동차보험계약을 이전받는 등 자동차보험사업에 전념함으로써 자체 역량을 강화할 수 있는 것이다. 하지만 1962년 이래 지금까지 임의적 계약이전제도의 활용도는 높지 않았다.

1991년 아폴락 한국지사와 1992년 조지아생명 한국지사에 의하여 이용되었을 뿐 거의 이용되지 않았다.[51)]

부실화가 심각하지 않은 보험회사에 대해 평시에 효율적이고 유연한 구조조정수단을 부여한다는 측면에서 임의적 계약이전제도를 합리적으로 개선할 필요가 있다. 다만 임의적 계약이전제도는 평시의 구조조정수단으로서 민법상 계약인수의 발전형이라고 할 것이므로, 이해당사자들의 기존 권리에 주목하면서 효율적인 구조조정의 필요성과 조화시켜야 할 것이다. 이에 덧붙여 고려할 사항은 금융위원회와 법원의 역할 분담이다. 보험회사가 체결한 계약의 이전은 비록 임의적 계약이전이라고 하더라도 다수 보험계약자 등의 보호 문제가 걸려 있으므로 어느 정도의 규제 · 감독이 불가피하고, 이는 앞서 본 다른 나라의 입법례에서도 발견되는 현상이다. 높은 전문성과 다양한 정보를 가진 금융위원회에 임의적 계약이전에 관한 인가권한을 부여한 우리 보험업법의 태도는 타당한 것으로 보인다.[52)] 다만 이해당사자의 재산권 등을 침해할 우려가 큰 경우에는 부분적으로 법원의 관여를 인정하는 것이 분쟁의 사전예방과 공정성 측면에서 바람직할 것이다.

임의적 계약이전시에 영향을 받는 이해당사자로는 보험계약자 이외에 이전회사의 주주, 채권자, 근로자와 피이전회사의 주주, 채권자가 대표적이다. 임의적 계약이전제도를 합리화하기 위해서는 나아가 그 실행 및 효력에 대하여도 검토할 필요가 있다. 이하 위 이해당사자들에 대한 보호 문제와 실행절차를 순서대로 살펴보기로 한다.

---

51) 정승욱, 앞의 논문(주 8), 214면 참조.

52) 부실금융기관처리의 주도권을 법원, 금융감독기구 또는 예금보험기구에 줄 때의 장단점에 관하여는 노혁준, "부실금융기관의 관리인에 관한 연구," 규제연구 제14권 제1호(2005. 6), 한국경제연구원 규제연구센터, 218-223면 참조.

2. 보험계약자의 보호

(1) 서설

보험업법에 따르면 계약이전시 책임준비금 산출의 기초가 동일한 보험계약의 전부를 포괄하여 이전하여야 한다(보험업법 제140조 제1항). 이는 보험계약의 단체성을 유지하면서 보험계약자 간 공평을 확보하기 위한 것으로 풀이되고 있다.[53]

즉 동일한 위험단체에 관한 계약인 경우 함께 이전되는 것으로 하여야 보험계약자들 간 형평을 기할 수 있다. 따라서 보험회사가 체결한 계약들 중 일부만 이전하는 것은 가능하지만, 책임준비금 산출의 기초가 동일한 계약들은 분리할 수 없는 하나의 단위이므로 그중 일부를 분리 · 이전하는 것은 허용되지 않는다.[54] 경험생명표, 예정이율, 예정손해율 등 기초요율의 동일성 여부가 그 판단기준이 된다.[55]

위 요건은 보험계약자들의 보호 측면도 있지만, 동일한 위험단체를 한 단위로 취급해야 한다는 당연한 요청을 반영하고 있다고 할 수 있다. 그렇다면 이렇듯 동일한 위험단체를 묶어서 취급하기만 하면 별도의 보험계약자 보호절차는 필요 없는가? 예정이율의 증가 등 보험계약의 내용이 계약자에게 유리하게 변경되면서 계약이전되는 경우는 없으므로, 여기에서는 (i) 계약 내용이 동일하게 유지되는 경우와 (ii) 계약 내용이 보험계약자에게 불리하게 변경되는 경우로 나누어 살펴본다.

---

53) 安居孝啓, 앞의 책(주 42), 431면.

54) 이성남/김건, 앞의 책(주 5), 365면 참조.

55) 石田 滿, 앞의 책(주 19), 262면 ; 이성남/김건, 앞의 책(주 5), 365면.

(2) 계약 내용이 동일하게 유지되는 경우

보험업법에 의하면 보험계약의 이전은 원칙적으로 보험계약자의 사전동의 없이 이루어지되, 보험계약자 다수가 이의를 제기하는 경우에는 무산된다(보험업법 제141조). 즉 계약이전을 하려는 보험회사는 주주총회의 특별 결의 후 2주 이내에 그 요지와 대차대조표를 공고하여야 하는바, 이에 대하여 이의를 제출한 보험계약자가 이전될 보험계약자 총수의 10분의 1을 초과하거나 그 보험금액이 이전될 보험금 총액의 10분의 1을 초과하는 때에는 보험계약을 이전할 수 없다. 수많은 보험계약자로부터의 개별적 동의에 갈음하여 최소한의 간소한 견제절차만 둔 것이다. 앞서 본 바와 같이 유사한 조항을 두고 있는 일본 보험업법이 보험계약자 수 또는 그 금액의 5분의 1을 기준으로 하는 것에 반해,[56] 우리 보험업법은 보험계약자의 이의를 보다 용이하게 하고 있다.

민법상 계약인수시 계약양도인 · 계약인수인의 합의 이외에 적어도 잔류당사자의 명시적 · 묵시적 승인이 필요한 점에 비추어 보면, 위와 같이 보험계약자의 의사를 제한하는 입법방식에 대하여 의문이 제기될 수 있다. 그러나 다음과 같은 점을 고려할 때 계약자들의 개별 동의 대신 이의절차를 도입한 것은 충분한 설득력은 갖는다고 생각된다. 첫째, 계약이전은 금융위원회의 인가를 받아야만 실행이 가능하다(보험업법 제139조). 금융위원회는 계약이전이 상법, 증권거래법, 그 밖의 관련 법령의 규정에 따른 절차를 이행하였는지 여부와 계약이전으로 인해 보험계약자 및 이해관계인에게 불이익이 발생하는지 여부를 고

56) 일본 보험업법 제137조 제4항.

려하여 인가 여부를 결정한다(보험업법 시행규칙 제37조).[57] 보험계약자로서는 계약이전 전후에 그 계약 내용의 동일성이 유지된다면 주된 관심은 피이전회사의 재무건전성 등 채무이행 가능성인데, 이 점에 관하여 금융감독기관인 금융위원회가 더 많은 정보를 보유하면서 적절하게 판단할 수 있는 지위에 있다. 둘째, 수많은 보험계약자의 의사를 일일이 확인하는 것도 비효율적일 뿐 아니라 확인하였다고 하더라도 승인한 보험계약자만 이전대상으로 하는 방식과 만장일치를 요구하는 방식은 위험단체를 분해시키거나 실질적으로 계약이전을 불가능하게 하는 문제점을 갖고 있다.

(3) 계약 내용이 보험계약자에게 불리하게 변경되는 경우

보험회사가 보험계약의 전부를 이전하는 경우에는 이전할 보험계약에 관하여 이전계약으로서 계산의 기초의 변경, 보험금액의 삭감과 장래의 보험료의 감액 또는 계약조항의 변경을 정할 수 있다(보험업법 제143조). 특히 보험계약 전부를 이전하는 회사인 경우에는 재정적 기초가 튼튼하지 못한 것이 보통이므로[58] 신속한 구조조정을 위해 기존 보험계약에 따른 부담을 덜 수 있도록 한 것이다. 실제로도 보험회사간 구조조정과정에서 보험계약의 조건을 재조정할 필요성이 있는 경우가 많을 것이다. 보험업법상 이러한 계약 내용 변경에 관하여 추가

---

57) 일본 보험업법에서는 인가 여부의 결정시에 내각총리대신이 심사하여야 할 사항을 보다 구체적으로 열거하고 있다(제139조 제2항). (i) 보험계약의 이전이 보험계약자 등의 보호에 비추어 적당한 것인지, (ii) 피이전회사가 보험계약을 이전받은 후 그 업무를 정확 · 공정하고 효율적으로 수행할 것이 확실한지, (iii) 이전대상계약자 이외의 이전회사의 채권자의 이익을 부당하게 침해할 우려는 없는가.

58) 노상봉, 보험업법 해설, 매일경제신문, 1998, 429면.

로 요청되는 절차는 없다.

이러한 계약 내용의 변경은 보험계약자의 권익을 직접적으로 침해하는 것이 된다. 통상적 계약이전의 경우 피이전회사의 이행능력이 충분하면 실질적으로 계약이전 전후에 큰 차이가 없다. 하지만 계약조건 변경을 통해 계약상 권리를 사후적으로 (일부) 박탈하는 것은 금융위원회의 인가나 90% 이상 다수 계약자들의 찬성만으로 정당화되기 어렵다. 이는 앞서 본 일반적인 민법상 계약인수절차와 비교할 때 더욱 그러하다. 이렇듯 보험계약자의 재산권을 침해할 우려가 큰 경우에는 법원으로 하여금 타당성 여부를 사전 심사토록 입법화하는 것이 바람직하다고 생각된다. 계약조건의 변경은 수많은 보험계약자에게 큰 영향을 미치는 중대사안이므로 금융감독기관 이외의 중립적 기관이 이를 심사할 필요도 있고, 이러한 사전심사절차를 경유하도록 하면 조건 변경을 둘러싼 분쟁을 사전적으로 예방하는 효과를 거둘 수도 있을 것이다. 법원에 의한 조건변경심사제도가 도입된다면, 보험계약의 전부 이전뿐 아니라 일부 이전[59]의 경우에도 계약조건을 변경할 수 있도록 법을 개정할 필요가 있다.

3. 이전회사의 주주와 피이전회사의 주주보호

보험계약의 이전을 위해서는 주주총회의 특별 결의(상호회사인 경우 사원 과반수의 출석과 그 의결권의 4분의 3 이상 찬성)가 필요하다(보험업법 제138조). 원래 일반 회사가 자산 · 부채 또는 그가 체결한 계약상의 지위를 이전하거나 이전받을 때 (i) 영업의 전부 또는 중요한 일부의

59) 책임준비금 산출의 기초가 동일한 보험계약을 분리할 수 없음은 물론이다.

양도이거나 (ii) 회사의 영업에 중대한 영향을 미치는 영업의 양수가 아닌 이상 원칙적으로 이전회사와 피이전회사의 주주총회 결의는 필요 없다.[60] 다만 판례에 따르면 회사 존속의 기초가 되는 중요 재산의 양도인 경우에는 양도회사의 주주총회 결의가 필요하다.[61] 따라서 만약 보험업법상 특별 규정이 없었다면, 보험계약의 이전이 항상 주주총회의 특별 결의 사항은 아닌 것이다. 보험업법은 통상적인 자산부채이전과 달리 계약이전이 실행되면 보험회사 주주들에게 큰 영향을 미칠 수 있다고 보아, 이를 해산·합병과 함께 주주총회 특별 결의대상으로 규정하고 있다. 특별 결의는 이전회사와 피이전회사 모두에 요구되는 것으로 해석되고 있다.[62]

위 조항에 따르면 계약이전이 있는 이상 그것이 영업양도(또는 중요재산의 처분)에 해당하는지 여부를 따지지 않고 이전회사, 피이전회사 모두 주주총회 특별 결의절차를 밟아야 한다. 앞서 언급한 것처럼 보험사업은 제조업과 달리 영업의 대부분을 계약관계가 차지하고, 이에 관련한 채권·채무의 법률관계와 자산운용이 사업의 주 내용을 이룬다. 따라서 보험계약의 전부 또는 일부를 이전하는 경우, 그것이 실질적으로는 영업의 전부 또는 일부의 양도에 해당할 가능성이 있다. 보험업법 제138조는 임의적 계약이전이 영업양도(또는 중요재산의 처분)에 해당하는지 여부를 불문하고, 또한 영업양도에 경우 금융위원회의 인가 이외에 상법상 주주총회 특별 결의요건이 적용되는지 여부를 고민할 필요 없이 무조건 이전회사와 피이전회사의 주주총회 특별 결의를 요구하는 것이다. 법적 명확성 측면과 실제로 계약이전이 이전회

60) 상법 제393조, 제374조 참조.

61) 대법원 1988. 4. 12. 선고 87다카1662 판결 등 다수.

62) 安居孝啓, 앞의 책(주 42), 432면 ; 石田 滿, 앞의 책(주 19), 263면.

사와 피이전회사의 주주에게 미치는 영향을 고려할 때 타당한 입법이라고 생각된다.

나아가 이전회사와 피이전회사의 반대주주에게 상법상 영업양도시 반대주주들에게 부여되는 주식매수청구권을 부여할 것인가? 현행 보험업법은 이에 대하여 침묵하고 있으므로, 계약이전이 실질적으로 영업양도에 해당한다면 반대주주들이 상법상 또는 증권거래법상의 주식매수청구권을 행사할 수 있다는 해석도 가능하다. 그러나 보험계약의 이전시 반대주주에게 매수청구권을 부여할 필연성은 없다고 생각된다. 주식매수청구권은 주로 다수파 또는 경영진의 기회주의적 행동을 통제하고 소수주주의 지분가치를 보호해 주는 기능을 하는 것이다.[63)]

보험사업의 경우 평소에 금융위원회의 엄격한 감독을 받을 뿐 아니라 계약이전과정에도 금융위원회가 인가권을 갖고 있으므로, 다수파 또는 경영진의 기회주의적 행동이 문제될 가능성은 매우 낮다. 한편 주식매수청구권이 행사되는 경우, 이전당사회사들의 재정적 부담이 가중되어 구조조정의 실효를 거두지 못할 가능성이 크다. 따라서 주주총회의 특별 결의요건을 넘어서 반대주주에게 매수청구권을 부여하는 것은 이전회사와 피이전회사의 주주를 과도하게 보호하는 것이라고 생각된다. 오히려 보험업법상의 계약이전절차에 따르는 경우, 그 실질이 영업양도에 준하는 것이라고 하더라도 반대주주의 주식매수청구권이 발생하지 않음을 명확히 하는 입법을 고려할 필요가 있다.

63) Ronald J. Gilson/Bernard S. Black, The Law and Finance of Corporate Acquisitions, Foundation Press, pp.714-722 참조.

4. 이전회사의 채권자와 피이전회사의 채권자 보호

만약 재정이 불안한 보험회사가 그 보험계약의 대부분과 함께 자산을 피이전회사에 이전한다면 책임재산이 줄어드는 이전회사의 채권자들은 상대적으로 불리한 위치에 놓일 수 있다.[64] 이를 감안하여 보험업법은 계약이전시 이전회사로 하여금 금융감독위원회가 채권자의 이익을 보호하기 위하여 필요하다고 인정하는 자산을 유보하도록 하고 있다(제140조 제2항). 임의적 계약이전은 본디 평시의 보험업구조조정을 전제로 하므로 계약이전과정에 관여하지도 못하는 이전회사의 기존 채권자들이 불이익을 입을 이유는 없다. 다만 계약이전이 합병보다는 영업양도에 가까운 제도이므로 합병시에 소멸회사, 존속회사의 채권자들에게 허용되는 채권자 보호절차[65]를 밟을 필요까지는 없을 것이다. 이러한 점에서 볼 때 위 규정은 타당한 것으로 평가된다.

피이전회사의 채권자의 경우에 보험계약의 이전으로 인해 통상 피이전회사의 재무상태가 악화되는 것은 아니므로 법적으로 절차적 요건을 신설할 필요는 없다고 생각된다. 피이전회사와 채권자 간 개별협의를 통해 특약을 정해 두면 충분할 것이다.

5. 근로계약의 승계 여부

영업양도의 경우 대법원은 "영업양도 당사자 사이에 근로관계의 일부를 승계의 대상에서 제외하기로 하는 특약이 있는 경우에 그에

64) 安居孝啓, 앞의 책(주 42), 432면은 이러한 경우 잔존채권자들은 채권자취소권을 행사할 수 있을 것이라고 한다.

65) 상법 제527조의5.

따라 근로관계의 승계가 이루어지지 않을 수 있으나, 그러한 특약은 실질적으로 해고나 다름없으므로, 근로기준법 제27조 제1항 소정의 정당한 이유가 있어야 유효하며, 영업양도 자체만을 사유로 삼아 근로자를 해고하는 것은 정당한 이유가 있는 경우에 해당한다고 볼 수 없다"라고 하여 원칙적으로 승계된다는 입장을 취하고 있다.[66)]

앞서 언급한 바와 같이 판례는 영업양도의 개념을 실질적으로 파악하고 있다. 따라서 만약 양수인이 양도인의 자산만 매수하면서 종전의 근로관계를 승계하지 않기로 하였더라도 전체적으로 영업의 기능적 재산이 동일성을 유지한 채 이전되었으면 영업양도에 해당하고 원칙적으로 근로관계는 승계된다.[67)]

보험업법상 계약이전의 유형에는 계약의 일부 이전으로부터 계약의 전부 이전까지 다양한 형태가 존재할 수 있으므로 위 일반적인 근로계약 승계의 법리에 의하여 사실인정의 문제로 판단하면 족할 것이다.

6. 계약이전의 실행 내지 효과의 측면

보험업법은 계약이전의 효과에 관하여 "보험계약을 이전한 보험회사가 그 보험계약에 관하여 가진 권리와 의무는 보험계약을 이전받은 보험회사가 승계한다. 이전계약으로써 이전할 것을 정한 자산에 관하

66) 조한창, 앞의 논문(주 8), 693-696면은 영업양도와 고용승계인정 여부에 관하여 당연승계설 · 특약필요설 · 원칙적 승계설을 구분한 후, 대법원은 원칙적 승계설을 취하고 있다고 본다. 다만 이철수, "영업양도와 근로관계의 승계," 노동법률 제82호(1998. 3), 중앙경제사, 15면에 의하면 당연승계설과 원칙적 승계설의 실질적 차이는 크지 않은 것으로 보인다.

67) 김지형, "영업의 일부양도와 근로관계의 승계여부," 21세기 사법의 전개(최종영 대법원장 재임기념 논집), 2005, 18면.

여도 또한 같다"라고 하고 있다(제146조 제1항). 다만 권리 · 의무관계의 변동은 당연히 발생하는 것이 아니라 개별적인 권리 · 의무의 이전절차를 마쳐야 한다.[68] 이전의 대상은 당사회사 간의 이전계약에서 구체적으로 특정된 계약관계와 자산부채에 한한다.

이처럼 개별 권리 및 의무의 승계에 관한 이전절차를 밟도록 하는 경우, 시간과 비용이 과다하게 소모될 뿐 아니라 이전시점에 각기 달라지는 데에 따른 혼란이 발생할 수 있다.

예컨대 이전회사가 보험계약자들에 대한 보험료청구권을 이전하면서 지명채권양도의 대항요건을 일시에 갖추지 못한 경우, 위 청구권의 귀속에 관한 혼선이 생길 수 있는 것이다. 이미 계약이전의 준비과정에서 주주 · 보험계약자 등의 이해관계자 보호절차가 진행되고 금융위원회의 인가가 선행되었음을 감안한다면, 계약이전의 실행절차를 간이하게 하는 특칙을 도입할 필요가 있다. 보험계약상 보험계약자와 이전회사가 갖는 채권적인 권리 · 의무는 별도의 공고시 일률적으로 이전되고 필요한 대항요건 등을 갖춘 것으로 입법할 필요가 있다.

7. 계약이전제도의 적용범위 확장 문제

주지하듯이 임의적 계약이전제도는 보험법에 특유한 제도이다. 하지만 구조조정수단으로서의 계약이전제도는 다른 금융업에서도 유용

68) 임의적 계약이전에 관한 사례는 아니지만, 신용관리기금법에 따라 이루어진 계약이전결정에 따른 법률관계가 상법상 영업의 전부 또는 일부 양도에 유사한 것이므로 포괄승계에 해당하지 않는다고 본 등기선례가 있었다(1997. 12. 29. 등기3402-1058 질의회답).

하게 활용될 여지가 많다. 은행거래 중에서도 장기적 거래관계가 지속되는 가운데 고객들이 기존의 계약관계의 유지를 원하는 경우가 많고, 증권투자의 경우에도 동질적인 위험과 수익률하에서 결성된 투자자그룹이 동일성을 유지하는 것이 사회적으로 효율적인 경우가 있을

〈표 2〉 개정된 임의적 계약이전제도와 다른 구조조정방식 비교

	(개정된) 임의적 계약이전	현행 임의적 계약이전	현행 자산 · 부채 개별 이전	현행 합병[69]
감독기구의 인가	필요	필요	불필요	필요
보험계약자 보호	계약 내용 유지시 : 계약자 이의절차(1/10) 계약 내용 변경시 : 계약자 이의절차(1/10) +법원허가	계약자 이의절차(1/10)	보험계약에 관한 권리 · 의무를 이전하는 경우 계약자의 개별 동의 필요	계약자 이의절차(1/10)
이전회사의 주주보호	주총 특별 결의	주총 특별 결의 (주식매수청구권 가능성)	-	주총 특별 결의 주식매수청구권
피이전회사의 주주보호	주총 특별 결의	주총 특별 결의 (주식매수청구권 가능성)	-	주총 특별 결의 주식매수청구권
이전회사/피이전회사 채권자	이전회사에 필요자산 유보	이전회사에 필요자산 유보	-	채권자 보호절차
근로계약의 승계 여부	경우에 따라 다름	경우에 따라 다름	승계되지 않음	승계
실행방법	개별 이전절차 +공고에 따른 일괄이전 특례	개별 이전절차	개별 이전절차	포괄승계

69) 보험업법 제138조 이하에 의한 합병을 기준으로 한다.

수 있다. 임의적 계약이전을 통한다면 금융회사의 계약관계 중 일부 또는 전부를 이전할 수 있으므로 탄력적인 구조조정수단으로 활용될 수 있다. 영국의 사업이전에 관한 조항이 과거 보험업에만 적용되다가 통합금융법 도입을 계기로 은행업에 적용되기에 이른 것도 시사하는 바가 크다.[70)]

임의적 계약이전제도를 보험업 이외의 금융업에 확장함으로써 구조조정수단의 선택의 폭을 넓힐 필요가 있다고 생각된다. 특히 자본시장과 금융투자업에 관한 법률의 시행 이후 자본시장이 점차 통합될 것을 고려하면 더욱 그러하다. 그 요건 및 효과에 관하여도 기본적으로 금융위원회의 인가를 받도록 하고 보험법상의 계약이전에 준해서 규율하면 큰 무리는 없을 것으로 생각된다. 향후 전향적인 검토가 필요한 대목이다.

8. 소결론

현재의 임의적 계약이전제도에 위 개선사항이 반영된다고 가정할 때 자산 · 부채의 개별 이전, 합병과의 차이점은 아래와 같다. 영업양도에 관하여는 현행 보험업법상 금융위원회의 인가가 필요하다는 조항(제150조)만 있을 뿐 별다른 규정이 없다. 향후 보험업법 개정시 영업양도에 관하여도 보험계약자에 관한 이의절차, 실행절차의 간이화 등에서 임의적 계약이전에 준하는 조항을 둘 필요가 있다고 하겠다.

먼저 이 글에서 제안한 임의적 계약이전방식과 자산 · 부채 개별 이

70) 통합금융법 이전의 영국에서는 은행사업의 이전에 관한 근거조항이 없어 은행 간 인수, 합병시 대상은행의 영업을 포괄적으로 승계하기가 곤란하였다.

전방식을 비교할 때, 후자는 감독기구에 대한 인가절차, 당사회사의 주주 및 채권자 보호절차를 별도로 밟을 필요가 없고 근로계약이 승계되지 않는다는 점에서 덜 번거롭다. 하지만 원칙적으로 개별 이전절차에 의해야 하기 때문에 다수의 보험계약을 이전시키기에는 비효율적인 측면이 있다. 다음으로 합병의 경우 일체의 권리 · 의무가 포괄승계되어 별도의 이전절차가 불필요하다는 장점은 있으나, 당사회사들의 입장에서 볼 때 근로관계가 일괄 승계되고 자산 · 부채를 선별하여 승계할 수 없는 단점이 있다. 보험회사는 이러한 다양한 방식의 장단점을 비교하여 적절한 구조조정방식을 선택하게 될 것이다.

이 논문에서는 임의적 계약이전방식에 관하여 (i) 계약 내용이 변경될 때에는 법원이 관여하도록 하고, (ii) 계약이전 반대주주의 주식매수청구권을 명확히 부인하고, (iii) 공고 등을 통해 계약이전의 실행방식을 간이화하며, (iv) 나아가 이러한 방식을 보험업 이외의 금융업에도 확장할 것을 제안하고 있다. 이를 통하여 계약이전을 둘러싼 관련자들의 이해관계를 조화시키면서 임의적 계약이전방식의 활용도를 높일 수 있을 것으로 생각한다.

IV. 강제적 계약이전제도의 검토

1. 문제의 제기

강제적 계약이전은 앞서 본 임의적 계약이전과는 다른 상황에서 이루어진다. 즉 금산법은 금융기관의 부실이 심화된 경우에 금융위원회에게 행정처분의 일종인 계약이전결정을 내릴 권한을 부여하고 있다.

이는 대표적인 금융감독기구 주도의 부실금융기관 처리방식이라고 할 수 있다.

이와 같은 강제적 계약이전 내지 계약이전결정제도의 세부적인 문제점과 이를 둘러싼 법원에서의 쟁송은 이미 선행연구들에서 다루어진 바 있다.[71]

이 논문은 이를 거듭 논하는 대신 현행 금산법상의 계약이전결정제도의 틀을 바꾸어 더 이상 '강제적'이지 않도록 바꿀 것을 제안한다.

구체적으로 먼저 현행 계약이전결정제도가 갖고 있는 근본적인 문제점을 짚어 본 다음, 이러한 일방적 결정제도를 폐지하고 공정하고 객관적인 제도를 도입하면서 예비적으로 가교금융기관을 활성화하는 구조를 제시하도록 하겠다. 다음으로 이러한 기본얼개 아래에서, 앞서 살펴본 임의적 계약이전제도와 새로운 금산법상의 계약이전제도를 비교하면서 합리적으로 관련자들의 이익과 부실금융기관의 신속한 처리를 조화시킬 수 있는 방법을 모색해 볼 것이다. 이하의 논의는 일차적으로 부실보험회사에 관한 것이지만, 금산법의 규율범위상 일반 금융기관에도 확장될 수 있는 것이다.

2. 부실보험회사에 관한 계약이전의 기본얼개

(1) 계약이전결정제도의 근본적 문제점

부실보험회사의 기존 보험계약관계를 가급적 건전한 보험회사로 이전시키고 싶을 때 어느 방식이 가장 타당한가? 이에 대하여 금산법

71) 주 8 참조.

은 강제적 계약이전 내지 계약이전결정이라는 대안을 제시한다. 즉 금융위원회가 부실금융기관의 계약이전에 관한 전권을 행사하여 일방적인 행정처분으로서 목적을 달성하는 것이다. 그 논거는 효율적이고 신속한 부실금융기관 처리에 있다. 금융감독기구는 해당 부실금융기관뿐 아니라 금융기관 일반에 대한 인허가권 · 상시감독권을 가지고 있으며 높은 전문성과 다양한 정보를 활용할 수 있으므로, 비교적 합리적인 판단을 내리고 또한 관련 금융기관의 이해관계를 신속하게 조정할 가능성이 있다.[72)]

그러나 금융위원회의 능력에만 전적으로 의존하는 이러한 접근법은 이제 그 틀을 바꾸어 보다 예측 가능하고 자율적인 체제로 전환할 시점에 도달하였다고 생각된다. 강제적 계약이전제도는 기존에 논란이 되어 왔던 재산권침해 소지[73)] 이외에도 다음과 같은 근본적 문제점이 있다.

먼저 계약이전이 금융위원회의 일방적 재량에 의해 결정되므로 과소 또는 과대 이용될 위험성이 많다. 금융위원회는 부실금융기관이 (i) 적기시정조치에 의한 명령을 이행하지 아니하거나 이행할 수 없게 된 경우, (ii) 적기시정조치에 따라 명령되거나 알선된 합병 · 영업양수

72) 금융감독기구 주도형의 장단점에 관하여는 조정래 / 박진표, "금융산업의 구조개선에 관한 법률의 개선방안," BFL 제7호(2004), 서울대학교 금융법센터, 45면 참조. 松下淳一, "銀行の倒産," 法學セミナー 제550호(2000. 10), 日本評論社, 35면은 부실금융기관 처리가 늦어지는 경우 해당 금융기관의 가치에 악영향을 미칠 수 있음을 지적하고 있다.

73) 예컨대 남효순 · 김재형(공편) / 김용덕(집필), "금융기관의 파산 : 금융산업의 구조개선에 관한 법률," 금융거래법강의 II, 법문사, 2001 ; 유진식, "금융감독법제 정비방안 연구," 연구보고 99-13(1999), 한국법제연구원 참조. 일본 구 보험업법에서도 종래 강제적 계약이전결정제도가 있었으나, 헌법이 인정하는 재산권을 침해하는 것이라는 비판이 제기되어 1995년 보험업법 개정시 폐지되었다.

도 · 제3자 인수가 이루어지지 않은 경우, (iii) 부채가 자산을 현저히 초과함으로써 적기시정조치에 의한 명령의 이행이나 부실금융기관의 합병 등이 이루어지기 어렵다고 판단되는 경우, 계약이전의 결정과 이에 필요한 처분을 할 수 있다(금산법 제14조 제2항).[74] 부실금융기관으로 지정되는 경우, 이미 부채가 자산을 초과하거나 거액의 금융사고 또는 부실채권의 발생으로 정상적 경영이 어려울 것이 명백한 상태인 경우가 많기 때문에,[75] 위 "부채가 자산을 현저히 초과함으로써… 합병 등이 이루어지기 어렵다고 판단되는 경우" 등 요건은 충족하기가 어렵지 않다. 실제로 과거 강제적 계약이전의 사례를 보면 부실금융기관 지정과 동시에 계약이전결정, 영업의 정지, 임원들의 업무집행정지 및 관리인 선임이 이루어진 경우가 많다.[76] 중대한 사법적 효력을 갖는 계약이전결정의 요건이 명확하지 않은 결과 금융위원회의 자의가 개재할 여지가 많다. 그 부작용은 두 가지로 나타날 수 있다. 다른 나라에서와 마찬가지로 우리나라에서도 부실금융기관의 직접 청산은 선호되지 않는다는 전제하에 금융위원회는 부실금융기관의 종래 영업을 어느 정도 지속시킬 수 있는 대안 중 번거로운 협의절차를 거쳐야

74) 이러한 포괄적 요건의 타당성에 관하여 대법원은 "제14조 제2항의 각 규정은 국가경제의 안정을 실현하기 위하여 적절하고 필요한 수단이고, 위 각 규정을 통하여 달성하고자 하는 공익의 비중과 부실금융기관의 주주들이 입는 재산권침해의 정도를 비교하더라도 양자 사이에 적절한 균형관계가 인정되므로, 과잉금지의 원칙에 위배되어 사유재산권의 본질적 내용을 침해하는 규정이라거나 헌법 제23조, 제37조 제1항, 제119조, 제126조 등의 규정에 위반되는 규정이라고 할 수 없다"라고 판시한 바 있다(2005. 1. 27. 선고 2002두5313 판결).

75) 금산법 제2조 제2호 참조.

76) 하종대, 앞의 논문(주 8), 250-251면에 의하면, 금융감독위원회는 1998. 6. 29. 경기은행에 대하여 영업의 정지, 부실금융기관 지정 및 계약이전결정, 임원의 업무집행정지, 관리인선임의 처분을 내렸다. 노철우, 앞의 논문(주 8), 206면의 계약이전결정서 기본양식 참조.

하는 합병, 제3자 매각보다 단숨에 가시적 권리변동을 가져오는 계약이전결정을 선호할 유인이 있다. 즉 계약이전이 과다하게 사용될 위험성이 있는 것이다.[77] 반면 강제적 계약이전은 금융위원회의 일방적 결정에 따라 이루어지므로 이해관계자의 반발 가능성도 높고, 그 성패에 따른 위험부담을 금융위원회가 전적으로 부담하게 된다. 금융위원회가 이러한 점을 의식한다면 계약이전이 과소하게 활용될 위험성도 있는 것이다.[78] 이러한 두 가지 위험성은 계약이전결정의 발동기준이 모호하고 금융위원회의 재량의 여지가 크기 때문에 더욱 증폭된다.[79]

다음으로 계약이전결정의 효력에 관한 문제이다. 금산법 제10조 제1항 제8호에서는 계약이전을 "예금, 대출 등 금융거래에 관련된 계약의 이전"이라고 규정짓고 있고, 금산법 제14조의2 제1항은 "…계약이전의 결정이 있는 경우 그 결정 내용에 포함된 계약에 의한 부실금융기관의 권리와 의무는 계약이전의 결정이 있는 때에 계약이전을 받는 금융기관이 이를 승계한다"라고 하고 있다. 대법원은 계약이전결정이 금융감독당국에 의한 일방적 행정처분의 일종으로서, "금융거래에서 발생한 계약상의 지위가 이전되는 사법(私法)상의 법률효과를 가져온

77) 특히 은행권에 대한 제1차 구조조정시 금융감독위원회는 1998. 6. 29. 동화, 대동, 동남, 충청, 경기 등 5개 은행의 계약을 우량 은행에 이전하는 등 은행권과 보험권의 계약이전결정이 많았다.

78) 강동수, "금융기관 도산제도 개선방안," 한국개발연구원 정책연구시리즈 2006-07 (2006. 12), 33-35면 참조. 종전에 많이 활용되던 계약이전방식에 대한 비판이 점증하자, 금융감독위원회는 제1차 금융조정 이후 충북은행과 강원은행 정리시에는 합병을, 나라종금과 대한종금의 경우에는 파산방식을, 대한생명의 경우에는 자체 정상화를 택하는 등 계약이전제도의 활용을 최소화하려는 움직임을 보였다. 정승욱, 앞의 논문(주 8), 215면.

79) 또한 자본주의가 발달한 나라에서 한 국가기관에게 정보력, 분석능력, 객관성 등 능력이 집중되어 있는 경우는 상정하기 어렵다. 남일총/최성근, "도산제도의 법경제학," 한국경제의 분석 제7권 제3호(2001. 12), 한국금융연구원, 71면.

다"라고 판시하고 있다.[80] 이렇듯 행정처분에 사법적 효력까지 부여함으로 인해 당연이전의 대상인 '계약에 의한 부실금융기관의 권리와 의무'의 범위를 어디까지로 볼 것인가,[81] 부실금융기관과 채무자 사이에 채권양도제한의 특약이 있는 경우 어떻게 처리할 것인가[82] 등의 복잡한 문제가 생긴다. 대법원은 금산법 제14조의2 제2항 내지 제4항(1998. 9. 14. 신설됨)에도 불구하고 계약이전결정제도의 금산법 시행령 제5조의4 제3항에 비추어 볼 때 민법 제450조에 정한 지명채권 양도의 대항요건을 갖출 필요 없이 계약이전결정 자체로서 계약이전의 효력이 발생한다고 본다(2007. 11. 16. 선고 2007다36537 판결).[83]

보다 중요하고 근원적인 문제는 계약이전이라는 '상대방이 있는' 거래를 금융위원회의 일방적인 결정에 의해 실행하려는 데에서 오는 난점이다. 위 금융위원회의 자의적 판단에 대한 우려와 계약이전의 효력에 관한 논란도 실제로는 여기에서 비롯된다고 하겠다. 법문상으로는 사전에 계약이전의 상대회사 이사회의 동의를 미리 얻도록 되어 있으나(금산법 제14조 제5항), 상대회사로서는 감독기관인 금융위원회

80) 대법원 2002. 4. 12. 선고 2001다38807 판결 등.

81) 대법원은 "어느 범위에서 보험계약이 이전하는지는 계약이전결정서에서 정하고 있는 바에 따라 판단하여야 할 것이고, 그 규정이 불분명하여 그 문언만으로는 그 범위를 정확하게 알 수 없는 경우에는 계약이전결정을 하게 된 취지와 경위, 이전되는 계약에 관련된 당사자 사이의 공평한 결과 등을 종합적으로 고려하여 판단하여야 한다"라고 판시한 바 있다(2002. 12. 10. 선고 2002다21066 판결, 2005. 10. 27. 선고 2003다66691 판결, 2010. 4. 29. 선고 2009다77730 판결도 같은 취지). 임채웅, 앞의 논문(주 8), 314-315면은 계약이전결정의 직접적 효과로 인해 이전되는 권리 · 의무를 제한적으로 보면서, 예컨대 이전회사가 보유하는 현금, 일회성 법률관계에 따른 권리 등은 별도의 이전절차를 밟아야 비로소 이전되는 것으로 해석한다.

82) 대법원 2002. 12. 26. 선고 2002다12727 판결.

83) 종래 비지명채권, 소유권 등의 이전 시점과 방식에 관한 논란에 대해서는 임채웅, 앞의 논문(주 8), 317-322면 등 참조.

의 절박한 요청을 거절하기가 쉽지 않을 것이다. 따라서 계약이전결정의 내용이 당사자 간 대등한 교섭의 결과가 아니라 금융위원회의 의도에 따라 결정될 가능성이 많은 것이다. 재산실사 등에서 전문가들의 도움을 받기는 하지만, 계약이전의 조건이 지나치게 일방에 유리하거나 불리할 가능성은 상존한다. 즉 금융위원회가 우량금융기관의 희생을 묵시적으로 요청할 수 있고 또는 적극적인 협력의 대가로 우량금융기관에게 과다한 보상을 제공할 가능성도 있다. 어느 쪽이나 대등한 당사자 간의 협상, 경쟁을 통한 거래와 비교할 때 비효율적 결과를 가져온다.

(2) 금산법상 계약이전제도 개선의 기본방향

현재 금융위원회가 일방적으로 주도하는 계약이전결정제도는 위와 같이 중대한 문제점을 갖고 있으므로 이러한 행정처분방식은 폐지하여야 할 것이다. 대신 예금보험공사 또는 매각전문기관의 주관하에 부실보험회사의 계약이전에 관한 (비공개)입찰을 통하는 것이 바람직하다. 이렇듯 입찰과 대등교섭을 통한 계약이전방식은 정부기관의 자의적 결정을 배제하는 효과가 있을 뿐 아니라 관계자들의 이익에 가장 부합하는 결과를 가져올 가능성이 많다. 앞서 외국의 입법례에서 보듯이 계약이전을 행정처분으로 강제하는 나라는 없고, 미국 등 대부분의 국가에서 당사자 간 (또는 부실금융기관을 대표하는 공적 기구와 인수희망자 간) 자율적인 협의에 의하여 계약이전 여부를 결정하고 있다.

문제는 적절한 인수희망자가 나서지 않는 경우이다. 앞서 본 바와 같이 미국에서 부실은행을 인수할 희망자가 나서지 않는 경우, 통상 가교은행(bridge bank)을 설립하여 잠정적인 기관으로 운용한다. 일본의 경우에도 보험계약자보호기구 또는 그가 신설하는 자회사가 잠정적으로 파탄보험회사의 업무를 승계할 수 있다는 점은 앞에서 살펴본 바와 같다.

우리 예금자보험법은 예금보험공사가 부실금융기관의 영업 또는 계약을 양수하거나 정리업무를 수행하기 위한 금융기관으로서 100% 자회사인 정리금융기관을 설립할 수 있도록 하고 있다(예금자보호법 제36조의3). 다만 이러한 정리금융기관의 업무는 예금 등 채권의 지급, 대출 등 채권의 회수, 기타 부실금융기관의 정리업무를 효율적으로 수행하기 위하여 필요한 업무로서 재정경제부장관이 승인한 업무에 한한다(예금자보호법 제36조의5). 따라서 이는 미국과 일본의 가교금융기관이라기보다는 업무범위가 극히 제한된 정리회수기구에 가까운 것이라고 하겠다.[84] 경쟁입찰에 의한 계약이전제도가 작동하기 위해서는 적절한 인수희망자가 없는 경우의 대안이 있어야 할 것인바, 이를 위해서는 미국과 일본식 가교금융기관을 둘 근거를 마련할 필요가 있다.

정리하자면, 보험회사의 부실이 심각한 경우 금융위원회는 그 처리 방향을 신속하게 판단하게 된다. 계약이전으로 방향이 잡힌 경우에는 곧바로 비공개 입찰설명회 개최 등 경쟁입찰절차에 착수한다. 그 과정에서 관리인을 선임하고,[85] 예금보험공사와 협의하여 부실보험사의 영업유지와 계약이전에 필요한 자금을 지원할 수 있다.[86] 이러한 과정

84) 정승욱, 앞의 논문(주 8), 228면에서는 예금자보호법에 의하여 설립되었던 한아름종금, 한아름금고의 경우 엄밀히 말해 가교금융기관이라기보다는 정리회수기구라고 한다.

85) 금산법 제14조 제7항 참조. 또한 제14조의6 제1항은 예금자보호법상의 부보금융기관이 계약이전을 하게 되는 경우, 예금보험공사의 임직원이 해당 금융기관의 관리인이 되도록 하고 있다.

86) 예금자보호법 제37조, 제38조 참조. 적기시정조치에 관하여 금산법 제11조 제2항

에서 금융위원회와 예금보험공사와의 권한배분 문제는 우리 실정을 고려하여 장기적으로 검토되어야 할 문제라고 생각된다. 적절한 인수희망자가 있으면 금융위원회의 인가를 받아 계약이전이 실행된다. 적절한 인수희망자가 없는 경우에는 일단 가교금융기관에서 잠정적으로 부실보험사의 계약을 이전받아 영업을 지속하다가 적절한 시점에 다시 계약이전, 제3자 매각, 합병 등을 추진한다. 이러한 기본얼개 아래 구체적으로 어떻게 그 과정을 절차적으로 통제하면서 관련자들의 이해를 조화시킬지에 관하여는 항을 바꾸어 설명한다.

3. 부실보험회사에 관한 계약이전의 절차적 통제

(1) 서설

금산법상의 계약이전을 더 이상 강제적이지 않은 것으로 개정한다면, 그 절차적 통제의 출발점은 보험업법상의 임의적 계약이전이다. 다만 금산법에 의한 계약이전은 부실금융기관으로 지정받아 존립이 의문시되는 부실보험사를 대상으로 한다는 점에서 차이가 있다. 투명하고 공정한 처리를 위해 부실보험사의 계약이전에도 경쟁입찰을 원칙으로 택했더라도 부실부문의 신속한 처리는 여전히 최우선적 가치 중 하나이므로, 이해관계자의 보호를 위한 절차적 통제는 임의적 계약이전보다 약화될 수밖에 없다.

다음에서는 보험업법상 계약이전과 비교하여 금산법상 계약이전에

에서는 예금보험공사가 미리 계약이전시의 자금지원 금액과 조건을 제시할 수 있도록 되어 있는바, 이러한 사전적 조치가 위 공개경쟁입찰의 경우에도 가능하도록 입법할 수 있을 것이다.

적용되어야 할 절차상의 특칙들을 이해관계자별로 살펴보고자 한다. 용어 사용의 측면에서 위 기본틀이 바뀌는 경우 더 이상 강제적 계약이전은 존재하지 않게 되므로, 이를 '금산법상의 계약이전'으로 호칭하기로 한다.

(2) 보험계약자의 보호

계약이전을 전후하여 계약 내용이 동일하게 유지되는 경우와 계약자에 불리하게 변경되는 경우로 구분해 살펴볼 수 있을 것이다. 현행 금산법은 계약이전결정시에 계약자 보호를 위한 별도의 규정을 두고 있지 않다.

계약 내용이 동일하게 유지되는 경우 별도의 계약자 보호절차를 둘 필요가 없다고 생각된다. 계약자 입장에서 이 경우 문제되는 것은 기존 계약의 이행 가능성인데, 그 채무자가 부실보험회사에서 건전한 보험회사로 바뀌는 것이므로 오히려 유리해진다고 할 수 있다.

계약 내용이 계약자에 불리하게 변경되는 경우, 이 글에서는 보험업법상의 계약이전에 관하여 (i) 보험계약자 총수 또는 보험금액을 기준으로 10분의 1을 초과하는 계약자가 이의함으로써 이를 거부할 수 있다는 기존 규정 이외에 (ii) 법원의 허가를 받도록 하자고 제안했었다. 하지만 부실보험회사의 계약이전인 경우에는 이를 완화하여 5분의 1을 기준으로 하는 보험계약자이의제도만 두는 것이 합리적이라고 생각된다.[87] 지금까지 계약이전결정시 계약 내용을 변경한 사례는 거의 없

87) 일본은, 앞서 본 바와 같이 평시의 계약이전의 경우 보험계약자들의 이의 요건은 5분의 1, 부실보험사에 관한 계약이전의 경우 이의요건은 10분의 1로 규정하고 있다(일본 보험업법 제137조 제4항, 제240조의12 제4항, 제251조 제2항). 하지만 우

는 것으로 보이고,[88] 현행 금산법상 이러한 변경이 가능한지도 분명치 않다.[89] 그러나 특히 보험업의 경우 이미 보험업법상 계약이전시 이러한 계약 내용의 변경이 가능하도록 되어 있고(보험업법 제143조), 부실보험사의 구조조정시 이러한 변경의 필요성은 더욱 크다는 점에서 변경을 허용해야 할 것이다. 부실보험사인 경우에는 가급적 보험계약자들도 일정 부분 손실을 분담할 필요가 있다는 점과 절차의 신속을 기할 필요가 있다는 점 때문에 임의적 계약이전보다 간이한 절차를 제안하는 것이다. 보험계약자의 보호는 금융위원회의 인가와 위 5분의 1 계약자의 이의를 통해 어느 정도 달성할 수 있을 것으로 생각된다.

(3) 이전회사(부실보험회사)의 주주와 피이전회사의 주주보호

먼저 피이전회사의 경우 임의적 계약이전시와 마찬가지로 취급하면 될 것이다. 피이전회사의 입장에서는 통상적인 보험계약의 이전과 별 차이가 없기 때문이다. 따라서 현행 금산법과 달리 반대주주의 주식매수청구권도 인정되지 않는 것으로 할 필요가 있다.

이전회사(부실보험회사)의 주주에 대하여 현행 금산법은 "계약이전을 하는 부실금융기관의 이사회 및 주주총회의 결의를 요하지 아니한다"라고 하여 명시적으로 절차적 보호대상에서 제외하고 있다(제14조

리 보험업법 제143조와 달리 일본 보험업법상 평상시의 계약이전시에는 보험계약자에 불이익한 내용으로 계약을 변경할 수 없도록 되어 있으므로, 평시의 계약이전 요건이 더 까다롭다고 보기는 어렵다.

88) 노철우, 앞의 논문(주 8), 206면 이하의 계약이전결정서 기본양식 참조.

89) 금산법 제14조 제5항은 "필요한 범위 안에서 계약이전이 되는 계약의 범위, 계약이전의 조건 및 이전받는 금융기관을 정하여야 한다고"라고 하고 있을 뿐이다.

제7항).[90] 부실보험회사는 일반적으로 자본잠식상태이고 주주가치가 존재하지 않을 것이므로 절차의 지연을 초래할 수 있는 주주총회의 결의를 요구하는 것은 적절하지 않다.[91] 다만 부실금융기관으로 지정되는 사유도 다양하고 부실처리과정에서 회사가치의 변동이 있을 수 있는바,[92] 이 경우 주주의 입증책임하에 법원에 공정한 주식가치산정 및 지급을 청구하는 장치를 생각해 볼 수 있을 것이다.

(4) 이전회사(부실보험회사)의 채권자와 피이전회사의 채권자 보호

피이전회사의 채권자에 대하여는 임의적 계약이전시와 마찬가지로 취급하면 될 것이다. 계약이전방식은 개별적 계약관계가 이전되는 것이므로 합병시 채권자이의절차 등을 적용할 필요는 없다. 현행 금산법은 계약이전결정시 채권자이의절차가 뒤따라야 하는 것처럼 해석될 소지가 있으나,[93] 강제적 요소가 제외된 계약이전절차에서 또한 이미 보험계약자에 관한 이의절차가 도입되는 마당에 보험업법상 계약이전과 달리 취급할 이유는 별로 없다. 금융위원회의 인가절차와 대출계약상의 특약 등을 통해 피이전회사의 채권자 보호를 꾀할 수 있을 것이다.

---

90) 다만 대법원은 위 조항이 "계약이전결정에는 상법 제374조 제1항 제1호가 적용되지 아니한다는 앞서 본 법리를 명확히 선언한 확인적 규정에 불과하므로"라고 하여 부실금융기관의 주주의 권한을 원천적으로 배제하고 있다. 2002. 4. 12. 선고 2001다38807 판결.

91) 참고로 채무자 회생 및 파산에 관한 법률 제146조 제3항도 회생절차 개시 당시 채무자의 부채총액이 자산총액을 초과하는 때에 주주, 지분권자는 의결권을 행사할 수 없도록 하고 있다.

92) 강동수, 앞의 논문(주 81), 42면.

93) 금산법 제14조 제9항은 "채권자 이의제출 등의 절차"라는 표현을 사용하고 있다.

이전회사(부실보험회사)의 일반채권자의 보호 문제는 보험업법의 계약이전의 경우와 조금 다르다. 평시에 계약이전이 이루어지는 경우 필요 자산을 피이전회사에 유보하여(보험업법 제140조 제2항) 일반 채권자를 보호할 여력이 있으나, 부실보험사의 계약이전이 이루어지는 때에는 이러한 배려를 하기 어렵다고 할 것이다.[94] 보험업법 제33조는 보험회사의 자산에 관하여 보험계약자의 일반채권자에 대한 우선권을 규정하고 있다.[95] 이 규정에 비추어 볼 때, 계약이전시 이에 수반되는 주요 자산을 이전하더라도 부실보험회사의 나머지 채권자들이 부당한 피해를 입는다고 보기 어렵다. 따라서 위 보험업법 제140조 제2항의 규정을 금산법상의 계약이전에 확장 적용하기는 곤란할 것으로 생각된다.

(5) 근로계약의 승계 여부

기업이 경영악화 등의 사유로 자신의 사업을 폐지하면서 이를 정리하는 방편으로 보유하고 있던 자산을 매도하는 경우, 설령 그 외관이 영업양도와 유사해 보이더라도 고용승계를 수반하는 영업양도로 분

---

94) 이에 관하여는 미국에서 일찍부터 많은 논의가 이루어졌는바, 12 U.S.C §1821 (i) (2), §1821 (d) (11)이 도입됨으로써 자산부채이전방식(P&A)에 관하여 일반채권자들이 이의를 제기할 여지가 없어졌다. 관련 논의에 관하여는 Macey et al., supra note 3, at 766 참조. 일본의 경우 생명보험의 보험계약자들만이 생명보험회사의 재산에 우선특권을 가지며, 손해보험 계약자들은 이러한 권리가 없다(일본 보험업법 제117조의2).

95) 다만 헌법재판소는 구 상호신용금고법 제37조의2가 예금채권자에게 예탁금의 한도 안에서 상호신용금고의 총 재산에 대하여 다른 채권자에 우선하여 변제받을 권리를 부여한 것은 일반채권자를 합리적 이유 없이 차별하고 그들의 재산권을 침해하는 것이라고 위헌 판결한 바 있다〔헌법재판소 2006. 11. 30. 2003헌가14, 15(병합)〕.

류하기는 어렵다는 것이 다수설[96]과 판례[97]의 입장이다. 어떤 식으로든 부실보험사의 계약이전이 이루어지면 해당 보험사는 청산절차를 밟게 된다.[98] 따라서 이와 같은 경우에 근로계약은 승계되지 않는다고 할 것이다.

(6) 계약이전의 실행 및 효과의 측면

새로운 경쟁입찰체제하에서 부실보험사의 계약이전은 기본적으로 보험업법상의 계약이전과 같은 효과를 가지므로 그 실행절차도 동일하게 규정되어야 할 것이다. 개별절차에 의한 이전을 원칙으로 하면서 공고 등을 통한 특례를 부여함으로써 기존 계약이전결정의 효과와 당연이전의 범위에 관한 불명확성을 해소할 수 있을 것이다.

(7) 소결론

앞서 제안한 보험업법상의 계약이전과 현행 금산법, 새로 제안된 금산법하의 계약이전을 비교하면 다음과 같다. 새로운 금산법상 계약이전제도는 신속한 부실보험회사처리를 위하여 임의적 계약이전보다 간이한 절차로 구성되어 있다. 현행 금산법상의 계약이전결정과 비교

96) 조한창, 앞의 논문(주 8), 697-698면 ; 임종률 외, "기업변동시 근로관계 승계 관련 연구," 노동부 학술연구용역 자료(2007. 8), 107-118면(http://www.moel.kr에서 다운로드 가능).

97) 1992. 5. 12. 90누9421 참조.

98) 하종대, 앞의 논문(주 8), 244면에 의하면 계약이전결정이 내려진 은행 및 제2금융권 회사들 중 업무의 인가 및 허가가 취소되지 않거나 해산에 이르지 않은 사례는 없다고 한다.

할 때에도 보험계약자보호제도 등 합리적인 이해관계자 보호장치를 두면서도, 피이전회사 반대주주의 주식매수청구권과 피이전회사 채권자이의절차를 배제하는 등 일관되고 효율적인 부실처리를 가능하게 한다고 하겠다.

〈표 3〉 보험업법상의 계약이전과 금산법상의 계약이전 비교

	(개정된) 임의적 계약이전	(개정된) 금산법상 계약이전	현행 금산법상 계약이전
감독기구의 인가	필요	필요	필요(계약이전결정)
보험계약자 보호	계약 내용 유지시 : 계약자 이의절차(1/10) 계약 내용 변경시 : 계약자 이의절차(1/10) ＋법원허가	계약 내용 유지시 : 보호절차 불필요 계약 내용 변경시 : 계약자 이의절차(1/5)	-
이전회사의 주주보호	주총 특별 결의	-	-
피이전회사의 주주보호	주총 특별 결의	주총 특별 결의	주총 특별 결의 주식매수청구권
이전회사 /피이전회사 채권자	이전회사에 필요자산 유보	-	피이전회사 채권자에 관하여 이의절차 조항 있음
근로계약의 승계 여부	경우에 따라 다름	승계되지 않음	승계되지 않음
실행방법	개별 이전절차 ＋공고에 따른 일괄이전특례	개별 이전절차 ＋공고에 따른 일괄이전특례	개별 이전절차 ＋공고에 따른 일괄이전특례(불명확)

V. 결론

계약상의 지위 또는 그로 인한 채권 · 채무관계를 이전시키는 계약이전은 계속적인 고객관계의 유지를 핵심으로 하는 보험업, 나아가 일반 금융업에서도 중요한 구조조정도구가 될 수 있다. 합병, 영업양도 등 다른 수단 이외에 계약이전방식을 활용함으로써 보다 다양한 형태로 기업구조를 재편할 수 있는 것이다.

지금까지 보험업에서 이용 가능한 계약이전방식은 보험업법상 임의적 계약이전과 금산법상 강제적 계약이전이었다. 그중 전자는 그동안 거의 활용되지 못했다. 후자는 상당히 자주 이용되기는 했으나, 기본적으로 관 주도라는 내재적 한계가 있었다. 이 논문은 이러한 기존 계약이전방식을 전반적으로 개선할 것을 제안한다.

보험업법상 계약이전제도에 관하여는 특히 다수의 계약자 등 이해관계자들이 관여하는 점을 고려하여 개별적인 이전절차를 간이화하는 방안 등을 제시하였다. 이러한 개정이 이루어진다면 평시에도 계약이전을 통해 사업구조를 합리화하려는 동기가 부여될 수 있다. 금산법상의 계약이전제도에 관하여는 부실보험사의 처리라는 특성이 있기는 하지만, 일방적 행정처분이 아니라 경쟁입찰에 따른 자율적 계약이전이 보다 바람직하다고 보았다. 이해관계를 위한 절차상 통제는 보험업법상 절차를 기준으로 하면서 부실보험사임을 감안한 다양한 특칙을 덧붙일 수 있을 것이다.

이렇듯 계약이전제도가 개선되는 경우, 꼭 필요한 부분에 탄력적으로 계약이전을 실시함으로써 신속한 구조조정에 기여할 수 있을 것이다. 나아가 현재 보험업법에만 규정되어 있는 임의적 계약이전제도를 다른 금융업에도 확대할 필요가 있을 것이다. 특히 기존의 계약이전결정제도는 긴급한 경제위기를 타개하기 위한 응급처방으로서의 성격이 강했고, 그 실행 및 법리상 많은 문제점을 안고 있었다. 이를 포함한 계약이전제도 전반을 합리적으로 다듬고 예측 가능한 퇴출 · 구조조정시스템을 만드는 것은, 우리 금융업의 지속 가능한 성장을 위해서도 긴요한 것이라고 생각된다.

12

보험지주회사의 법적 쟁점*

민세진**

I. 서론 — 지주회사의 이점

2007년 12월 27일 구 재정경제부는 '보험업법 개정 요강'에서 선진국을 중심으로 세계적으로 금융기업들이 대형화되고 겸업이 확대되는 현상에 주목하고, 보험사의 대형화 · 종합화를 꾀할 수 있는 수단으로서 보험지주회사의 설립규제를 완화하기로 발표한 바 있다.

보험지주회사의 활성화를 통해 기대될 수 있는 효과로서, 특히 국제경쟁력 제고와 금융산업 내 보험산업의 역할 확대 등이 거론되었다. 국내 보험시장의 성숙도는 수입보험료 기준으로 세계 7위, 국민 1인당

* 이 논문은 BFL 제29호(2008. 5)에 게재된 글을 수정 · 보완한 것이다.

** 동국대학교 사회과학대학 경제통상학부 경제학전공 부교수

보험료 기준으로 세계 22위를 차지하는 등 선진국 수준에 근접하고 있으나, 국내에서 가장 대형의 삼성생명보험주식회사가 2006년도 수입보험료 기준으로 세계 27위에 불과할 만큼 보험시장의 규모에 걸맞은 글로벌 경쟁력을 갖춘 보험사가 출현하지 못하고 있는 실정이므로 대형화 · 종합화의 유인을 제공하고 보험지주회사 이행의 장애를 줄이자는 것이었다. 또한 고령화의 진전으로 보험산업의 역할이 증대될 것으로 기대되고 있는 것과 달리 은행업이나 증권업 대비 자산규모 또는 수익성에서 경쟁력이 강하지 않기 때문에 대형화 · 종합화가 필요하다는 분석이었다.

현재 보험사가 지주회사체제를 갖추기 위해서는 금융지주회사법의 규제를 따라야 한다. 외환위기 이후 대규모 공적 자금이 투입된 시중은행들을 정리하는 과정에서 2000년 10월 제정된 금융지주회사법은 필연적으로 은행지주회사에 초점을 맞춘 법 내용을 갖게 되었고, 이로 인해 은행을 제외한 다른 금융권역 중심의 지주회사에는 과도할 수 있는 요소들이 있다. 특히 지주회사체제로의 이행이 용이하지 않다는 점이 가장 큰 문제점으로 부각되어 왔고, 선진국들의 사례에 비추어 가장 중요한 원인으로서 금융지주회사법이라는 단일 법률로 모든 금융권역의 지주회사들을 규제하기 때문이라는 점이 대두되었다. 이에 따라 보험업법 개정을 통해 보험사 중심의 지주회사는 일부 내용에 대해 별도로 규제하고자 한 것이다.

그렇다면 현재 법제도상 지주회사체제의 유인은 무엇일까.

첫째, 세제상의 이점이다. 법인세법 제18조의2에 따르면 금융지주회사를 포함하여 독점규제 및 공정거래에 관한 법률(이하 '공정거래법')상 지주회사는 자회사로부터 받은 이익배당액이나 잉여금의 분배액에 대해 상당 부분 익금불산입, 즉 해당 배당액 등은 이익금으로 간주되지 않아 과세대상에서 제외된다. 구체적인 비율은 지주회사가 갖는 자회사의 지분이 80%(자회사가 주권상장법인이나 코스닥상장법인인 경우는 40%)를 초과하느냐에 따라 차이가 있는데, 80%(40%)를 초과하는 경우는 수입배당금액 전액이 지주회사의 익금에 산입되지 않고, 그 이하인 경우에는 수입배당금액의 80%에 해당하는 금액이 익금불산입된다. 이에 반해 법률상 지주회사가 아닌 일반 내국 법인이 다른 회사의 지분을 갖고 있는 경우에는 익금불산입의 정도가 훨씬 작다. 법인세법 제18조의3에 의하면 지주회사가 아닌 회사가 다른 회사에 전액 출자한 경우(완전자회사)에는 수입배당금 전액이 면세가 되지만, 완전자회사가 아닌 회사에 대해서는 수입배당금의 최대 50%만 익금불산입된다. 다른 회사의 지분을 50% (주권상장법인이나 코스닥상장법인인 경우는 30%) 초과하되 100% 미달하여 보유한 경우 수입배당금의 50%를, 그 이하의 지분인 경우 수입배당금의 30%를 과세대상 금액에서 제외하는 것이다.[1] 예를 들어 A라는 회사가 B라는 회사의 지분을 49% 보유하고 있는데 A가 지주회사라면 B로부터의 수입배당금 중 80%를 익금으로 산입하지 않을 수 있는 반면, A가 지주회사가 아니면 30%만 제외하고 나머지 70%는 익금으로서 법인세대상이 된다. 우리나라에서는 배당에 대한 관심이 그다지 크지 않아 위와 같은 세제상 이점이 크게 부각되지 않았으나, 외국인 주주의 비중이나 영향력이 증가하면서 배당에 대한 압력도 같이 높아지고 있다. 선진국의 사례를 보아도 연결납세 등 법인세제가 기업소유구조에 미치는 영향이 크

---

1) 궁극적으로 익금불산입되는 금액은 이들 수입배당금액에서 지주회사의 차입이자 중 피출자회사의 몫으로 볼 수 있는 부분을 뺀 금액이다. 즉 차입이자는 비용으로서 과세대상에 포함되지 않으므로 차입을 통해 출자했을 가능성을 고려하여 해당 금액이 재차 면세되는 것을 막는 것이다.

고 우리나라에서도 연결납세의 도입이 지속적으로 논의되고 있기 때문에 지주회사와 관련한 세제상 이점은 향후 증가할 전망이다.

둘째, 인력 활용 등 운영상의 장점이 있다. 금융지주회사법 제39조 제2항 및 제3항에서는 "금융지주회사의 임직원은 해당 금융지주회사의 자회사 등의 임원이 될 수" 있고, "금융지주회사의 자회사 등의 임원은 해당 금융지주회사에 속하는 자회사 등으로서 동일한 업종을 영위하는 다른 자회사 등의 임원이 될 수 있다"라고 규정하고 있다. 은행이나 보험 등 다른 금융업 관련법에서 임원의 겸직을 기본적으로 금지하고 있는 것과 비교하여 금융지주회사는 유연성을 갖는 것이다. 임원의 겸직 등이 가능하면 다양한 운영업무를 지주회사 차원에서 통합하여 비용을 절감할 수 있을 뿐 아니라 금융회사로서 가장 중요하다고 할 수 있는 위험관리(risk management) 측면에서 강점을 발휘할 수 있다. 사실상 금융회사들이 그룹 형태로 연결되어 있는 경우, 통합적 위험관리기능을 갖추는 것은 필수적인 일이기 때문에 우리나라에서 금융그룹이 공식적인 통합 위험관리 조직을 형성하기 위해서는 반드시 지주회사로 이행해야 하는 것이다.

셋째, 금융소비자 정보 공유를 통한 시너지 확보이다. 금융지주회사법 제48조의2에서는 금융지주회사체제 내 회사 간 금융소비자의 개인신용정보를 영업상 목적으로 공유할 수 있도록 규정하고 있다. 신용정보의 이용 및 보호에 관한 법률 제23조 및 제24조에서는 한 금융기관이 다른 금융기관에 개인의 신용정보를 제공하려 할 때에는 반드시 해당 개인의 동의를 받도록 요구하고 그 활용도 제한하고 있으나,[2)]

2) 규제대상이 되는 개인신용정보는 개인의 금융거래 내용에 관한 정보 또는 자료, 질병에 관한 정보, 성명 · 주소 · 주민등록번호(외국인의 경우 외국인등록번호 또는 여권번호) · 성별 · 국적 및 직업 등 개인을 식별할 수 있는 정보, 대출 · 보증 · 담

금융지주회사체제 내 회사 간에는 이러한 규제 적용이 예외가 되는 것이다. 각기 다른 금융업종의 회사는 동일한 개인에 대해서라도 서로 다른 종류의 신용정보를 갖고 있기 때문에 지주회사체제 내에 이업종의 금융회사들이 존재할 경우 신용정보 공유를 통해 다양한 시너지를 기대할 수 있다. 특히 정보통신기술의 발달로 방대한 양의 정보처리가 가능해졌기 때문에 금융소비자에 대한 정보 획득은 금융회사들에게 위험관리와 함께 화두화되고 있는 실정이어서 정보 공유는 금융지주회사의 큰 이점으로 부각된다.

현재 법제도상 지주회사의 이점이 금융회사들의 관점에서 얼마나 유효한지는 불확실하나, 보험사 중심의 금융지주회사가 하나뿐인 현실을 보면 최소한 보험사들에 있어서는 지주회사 이행과 관련한 비용이 이러한 이점을 상쇄하고도 남는 것으로 판단된다. 따라서 Ⅱ장에서는 우선 보험지주회사에 대해 은행지주회사에 비해 낮은 수준의 규제를 적용할 이론적 근거와 함께 선진국의 규제 사례를 통해 현실적 대안을 탐구하고, Ⅲ장에서는 그동안 거론되어 왔던 보험사의 지주회사 이행의 문제점들을 짚어 본다. Ⅳ장에서는 맺는다.

보제공 · 가계당좌예금 및 당좌예금 · 신용카드 · 할부금융 · 시설대여, 재산 · 채무 · 소득의 총액, 납세실적 등을 포함한다.

II. 보험지주회사 규제 근거 및 외국의 규제 사례

1. 지주회사의 규제 근거

지주회사란 주식의 소유를 통해 다른 회사를 지배하는 회사이다. 즉 지주회사는 회사의 형태를 가진 지배주주로서, '지배'의 구체적인 법적 의미는 국가에 따라 다를 수 있지만 대체로 많은 지분을 가짐으로써 해당 주식을 발행한 회사에 영향력을 행사하는 주주로서의 회사를 일컫는다. 따라서 지주회사에 대한 규제는 지배대상 회사의 속성상 지배주주에 대해 규제할 근거가 있는 경우로 한정되는 것이 일반적이다. 예컨대 일반지주회사, 즉 비금융회사를 지배하는 지주회사에 대한 선진국의 규제는 독과점 폐해 방지 차원으로 제한되는 것이 관찰된다.

미국에서는 지주회사 자체에 대한 규제는 없으며, 지주회사체계로 인해 시장지배력이 집중될 경우 발생할 수 있는 폐해에 주목해 왔다. 최초의 본격적인 지주회사는 1891년 설립된 록펠러의 스탠더드 오일 지주회사였는데, 이는 이전의 스탠더드 오일 트러스트가 1890년 반독점법(Sherman Act)에 의해 해산 판결이 내려지면서 재편 · 설립된 것이었다. 스탠더드 오일 지주회사는 1911년 연방대법원 판결에 의해 다시 해체되었으나, 이는 지주회사구조 자체보다는 스탠더드 오일 트러스트의 독과점적 행태가 지주회사를 통해 여전히 유지되었다는 것에 이유가 있었고, 지주회사 형태 자체를 금지한 것은 아니었다.

영국을 비롯한 유럽 주요 국가에서도 일반 회사법적 규제 외에 지주회사에 대한 규제는 보이지 않는다. 영국의 경우, 지주회사 여부에 관계없이 주식취득 후 시장점유율이 25% 이상 되거나 양도대상 자산이

7,000만 파운드를 초과하면 독점합병위원회(Monopolies and Mergers Commission)의 심사대상이 되는 등 역시 초점은 시장지배력 여부에 있다.

이에 반해 일본은 우리나라와 같이 지주회사에 특정한 규제가 존재하였으나 2002년 폐지하였다. 일본은 제2차 세계대전 후 미국에 의해 기존 재벌이 해체되는 과정에서 1947년 지주회사의 설립을 원천 금지하는 '사적 독점금지 및 공정거래(取引) 확보에 관한 법률'(이하 '독금법')을 제정하였다. 그러나 1950년대부터 규제 완화와 함께 사업형 지주회사(자체 사업을 하면서 다른 회사를 지배하는 회사)들이 출현, '계열'을 형성하게 되었는데, 이는 사업회사의 다른 회사 주식보유 전면금지(독금법 제10조) 및 금융회사의 동종 금융회사 주식취득금지와 다른 회사 지분 5% 초과 취득금지(독금법 제11조)규정이 1949년과 1953년에 걸쳐 완화된 것이 계기가 되었다. 동시에 경영권방어를 위해 계열사 간에는 상호출자를 이용하였는데, 이렇게 재편된 계열로는 도요타 · 미쓰이 · 미쓰비시 · 마쓰시타 등 일본의 대표적 대기업들이 있다. 1960년대부터는 지주회사 허용에 대한 논의가 시작되었는데, 결국 1997년 '사업지배력을 과도하게 집중시키는 지주회사'의 설립 및 전환만 금지하는 방향으로 대폭 완화되었다가 2002년에는 '사업지배력을 과도하게 집중시키는 회사'의 설립 및 전환을 금지하여 지주회사에 대한 별도 규제가 완전히 폐지되었다.

요약하자면 지주회사에 대한 규제 근거는 지주회사를 통한 회사 간 결합이 시장지배력을 발생시켜 시장 실패(market failure)의 일종인 독과점의 폐해를 야기하는가에 있는 것이다. 주목할 것은 일본의 경우 우리나라의 대기업집단 규제와 유사한 목적의 지주회사 규제가 존재하였으나, 2000년대 들어 지주회사 형태에 대한 집착을 버리고 시장 실패에 초점을 맞춘 법제도로 개편하였다는 것이다.

2. 보험지주회사의 규제 근거

일반 지주회사에 대한 규제는 독과점 폐해 발생시로 국한되는 반면, 금융지주회사에 대한 규제는 지배대상인 금융회사의 지배주주를 규제하는 차원으로 이해할 수 있다. 금융회사의 지배주주를 규제하는 것은 금융산업 및 금융회사가 필연적으로 갖게 되는 또 다른 시장 실패의 가능성 때문이다. 일반적으로 정부가 시장의 작용에 규제를 가할 수 있는 논거는 시장의 실패 가능성이다. 굿하트 등(2001)은 금융부문에서 시장의 실패란 불완전한 정보로 인한 소비자 피해와 외부 불경제에 기인한 시스템위험 등으로 규정하고 있다.[3)]

불완전한 정보의 문제란 소비자, 특히 개인소비자의 경우 금융기관의 건전성을 제대로 평가하기 어렵다는 점에 기인한다. 정보가 불완전하기 때문에 금융기관이 소비자의 이익에 부합하는 방향으로 운영되는지 판단하기 곤란하다는 것이다. 많은 금융기관이 각종 계약을 통해 소비자의 자금을 받아 운용하고 계약의 온전한 이행 여부는 운용결과에 좌우되기 때문에, 이러한 정보의 비대칭 문제는 금융기관에 대해 분산투자로 대표되는 자산건전성 규제를 가하는 근거가 된다. 특히 준비금적립을 통해 원금 또는 일정 금액의 지급이 보장되는 상품을 취급하는 은행과 보험사의 경우, 건전하게 운영되지 않을 때 지급불능상태(insolvency)에 처할 수 있기 때문에 건전성 규제의 대상이 된다. 반면 각종 펀드와 같이 원금이 보장되지 않는 상품은 부채의 가치가 곧 자산의 가치이므로 지급불능상태라는 것이 존재하지 않는다.

---

3) Charles Goodhart / Philipp Hartmann / David Llewellyn / Liliana Rojas-Suarez / Steven Weisbrod, Financial Regulation : Why, How and Where Now (in Association with the Bank of England), Routledge : London, 2001, Ch. 1.

따라서 이러한 상품에 대해서는 금융기관에 대한 건전성 규제보다는 운용전략이나 수익률 등의 공개에 대한 시장의 요구가 더 유효한 것이다.

시스템위험은 금융기관의 실패로 인한 사회적 비용이 개별 금융기관이 부담하는 비용에 비해 크고 금융기관의 운영상 의사결정에 이러한 사회적 비용이 고려되지 않기 때문에 발생한다. 이러한 시스템위험은 주로 은행에 관한 것이었다. 즉 은행은 낮은 비용으로 대중으로부터 조달한 대규모의 자금을 일부 적립금 이외에는 대출로 운용하며 예금자로부터의 인출 요구는 언제든 있을 수 있는 데에 반해, 대출은 대체로 장기에 걸쳐 이루어지고 회수는 계약에 따라 경직적으로 이루어지기 때문에 어떠한 이유로 은행에 대한 신뢰가 깨지고 예금인출 요구가 단기간에 집중되면 은행은 쉽게 지급불능상태에 빠진다는 것이다. 더구나 은행들은 지급결제시스템이나 은행 간 예금을 통해 연결되어 있기 때문에 한 은행의 지급불능상태는 전 은행시스템의 위기로 확산된다는 것이 전통적인 시스템위험이다. 최근에는 은행의 대표적 자산인 대출에 결부된 신용위험이 증권화와 신용파생상품을 통해 다른 금융부문으로 상당히 전이되고 있어 그 규모 및 영향 예측에 많은 관심이 모아지고 있다. 시스템위험이 관리되고 있는 상태의 금융시스템의 안정은 또한 공공재적 성격을 갖고 있어 금융회사들은 다른 회사, 예컨대 제조업을 영위하는 회사와 달리 특별한 규제대상이 되는 것이다.

결국 일반 산업회사에는 없는 규제가 금융회사에 가해지듯이 금융지주회사는 금융회사의 지배주주로서 제약이 따르는 것이다. 그리고 금융업종마다 시장 실패의 종류와 잠재성이 다르기 때문에 영위하는 금융업에 따라 금융회사에 적용되는 규제의 종류와 수준이 다르며,

이들 금융회사를 지배하는 지주회사에 대해서도 마찬가지이다. 금융지주회사에 대한 규제는 금융회사 규제 논거의 연결선상에 있어야 하기 때문에 선진국에서는 이에 대한 규제가 별도로 존재하는 경우, 은행 · 보험 · 증권 등 해당 금융업법에서 각 업종의 특성을 반영한 지주회사를 정의하여 다루고 있다. 결과적으로 은행 · 보험 · 증권 등 금융업종 간 규제의 차이를 인정하여 은행에는 규제를 강하게 하되, 여타 금융업에는 상대적으로 약한 것이 현실이다. 따라서 보험지주회사는 특히 은행지주회사에 비해 약한 수준의 규제가 적용될 필연성을 갖고 있다.

굿하트 등(2001)은 금융회사에 대한 규제 및 감독에 차이가 있는 근거에 대해 다음과 같이 설명했다.[4)]

먼저 은행규제 및 감독에 대한 전통적인 근거는 첫째, 은행이 지급결제 및 청산 등 금융시스템에 있어 핵심적 위치에 있다는 점이다. 은행은 다수의 대부자들에 대한 유일한 자금원이고 지급결제기능을 영위하고 있다는 점에서 경제에 핵심적 역할을 담당하고, 은행시스템이 위험에 처하면 다른 어떤 금융분야보다 심대한 영향을 미친다. 둘째, 앞에서 언급한 바와 같이 예금인출사태(bank run)로 인한 잠재적 시스템위험이 있다. 셋째, 시스템위험과 관련된 은행계약의 특성이다. 은행은 유동적인(liquid) 예금계약을 제공하고 그 예금을 불확실하고 비유동적인 자산(주로 은행대출)을 취득하는 데 사용하는데, 은행 이외 제3자는 대출받은 사람에 관한 정보를 평가하기 매우 어렵기 때문에 은행대출은 2차 시장(secondary market)에서 매각하기 곤란하다. 자산을 필요

4) Charles Goodhart / Philipp Hartmann / David Llewellyn / Liliana Rojas-Suarez / Steven Weisbrod, 앞의 책(주 3), 1장.

할 때 제값에 매각할 수 없다는 사실은 건전한 은행을 위험에 빠뜨릴 수도 있고, 특히 공황상태에서는 자산가치의 하락이 매우 심각해질 수 있는 것이다. 앞서 언급한 신용파생상품 거래가 일부 대출의 2차 시장을 형성하고 있기는 하다. 넷째, 중앙은행과 같은 은행에 대한 최종대부자 및 예금보험 등 기타 안전망의 존재로 인해 은행의 운영 자체가 도덕적 해이의 문제에 노출된다. 즉 시스템위험을 막기 위한 안전망을 믿고 개별 은행이 과도하게 위험한 행위를 할 가능성이 있는 것이다.

그러나 보험회사는 각 측면에서 은행과 다르다. 즉 보험사의 부채(보험계약)는 장기이기 때문에 은행 예금인출사태와 같은 급박한 해지사태가 벌어질 위험이 낮고, 보험사들은 시장거래나 지급결제시스템을 통해 서로 연결되어 있지 않으며, 증권사와 마찬가지로 보험사의 자산 (주로 채권) 역시 2차 시장을 통해 쉽게 매각할 수 있다. 보험사의 보험계약에 대한 약속이행 여부는 자산운용의 실적에 달려 있되, 보험사는 은행과 정반대의 방법으로 자산을 변환한다. 즉 은행은 유동적 부채(은행예금)를 비유동적 자산(은행대출)으로 전환하는 데 반해, 보험사는 비유동적 부채(보험계약)를 유동적 자산(채권, 주식 등)으로 전환하는 것이다.

이러한 차이에 기반하여 보험회사는 은행에 비해 낮은 수준의 규제를 받는 것이 정당화되는 것이며, 구체적으로 이를 지배하는 보험지주회사는 은행지주회사에 비해 소유의 요건 및 지주회사체제 내의 자본적정성 · 자산건전성 등에서 달리 취급되어야 하는 것이다.

3. 외국의 규제 사례

보험지주회사에 대한 명시적인 규제가 존재하는 국가는 미국과 일본 등이며 EU에서는 보험그룹(insurance group)에 대한 지침서(directive)가 존재한다.

미국은 주마다 보험업법이 다소 다르지만 보험산업의 규모 및 규제의 영향력 측면에서 뉴욕주 보험업법(NYIL, New York Insurance Law)이 가장 중요하며, 전미보험감독관협회(NAIC, National Association of Insurance Commissioners)가 작성하는 모델법 역시 중요한 역할을 한다. NYIL 제15조는 지주회사에 대한 내용으로 구성되어 있으며 NAIC의 모델법 440-1은 보험지주회사 시스템규제법(IHCSRA, Insurance Holding Company System Regulatory Act)이다. 일본의 경우는 1997년 독금법 개정으로 지주회사 설립 및 전환이 허용되면서 1998년 각 금융업법에 지주회사 조항이 신설되었다. 유럽은 미국의 기업들에 비해 복잡한 소유구조를 갖고 있는데, EU에서 지주회사에 대한 규제 대신 그룹구조에 대한 일련의 지침서를 제정하여 각 회원국이 채택하도록 하고 있다. 보험회사와 관련해서는『지침서 98/78/EC』가 보험그룹 내 보험회사에 대한 보완적 감독을,『지침서 2002/87/EC』는 복합금융그룹에 대한 보완적 감독을 규정한다. 보험지주회사(또는 그룹)에 대한 규제는 지주회사(또는 그룹)의 정의, 자회사 등의 업무영역, 자산건전성 및 자본적정성 등으로 파악할 수 있다.

(1) 미국[5)]

NYIL과 IHCSRA 모두 보험지주회사는 보험회사 지분을 10% 이상 보유하거나 실질적 지배력이 있는 경우로 정의한다. 보험사의 자회사, 즉 보험지주회사의 손자회사의 경우는 NYIL은 보험사가 의결권 있는 지분의 과반을 보유하는 회사를 자회사로 간주하고 IHCSRA를 채택한 주에서는 지분의 10%를 기준으로 정의한다.

주목할 만한 점은 미국의 보험지주회사 규제들은 보험지주회사체제 내에 보험사 이외의 회사와 보험사의 자회사에 대한 업무영역에 제한을 두지 않는다는 사실이다. NYIL과 IHCSRA 모두 보험지주회사 체제 내 보험사 이외 회사에 대해서는 침묵하고 있는데, 이는 연방은행법에서 은행지주회사 산하에는 은행만 두고 금융지주회사 산하에는 궁극적으로 금융회사만 두도록 한 것과 크게 대비되는 것이다. 또한 보험사의 자회사에 대해서는 보험사의 자회사라는 이유로 업무영역에 제한을 받아서는 안 된다고 규정하고 있다.

결과적으로 보험지주회사를 정의하는 것의 실질적 영향력은 보험지주회사체제 내 회사 간 거래에 감독당국이 개입할 수 있다는 것에 있다. 즉 보험지주회사체제 내 보험사가 다른 계열사와 거래할 경우 인정자산의 일정 비율 (NYIL 5%, IHCSRA 3%) 초과시 감독당국에 사전에 신고하도록 되어 있는데, 은행지주회사의 경우 계열사와의 거래가 일정 한도 이상은 아예 금지되는 것에 비해 크게 낮은 수준이라고 할 수 있다.

---

5) 민세진, "미국 산금분리 규제 진화 및 영향에 대한 연구 — 금융업권별 차이와 지주회사와의 관계를 중심으로," BFL 제20호(2006. 11), 서울대학교 금융법센터, 108면.

(2) 일본

일본은 독금법 개정으로 지주회사의 설립 및 전환이 허용되었기 때문에 각 금융권역 지주회사에 대한 정의는 동일하다. 즉 해당 금융권역의 회사를 자회사로 하는 지주회사로서 인가받은 회사이다. 단, 자회사는 의결권주 50% 이상이 다른 회사에 소유되었을 때이며, 지주회사는 자회사 주식가액이 자산총액의 50% 초과하는 경우이다. 일본의 금융권 지주회사 정의는 우리나라 금융지주회사 정의와 가장 유사하지만, 자회사 정의에는 큰 차이가 있다. 흥미로운 것은 일본이 1997년 독금법을 개정하기 이전 지주회사를 금지하던 당시 제9조 제2항에서 유지되던 지주회사의 정의가 현재 우리나라의 금융지주회사 정의와 일치한다는 사실이다. 즉 독금법 개정 이전의 정의가 "지주회사란 주식을 소유함으로써 다른 회사의 사업 활동을 지배하는 것을 주된 사업으로 하는 회사"였던 것이다. 지주회사 설립을 허용하면서 정의를 바꾼 것은 기존의 '지배'라는 실질적 기준 대신 '50%를 초과하는 주식보유비율'이라는 형식적 기준을 채택하여 사업보고서 제출의무 및 신고의무가 있는 지주회사(제9조 제6항)의 해당 여부를 분명히 한 것이라고 한다.[6)]

은행지주회사는 자회사의 업무영역이 은행 및 금융회사로 제한이 있으나 보험지주회사는 비금융회사라도 승인을 받아 소유할 수 있고, 특히 은행지주회사는 은행 자체의 자산운용규제에 추가하여 제한적인 규제가 있으나 보험 및 증권지주회사는 추가적인 규제가 없다. 구체적으로 보면, 은행지주회사그룹 전체적으로 다른 회사 발행주식을

---

6) 시모타니 마사히로(저)/선종배 · 정안기(역), 일본의 기업시스템과 지주회사 해금—독금법 제9조와 일본경제, 대한경제연구원, 1998, 33-45면, 66-68면.

15% 이내로만 취득할 수 있고 그룹 전체가 동일인 등에게 공여할 수 있는 신용에도 자기자본 대비 한도가 존재하지만 보험지주회사에는 이러한 제한이 없다.

(3) 유럽

유럽의 보험그룹 및 복합금융그룹에 속하는 회사의 범위는 매우 포괄적이다. 구체적으로 모 · 자회사, 참여 · 피참여 회사, 수평적 그룹관계의 회사들이 포함되는데, 모 · 자회사는 의결권주를 과반 보유하거나 주주이면서 경영 · 감독기구 이사의 과반 임면권을 보유하는 경우 또는 주주가 아니라도 계약이나 정관에 의해 지배적 영향력을 행사하는 경우 등이다. 참여 · 피참여 회사는 20% 이상 직간접적으로 의결권이나 자본의 지분을 보유한 경우 등이고, 수평적 그룹관계의 회사들은 계약이나 정관에 의해 회사들이 동일한 기반으로 경영되는 경우, 해당 회계연도상 회사들의 경영 · 감독기구 대부분이 동일한 인력으로 구성된 경우 등이다. 동일 그룹에 속하는 회사의 범위는 매우 포괄적이지만, 모든 금융그룹 내 회사에 대한 업종의 제한이 없으며 비금융회사가 섞여 있는 경우 감독대상은 금융회사들로 한정된다. 이에 대해 EU는 "금융 활동과 더불어 다양한 상업적 또는 산업적 활동을 수행하는 그룹은 매우 이질적이기 때문에 그룹에 대한 금융감독에 이들을 모두 포함시키는 것은 감독의 목적에 비추어 볼 때 의미 있는 일이 아니다"라고 밝혀 다양한 업종과 형태의 그룹을 인정함과 동시에 금융감독의 범위를 명확히 하였다.[7)]

7) EC Internal Market Directorate General, Towards and EU Directive on the Prudential

보험그룹의 경우, 개별 보험사 차원의 자산운용규제 외에 추가적 제한은 없으며 주된 관심은 그룹 차원의 자본적정성이다. 즉 그룹 내 출자(double or multiple gearing)로 개별 금융회사의 자본적정성이 과대 포장되는 것을 경계하여 개별 금융회사의 자기자본의 합에서 그룹 내 출자를 제외한 자본규모가 각 금융업규제에서 요구하는 자본의 합보다 클 것을 요구하고 있는데, 그룹 차원의 자본적정성 요구는 은행그룹이나 복합금융그룹에서도 가장 중요한 사안이다. 그러나 은행그룹의 경우에는 계열사와의 거래가 자기자본 10% 이상 규모일 때 20% 초과를 금지(예외 인정)하는 규정이 있어서 역시 보험그룹에 비해 강한 규제대상이 됨을 알 수 있다. 각기 다른 금융업종의 회사들이 혼재하는 복합금융그룹에 대해서는 그룹 차원의 자본적정성 요구 외 위험집중, 그룹 내 거래, 내부위험관리 프로세스 구축 등에 사후감독이 따른다. 위험집중은 그룹 내 금융회사의 자본적정성 등을 위협할 만큼 막대한 그룹 전체의 손실위험으로 정의되며 EU 각 회원국에 양적 규제가 일임되고 최소한 정기적인 보고의무가 부과되며, 그룹 내 거래는 그룹 전체 자본적정성 기준의 5% 초과 거래를 중요거래(significant transaction)로 정의하고 역시 각 회원국에 양적 규제가 일임되는 한편 정기적 보고의무가 부과된다.

Supervision of Financial Conglomerates—Consultation Document, Market/3021/2000, 2000, 13.

III. 보험지주회사법 제도상 쟁점들

금융산업에서 지주회사체제에는 다양한 장점들이 있다. 지주회사체제는 합병을 통한 대형화에 편리하고 사업여건에 따라 지분을 확대하거나 매각할 때 용이할 뿐만 아니라 완전자회사의 경우는 사업부서와 마찬가지로 신축성 있게 운영이 가능하다. 또한 개별 자회사가 자금을 조달하는 것보다 지주회사를 통하는 것이 유리한 경우가 많다. 특히 금융회사들의 경우 지배주주의 요건이나 자회사의 업무영역 등에 제한이 있는 경우가 많고 국가마다 규제가 상이하기 때문에, 대형화 · 겸업화 · 글로벌화되는 금융그룹을 형성하는 데 자회사방식보다는 지주회사방식이 활용되고 있다. 또한 비슷한 이유 때문에 금융권역에서는 순수지주회사를 설립하는 것이 겸업 및 글로벌화에 유리하다. 지주회사가 사업을 할 때, 특히 은행에서는 업무영역 및 규모 등에서 제약이 큰 경우가 많기 때문에 비교적 규제로부터 자유로운 순수지주회사를 설립하는 것이다. 그 결과 세계적인 대형 금융그룹의 경우 대부분 지주회사체제를 이용하고 있으며, 보험그룹도 예외가 아니다.

이렇듯 지주회사체제가 비즈니스 영위 차원에서 강점이 많은 것은 선진 금융사들의 운영 사례에서 확인되고 있다. 우리나라에서도 대형은행들을 중심으로 지주회사체제가 형성되고 지주회사 산하에 다양한 금융업들이 영위되는 상황인데, 이는 우리나라의 금융지주회사법이 은행의 지주회사 이행을 염두에 두고 제정되어서 은행지주회사의 형성에는 현실적 장애가 없었기 때문이다. 문제는 이 때문에 은행지주회사에 적합한 규제가 권역에 관계없이 적용되고 있다는 점이다. 은행지주회사에 준하는 규제를 보험지주회사에 강제하는 것은 금융시스템의 안전성 측면에서는 바람직할 수 있으나, 필요 이상의 규제

존재로 인해 효율성이 상실되는 측면을 무시할 수 없다. 따라서 지주회사체제의 장점들을 고려할 때 금융시스템의 안정성을 크게 저해하지 않으면서 보험회사들이 지주회사체제로 이행하는 것을 촉진할 만한 규제 개선이 요구되는 것이다.

은행과 달리 보험회사들의 지주회사 이행이 어려운 이유는 태생적 한계에 있다고 할 수 있다. 클레센(2003)은 개발도상국의 복합금융그룹에 대한 조사를 통해 이들이 선진국의 복합금융그룹과 존재목적 및 구조상 큰 차이가 있음을 적시하고, 자본시장이 충분히 발달하지 않은 개발도상국에서 복합금융그룹이 내부시장으로서 긍정적 역할을 할 수 있음을 인정하면서도 복잡한 이해상충과 기업지배구조상의 문제가 발생한다고 분석한 바 있다.[8)] 우리나라의 경우, 은행은 1982년 12월의 은행법 개정 이래 동일인의 은행 지분소유가 제한되어 왔던 반면, 그 외 금융권역의 회사들에는 그러한 제한이 없었기 때문에 보험회사의 상당수가 기업집단의 계열사로 소속되어 있다. 즉 기업집단의 내부시장으로서 은행이 아닌 보험회사들이 역할을 하고 있었던 것이다. 최근 제조업의 비중이 크게 축소되고 기업집단 내에서 금융부문의 중요성이 증가하고 있으나, 오랜 기간 형성된 복잡한 소유관계로 인해 은행을 기준으로 한 지주회사 이행요건을 맞추기가 용이하지 않은 경우들이 있는 것이다.

2007년 말 발표된 '보험업법 개정 요강'에는 보험지주회사가 순수지주회사로서 은행을 지배하지 않을 것을 전제로 이에 대해 금융지주회사법상 자회사 · 손자회사의 소유(지배) 및 업무영역 규제를 일부 완

8) Stijn Claessens, Benefit and Costs of Integrated Financial Services Provision in Developing Countries, Brookings-Wharton Papers on Financial Services : 2003, 115-122.

화할 것을 개선 방향으로 제시하고 있다. 이에 2009년 7월 개정된 금융지주회사법에는 비은행지주회사(제2조 제6의2호)와 보험지주회사(제2조 제6의3호), 금융투자지주회사(제2조 제6의4호) 등이 새로 정의되고, 이에 따라 비은행지주회사에 대한 비금융자회사 지배 특례(제20조) 등이 신설되었다. 2007년 개정 요강 및 2009년 개정에서도 드러나듯이 기존의 보험회사들이 지주회사체제로 이행하는 데 가장 큰 장애는 자회사와 손자회사의 정의 및 업무영역이다. 즉 어느 범위의 회사까지 자회사 및 손자회사로 볼 것이며 이들의 업종을 현행처럼 금융업으로만 제한할 것인가의 문제로 요약된다.

공정거래법과 금융지주회사법에서 지주회사와 자회사, 자회사와 손자회사를 정의하는 '지배'의 기준은 동일하다. 요약하자면, 계열회사 중 최다출자자이면 지배하는 것이다. 이렇게 지배하는 회사가 보유한 지배당하는 회사의 주식가액이 회사 자산의 50% 이상이 되면, 금융감독당국의 인가를 받아 금융지주회사가 되어야 한다. 정의와 관련한 문제점이자 장점은, 예컨대 피지배회사의 지분을 1%만 소유하고 있더라도 계열회사 중 최다출자자이면 지주회사가 될 수 있다는 사실이다. 물론 그렇게 적은 지분이 지배회사 자산가치의 반 이상이 되어야 할 터이지만, 지분매입 당시 가격이 아니라 지분의 시장가격을 기준으로 계산할 경우 가능할 수 있는 상황이다. 그러나 궁극적으로 지배권을 행사하기 위해서는 지주회사가 더 많은 지분을 확보해야 할 것이므로 이러한 점이 큰 장점이 되지는 못하되, 오히려 금융지주회사 정의요건에 해당되면 반드시 인가를 받아 금융지주회사가 되어야 한다는 점이 문제가 될 수 있다. I장에서 설명한 바와 같이 법제도상 금융지주회사체제의 장점이 있긴 하지만, 보험지주회사를 포함하는 비은행지주회사가 될 경우 비록 비금융자회사는 둘 수 있지만(은행지주회사는 비금융자회사를 둘 수 없음), 비금융손자회사를 둘 수 없고 매우 제한된 범위의 증손회사까지만 허용되고 그 이하의 소유는 허용하지 않는다는 제한이 있기 때문이다. 비은행지주회사가 비금융자회사를 둘 수 있는 것도 2009년 법 개정을 통해 비로소 허용된 바이지만, 현존하는 보험회사들이 보험지주회사체제로 이행하는 데에 그다지 실효성 없는 내용이다. 여전히 남아 있는 제한들이 정확하게 이행의 비용으로 걸림돌이 되는 것이다.

현실적으로 금융지주회사법이 존재하는 상황에서, 또한 그 상위에 일반적으로 지주회사를 정의 · 규제하는 공정거래법이 존재하는 상황에서 보험지주회사에 대해 완화된 규제를 적용할 수 있는 여지는 크지 않다. 그러나 금융지주회사법과 보험업법 간 명확하게 차이가 있고 이 차이가 지주회사 이행의 큰 비용을 차지하고 있는 경우라면 개선을 고려해 볼 수 있을 것이다. 예컨대 보험업법 제2조 제17호에서 정의하는 자회사는 보험회사가 다른 회사의 의결권 있는 발행주식(출자지분 포함) 총수의 15%를 초과하여 소유하는 경우인 데 반해, 금융지주회사법상의 지배는 모 · 자회사, 자 · 손자회사 모두 최다출자자 여부가 관건이다. 따라서 어떤 보험사가 비금융계열사의 지분을 15% 미만 보유하면서 계열회사 중에는 최다출자자라면 보험업법상으로는 해당 비금융계열사를 자회사로 둔 것이 아니지만, 금융지주회사법상으로는 지배하게 되는 것이다. 즉 이 보험사가 금융지주회사의 자회사가 되면 해당 비금융계열사의 지분은 더 이상 보유할 수가 없다. 보험지주회사의 손자회사에 대해서는 보험업법에서 인정하고 있는 자회사의 정의를 준용한다면, 보험지주회사체제 이행과 관련된 비용은 어느 정도 경감할 수 있을 것이다. 또한 이는 법률 간 정합성을 제고하는 일이기도 하다.

Ⅳ. 결론

보험지주회사 설립활성화는 국내 보험회사의 대형화 · 글로벌화를 위해 필수적 방향이다. 지주회사체제의 비즈니스상 이점은 이미 선진기업들의 사례를 통해 검증되었다고 할 수 있고, 우리나라 법제도상으로도 지주회사 형성의 유인이 있는 것으로 보인다. 문제는 많은 보험회사가 기업집단에 소속되어 다른 금융 · 비금융계열사들과 복잡한 소유관계로 엮여 있는 현실에서 간결한 소유구조와 금융회사만 지주회사체제 안에 둘 것을 요구하는 현행 금융지주회사법에 따른 이행비용을 감수하기가 어렵다는 것이다.

이러한 이행비용이 당연히 요구될 만한 대가라면 모르지만, 보험지주회사에 은행지주회사에 준하는 강한 규제를 부과하는 것은 이론적 근거가 미약할 뿐만 아니라 미국 · 일본 · 유럽 등의 규제 사례를 살펴보아도 타당성이 인정되기 어려운 면이 있다.

그럼에도 불구하고 백지 위에 법제도를 설계하는 것이 아니라 주어진 현실에서 개선점을 찾아야 한다면, 또한 대기업집단의 존재에 대한 우려를 무시할 수 없다면, 급격한 변화는 아니되 실용적인 대안을 찾는 것이 긴요하다. 이러한 측면에서 최소한 보험업법에서 인정하고 있는 업태는 지주회사체제 내에서도 인정하여 법률 간 정합성도 높이고, 불필요한 이행비용을 제거하는 것이 바람직하다. 궁극적으로는 지속적으로 금융감독능력을 제고하여 사전적 소유 · 행위 규제를 줄여나가는 노력이 절실히 필요하다.

〈첨부 1〉 일본 독금법 주요 내용 개정 연혁

	1947년 제정	1949년 / 1953년 개정	1977년 개정	1997년 개정[4]	2002년 개정
제9조 지주회사	설립 금지[1]	전환금지 추가 (1949년.[2] 제10조의 개정으로 이후 순수지주회사 설립, 전환금지로 해석)		사업지배력이 과도하게 집중되는 지주회사 설립, 전환금지[5]	'지주회사'→ '회사'
제9조의2 주식취득 소유의 총액제한 (출자총액제한제도)			신설[3](자본금 100억 엔 이상 또는 순자산 300억 엔 이상인 대규모회사 대상)	지주회사를 총액제한 적용대상에서 제외(완전자회사 등도 적용제외)	폐지
제10조 사업회사의 주식보유	사업회사(금융업 제외)의 타 회사 주식보유 원칙적 금지, 일정한 경우 공취위 인가	실질적으로 경쟁을 저해할 주식취득, 소유 금지			
제11조 금융회사의 타 회사 주식보유	동종 금융업 타사 주식 취득 금지, 사업회사 5% 초과 금지	동종 금융업 관련 삭제, 국내 회사 주식 10% 초과 금지, 공취위 인가 경우 제외	5% 초과 금지로 강화	은행 5% 초과 금지, 보험 10% 초과 금지 (개정시기 불분명)	

1) 제9조 지주회사의 금지

제1항 : 지주회사를 설립해서는 안 된다.

제2항 : 지주회사란 주식을 소유함으로써 다른 회사의 사업 활동을 지배하는 것을 주된 사업으로 하는 회사를 말한다.

2) 제10조의 타 회사 주식보유가 허용되면서 지주회사 전환금지를 제2항으로 추가, 기존 제2항은 제3항이 되었다.

3) 금융업을 제외한 사업회사로서 자본금 100억 엔 이상 또는 순자산 300억 엔 이상인 대규모 회사는 자기자본금 또는 순자산 중 많은 액을 초과하여 국내회사의 주식을 원칙적으로 보유할 수 없다. 1995년에는 자본금 350억 엔 이상 순자산, 1,400억 엔 이상으로 조정되었다.

4) 개정법은 시행일로부터 5년 후에 사업지배력이 과도한 집중의 관점에서 지주회사의 범위 및 주식보유 총액제한의 적용대상인 주식의 범위 등의 문제에 대해 다시 검토하기로 규정(부칙 제5조)했다.

자료 : 시모타니 마사히로(저)/선종배 · 정안기(역), 일본의 기업시스템과 지주회사 해금 — 독금법 제9조와 일본경제, 대한경제연구원, 1998, 33-45면, 66-68면 ; 이동원, 지주회사, 2001, 110-152면.

5) 제9조 제3항 : 지주회사란 자회사(회사가 발행주식 총수의 50%를 초과하여 주식을 소유하는 국내회사)의 주식 취득가액의 합계액이 총 자산액의 50%를 초과하는 회사를 말한다.

제4항 : 회사 및 자회사들이 합쳐 주식총수의 50%를 초과하여 보유하는 회사도 자회사로 간주한다.

기존의 '지배'라는 실질적 기준 대신 '50%를 초과하는 주식보유비율'이라는 형식적 기준을 채택하여 사업보고서 제출의무 및 신고의무가 있는 지주회사(제9조 제6항)의 해당 여부를 분명히 하였으나, 자회사주식 소유비율을 50% 이하로 하여 지주회사 금지규정을 회피할 가능성도 공존한다. 그러나 지주회사는 소유주식 총액제한규정이 적용 제외되었기 때문에 지주회사 설립 · 전환의 유인도 존재한다.

〈첨부2〉 한 · 미 · 일 · 유럽 금융지주회사 규제 비교

<table>
<tr><th>규제영역</th><th>지주회사</th><th colspan="2">한국</th><th>미국</th></tr>
<tr><td rowspan="3">정의</td><td>은행</td><td rowspan="3" colspan="2">주식의 소유를 통해 금융회사 또는 금융업 영위와 밀접한 관련이 있는 회사를 '지배'하는 것을 '주된 사업'으로 하며 규정에 의한 인가를 받은 회사
· 지배 : 금융지주회사가 단독으로 또는 특수관계자(공정거래법 시행령 제11조 제1~2호)와 합하여 계열회사(공정거래법 제2조 제3호)의 최다출자자가 되는 것. 다만 금융지주회사가 단독으로 또는 그 자회사 및 손자회사와 합하여 소유하는 주식이 각각의 특수관계자가 소유하는 주식보다 적은 경우를 제외
· 주된 사업 : 회사가 소유하고 있는 자회사의 주식(지분 포함) 가액이 자산총액의 50% 이상인 때</td><td>은행의 지분을 25% 이상 보유하거나 5% 이상 보유하면서 임원의 대다수를 선임하는 등 실질적 지배력이 있을 때 감독기관의 판단으로 정의〔12 U.S.C 1841(a) (1), (2)〕</td></tr>
<tr><td>보험</td><td>보험사의 지분을 10% 이상 보유하거나 실질적 지배력이 있는 경우로 정의하고, 보험사의 자회사는 주에 따라 지분의 10% 또는 과반을 기준으로 정의(뉴욕주는 보험사가 의결권 있는 지분을 과반을 보유하는 회사를 자회사로 간주)
IHCSRA 1 (C) (D)
NYIL 1501 (a) (2) : 보험지주회사
107 (40) : 자회사</td></tr>
<tr><td>증권</td><td>은행과 동일〔15 U.S.C. 78q (i) (5)〕</td></tr>
<tr><td rowspan="3">자회사 등의 업무영역</td><td>은행</td><td colspan="2">금융회사</td><td>은행 및 관련 회사
(금융지주회사는 금융 및 관련 회사)</td></tr>
<tr><td>보험</td><td rowspan="2" colspan="2">자회사는 비금융회사 허용
손자회사 이하는 금융회사만 허용</td><td rowspan="2">제한 없음</td></tr>
<tr><td>증권</td></tr>
<tr><td rowspan="3">자산건전성
·
자본적정성</td><td>은행</td><td rowspan="3">· 금융지주회사 : 자회사 외 계열회사 주식 소유 금지
· 금융지주회사 그룹 전체의 동일인 본인에 대한 신용공여 : 자기자본 순합계 20%
· 그룹 전체의 동일 차주에 대한 신용공여 : 자기자본 순합계 25%
· 그룹 전체의 10% 초과 보유 동일인에 대한 신용공여 : 자기자본 순합계 25%</td><td>자회사 외 비금융회사 주식 5% 허용</td><td>· 개별 계열사와의 거래 : 자기자본 10% 초과 금지
· 계열사 전체 거래 규모 : 자기자본 20% 초과 금지</td></tr>
<tr><td>보험</td><td rowspan="2">자회사 외 비금융회사 주식소유 금지</td><td>계열사와의 거래 : 인정자산의 5% 초과 거래시 감독당국의 사전승인 요</td></tr>
<tr><td>증권</td><td>제한 없음</td></tr>
</table>

* 근거 자료

한국 : 금융지주회사법

미국 : US Code Title 12 "Banks and Banking" 중 Chapter 17 "Bank Holding Companies"(은행지주회사) / 뉴욕주 보험업법 Article 15 "Holding Companies"(보험지주회사) / US Code Title 15 "Commerce and Trade" 중 Section 78q (i)(투자은행지주회사)

<table>
<tr><th>일본</th><th colspan="2">유럽(금융그룹)</th></tr>
<tr><td>은행, 보험사, 또는 증권회사를 자회사로 하는 지주회사로서 인가받은 회사
· 자회사 : 의결권 있는 지분의 50% 이상 소유
· 지주회사 : 자회사 주식가액이 자산총액의 50%를 초과</td><td colspan="2">그룹의 범위
· 모 · 자회사 : 의결권주 과반 보유, 주주이면서 경영 · 감독기구 이사의 과반 임면권 보유, 주주가 아니라도 계약이나 정관에 의해 지배적 영향력을 행사하는 경우 등
· 참여 · 피참여 회사 : 20% 이상 직간접적으로 의결권이나 자본의 지분을 보유한 경우 등
· 수평적 그룹관계 : 계약이나 정관에 의해 회사들이 동일한 기반으로 경영되는 경우, 해당 회계연도상 회사들의 경영 · 감독기구의 대부분이 동일한 인력으로 구성된 경우 등</td></tr>
<tr><td>은행 및 금융회사</td><td colspan="2" rowspan="3">제한 없음(복합금융그룹의 경우 금융회사들만 감독대상)</td></tr>
<tr><td>비금융회사의 경우 내각총리대신의 승인 요</td></tr>
<tr><td>제한 없음</td></tr>
<tr><td>· 은행지주회사그룹 전체의 타 회사 발행주식 취득 : 15% 초과 금지
· 그룹 전체의 동일인 본인에 대한 신용공여 : 자기자본 순합계 25%
· 그룹 전체의 본인+특수관계인에 대한 신용공여 : 자기자본 순합계 40%</td><td>· 계열사와의 거래 : 자기자본 10% 이상 규모일 때 20% 초과 금지원칙
(경우에 따라 예외 인정)
· 그룹 전체 연결회계 기준으로 자기자본 계산하고 RBC 8% 이상 유지</td><td rowspan="3">복합금융그룹 : 조정지급여력 계산, 위험집중 감독, 그룹 내 거래 감독, 위험관리체제 개발 요구</td></tr>
<tr><td rowspan="2">별도 규제 없음</td><td>조정지급여력 계산(그룹 내 출자분 제외)</td></tr>
<tr><td></td></tr>
</table>

일본 : 은행법, 보험업법, 증권거래법

유럽 : 은행의 설립과 업무에 대한 지침서(2002/12/EC. 은행, 투자은행 및 은행그룹 관련)/생명보험에 대한 지침서(2002/83/EC), 보험 그룹에 대한 보완적 감독 지침서(98/78/EC)

13

보험회사에 관한 유동화거래의 유형과 특징*

조영희**

I. 머리말

1997년 자산유동화에 관한 법률이 제정된 이래 우리나라의 자산유동화시장은 비약적인 발전을 거듭해 왔다. 법 제정 이후 이루어진 초기의 자산유동화거래는 한국자산관리공사(당시 성업공사)를 비롯한 금융기관들의 부실채권을 유동화자산으로 한 거래가 주류를 이루었으나 2000년도 이후에는 부실채권 중심의 자산유동화거래에서 점차 자동차할부채권 유동화, 주택담보대출채권 유동화, CBO(collateralized bond obligations)라 불리는 회사채 유동화,[1] 신용카드채권 유동화, 기타

---

* 이 논문은 BFL 제48호(2011. 7)에 게재된 글을 수정 · 보완한 것이다.

** 법무법인 세종 변호사

1) 2000년경 가장 활발했던 회사채 유동화거래는 특히 발행시장CBO(primary CBO)라

장래매출채권 유동화 등 다양한 유형의 자산에 관한 유동화거래가 본격적으로 진행되어 왔다.

이처럼 우리나라의 자산유동화거래는 유동화자산의 측면에서는 부실채권으로부터 다양한 유형의 금융자산으로 점차 발전해 왔는데 이를 자산보유자의 유형별로 살펴보면 각종 부실채권이나 정상적인 대출채권 그리고 주택담보대출채권 등은 주로 은행권[2]의 유동화대상 자산이었고, 자동차할부채권이나 신용카드채권은 신용카드사를 비롯한 여신전문금융회사의 유동화대상 자산이었으며, 회사채 유동화는 명목상 증권회사가 주로 자산보유자가 된 거래였다. 물론 금융기관이 아닌 기업들의 장래매출채권 유동화거래나 부동산 유동화거래도 상당히 눈에 띄게 이루어졌으나, 금융기관이 아닌 기업의 경우 자산유동화에 관한 법률 제2조 제2호 너목에 정해진 바에 따라 "신용도가 우량한 법인으로서 금융위원회가 미리 정하는 기준에 따라 해당 법인이 보유하는 자산에 대하여 자산유동화의 필요성이 있다고 금융위원회가 인정하는 법인"인 경우에만 자산유동화에 관한 법률상 자산보유자로서의 적격을 갖출 수 있고, 이에 관하여 금융위원회가 정한 자산유동화업무 감독규정에 따르면 주권상장법인이 아닌 한 투자적격

는 상품이 주류를 이루었다. 당시 회사채시장이 아주 침체되어 기업들이 자신의 신용으로 회사채를 발행하기 어렵게 되자, 증권회사가 일정한 적격요건을 갖춘 기업들로 하여금 회사채를 발행하게 하여 이를 인수하고 곧바로 이를 유동화전문회사에 양도하여 유동화하면서, 신용보증기금, 기술신용보증기금 또는 중소기업진흥공단에서 이와 같이 발행되는 유동화증권에 대하여 신용공여 또는 보증을 제공함으로써 신용등급을 높여 투자자들이 높은 신용등급을 가진 CBO에 투자할 수 있도록 유도하였다.

2) 한국자산관리공사(구 성업공사)의 부실채권 유동화거래는 사실상 은행권에서 인수한 부실채권을 유동화한 것이고, 한국주택금융공사의 주택담보대출 유동화거래도 은행을 통해 실행되는 보금자리론을 한국주택금융공사가 양수받아 유동화하는 것이므로 사실상 은행이 자산보유자인 금융자산의 유동화거래라 볼 수 있다.

의 평가등급을 받은 법인이어야 자산보유자로서의 적격을 갖출 수 있으므로 사실상 낮은 신용등급의 기업들이 우량한 자산을 유동화하여 낮은 금리로 자금을 조달한다는 유동화거래의 본래 목적은 그다지 달성되지 못하였다.

이와 같이 우리나라의 자산유동화거래는 주로 금융기관들이 보유한 자산을 유동화하는 데 초점이 맞추어져 있었으나 금융기관들 중에서도 유독 보험회사만은 거의 자산유동화거래에 관심을 갖지 않았다고 해도 과언이 아니다. 2002년 12월 삼성생명주식회사가 은행들보다 앞서 주택담보대출채권의 해외 유동화거래에 성공하였으나 이후 추가로 유동화거래가 이루어지지는 않았고, 위 주택담보대출채권 유동화거래의 경우 은행권의 주택담보대출채권 유동화거래와 별다른 특징을 보이지는 않았다. 그러나 미국에서는 2001년경부터 생명보험회사들이 다양한 형태의 유동화거래를 시도하였는데 여기서는 미국 생명보험회사들이 수행한 유동화거래의 대표적인 유형(이하 '보험유동화거래')을 살펴보고[3] 우리나라의 보험회사들이 향후 이러한 유동화거래를 수행함에 있어 법적으로 어떠한 장애요소가 있는지에 대해 살펴보고자 한다.

II. 보험유동화거래의 유형

2000년대 초반에 활발했던 미국 보험회사의 유동화거래는 크게 세

3) 여기서 소개되는 보험회사의 대표적인 유동화거래는 J. Davis Cummins, "Securitizaion of Life Insurance Assets and Liabilities," The Wharton Financial Institutions Center Working Paper Series(2004)의 내용을 전반적으로 요약한 것이다.

가지 유형으로 나누어 볼 수 있는데 ① 회사가 인수한 보험계약 중 일부 계약에 관한 회사의 자산부채를 포괄적으로 유동화하는 장래현금흐름 유동화(block of business securitizations), ② 회사의 유보금 규모를 감소시키는 것을 목적으로 하는 유보금조달 유동화(reserve funding securitizations) 그리고 ③ 회사가 인수한 보험계약상의 위험은 이전하는 것을 목적으로 하는 위험이전 유동화(risk transfer securitizations)가 그것이다. 이하에서는 위 각 유동화거래의 구조 및 특징을 간략히 살펴보기로 한다.

1. 장래현금흐름 유동화(block of business securitizations)

금융기관이 자산유동화거래를 하는 목적 중에는 우량한 자산을 기초로 낮은 금리의 자금을 조달하는 것도 중요한 부분을 차지하겠지만 일정한 규모의 자산을 매각하여 대차대조표에서 제거(off balance sheet)함으로써 해당 금융기관에 적용되는 자본적정성(capital adequacy)요건을 충족시키는 것이 때로는 더 중요한 목적이 되기도 한다. 이는 보험회사의 경우 또한 예외가 아니다.

보험회사가 수행하는 장래현금흐름 유동화거래는 보험회사가 인수한 보험계약 중 일부 보험계약에 관한 대차대조표상의 자산부채를 포괄적으로 특수목적법인(이하 'SPV')에 양도하고 SPV는 투자자들에게 사채를 발행한 후 그 발행자금을 운용함으로써 발생하는 이자수입과 보험계약자들로부터 지급되는 보험료 기타 유동화대상이 된 보험계약에 따른 현금수입을 재원으로 하여 투자자들에게는 사채 원리금을 지급하고 보험계약상 보험금지급사유가 발생하면 해당 보험계약자들에게 보험금을 지급하기로 하는 거래이다. 이는 보다 일반화된 사업

유동화거래(whole business securitization)[4]의 출발점이 되기도 하였는데, 보험회사가 이러한 장래현금흐름의 유동화거래를 최초로 시도한 이유는 보험상품이 현금흐름에 있어 다른 금융상품과 구별되는 차이점이 있기 때문이다.

예를 들어 생명보험회사가 생명보험계약 또는 연금보험계약을 인수함에 따라 회사는 보험료, 자산운용에 따른 투자수익, 수수료[5] 수입 등의 유입 현금흐름을 갖게 되고 생명보험금, 연금, 보험계약 해지에 따른 해약환급금, 각종 비용 등의 지출 현금흐름을 갖게 되는데, 보험상품의 경우 당초 보험계약을 인수하는 데 소요되는 초기비용(acquisition costs)이 다른 금융상품에 비해 매우 크다. 이러한 비용은 보험계약 인수 초기에 한꺼번에 지출되지만 보험회사는 이를 보험계약이 유지되는 기간에 걸쳐 보험계약자로부터 지급받는 보험료나 투자수익, 수수료 등을 통해 분할하여 지급받음으로써 충당하게 된다. 그런데 미국을 비롯한 대부분의 나라에서는 보험회사로 하여금 새로 인수되는 보험계약에 관하여 보험금 지급에 대비한 유보금을 쌓게 하는 한편, 보험계약을 인수한 초기에 지출되는 비용 전액을 보험계약기간 동안 분할하여 보험계약자로부터 지급받을 수 있는 자산으로 취급하지 않고 그 일부는 비용으로만 취급한다. 그 결과 보험회사는 보험계약을 인수한 초기에 비용지급을 위한 현금을 지출해야 할 뿐만 아니라 적정 수준

4) 구체적인 설명은 조영희, "파산절연과 자산유동화에 관한 법률 제13조에 관한 소고," BFL 제31호(2008. 9), 서울대학교 금융법센터 참조.

5) 2000년대 후반부터는 보험회사가 수령한 보험료를 주식이나 채권 등 유가증권에 투자하여 그 투자수익에 의해 향후 지급되는 보험금이 결정되는 투자대체상품으로서의 보험상품이 각광을 받고 있는데 변액(variable) 보험 및 유니버설(universal) 보험이 이에 속한다. 이러한 보험상품의 경우 보험계약자가 보험료와는 별도로 자산운용에 따른 수익을 기초로 계산된 일정률의 수수료를 지급하게 된다.

의 자본을 유지하기 위하여 추가적인 자본금을 필요로 하게 되고, 이는 보험회사의 성장을 제약하는 요인으로 작용하게 된다.

보험회사가 장래현금흐름을 포괄적으로 유동화하는 가장 큰 유인 중의 하나는 이처럼 회사가 인수한 보험계약 중 일부 계약에 관한 회사의 자산부채를 포괄적으로 양도하여 대차대조표에서 이를 제거함으로써 회사가 인수한 보험계약의 규모가 늘어남에 따라 발생하는 추가적인 자본금 조달에 대한 부담을 감소시킬 수 있다는 데에 있다.

또한 생명보험회사는 일정한 보험계약에 관한 장래현금흐름을 포괄적으로 유동화함으로써 사망률의 증가나 평균수명의 증가로 인한 위험에 대비할 수 있다. 생명보험계약에 있어 사망률의 증가는 생명보험회사가 지급해야 할 사망보험금의 금액 및 지급시기에 영향을 미치며, 평균수명의 증가는 연금보험금을 지급하여야 하는 기간을 연장시킨다. 이러한 사망률 증가 위험과 평균수명 증가 위험은 서로 상쇄되는 면이 있기는 하지만 완벽할 수는 없다. 계약유지율의 변화 또한 보험회사에게는 또 하나의 리스크이다. 보험계약자들이 보험계약을 해지하는 비율이 높아지면 장래현금흐름의 유입은 감소되고 경우에 따라서는 보험계약 인수시 발생한 초기비용을 충당하지 못하게 되기도 한다. 이러한 계약유지율은 이자율 기타 시장환경의 변화에 의해 좌우되기도 한다.

보험회사가 일부 보험계약에 관한 장래현금흐름을 유동화하는 경우 해당 보험계약상의 자산부채를 포괄적으로 양수한 SPV가 보험계약자들에 대한 보험금이나 해약환급금을 지급하게 되고 이러한 지급으로 인하여 SPV의 현금흐름에 부족분이 발생할 경우 투자자들이 그만큼 원금손실을 부담하게 된다. 결국 보험회사가 장래현금흐름 유동화거래를 통하여 회사의 자산부채를 포괄적으로 양도할 경우에는 양도된 보험계약과 관련된 사망률의 증가나 평균수명의 증가, 계약유지율의 감소에 따른 포괄적인 손실을 투자자들이 부담하게 되므로 보험회사는 이러한 손실위험에 노출되지 않을 수 있게 되는 것이다.

2. 유보금조달 유동화(reserve funding securitizations)

유보금조달 유동화거래 또한 보험회사가 법적으로 충족하여야 하는 유보금[6] 요건과 밀접한 관련이 있다. 미국의 트리플엑스 규정(Regulation XXX)은 장기간 보험료 납입을 보증하는 일정한 유형의 생명보험계약에 관하여 생명보험회사가 준수하여야 할 유보금요건을 강화하였는데, 이러한 유보금은 매우 보수적인 가정하에 책정되어 쌓였다가 보험료 보증기간에 걸쳐 감소된다.

유보금조달 유동화거래는 투자자들이 SPV가 발행한 사채를 매수하고 그 발행대금은 보험회사가 체결한 일정한 보험계약에 따른 보험금 지급의 담보로 제공됨으로써 해당 보험회사의 유보금요건을 그만큼 감소시키게 된다. 해당 보험계약에 관하여 유동화거래가 없었더라면 적립하였어야 할 유보금 수준이 시간이 경과함에 따라 감소되는 것에 상응하여 SPV가 발행한 사채의 원금은 일정 기간에 걸쳐 분할

6) 우리나라 보험업법에서는 보험회사가 다양하게 적립하여야 하는 유보금을 책임준비금이라 하여 이러한 책임준비금 산출방법서를 보험업 허가요건으로서 기초서류의 하나로 금융위원회에 제출하게 되어 있고(보험업법 제5조 및 보험업법 시행령 제9조 참조), 보험회사가 책임준비금 산출방법 등을 포함한 일정한 사항에 관하여 기초서류를 작성하거나 변경하려는 경우에는 금융위원회에 미리 신고하도록 하고 있다(보험업법 제127조 제2항 제3호). 또한 보험업감독규정에서는 책임준비금을 보험료적립금 · 미경과보험료적립금 · 지급준비금 · 계약자배당준비금 · 계약자이익배당준비금 · 배당보험손실보전준비금 · 재보험료적립금 · 보증준비금으로 구분하여 각각 적립하도록 규정하고 있다(보험업감독규정 제6-11조).

상환되는 방식을 취하게 된다. 해당 보험계약에 관한 사망률이 증가할 경우 사채의 발행대금은 보험금 지급에 부족한 자금을 충당하기 위해 지급되므로 그만큼 사채의 원금손실을 가져오게 된다. 이러한 사망률 증가 위험을 헤지(hedge)하는 대가로 보험회사는 SPV에 보장매입수수료를 지급하게 되고 이는 투자자들에게 사채 이자를 지급할 재원이 된다.

이러한 유보금조달 유동화거래를 통하여 보험회사는 보험계약을 인수함으로써 발생하는 유보금 적립의 부담에서 벗어날 수 있고, 사망률 증가에 따른 위험까지도 투자자들에게 이전시키는 효과를 얻게 된다.

3. 위험이전 유동화(risk transfer securitizations)

위험이전 유동화거래는 보험회사가 일정한 피보험자 집단의 예정사망률(expected mortality)을 기초로 하여 산정되는 일정한 금액의 보장매입수수료(risk premium)를 SPV에 지급하고 해당 피보험자 집단의 실제 사망률(actual mortality)이 예정 사망률과 달리 나타남에 따라 추가로 지급해야 하는 보험금을 SPV로부터 지급받는 방식을 통해 보험회사가 생명보험상품에 있어서 부담하게 되는 사망률 증가 위험이나 연금상품에 있어서의 평균수명 증가 위험을 헤지할 수 있게 하는 유동화거래이다.

이러한 위험이전 유동화거래는 투자자들이 SPV가 발행한 사채를 매수하고 SPV는 그 사채발행대금을 운용하여 발생하는 투자수익과 보험회사로부터 지급받는 보장매입수수료로 투자자들에 대한 이자를 지급하기로 하며, SPV는 보장매입수수료를 지급받는 대가로 그 보장매입수수료 계산의 기초가 된 피보험자 집단의 실제 사망률이 예정 사망률에서 벗어남에 따라 보험회사가 추가로 지급해야 하는 보험금을 보험회사에 지급하기로 약정함으로써 이루어지게 된다. 일정한 보험계약을 기초자산으로 하여 이루어진다는 점에서 일정한 보험계약에 관한 장래현금흐름을 포괄적으로 유동화하는 장래현금흐름 유동화거래와 유사한 면이 있으나, 위험이전 유동화거래는 오로지 기초자산을 구성하는 보험계약에 있어서의 사망률 증가 등 특정 위험을 헤지하는 것일 뿐 장래현금흐름 유동화거래처럼 향후 현금흐름 악화에 따른 보험회사의 손실을 포괄적으로 헤지하는 것은 아니라는 점에서 차이가 있다.

이처럼 일정한 풀(pool)의 보험계약을 기초자산으로 하여 해당 보험계약에 관한 사망률 증가 위험이나 평균수명 증가 위험을 헤지하는 방법 외에도 보험회사가 인수한 전체 보험계약을 기초로 집계된 사망률 증가율이나 혹은 사망률 지수(mortality index)를 기준으로 집계된 사망률 증가율에 따른 보험회사의 손실을 산출하여 그만큼의 손실을 투자자가 부담하게 할 수도 있다.[7)] 이러한 방식은 보험회사가 자의적으로 선정한 풀의 보험계약을 기초자산으로 하지 않고 보다 광범위한 풀의 보험계약 또는 이를 토대로 산정된 지수에 의하여 투자자가 부담할 손실이 책정된다는 점에서 유동화거래의 투명성을 제고하고 보험회사의 도덕적 해이(moral hazard)에 관한 위험을 감소시키는 측면이 있다.

---

7) 이러한 사채들은 투자자들이 헤지하는 위험의 종류에 따라 mortality bond 또는 longevity bond 등으로 불리며, 손해보험회사가 대형 보험사고에 관한 위험을 인수하고 이를 헤지하기 위하여 발행하는 사채인 CAT bond(catastrophe bond)와 구조 및 성격 면에서 매우 유사하다고 할 수 있다. CAT bond에 관한 보다 구체적인 설명은 조영희, 앞의 논문(주 4) 참조.

4. 생명보험 전매거래(life settlements)

지금까지는 보험회사가 취급하는 금융상품인 보험계약의 특성으로 인하여 위험 헤지 등을 위한 수단으로서 활용될 수 있는 유동화거래의 유형에 대해 살펴보았다. 이러한 유형의 유동화거래 외에 은행이나 여신전문금융회사에서 자금조달이나 자본건전성 요건을 충족시키기 위한 자산매각을 목적으로 하는 전형적인 자산유동화거래 또한 보험회사가 수행할 수 있는 유동화거래임은 틀림없지만 여기서는 전형적인 방식의 자산유동화거래에 대해서는 자세한 설명을 생략하기로 한다.

한편 보험회사가 주체가 되어 행하는 유동화거래는 아니지만 미국에서 생명보험 계약자들(policy holder)이 보유한 생명보험증권을 기초로 상당히 활발하게 이루어지고 있는 유동화거래로서 생명보험 전매거래가 있다.[8] 생명보험 전매거래란 생명보험계약(또는 이에 따라 발행되는 생명보험증권)을 최초 보험계약자가 제3자에게 양도하는 거래를 칭하는 것인데 이때 양도가액은 일반적으로 양도되는 생명보험계약의 해약환급금(cash surrender value)보다는 많지만 생명보험증권의 권면액보다는 적은 금액이 된다. 이러한 거래를 통해 생명보험계약상 보험계약자의 지위를 양수한 제3자는 그 생명보험계약에 따른 보험료를 계속해서 납부할 의무를 지게 되고 그 의무를 충실히 이행하면 피보험자가 나중에 사망했을 때 보험금을 전액 지급받게 된다. 이처럼 양도된 일정한 풀의 생명보험계약을 기초로 유동화증권을 발행하는 거래가 2000년대 초반부터 미국에서 급속히 성장하였다.

---

8) 여기서 소개되는 생명보험 전매거래는 장재용, "미국의 생명보험 전매시장," Bulls Review 제5호(2010. 6), 한국금융투자협회에 기재된 내용을 상당 부분 요약하거나 인용한 것이다.

생명보험 전매거래는 생명보험 계약자가 자신의 보험증권을 생명보험 전매업자(life settlements provider) 등을 통하여 매도하고 이를 최종투자자가 매수하거나 이를 기초자산으로 하여 발행된 사채를 투자자들이 매수함으로써 이루어지는 거래이다. 생명보험 전매거래의 대상이 되는 생명보험증권은 대부분 피보험자가 65세 이상인 생명보험증권인데 이는 투자자들이 일반적으로 15년 이내에 보험계약에 따른 보험금 지급사유가 발생하기를 희망하기 때문이라고 한다. 생명보험증권의 가격 결정에 결정적인 영향을 미치는 요소는 피보험자의 나이 · 성별 · 의료기록 · 건강상태 · 가족력 · 생활습관 등을 고려하여 기대여명 제공자(life expectancy provider 또는 LE provider)가 제공하는 기대여명 보고서인데, 기대여명을 통해 생명보험 전매거래에 대한 투자가 회수될 수 있는 기간을 예측할 수 있게 된다. 기대여명이 길면 길수록 사망보험금을 지급받기 위하여 더 많은 보험료 납입이 필요하며, 사망보험금의 지급시기도 늦어지므로 그 현재가치(present value)는 더욱 떨어지게 된다.

그런데 이러한 생명보험 전매거래는 부정확한 기대여명 자료에 기초하여 가격이 산정되거나 다른 유동화거래에서도 흔히 지적되는 여러 관련 당사자들의 도덕적 해이 문제 등으로 인하여 투자자들이 실제 사망률 변화로 인한 위험뿐만 아니라 거래구조 자체의 불투명성으로 인한 위험을 부담하여야 한다는 지적이 대두되면서 미국에서도 2000년대 후반에는 상당히 위축된 것으로 보인다. 물론 이는 2008년도 리먼 브러더스의 파산으로 시작된 전 세계적 금융위기의 주범이 미국 주택담보대출채권 유동화거래로 지목된 것과 전혀 무관하지는 아니할 것이다.

이러한 생명보험 전매거래에 있어 생명보험회사는 전매거래의 당사자들이 요청하면 그 보험계약자와 보험수익자의 변경을 승인하고 피보험자의 사망시 새로운 보험수익자에게 보험금을 지급하는 것뿐이므로 특별한 이해관계는 없는 것으로 생각하기 쉽다. 그러나 일단 생명보험증권이 투자자들의 투자대상이 되면 해당 보험계약은 실효되거나 낮은 해약환급금만 지급하고 종료되는 일 없이 보험금이 지급될 때까지 보험계약이 유지되기 때문에 보험회사의 실제 수익률은 낮아지게 된다. 따라서 생명보험 전매시장이 지나치게 성장한다면 생명보험회사들은 보험료를 인상할 필요성을 더 느끼게 될 것이라고 보는 것이 지배적인 견해라고 한다. 그런데 이처럼 보험료가 인상된다면 이를 상쇄할 정도로 최초 보험계약자에게 지불하는 대가가 줄어들지 않는 한 생명보험 전매거래의 투자자들에게 돌아가는 수익은 감소할 수밖에 없다. 왜냐하면 보험료를 납부해야 하는 기간과 만기에 수령하는 보험금의 액수는 고정되어 있는 상태에서 더 많은 액수의 보험료를 지속적으로 납부하여야 하기 때문이다.

III. 보험 유동화거래의 국내 도입 가능성

1. 보험회사에 의한 유동화거래 도입 가능성

앞서 살펴본 다양한 유형의 유동화거래들에 관하여 국내 보험회사들이 관심을 가지기 위해서는 먼저 한국 법률상 이러한 거래구조가 가능한 것인지가 검토되어야 할 것이다.

먼저 보험회사가 장래현금흐름 유동화거래를 하기 위해서는 일정한 보험계약 관련 자산부채를 포괄적으로 SPV에 양도할 수 있어야 한다. 그런데 현행 보험업법상 보험회사는 보험업 허가가 있는 자가 아니면 보험계약을 양도할 수 없도록 하고 있고, 현행 자산유동화에 관한 법률에서는 유동화자산을 '자산유동화의 대상이 되는 채권, 부동산 기타의 재산권'으로 정의하고 이러한 '자산'만을 유동화전문회사 또는 신탁업자에게 양도하는 거래로 '자산유동화'의 정의를 한정하고 있다. 따라서 현행 법률상으로는 보험회사가 유동화전문회사에 보험계약에 관한 자산을 양도할 수 없을 뿐만 아니라, 자산의 양도를 수반하지 않은 유동화거래는 자산유동화에 관한 법률에 따라서는 이루어질 수 없는 한계를 지니고 있는데, 그 대표적인 예가 바로 합성유동화거래(synthetic securitization)이다.

합성유동화거래는 자산보유자가 일정한 준거자산을 정하고 그 준거자산에 수반되는 신용위험을 SPV가 부담하는 대가로 SPV에 보장매입수수료(premium)를 지급하는 한편, SPV는 자산보유자로부터 지급받는 보장매입수수료와 투자자들에게 사채를 발행한 대금을 운용함으로써 발생하는 수익을 재원으로 투자자들에게 사채의 이자 및 원금을 지급하고 준거자산에 관하여 신용위험이 발생하면 그로 인한 손실을 자산보유자에게 보전함으로써 투자자들이 그만큼 사채의 원금손실을 부담하게 되는 거래이다.

유보금조달 유동화거래나 위험이전 유동화거래 또한 자산양도를 수반하지 않는다는 점에서 합성유동화거래와 유사한 구조를 지니고 있다. 특히 위험이전 유동화거래는 투자자들에게 이전되는 위험이 사망률 증가 위험이나 평균수명 연장 위험이라는 점에서 차이가 있을 뿐 일정한 유형의 위험을 이전한다는 측면에서 합성유동화거래와 매우 유사한 형태를 지니고 있다고 할 수 있다. 결국 이러한 유동화거래들은 자산양도를 수반하지 않는다는 점 때문에 현 자산유동화에 관한 법률에 따라 실행될 수는 없는 거래에 해당한다.

한때 합성유동화거래에 대한 관심이 높아지고 자산유동화에 관한 법률에 의하지 않은 합성유동화거래가 많아지면서 자산유동화에 관한 법률도 합성유동화거래를 허용하는 방향으로 개정하는 논의가 이루어졌으나 2008년 전 세계적 금융위기를 맞으면서 유동화거래의 문제점들이 지적되자 위와 같은 개정 논의는 자취를 감추었다.

2. 생명보험 전매거래의 도입 가능성

생명보험 전매거래의 경우 보험계약자가 자유롭게 생명보험증권을 양도할 수 있어야만 가능한데 현재 우리나라 보험계약은 생명보험에 국한되지 아니하고 보험계약상의 권리를 양도함에 있어 보험회사의 동의가 필요한 것으로 약관상 규정되어 있기 때문에 보험계약자가 생명보험증권을 양도하는 것이 사실상 거의 불가능하다고 할 수 있다. 특히 앞서 살펴본 바와 같이 생명보험 전매거래가 활발해지는 것은 보험회사의 입장에서 수익률의 저하로 이어질 수 있기 때문에 보험회사가 생명보험 전매거래에 동의하는 것을 기대하기는 어렵다고 볼 수 있다.

지난 2009년 말경 우리나라에서도 생명보험 전매거래의 필요성을 주장하면서 상법상 생명보험 계약자의 지위를 제3자에게 양도할 수 있는 생명보험 전매제도를 도입하고, 보험업법상 생명보험전매업에 관한 인가(license)를 신설하며 보험회사가 생명보험계약의 전매에 대한 동의를 거부하지 못하도록 하는 내용을 골자로 하는 상법 일부개정법률안과 보험업법 일부개정법률안이 발의된 적 있으나[9] 이에 대한

9) 박선숙 의원 등 15인이 2009. 12. 23.자로 발의한 보험업법 일부개정법률안(의안번호 7080)과 상법 일부개정법률안(의안번호 7081) 참조.

논의가 그다지 본격적으로 진행되지는 않았다.

IV. 맺음말

미국의 서브프라임 모기지에서 촉발된 금융위기는 유동화거래에 내재된 여러 가지 위험요소, 특히 도덕적 해이에 대한 주의를 환기시켰지만 유동화거래 자체의 무용론으로 귀착되지는 않았다. 결국 합성 유동화거래나 보험회사의 장래현금흐름 유동화거래, 유보금조달 유동화거래 그리고 위험이전 유동화거래 등은 자산보유자의 입장에서는 각종 위험을 헤지하는 수단이 되고 투자자의 입장에서는 다양한 투자수단을 제공한다는 점에서 여전히 존재의의가 있고 다만 그 거래에 수반되는 투명성을 제고하고 도덕적 해이를 최소화할 수 있는 장치를 마련하는 것이 남겨진 숙제라 할 것이다.

그렇다면 자산유동화에 관한 법률도 시장의 수요를 반영한 다양한 유동화거래를 허용하는 방향으로 개정되어야 한다는 것이 개인적인 생각이다.[10] 물론 자산유동화에 관한 법률이 이와 같은 유동화거래를 허용하지 않는다고 하여 시장에서 이러한 거래가 불가능한 것은 아니다. 자산유동화에 관한 법률의 적용을 받지 않는 유동화거래는 소위 비등록 유동화거래라 불리는데[11] 그 규모나 구조는 날이 갈수록 증가 · 진화하는 반면 금융감독당국에서 이러한 거래의 규모나 투명성을 감시 또는 검증할 수 있는 시스템이 없기 때문에 미국 서브프라임 모기

10) 동일한 취지로는 조영희, 앞의 논문(주 4) 참조.

11) 비등록 유동화거래에 관한 자세한 내용은 김용호/이선지/유이환, "비등록 유동화거래의 실태와 법적 문제," BFL 제31호(2008. 9), 서울대학교 금융법센터 참조.

지와 같은 시스템 리스크에 노출되어 있다고 해도 과언이 아니다.

따라서 날로 발전하는 보험산업과 자산유동화시장의 규모에 부응하여 다양한 유형의 유동화거래가 감독기관의 모니터링하에 활발하게 이루어질 수 있도록 자산유동화에 관한 법률을 비롯한 관련 법령을 개정하고 감독시스템을 갖추는 것이 필요하다고 본다.

찾아보기

편저자 약력

〉〉 노혁준

서울대학교 법학사
서울대학교 법학박사
전 서울남부지방법원 판사, 법무법인 율촌 변호사
현 서울대학교 법과대학 · 법학전문대학원 부교수(상법)

〉〉 민세진

서울대학교 경제학사
미국 UCLA 경제학석사 · 박사
현 동국대학교 사회과학대학 경제통상학부 경제학전공 부교수

〉〉 안재홍

서울대학교 법학사
미국 University of Michigan Law School LL.M.
현 김 · 장 법률사무소 변호사 / 뉴욕주 변호사

〉〉 양승현

서울대학교 문학사
대법원 사법연수원 36기 수료
현 김 · 장 법률사무소 변호사

〉〉 이봉의

서울대학교 경영학사
서울대학교 법학석사
독일 마인츠 대학 법학박사
현 서울대학교 법과대학 · 법학전문대학원 교수(경제법) / 서울대 경쟁법센터장 / 한국경쟁법학회 편집위원장 / 공정거래위원회 카르텔자문위원 / 방송통신위원회 법률자문위원

〉〉 이상원

서울대학교 법학사
서울대학교 법학석사

미국 버클리 대학 법학석사
서울대학교 법학박사
현 서울대학교 법과대학 · 법학전문대학원 교수(형사법)

〉〉이영석
서울대학교 법학사
미국 일리노이 주립대학 LL.M.
현 법무법인 율촌 변호사

〉〉이철원
서울대학교 법학사
서울대학교 법학석사(상법)
영국 University College London 법학석사(해상법)
전 서울중앙지방법원, 서울남부지방법원 판사
현 김 · 장 법률사무소 변호사 / 영국 변호사

〉〉조영희
서울대학교 법학사
미국 하버드 대학 LL.M.
현 법무법인 세종 변호사

〉〉최준규
서울대학교 법학사
서울대학교 법학석사
서울대학교 법학박사
전 서울중앙지방법원, 서울동부지방법원 판사
현 한양대학교 법학전문대학원 조교수(민법 / 민사실무)

〉〉한기정
서울대학교 법학사
서울대학교 행정학석사
영국 케임브리지 대학 법학박사
현 서울대학교 법과대학 · 법학전문대학원 교수(상법) / 서울대학교 금융법센터장 / 한국보험법학회 편집위원장 / 한국보험학회 보험법위원장

BFL 총서 7

보험법의 현대적 과제

초판 발행 | 2013년 4월 17일

지은이 | 한기정 편저
발행인 | 고화숙
발행처 | 도서출판 소화
등록 | 제13-412호
주소 | 서울시 영등포구 영등포동 7가 94-97
전화 | 02-2677-5890
팩스 | 02-2636-6393
홈페이지 | www.sowha.com

ISBN 978-89-8410-450-1 94080
ISBN 978-89-8410-284-2 (세트)

값 23,000원